旅游项目营销与策划

主　编：阳建英

副主编：罗钦月

北京理工大学出版社
BEIJING INSTITUTE OF TECHNOLOGY PRESS

内容简介

全书由七大板块组成，分别是：第一章旅游项目与营销策划的基础概念、第二章旅游餐饮项目营销与策划、第三章旅游住宿项目营销与策划、第四章旅游交通项目营销与策划、第五章旅游购物项目营销与策划、第六章旅游节庆项目营销与策划、第七章旅游线路营销与策划，基本涵盖了旅游六大环节的主要项目大类。其中第一章主要从营销和策划的基础入手，主讲基本概念、理论、工具三部分，结合我国旅游现状与案例，理顺三部分关系，同时进行计划编制的基础介绍；第二章主讲目标分解、环境分析、市场调研，结合前面知识进行巩固和训练；第三章主讲卖点分析、产品体系构建，结合前面知识进行巩固和训练；第四章主讲价格体系、产品价格体系的构建，结合前面知识进行巩固和训练；第五章主讲销售渠道体系的策划、沟通、管理，结合前面知识进行巩固和训练；第六章主讲营销推广的策划、管理和运作，结合前面知识进行巩固和训练；第七章是对全书内容的整体巩固和训练。每个板块结合自身特点，分别负责项目营销与策划的不同目标。最终检测方法有两个：一是在教材指导下完成最后章节的训练；二是在教材指导下将前面板块做成独立的系统。可根据学生具体情况检测。

图书在版编目（CIP）数据

旅游项目营销与策划/阳建英主编．—北京：北京理工大学出版社，2017.3
ISBN 978-7-5682-3883-0

Ⅰ．①旅…　Ⅱ．①阳…　Ⅲ．①旅游市场-市场营销学 ②旅游业—策划
Ⅳ．①F590.82 ②F590.1

中国版本图书馆 CIP 数据核字（2017）第 068715 号

出版发行／北京理工大学出版社有限责任公司
社　　址／北京市海淀区中关村南大街 5 号
邮　　编／100081
电　　话／（010）68914775（总编室）
　　　　　（010）82562903（教材售后服务热线）
　　　　　（010）68948351（其他图书服务热线）
网　　址／http：//www.bitpress.com.cn
经　　销／全国各地新华书店
印　　刷／北京泽宇印刷有限公司
开　　本／787 毫米×1092 毫米　1/16
印　　张／18
字　　数／423 千字
版　　次／2017 年 3 月第 1 版　2017 年 3 月第 1 次印刷
定　　价／65.00 元

责任编辑／王晓莉
文案编辑／王晓莉
责任校对／周瑞红
责任印制／李志强

图书出现印装质量问题，请拨打售后服务热线，本社负责调换

出版说明

用创新性思维引领应用型旅游管理本科教材建设

市场上关于旅游管理专业的教材很多，其中不乏国家级规划教材。然而，长期以来，旅游专业教材普遍存在着定位不准、与企业实践背离、与行业发展脱节等现象，甚至大学教材、高职高专教材和中职中专教材从内容到形式都基本雷同的情况也不少见，让人难以选择。当教育部确定大力发展应用型本科后，如何编写出一套真正适合应用型本科使用的旅游管理专业教材，成为应用型本科旅游专业发展必须解决的棘手问题。

北京理工大学出版社是愿意吃螃蟹的人。2015 年夏秋，出版社先后在成都召开了两次应用型本科教材研讨会，参会的人员有普通本科、应用型本科和部分专科院校的一线教师及行业专家，会议围绕应用型本科教材特点、应用型本科与普通本科教学的区别、应用型本科教材与高职高专教材的差异性进行了深入探讨，大家形成许多共识，并在这些共识基础上组建成教材编写组和大纲审定专家组，按照“新发展、新理念、新思路”的原则编写了这套教材。教材在四个方面有较大突破：

一是人才定位。应用型本科教材既要改变传统本科教材按总经理岗位设计的思路，避免过高的定位让应用型本科学生眼高手低，学无所用；又要与以操作为主、采用任务引领或项目引领方式编写的专科教材相区别，要有一定的理论基础，让学生知其然亦知其所以然，有发展的后劲。教材编写组最终确定将应用型本科教材定位为培养基层管理人才，这种人才既懂管理，又会操作，能为旅游行业广为接纳。

二是课程和教材体系创新。在人才定位确定后，教材编写组对应用型本科课程和教材体系进行了创新，核心是弥补传统本科教材过于宏观的缺陷，按照市场需要和业务性质来创新课程体系，并根据新课程体系创新教材体系，譬如在《旅行社经营与管理》之外，配套了《旅行社计调业务》《旅游产品设计与开发》《旅行社在线销售与门店管理》等教材。将《饭店管理》细化为《前厅服务与管理》《客房服务与管理》《餐饮服务与管理》，形成与人才定位一致的应用型本科课程体系和教材体系。与此同时，编写组还根据旅游业新的发展趋势，创新了许多应用型本科教材，如《乡村旅游经营与管理》《智慧旅游管理与实务》等，使教材体系更接地气，并与产业结合得更加紧密。

三是知识体系的更新。由于旅游业发展速度很快，部分教材从知识点到服务项目再到业务流程都可能已经落后了，如涉旅法规的变更、旅游产品预订方式的在线化、景区管理的智慧化以及乡村旅游新业态的不断涌现等，要求教材与时俱进，不断更新。教材编写组在这方面做了大量工作，使这套教材能够及时反映中外旅游业发展成就，掌握行业变化动态，传授最新知识体系，并与相关旅游标准有机融合，尽可能做到权威、全面、方便、适用。

四是突出职业教育，融入导游考证内容。2016 年 1 月 19 日国家旅游局办公室正式发布了《2016 年全国导游人员资格考试大纲》（旅办发〔2016〕14 号），大纲明确规定：从 2016 年起，实行全国统一的导游人员资格考试，不指定教材。本套教材中的《旅游政策与法规》《导游实务》《旅游文化》等属于全国导游资格考试统考科目，教材紧扣《全国导游资格考试大纲》，融入了考证内容，便于学生顺利地获取导游证书。

为了方便使用，编写体例也极尽人性化，大部分教材各章设计了“学习目标”“实训要求”“小知识”“小贴士”“知识归纳”“案例解析”和“习题集”，同时配套相应的教学资源，无论是学生还是教师使用都十分方便。本套教材的配套资源可在北京理工大学出版社官方网站下载，下载网址为：www. bitpress. com. cn 或扫封底二维码关注出版社公众号。

当然，由于时间和水平有限，这套教材难免存在不足之处，敬请读者批评指正，以便教材编写组不断修订并至臻完善。希望这套教材的出版，能够为旅游管理专业应用型本科教材建设探索出一条成功之路，进一步促进并提升旅游管理专业应用型本科教学的水平。

四川省旅游协会副会长
四川省导游协会会长
四川省旅发委旅行社发展研究基地主任
四川师范大学旅游学院副院长
陈乾康

总 序

随着高等教育迈向大众化发展的趋势，人才培养逐渐由重理论、重学术向重实践、重能力转变，强调职业素质、职业技能与职业能力的培养，注重培养适宜时代发展需要的应用型人才。旅游管理作为一门应用性极强的学科，在探索应用型本科的专业建设、课程体系重构、教学手段革新、教学内容丰富等方面走在前列，对其他专业向应用型本科转型具有引领示范性作用。

2015 年 10 月国家旅游局、教育部联合出台了《加快发展现代旅游职业教育的指导意见》，其中指出要“加强普通本科旅游类专业，特别是适应旅游新业态、新模式、新技术发展的专业应用型人才培养。”在当今时代背景下，本套“旅游管理专业应用型本科规划教材”对推动普通本科旅游管理专业转型，培养适应旅游产业发展需求的高素质管理服务人才具有重要的意义。具体来说，本套教材主要有以下四个特点：

一、理念超前，注重理论结合实际

本套教材始终坚持“教材出版，教研先行”的理念，经过了调研旅游企业、征求专家意见、召开选题大会、举办大纲审定大会等多次教研活动，最终由几十位高校教师、旅游企业职业经理人共同开发、编写而成。

二、定位准确，彰显应用型本科特色

该套教材科学区分了应用型本科教材与普通本科教材、高职高专教材的差别，以培养熟悉企业操作流程的基层管理人员为目标，理论知识按照“本科标准”编写，实践环节按照“职业能力”要求编写，在内容上凸显了教材的理论与实践相结合。

三、体系创新，符合职业教育要求

本套教材按照职业教育“课程对接岗位”的要求，优化了教材体系。针对旅游企业的不同岗位，出版了不同的课程教材，如针对旅行社业的教材有：《旅行社计调业务》《导游实务》《旅行社在线销售与门店管理》《旅游产品设计与开发》《旅行社经营与管理》等，保证了课程与岗位的对接，符合旅游职业教育的要求。

四、资源配备，搭建教学资源平台

本套教材以建设教学资源数据库为核心，制作了图文并茂的电子课件，从方便教师教学，还提供了课程标准、授课计划、案例库、同步测试题及参考答案、期末考试题等教学资料，以便于教师参考；同步测试题中设置了单项选择题、多项选择题、判断题、简答题、技能操作题及参考答案，便于学生练习和巩固所学知识。

在全面深化“大众创业，万众创新”的当代社会，学生的创新能力、动手能力与实践能力成为旅游管理应用型本科教育的关键点与切入点，而本套教材的率先出版可谓是一个很好的出发点。让我们一起为旅游管理应用型本科教育的发展壮大而共同努力吧！

教育部旅游管理教学指导委员会副主任委员
湖北大学旅游发展研究院　　院长

前言

在旅游管理理论研究和实践操作飞速发展的今天，旅游管理教育已经形成了本科、硕士、博士三个层次完整的教育体系，作为体系中的基础，面对普通本科旅游管理专业转型的调整，旅游本科教育需要在理论学习和实践操作上加大力度，寻找更适合旅游本科阶段的不能太深奥，也不能太简单的，学生通过学习可以完成的理论实践应用。基于这个目的，本书编写注意体现了以下几个特点：

1. 基础性：本书分为七个章节，对每部分涉及的基础理论的基本概念、基本原理、基本方法都力求讲准确、讲清晰，通过分条分项展示重点的方式，力求帮助学生对涉及的知识点有较全面的理解和掌握，并且结合推荐了理论应用时可以使用的基础工具，帮助学生尽快掌握实际操作的方法。

2. 系统性：本书以旅游项目为主线，围绕营销策划的各项活动展开，从项目管理、目标分解、战略制定、环境分析、目标市场、产品策划、价格策划、渠道构建、推广策划等方面，对旅游项目营销策划的知识体系进行了全面系统的讲解，为学生建立了一个较为完整的理论体系和操作方法框架。

3. 适中性：作为旅游管理中重要的实践领域，旅游项目营销与策划相关工作一直是本科学生需要系统掌握的重要领域。旅游项目可大可小，对于本科学生来说，小型项目的掌控是继续深造和从业的良好起步台阶，本书以小型旅游项目的营销策划工作为主要分析内容和讲解重点，对于大型的景区、地区综合性旅游项目只做了简单提示，目的是适应本科学生理论知识与实践经验相对薄弱的情况，使学生在一个学期内尽量掌握基础知识和操作技能，为下一步深入研修树立信心和打下基础。

4. 实践性：本书编写充分注重信息数据的及时性，所选案例均为当下旅游业关注热点问题和富有挑战性的问题，为学生提供了较为全面的观察视角。本书根据理论设定，结合案例思考，提出与之相对的实训内容，力求达到本丛书要求的定位适中，既有丰富的理论知识，又能动手应用，学会实践操作的目的。

本书由四川攀枝花学院旅游管理专业的阳建英担任主编，成都信息工程学院的罗钦月担任副主编。参编者都为执教旅游专业多年的教师或研究者。在本书的编写过程中，参阅了大量相关文献，还引用了一些已发表的案例、新闻报道和其他资料，在此谨向这些文献的作者表示感谢！

阳建英

2016 年 11 月 15 日

目 录

第一章

旅游项目与营销策划

学习目标

1. 了解旅游项目的概念与分类。
2. 熟悉旅游项目营销策划管理的含义和主要框架。
3. 掌握旅游项目营销与策划的基础理论。
4. 掌握旅游项目营销与策划的常用工具。
5. 掌握旅游项目工作任务分解的方法。

实训要求

1. 实训项目：成立旅游项目营销策划小组，收集资料，根据旅游项目目标和项目团队，构建本小组的旅游项目营销策划管理体系。

2. 实训目的：通过组建旅游项目小组，为学生进一步学习下一阶段的旅游项目营销策划工作打好团队基础。通过选择适合本团队的旅游营销策划项目，帮助学生掌握基础理论，学会运用常用工具对营销策划项目进行基本情况分析，学会撰写《目标任务分解结构》报告。

第一节　旅游项目的含义

一、旅游项目的概念与特征

（一）旅游项目的概念

美国项目管理协会在其《项目管理知识体系》（*Project Management Body of Knowledge*, *PMBOK*）中提出：“项目是可以按照明确的起点和目标进行监督的任务，是为提供某项独特产品、服务或成果所做的一次性努力，其目标完成有明确的资源约束。”①

① 冯俊文，高朋，王华亭．现代项目管理学［M］．北京：经济管理出版社，2009.

世界银行根据其发放贷款的用途将项目解释为："所谓项目，一般是指同一性质的投资或同一部门内一系列有关或相同的投资，或不同部门内的一系列投资。项目还可以包括向中间金融机构贷款，为它的一般业务活动提供资金；或向某些部门的发展计划发放贷款。项目通常既包括有形的，如土木工程的建设和设备的提供；也包括无形的，如社会制度的改进、政策的调整和管理人员的培训，等等。"

质量专家J·M·朱兰认为："一个项目就是一个计划要解决的问题。"①

（二）旅游项目的概念

国家旅游局颁布的《旅游规划通则》（GB/T 18971—2003）中，对旅游项目的概念没有做出明确的界定，在"6.4　旅游发展规划的主要内容"中提出，旅游发展重点项目，主要着眼点是空间和时序安排；在"7.2　旅游区总体规划"中提出，对旅游区近期建设规划进行重点项目策划。杨振之认为："旅游项目是因旅游系统而存在的，旅游项目是旅游活动的物质文化载体，是旅游策划规划的对象，是旅游策划中要考察、研究的条目。"②

旅游项目来源于人类活动在工业社会中的细分，是通过旅游开发任务进行衔接的一次性群体组织工作，在时间上涉及旅游活动从开始到结束的全部过程，在范围上涉及旅游活动的方方面面，大到景区景点规划，小到餐饮活动设计，都是旅游项目的具体表现形式。作为项目的一个分类，旅游项目是指在规定期限内，个人或组织机构为完成某项旅游开发目标而进行的由一系列计划活动组成的一次进程。

（三）旅游项目的特征

1. 有明确的目标

明确的目标是旅游项目最重要的特征，包括时间目标，即起点和终点明确的生命周期；范围目标，如工作内容、工作方向等；成本目标，如项目成果质量标准、效益指标等；成果目标，如符合开发要求的项目产品的规格、品种、数量等。因此，旅游项目目标必须是可以清楚定义的、可以衡量的、可以实现的、可操作化的具体任务。

为了避免不同人对同一目标产生不同的解释，必须让目标呈现出明确的界定范围，简易的方法是进行数值限定，即通过简明数值帮助阐述。数值可帮助阐述的目标内容包括时间长度、工作范围、成本额度、效益额度。例如："在5天内设计策划出中秋节餐饮活动方案，成本比例控制在60%以下，并保证中秋节前后三天餐饮营业额日均上升40%。"这个项目目标就从时间、范围、成本、成果四方面进行了明确的规定，为项目人员提供了努力的方向，确定了执行思路和衡量尺度。

2. 有具体的计划和时间限制

目标是旅游项目的前提，计划是旅游项目的基础，具体的计划同时包括时间起点和终点。作为一次性活动进程，项目组织方将目标落到实处的唯一方法就是确定具体的计划：做什么？为何做？如何做？何时做？何处做？谁来做？做到什么程度？呈现什么结果？项目组

① [美]哈罗德·科兹纳．项目管理计划、进度和控制的系统方法[M]．杨爱华，译．北京：电子工业出版社，2014.

② 杨振之．旅游资源开发与规划[M]．成都：四川大学出版社，2003.

织方需要回答上述问题的具体计划，以实现目标。

3. 有极强的针对性

旅游项目根据不同目标和不同资源，在不同操作阶段有不同的操作方法，实践性很强，往往需要根据具体情况灵活处理，做到创新与传统相结合、筹划与管理相结合、守成与出击相结合，在已有的固定模式下选取更有针对性、更有效益的方法。同时，旅游项目在开发过程中常常没有可完全照搬的先例，将来也不会有完全相同的重复，根据每个项目的特殊性进行有针对性的开发是必然的。

4. 有较大的不确定性

旅游项目准备阶段所做的计划，往往是建立在一定假设和估计基础上的拟定蓝图。拟定人员对阶段任务、层级任务、环节任务将要耗用的时间、人力、物力、财力，以及可能获得的政策、法令支持进行假定估算，并由此推演出最终成果。假定估计的前提会产生一定程度的不确定性，可能影响最终目标的成功实现。同时，作为项目筹备实施的团队，很多时候参与人员并不固定，团队架构会根据目标需求，选择不同部门、不同经验、不同专业背景的人员临时共同行动，也造成了不确定性。

二、旅游项目的基本要素

（一）旅游项目的范围界定

范围（Scope）是指为了达到旅游项目的目标，项目组织方能够做和必须做的内容。缺少正确的项目范围界定是导致旅游项目失败的主要因素，在确定项目范围时，有以下两种方法：

（1）从旅游项目所提供的产品和服务出发，分析该产品和服务包含哪些要素，再进一步分析实现这些要素需要做哪些工作。例如：筹建一家旅行社，首先分析该旅行社主要提供哪些产品和服务，在此基础上再确定其从业的主要形式是以实体为主还是以虚拟为主，为实现其从业形式在人财物方面应该如何进行配置。

（2）从旅游项目需要实现的效益目标出发，分析该项目需要通过哪些产品和服务才能实现效益，再进一步分析产品和服务应该具有哪些要素，以及实现这些要素的工作内容。例如：筹建一家旅行社，首先可以分析该旅行社的目标效益额度，确定市场范围，再针对市场设计产品和服务，最后确定实现这些产品和服务在人财物方面应该如何进行配置。

（二）旅游项目的组织结构

组织结构（Organizational Structure）包括确定项目团队、确定团队规模、确定人员构成、分派角色、确定行为准则。旅游项目团队主要由项目经理、业务主管、财务人员、策划人员、技术人员、图文设计人员、专家组、安全保卫人员、质检人员以及物资采购管理人员等组成。

1. 常见的项目组织形式①

(1) 职能式项目组织形式。

职能式项目组织形式，是指项目任务由职能部门负责完成，协调工作由职能主管沟通完成，如酒店筹划中秋晚会，涉及客房、餐厅、康乐等诸多部门，每个部门参与该项目的人员数量有所不同，项目团队成员参与项目的方式主要是单项任务分工，如图 1－1 所示。

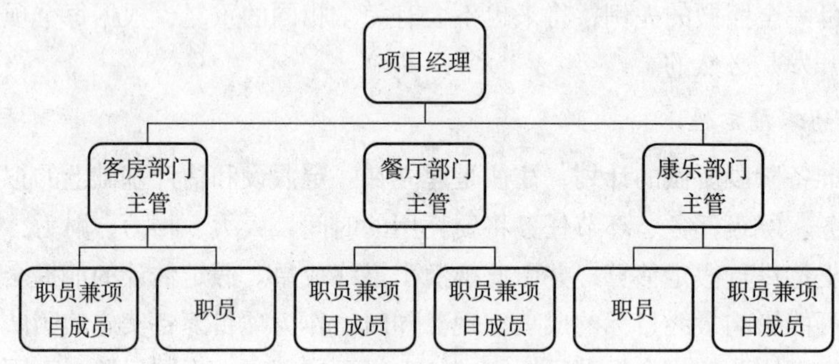

图 1－1 职能式项目组织结构图

(2) 项目式组织形式。

项目式组织形式，是按照项目来划分所有资源，即每个项目有完成项目任务所必需的所有资源，每个项目实施组织有明确的项目经理，对上直接接受企业主管或大项目经理领导，对下负责本项目资源的运用以完成项目任务，每个项目组之间相对独立，如图 1－2 所示。

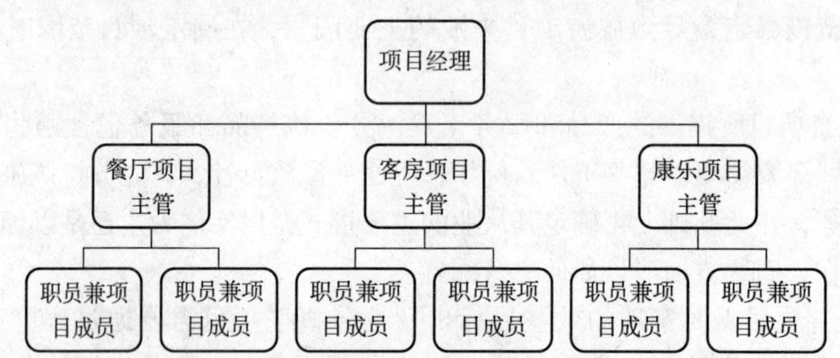

图 1－2 项目式组织结构图

2. 人员职责和素质要求

(1) 项目经理。

项目管理是以个人负责制为基础的管理体制，旅游项目经理是项目全面管理的核心和焦点，对项目经理的行业经验、沟通能力、协调能力、判断能力都提出了较高的要求。

项目经理的职责主要包括以下几个方面：

① 确保项目目标实现，保证委托方满意；② 制订项目阶段性目标和项目总体控制计划，将总目标分解，划分出主要工作内容和工作量，确定项目阶段性目标的实现标志和里程

① ［美］詹姆斯·刘易斯．项目计划、进度与控制［M］．石泉，杨磊，译．北京：机械工业出版社，2012.

碑事件；③ 组织精干的项目管理班子，负责项目班子组成人员的选择、考核、聘任和解聘，以及对班子成员的任职、奖惩、调配、指挥和辞退；④ 及时决策，包括实施方案、人事任免奖惩、重大技术措施、设备采购方案、资源调配、进度计划安排、合同及设计变更、索赔等；⑤ 履行项目合同义务，监督项目合同执行，处理项目合同变更。

项目经理的素质要求主要包括以下几个方面：

① 领导能力，能够有效地沟通和有效地激励，能使项目团队成员齐心协力地工作，实现项目目标；② 人员开发能力，能够对项目成员进行训练和培养，使员工掌握项目要求的工作能力，完成项目工作；③ 沟通能力，能够与项目组织成员、承包商、项目委托方以及相关的各方面进行有效的沟通；④ 处理矛盾冲突的能力，能够协调处理项目进度矛盾、资源分配矛盾、人事矛盾、技术方案矛盾以及成本效益矛盾；⑤ 解决问题的能力。

（2）业务主管。

业务主管的职责主要包括以下几个方面：

① 负责项目小组和委托方的沟通；② 负责项目小组和上级部门的沟通；③ 负责项目小组和平级部门的沟通；④ 负责项目小组内部成员之间的沟通；⑤ 负责调控配置资源，保证项目目标的实现；⑥ 检查控制项目各个环节，保证项目目标的实现。

业务主管的素质要求主要包括以下几个方面：

① 有大局观，能够从整体目标出发度量工作任务的安排；② 有良好的人际关系协调能力，善于化解矛盾；③ 有良好的控制能力，能保证计划的实施。

（3）策划人员。

策划人员的职责主要包括以下几个方面：

① 负责拟订项目营销策划计划；② 负责实施执行计划，保证项目目标的实现。

策划人员的素质要求主要包括以下几个方面：

① 项目业务能力强，擅长运用各种工具获取数据；② 具有创新思维，善于创意思考，具有极强的创造能力。

（4）图文设计人员。

图文设计人员的职责主要包括以下几个方面：

① 负责撰写各个阶段的营销策划文稿；② 负责项目所需的视觉形象设计。

图文设计人员的素质要求主要包括以下几个方面：

① 具有较强的文字表达能力；② 具有较强的图形设计能力。

（三）旅游项目的质量体系①

国际标准化组织（ISO）在《质量管理与质量保障术语》中将质量定义为：质量（Quality）是项目提供的产品和服务能够满足委托方明确和隐含需要的能力的特征总和。旅游项目的质量体系包括质量计划、质量控制、质量保证、质量审计、质量改进等有关质量的决策内容，从项目经理的质量决策，到中层业务主管对质量决策的贯彻，最后是基层项目人员对质量决策的实施，整个质量体系是一系列相关进程的总称。

---

① 项目管理协会．工作分解结构（WBS）实施标准（第二版）［M］．北京：电子工业出版社，2015.

（四）旅游项目的时间管理[①]

旅游项目的时间管理是根据项目组拥有资源估算出完成该项目所需时间，梳理出工作目录、设置里程碑事件的时间控制点、确定工作计划顺序，并在此基础上进行工作进度控制的全部过程。

1. 时间估算的方法

（1）关键日期表法。

关键日期表法，又称为里程碑计划，是最简单的一种进度计划表，它只列出一些关键活动（里程碑）和进行的日期，然后将其做成二维表，注明这些关键活动开始与结束的时间。在执行过程中，通过检验各个关键活动（里程碑）的实现情况，来控制项目工作的进展并保证实现总目标。里程碑计划一般分为管理级和活动级。

（2）单时估计法。

单时估计法，即活动历时的最终估算只取决于一个值，常常用于关键路径法（CPM）中，所以，对这个值的估计必须尽可能准确，要综合参考各种对活动历时估算有帮助的资料，通过统计分析和专家协商来确定。例如，通常需要参考以下信息：

1）同类或类似项目的有关经验数据。

2）相关定额计算，如：每日完成量 = 定额工作量 × 每天投入工时；工序时间 = 工序的实物工程量 ÷ 每日完成量。

3）项目合同规定的时间。

4）对于极少数无经验可循又无定额可查的工作，由项目经理、设计人员以及执行人员研究协商确定。

（3）三时估计法。[②]

三时估计法，顾名思义，即对某项工作首先要估算出三个历时值，然后赋予每个值一个权重，最后通过计算得出该项工作的时间平均值和平均方差。三时估计法通常用于计划评审技术（PERT），如表 1－1 所示。

表 1－1　三时估计法

符号	简称	说明
a	最乐观的时间	完成该项工作所需的最短时间
b	最可能的时间	一般情况下完成该项工作所需的时间
c	最悲观的时间	完成该项工作所需的最长时间
t	活动时间平均值	综合考虑三种时间后的现实时间
H	活动时间平均方差	在保证完成该项工作的前提下的最大机动时间

活动时间的平均值：$t = (a + 4b + c) \div 6$。

① ［美］辛西娅·斯塔克波尔·斯奈德．活用 PMBOK 指南：项目管理实战工具（第二版）［M］．赵弘，刘露朋，译．北京：电子工业出版社，2014.

② 华罗庚．高等数学引论［M］．北京：高等教育出版社，2009.

活动时间的平均方差：$H=[(c-a)\div 6]^2$。

华罗庚教授在《统筹方法平话及补充》中对上面两个公式做了简单的解释：假定在最乐观时间 a 与最可能时间 b 之间，b 的可能性两倍于 a 的可能性，则加权平均值为：$(a+2b)\div 3$，而在最可能时间 b 与最悲观时间 c 之间的平均值为：$(2b+c)\div 3$，因此，完成时间的分布可以用 $(a+2b)\div 3$ 与 $(2b+c)\div 3$ 各 1/2 的可能性出现。

图 1－3 所示为某项目的网络图，根据三时估计法计算每项工作完成时间的平均值和平均方差。

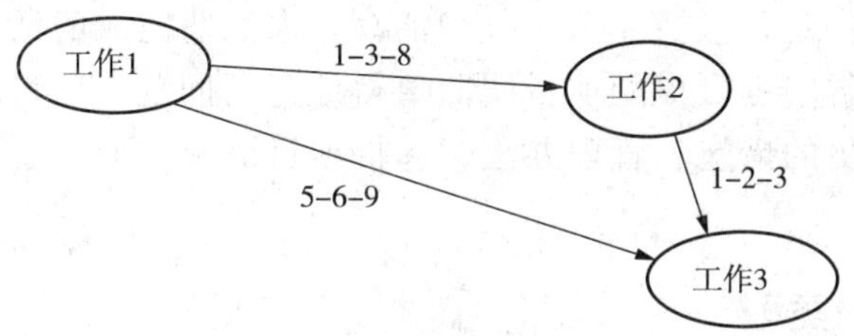

图 1－3　项目工作网络图

工作时间的平均值：$t=(a+4b+c)\div 6$，如表 1－2 所示。

表 1－2　工作时间估算

工作	估计时间			计算	期望完成时间
	a	b	c		
1，2	1	3	8	$(1+4\times3+8)\div6$	3.5
1，3	5	6	9	$(5+4\times6+9)\div6$	6.3
…					

活动时间的均方差：$H=[(c-a)\div 6]^2$，如表 1－3 所示。

表 1－3　方差估算

工作	估计时间		计算	方差
1，2	1	8	$[(8-1)\div6]^2$	1.37
1，5	5	7	$[(9-5)\div6]^2$	0.44
…				

（4）蒙特卡罗模拟法。

蒙特卡罗模拟法也称统计模拟法，是 20 世纪 40 年代由于计算机的发明而被提出的一种以概率统计理论为指导的数值计算方法，它通过大量随机样本了解一个系统，进而得到所要计算的数值。蒙特卡罗模拟法应用在项目的时间管理中，首先确定每个活动可能的历时分布，进而利用这些结果计算整个项目可能的历时分布。

2. 工作排序

工作排序是指通过确定各项工作之间的相互依赖关系，对其先后顺序进行安排，并形成文档的过程。工作目录和细节说明是进行工作排序的两个基础文件。其中，工作目录列出项目开展所需的全部工作，项目工作细节说明则说明并描述工作目录的各种细节，因此，可以通过对工作目录和细节说明的分析来确定项目工作的顺序。

3. 时间控制

时间控制由项目进度表、项目时间计划执行情况报告、项目时间管理计划等构成。项目进度表提供了度量项目实施绩效和报告项目时间计划执行情况的基本依据，既是项目总计划的一部分，也是项目时间计划控制的最根本文件。项目时间计划执行情况报告提供了项目进展方面的信息，包括如期完成的活动、未如期完成的活动以及项目时间计划的总体完成情况，报告中也可提醒项目团队值得注意的问题。项目时间管理计划安排了应对项目时间计划变更的措施和管理办法，包括项目资源方面的安排以及各种应急措施方面的安排等。

三、旅游项目的类型

目前，国内外对旅游项目分类的系统研究多集中在旅游项目评价系统和单项旅游项目活动研究上。《国家旅游及相关产业统计分类（2015）》中将旅游业按照旅游活动顺序分为旅游出行、旅游住宿、旅游餐饮、旅游游览、旅游购物、旅游娱乐、旅游综合服务七个板块。本书在此基础上，将旅游项目对应划分为以下七类：

（一）旅游出行项目

（1）旅游铁路运输。

（2）旅游道路运输：①城市旅游公共交通服务：仅包括为游客提供的公共电汽车客运、城市轨道交通、出租车客运、摩托车客运、三轮车客运、人力车客运等服务；②公路旅客运输。

（3）旅游水上运输：①水上旅客运输；②客运港口。

（4）旅游空中运输：①航空旅客运输；②通用航空旅游服务：仅包括公共航空运输以外的空中旅游观光、游览飞行等航空服务；③机场；④空中交通管理。

（5）其他旅游出行服务：①旅客票务代理；②旅游交通设备租赁：仅包括各类轿车、旅游客车、旅行车、活动住房车等旅游用车的租赁，以及旅游船舶、飞行器的租赁。

（二）旅游住宿项目

（1）一般旅游住宿服务：①旅游饭店；②一般旅馆；③其他旅游住宿服务：仅包括家庭旅馆（农家旅舍）、车船住宿、露营地、房车场地、旅居全挂车营地等住宿服务。

（2）休养旅游住宿服务：仅包括各类休养场所为游客提供的住宿服务。

（三）旅游餐饮项目

（1）旅游正餐服务：仅包括在一定场所为游客提供以中餐、晚餐为主的餐饮服务。

（2）旅游快餐服务：仅包括在一定场所为游客提供的快捷、便利的就餐服务。

（3）旅游饮料服务：仅包括在一定场所为游客提供的以饮料为主的服务，以及茶馆服务、咖啡馆服务、酒吧服务、冰激凌店服务、冷饮店服务等。

（4）旅游小吃服务：仅包括为游客提供的一般饭馆、农家饭馆、流动餐饮、单一小吃、特色餐饮等服务。

（5）旅游餐饮配送服务：仅包括为民航、铁路及旅游机构（团）提供的餐饮配送服务。

（四）旅游游览项目

（1）公园景区游览：①公园管理：各类主题公园、国家公园等管理服务，与公园相关的门票服务，文明旅游宣传引导服务，高风险旅游项目风险提示和培训管理，交通疏散体系管理，突发事件及高峰期大客流应对处置和安全预警管理服务等都包含在此类；②游览景区管理：各类游览景区的管理服务、与游览景区相关的门票服务、文明旅游宣传引导服务、高风险旅游项目风险提示和培训管理、交通疏散体系管理、突发事件及高峰期大客流应对处置和安全预警管理服务等都包含在此类；③生态旅游游览：仅包括对游客开放的自然保护区、动物园、野生动物园、海洋馆、植物园、树木园等管理服务；④游乐园。

（2）其他旅游游览：①文物及非物质文化遗产保护：受文物保护的古村镇，以及具有地方民族特色的传统节目展示、手工艺展示、民俗活动展示等包含在此类；②博物馆；③宗教场所旅游：仅包括寺庙、教堂等宗教场所为游客提供的服务；④烈士陵园、纪念馆：烈士陵园、烈士纪念馆、爱国主义教育基地等为游客提供的服务；⑤旅游会展服务：仅包括为旅游提供的会议、展览、博览等服务。

（五）旅游购物项目

（1）旅游出行工具及燃料购物：仅包括为游客购买用于旅游活动的自驾车、摩托车，自驾游用燃料、零配件等提供的零售服务。

（2）旅游商品购物：仅包括为游客购买旅游纪念品、老字号纪念品、免税店商品、旅游用品（不含出行工具、燃料等）、旅游食品等提供的零售服务。

（六）旅游娱乐项目

（1）旅游文化娱乐：①文艺表演旅游服务：仅包括与旅游相关的表演艺术（旅游专场剧目表演）和艺术创造等活动；②表演场所旅游服务：仅包括音乐厅、歌舞剧院、戏剧场等为游客提供的服务；③旅游室内娱乐服务：仅包括为游客提供的歌舞厅、KTV 歌厅、演艺吧等娱乐服务，以及电子游艺厅娱乐活动、儿童室内游戏、手工制作等娱乐服务；④旅游摄影扩印服务：仅包括与旅游相关的摄影、扩印等服务。

（2）旅游健身娱乐：①体育场馆旅游服务：仅包括可供游客观赏体育赛事的室内、室外体育场所，以及室外天然体育场地的管理服务；②旅游健身服务：仅包括休闲健身场所为旅游提供的健身器械、保龄球、台球、棋牌等服务。

（3）旅游休闲娱乐：①洗浴旅游服务：仅包括为游客提供的洗浴、温泉、桑拿、水疗等服务；②保健旅游服务：仅包括为游客提供的保健按摩、足疗等服务，以及特色医疗、疗养康复、美容保健等医疗旅游服务；③其他旅游休闲娱乐服务：仅包括公园、海滩和旅游景点内的小型设施服务等。

（七）旅游综合服务项目

（1）旅行社及相关服务：①旅行社服务；②旅游管理服务；③其他旅行社相关服务。

（2）其他旅游综合服务：①旅游活动策划服务：仅包括与旅游相关的活动策划、演出策划、体育赛事策划等服务；②旅游电子平台服务：仅包括一揽子旅游电子商务平台的运营维护服务；③旅游企业管理服务：仅包括旅游饭店、旅游景区、旅行社等单位的管理机构服务，以及与旅游相关的行业管理协会、联合会等行业管理服务。

第二节　旅游项目的营销

一、营销与旅游项目营销

（一）营销的概念与标志性事件

市场营销学产生和发展于市场经济发达的美国，是一门建立在经济科学、行为科学和现代管理科学基础上的应用科学，它的研究对象是企业市场营销活动及其规律，其发展历程中的标志性事件和重要观点如表 1-4 所示。美国市场营销协会（AMA）认为："营销是对思想、产品及劳务进行设计、定价、促销及分销的计划和实施的过程，从而产生满足个人和组织目标的交换。" 著名营销学家菲利普·科特勒认为："营销是个人和群体通过创造并同他人交换产品和价值，以获得其所需所欲之物的一种社会和管理过程。"①

表 1-4　市场营销学标志性事件和重要观点

时间	代表	典型事件	营销观点
1905 年	W·E·克罗伊西（W. E. Kreusi）	《产品的市场营销》（*The Marketing of Products*）	第一次提出"市场营销"（Marketing）这个词
1912 年	赫杰特齐（J. E. Hagerty）	以市场营销学（Marketing）命名的教科书	营销学正式成为一门新学科
1916 年	韦尔德（Weld L. D. H.）	《农产品的市场营销》（*Marketing of Farm Products*）	营销基本功能综合研究的开端
1923 年	A·C·尼尔森（A. C. Nielsen）	创建专业的市场调查公司，研究快消品零售商和制造商，以及其他消费集中行业货物的流动	数据营销时代的开始
1937 年	美国"市场营销学会"	市场营销理论开始由大学走向社会	营销理论开始普及
1956 年	温德尔·斯密（Wendell Smith）	市场细分	市场细分不应停留在产品差异上
1960 年	杰罗姆·麦卡锡（Jerome Mecartry）	《基础市场营销》	产品、价格、通路、促销 4Ps 理论

① ［美］菲利普·科特勒．营销管理［M］．向佳讯，于洪彦，等，译．上海：格致出版社，2015.

续表

时间	代表	典型事件	营销观点
1967 年	菲利普·科特勒（Philip Kotler）	《营销管理》出版	营销学从经济学母体中分离
20 世纪 50 年代初	罗瑟·里夫斯（Rosser Reeves）	UPS 理论	独特的销售主张
20 世纪 60 年代	大卫·奥格威（David Ogilvy）	品牌形象理论	描绘品牌形象比强调产品差异更重要
1969 年	艾·里斯和杰克·特劳特（Ai Rise & Jack Trout）	定位理论	《定位——同质化时代的竞争之道》定位体现品牌价值
1969 年	W·艾德尔森和 R·考克斯（W. Aderson & R. Cox）	广义的营销	营销不仅适用于产品和服务，还适用于潜在商品或劳务交易的任何活动
1975 年	邓白氏（Dun & Bradstreet，D & B）	建立美国商业信息中心	市场研究发展为专业化服务产业
20 世纪 80 年代初期	美国电话电报公司（AT & T）	顾客满意度	企业营销应追求“整体顾客满意”
20 世纪 80 年代中期	美国“马尔科姆·鲍德里奇国家质量奖”（Malcolm Baldrige National Quality Award）	以“顾客满意度”为中心开发全面质量管理体系	营销对企业体系的影响更加深入
20 世纪 80 年代末	大卫·A·艾克（David A. Asker）	品牌资产	品牌忠诚度、品牌知名度、品牌感知质量、品牌联想和其他专有资产构成品牌五星模型
1983 年	西奥多·莱维特（Theodore Levitt）	《全球化的市场》	统一产品和统一沟通手段的全球营销
20 世纪 90 年代	唐·舒尔茨（Don Schultz）	〈整合营销沟通〉	整合各种营销工具统一目标、统一形象，传递一致的信息
1985 年	巴巴拉·本德·杰克逊（Barbara. B. Jackson）	关系营销	建立和发展良好关系是营销的发展方向
20 世纪 90 年代末	网络平台	网络营销（On-line Marketing 或者 E-marketing）	全方位营销系统

（二）旅游项目营销的概念与特征

1. 旅游项目营销的概念

旅游项目营销是项目方确定旅游消费者需求，并针对消费者需求寻找旅游项目价值，进而确定旅游项目各个阶段营销目标的一系列行为。

2. 旅游项目营销的特征

（1）效益为主：旅游项目营销的首要目的，就是增加旅游项目的社会效益和经济效益。只有围绕增加效益进行的营销活动才是有益的、值得继续的、能够持续进行的。

（2）需求优先：发现需求、发掘需求、确定需求是旅游项目营销的第一个核心。只有知道消费者的需求是什么，才能有效地进行针对性营销，买卖双赢，同步增长，才能有效实现成本价值向利润价值的转化。

（3）价值对接：发现价值、发掘价值、确定价值是旅游项目营销的第二个核心。知道消费者的需求后，旅游项目应当寻找项目产品的价值，将其与消费者需求进行衔接，帮助消费者开发需求、成长需求、实现需求。两者应当良性互动，相互促进，共同成长，最终实现社会效益与经济效益双赢。

（4）系统运行：有效实现既定营销目标的重要方法就是系统运行营销活动。旅游项目营销是一个整体，任何市场和产品都有自己的生命周期，不同的市场和不同的产品又具有不同的特点，根据上一阶段完成的情况掌控下一阶段活动的开展，实现针对性活动中的规范化管理，可以有效降低成本投入，实现效益最大化。

二、旅游项目营销的基本理论

（一）五种市场经营观念

1. 生产导向观念

生产导向观念的主导思想是从生产出发，“生产什么，就卖什么”①。

生产导向观念有以下三个假定：

（1）消费者喜欢那些可以随处买得到而且价格低廉的产品。

（2）消费者没有特殊需要。

（3）整个社会需求量大，但购买力不高。

生产导向观念的关注要点是：企业生产效率和销售覆盖面。

生产导向观念的主要销售手段是：低价，大规模。

生产导向观念的追求目标是：通过大规模生产来获取短期利润。

生产导向观念适应的场合：低收入、无差异、较大顾客群的市场。

生产观念出现于20世纪20年代前。第二次世界大战期间及战后一段时期内，生产观念适应了当时物资短缺、市场产品供不应求的情况，最大限度地发挥了供给方对物资的利用能力，生产出了大量售价相对较低，又能满足基本消费需要的产品。

---

① ［美］菲利普·科特勒．营销管理［M］．向佳讯，于洪彦，等，译．上海：格致出版社，2015.

★典型案例

在线旅游低价大促 打造3月“狂欢节”

3月6日起，携程网启动了首个3月全民春季在线旅游节，3月6—10日的“一口价”、3月11日的“秒杀战”、3月12—20日的“玩砍价”活动和3月23—27日的“抢爆款”活动，是一场汇集跟团游、自由行、出境游于一体的上万种产品的大规模促销，个别产品甚至低至一二折。

“我年前买的曼谷往返机票要2 600元左右，而最近看到在线旅游网的促销价格，也是同时间段出行，七天五晚的曼谷芭提雅线路，机票加上住宿也就3 000元出头，还有两晚住五星级酒店呢！本来是怕机票一天天涨，我就提前预订，没想到最近特价旅游产品这么多。”市民周小姐对记者说。

无独有偶，途牛网的“3·23旅游节”也是一场低价盛宴，比如从杭州出发的“厦门双动3日游”直接折腰砍半，从上海出发的“马尔代夫6日4晚自助游”折后也只需要6 000多元。蚂蜂窝在“3·18旅游节”期间推出了景区门票、接送机等多种“一元产品”，还有入台证9元起、签证99元起、日韩往返含税机票999元起等上万种自由行特卖品，甚至包含清明、五一等多个小长假在内的班期。

同样是3月18日，同程搞了一个“旅游日狂欢节”，参与促销的线路都是应季产品，比如，荷兰郁金香赏花游、济州岛赏油菜花、日本观光购物樱花游、巴厘岛海边度假游等，都有较大幅度的降价。

3月份本身就是一个很好的促销时机，一方面受季节影响适合旅游度假，另一方面春节过后旅游市场相对冷淡，到十一国庆之前都没有长假期，而通过“造节”可以人为形成旅游消费热点。蚂蜂窝相关负责人表示，蚂蜂窝首次举办的“3·18旅游节”若市场反响不错，很可能成为未来新的商业模式。

（资料来源：王枫林．在线旅游低价大促［EB/OL］．浙江在线，2015－03－19.）

2. 产品导向观念

产品导向观念的主导思想是从产品质量出发，“质量比需求更重要”①。

产品导向观念有以下三个假定：

（1）消费者喜欢高质量、多功能和具有某种特色的产品。

（2）消费者具有不同的偏好。

（3）消费者有较强的支付能力。

产品导向观念的关注要点是：质量、品种、性能、品牌。

产品导向观念的主要销售手段是：高价、小规模、优质服务、专卖。

产品导向观念的追求目标是：通过高质量的产品来获取短期利润。

产品导向观念适应的场合：高收入、大差异、较小顾客群的市场。

产品导向观念适应了第二次世界大战后的社会生产力发展，人们的生活水平进一步提高，消费者具备选择多功能、有特色优质产品的愿望和能力的情况，它是生产导向观念的直接发展。

---

① ［美］菲利普·科特勒．营销管理［M］．向佳讯，于洪彦，等，译．上海：格致出版社，2015.

★典型案例

个性化定制游产品　高价也走俏

韩国花艺之旅

线路特色：从花艺课程中感受地道文化

费用：19 800 元/人

除了旅游机构，不少专业类工作室也开始定制相关主题游学线路，把一边学习一边游览当地特色景点合理地搭配起来。曾在韩国领事馆工作的池先生与太太吴女士，在广州天河开设了一间工作室。他们已经组织了四批学员从韩国游学归来，而下一批花艺之旅也将于6月中下旬启程。

池先生告诉记者，在四天三晚的行程中，安排了大家去当地最著名的五家花艺工作室学习，地点主要集中在首尔著名旅游区青瓦台、三清洞、仁寺洞周边。学员们在学习之后可以在这里游览逗留，随心所欲地购买一些喜欢的小玩意儿。值得一提的是，这次课程特别安排了特色韩屋体验花艺课程，其中一家是隐藏在韩国古老建筑韩屋里面的花店 IENA，在这里能体验到本土特色文化氛围。当然这里面的很多花店课程都需提前2个月预约，比如在青瓦台隔壁的 Haedangwha School。池先生表示："我们在美食方面也会花一些心思去安排，主要包括正宗韩式料理、甜品店和咖啡店，这些都是韩国比较出名的。目前产品在市场上的反响比较好，毕竟不同于普通的团队游，我们去的都是本地人经常去的地方，我觉得这才是真正的韩国。接下来，我们还会安排五天四晚的产品，让大家多一点时间在当地游览。"

此外，据记者了解，韩国旅游发展局广州办事处，也开展了丰富多样的韩国文化活动，其中被会员"秒杀"的课程，仍数由吴女士执讲的韩国插花。

（资料来源：黄欢．个性化定制游产品，高价也走俏［EB/OL］．凤凰网，2016－04－18.）

3. 销售导向观念

销售导向的主导思想是从销售效率出发，"我们卖什么，就让人们买什么"①。

销售导向观念有两个假定：

（1）消费者存在购买惰性和抗衡心理。

（2）必须积极推销，才能刺激消费者购买。

销售导向观念的关注要点是：广告术、推销术、产品销量。

销售导向观念的主要销售手段是：千方百计使消费者对产品产生兴趣。

销售导向观念的追求目标是：通过花样繁多的销售来获取短期利润。

销售导向观念适应的场合：供大于求的市场。

1920—1945 年，由于科学技术的进步，科学管理和大规模生产方式的推广，企业产品产量迅速增加，但消费者购买能力却在缩小，市场产品逐渐供过于求。1929 年 10 月 24 日，美国纽约股票市场价格在一天之内下跌 12.8%，世界经济大危机由此开始，从美国迅速蔓延到整个欧洲和除苏联以外的全世界，银行倒闭、生产下降、工厂破产、工人失业，一直到 1933 年才结束，这是迄今为止人类社会遭遇的规模最大、历时最长、影响最深刻的经济危

① ［美］菲利普·科特勒．营销管理［M］．向佳讯，于洪彦，等，译．上海：格致出版社，2015.

机。经济危机期间，大量产品滞销，许多企业认识到，仅仅靠扩大生产规模降低成本未必有效，或者靠提高质量降低成本也未必能卖出产品，因此迫使企业重视销售，纷纷采取强化推销机构，增加和培训推销人员，研究广告术和推销术等方法努力推销产品。

4. 营销导向观念

营销导向的主导思想是从顾客角度出发，“顾客需要什么，我们就生产什么”①。

营销导向观念有三个假定：

（1）市场供大于求。

（2）消费者需求个性化、多元化。

（3）能正确确定目标市场的需要和欲望。

营销导向观念的关注要点是：消费者的需求，如何满足消费者的需求。

营销导向观念的主要销售手段是：发现需求，发掘需求，确定需求。

营销导向观念的追求目标是：通过消费者满意来获取长期利润。

营销导向观念适应的场合：供大于求的市场。

5. 社会营销导向观念

社会营销导向的主导思想是从社会总体利益出发，“企业营销 = 顾客需求 + 社会利益 + 盈利目标”。

社会营销导向观念有两个假定：

（1）现实存在目标顾客、环境、社会的需求。

（2）目标顾客、环境、社会的需求都要考虑。

社会营销导向观念的关注要点是：综合平衡不同需求。

社会营销导向观念的主要销售手段是：长远利益的共同合作。

社会营销导向观念的追求目标是：通过消费者满意 + 社会满意来获取长期利润。

社会营销导向观念适应的场合：可持续发展的市场。

20 世纪 70 年代末，在能源短缺、通货膨胀、失业增加、环境污染严重、消费者保护运动盛行的世界市场新形势下，西方很多学者提出了社会营销理念，该理念包含一系列子概念，如理智消费观念、绿色消费观念、生态保护观念等。共同点是都注重考虑整体利益和长远利益。目前，推进社会营销导向观念主要有两种做法：社会团体组织协调、政府法律法规支持或鼓励。

（二）三大营销战略环节（STP）

1. 市场细分（Market Segmentation）

根据细分变量，将消费需求和消费行为接近的消费者划分为一组，每组消费者就是一个细分市场。

（1）市场细分变量。

1）地理环境因素：区域，气候，城市规模，人口密度。

2）人口因素：年龄，性别，收入，职业，受教育程度，婚姻，家庭生命周期。

---

① ［美］菲利普·科特勒. 营销管理［M］. 向佳讯，于洪彦，等，译. 上海：格致出版社，2015.

3）消费心理因素：生活方式（简朴，时尚，舒适），个性（自信，服从，保守，进取）。

4）消费行为因素：购买时机，追求利益，使用者状况，使用频率，品牌忠诚度，态度。

（2）市场细分的原则。[①]

1）可衡量原则，指细分市场必须具有明显的范围、可以估量的规模和购买力。

2）可进入原则，指企业营销信息能抵达的、产品能进入并占据一定份额的细分市场。

3）可营利原则，指细分市场的容量能保证企业获得预期的经济效益。

4）可区分原则，指不同细分市场能清楚地被区分，不会发生混淆，这就要求选择的细分变量和消费者的某种或者某些购买行为有必然联系。

5）相对稳定原则，指细分市场在一定时期内能保持稳定。

2. 确定目标市场（Target Marketing）

（1）无差异市场营销。

（2）差异性市场营销。

（3）密集性市场营销。

3. 市场定位（Market Positioning）

（1）市场定位的内容：产品定位，企业定位，竞争定位，消费者定位。

（2）市场定位的方法：竞争定位，避强定位，开拓定位，重新定位。

（三）四大营销策略组合（4PS）

1960 年，杰罗姆·麦卡锡在其《基础营销》（*Basic Marketing*）一书中第一次将企业的营销要素归结四个基本策略的组合，即著名的“4PS”理论：产品（Product）、价格（Price）、渠道（Place）、促销（Promotion），由于这四个词的英文字头都是 P，再加上策略（Strategy），所以简称为“4PS”。1967 年，菲利普·科特勒在其畅销书《营销管理：分析、规划与控制》第一版中进一步确认了以 4PS 为核心的营销组合方法，即：产品（Product）：注重开发的功能，要求产品有独特的卖点，把产品的功能诉求放在第一位。价格（Price）：根据不同的市场定位，制定不同的价格策略，产品的定价依据是企业的品牌战略，注重品牌的含金量。渠道（Place）：企业并不直接面对消费者，而是注重经销商的培育和销售网络的建立，企业与消费者的联系是通过分销商来进行的。促销（Promotion）：企业注重以销售行为的改变来刺激消费者，以短期的行为（如让利、买一送一、营销现场气氛等）促成消费的增长，吸引其他品牌的消费者或导致提前消费来促进销售的增长。[②]

三、旅游项目营销常用工具方法

（一）头脑风暴法（Brain-storming）

头脑风暴法又称为脑力激荡法、自由思考法等，是美国创造学家亚历克斯·奥斯本

① 朱华锋．营销策划理论与实践［M］．北京：旅游教育出版社，2012.

② ［美］菲利普·科特勒．营销管理［M］．向佳讯，于洪彦，等，译．上海：格致出版社，2015.

（1888. 5. 24—1966. 5. 4）提出的一种通过讨论找到问题解决途径的方法。头脑风暴适用于团体成员间自由联想和讨论，目的在于尽可能全面地认识分析对象的特性，同时产生新观念并激发新设想。①

单个个体思考问题解决方案时，容易受个体思维限制产生局限性，而在团体中，又由于团体成员相互影响，容易屈从权威或者多数人意见。头脑风暴法鼓励集体讨论中个体成员更多的个人观点表达，并将其统一在共同决策的整体中，既能避免团体盲从情况的产生，又能充分发掘个人思维的独特视角，保证了团队决策的创造性、全面性，能够有效提高决策质量。

1. 头脑风暴的组织形式

（1）人数 10 人左右，最好由不同专业、不同岗位的人组成。如果参加者相互认识，就不要选择领导参加；如果参加者相互不认识，可随意选择。

（2）头脑风暴时间控制在 1 小时左右，设主持人 1 名，并准备专人做好会议记录。

（3）会议前要明确主题，将会议主题提前通报给与会人员，让与会者有一定准备。

2. 头脑风暴的操作原则

（1）自由思考：参与人员尽可能“胡思乱想”，无拘无束地思考问题并畅所欲言，不必顾虑自己的想法或者说法是否“离经叛道”或者“荒唐可笑”。

（2）只记录不作评判：在团体讨论问题的过程中，个人观点不受任何干扰和控制是非常重要的，这样能使每个人发掘更多思维盲点，提出大量新观念。

（3）数量胜过质量：不同观点的意义与用处我们称为“质量”的部分，也许在当时情况下根本不能充分认识，而更多数量的观点可以从不同角度提供给我们认识点。在团体讨论问题的过程中，每提出一个新的观念，都能引发他人的联想，进而连锁反应产生一连串的新观念，为创造性地解决问题提供更多可能性。

（4）鼓励联想：鼓励团体成员根据他人的构思修改生成新的观点，达到利用一个灵感引发另一个灵感的目的。

（二）**德尔菲法**（Delphi Method）

德尔菲法又称为专家调查法，20 世纪 40 年代由赫尔默和戈登首创。1946 年，美国兰德（Rand）公司为避免集体讨论存在的屈从权威或盲目服从多数的缺陷，首次用这种方法进行定性预测，因为效果明显，该方法被迅速广泛使用。德尔菲是古希腊地名，德尔菲阿波罗神庙被古希腊人认为是地球的中心，也是预卜未来的神地，因此这种预测方法被命名为德尔菲法。

1. 德尔菲法的操作流程

（1）组建专家小组，一般 20 人以内。

（2）向所有专家提供需要预测的问题和问题的背景资料，操作过程中根据专家需求不断补充资料。

（3）每位专家根据材料提出预测意见，并说明预测依据。

---

① 戴力农．设计调研［M］．北京：电子工业出版社，2014.

（4）将每位专家第一次的预测意见进行汇总，制成对比图表，可以再次分发给各位专家，让专家比较自己与他人的不同之处，自行考虑是否修改判断；也可以请身份更高的专家对结果进行评论，再将评论分送每位专家，供其参考后自行考虑是否修改判断。

（5）以上步骤重复三四次，匿名征求专家意见—归纳统计—匿名反馈—归纳统计—匿名反馈……直到每个专家不再改变自己的意见为止。

2. 德尔菲法的特点

（1）专业性：参加该方法操作的成员都是行业专家，具有丰富的经验和专业学识。

（2）匿名性：参加该方法操作的所有专家都不知道哪些意见是哪位专家提出的，确保不会因为权威尊敬盲从等心理影响自己的判断。

德尔菲法允许专家粗略地估计判断数值，同时尽可能提供充分的信息，帮助其做出有足够依据的判断。

（三）帕累托分析法（Pareto Analysis）

帕累托分析法又称为 ABC 分类法（Activity Based Classification），是 19 世纪意大利经济学家维弗雷多·帕累托（1848. 7. 15—1923. 8. 19）于 1879 年提出的，他认为在任何大系统中，约有 80% 的问题是由系统中 20% 的变量产生的，帕累托分析法就是根据问题在技术或经济方面的主要特征，识别出少数但对事物起决定作用的关键因素和多数但对事物影响较小的次要因素，从而确定不同管理方式的一种分析方法。1951 年，管理学家戴克将其应用于库存管理，命名为 ABC 法。1956 年，约瑟夫·M·朱兰将 ABC 法引入质量管理，用于质量问题的分析，被称为排列图。1963 年，彼得·德鲁克将这一方法推广到全部社会现象，使帕累托分析法成为企业提高效益普遍应用的管理方法。①

1. 帕累托分析法操作流程

（1）辨别并列出所有的问题。

（2）分析每个问题发生的根本原因，可以采取头脑风暴法或者德尔菲法寻找问题产生的原因。

（3）将所有问题按照根本原因进行分组。

（4）将每组中所有问题的分值相加，由高到低排列。可以采用柱状图排列方法，分值最高的组放到图表左侧第一个，分值略低的放在第二个，依次类推，也可采取二维表排列方法，由高到低依次排列。

（5）选取分值最高的几项，其累计比例在 70% ~80%，为最重要的 A 类问题，累计比例在 10% ~20%，为次重要的 B 类问题，累计比例在 10% 以内的，为不重要的 C 类问题。

（6）重点解决 A 类问题，A 类问题解决之后再解决 B 类问题，C 类问题可留置以后解决。图 1 -4 为帕累托分析图。

① ［英］理查德·柯克. 80/20 法则［M］. 王师，译. 北京：中信出版社，2013.

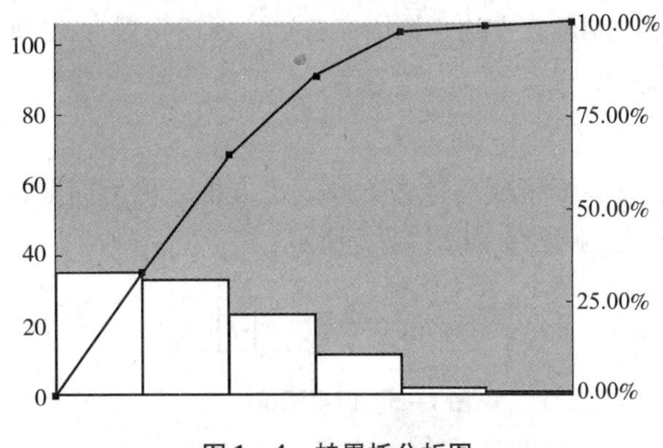

图 1-4　帕累托分析图

2. 帕累托分析法的原则

（1）先汇总再排序；

（2）确定排序的变量很重要；

（3）主要精力集中于重要问题。

（四）5M1E 分析法

在质量管理中，系统运作中导致问题的原因主要有以下 6 个方面的因素：

（1）人（Manpower）：操作者对质量的认识、技术熟练程度、身体状况。

（2）机器（Machine）：机器设备的质量、工具的精确度，以及维护保养状况。

（3）材料（Material）：材料的成分、物理性能、化学性能。

（4）方法（Method）：工艺、操作规程、工作守则。

（5）测量（Measurement）：测量时采取的方法是否标准、正确。

（6）环境（Environment）：工作地的温度、湿度、照明和清洁条件等。

5M1E 法提供了解决问题的思考角度，可以帮助个体更全面地考虑形成问题的原因，在各种管理工具中都能够广泛地应用。

（五）因果图分析法①

因果图又称为特性要因图、鱼骨图、石川图，1953 年日本质量管理专家石川馨最早使用。它通过集思广益发动团队共同寻找产生问题的原因，并将原因和结果间的关系绘制在有大小次序和起点终点的图上，是一种通过问题发现原因的方法，故被称为“因果图分析法”。因果图不仅能发现产生问题的原因，也能整理问题，找出最重要的问题，图示直观醒目，条理分明，用途极广，在管理工程、事务处理上都可使用。配合其他工具如 5M1E 法、头脑风暴、帕累托图等，能收到更好的效果。

1. 因果图类型

（1）整理型因果图：对问题进行结构化整理，了解问题是由哪些部分构成的。问题通常在上面，原因在下面和两边，表述句型为：“包括……”

（2）原因型因果图：问题在右边，原因在左边，表述句型为：“为什么……”

① ［英］东尼·博赞，巴利·博赞. 思维导图系列［M］. 卜煜婷，译. 北京：化学工业出版社，2014.

（3）对策型因果图：问题在左边，原因在右边，表述句型为："如何提高/改善……"

2. 因果图制作步骤

（1）确定问题。

（2）绘制骨架：首先在纸张或白板右方画一个方框，填上问题，然后自左而右画出一条带箭头的直线（主干线/主骨），如图 1-5 所示。

图 1-5 因果图第一步

（3）分析大原因：通过头脑风暴法列出可能产生问题的大原因，最后选定 5~6 个为宜，选定可采用帕累托图法，也可直接采用 5M1E 法进行分类。把找到的大原因用简单的词组表示，分别记在主干线两旁的方框内，以 60°斜线箭头和主干相连，成为大骨线，大骨线应比主干线稍细，如图 1-6 所示。

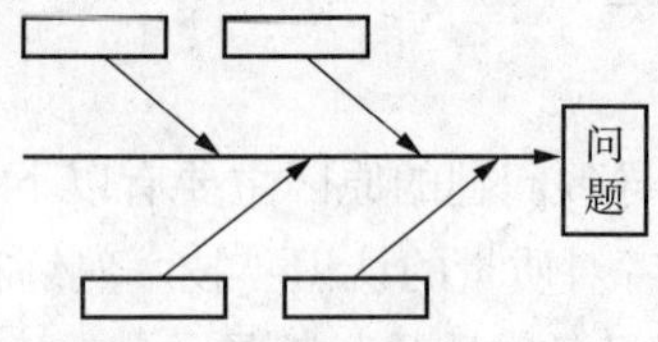

图 1-6 因果图第二步

（4）分析中原因：通过头脑风暴法列出可能产生大原因的中原因，最后选定 3~5 个为宜，选定可采用帕累托图法。中原因用简单的词组表示（常用格式为"有/无＊＊"），记在方框内，分列大原因与主干线相连的大骨线两旁，最后用与主干线平行的带箭头的中骨线与大骨线相连，中骨线应比大骨线稍细，如图 1-7 所示。

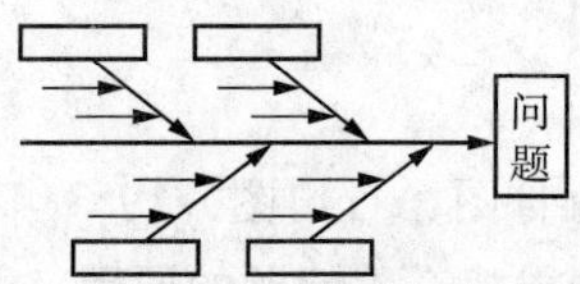

图 1-7 因果图第三步

（5）分析小原因：通过头脑风暴法列出可能产生中原因的小原因，最后选定 3~5 个为宜，选定可采用帕累托图法。小原因用简单词组表示（常用格式为"有/无＊＊"），记在方框内，分列中原因与大原因相连的中骨线两旁，最后用与大骨线平行的带箭头的小骨线与中骨线相连，小骨线应比中骨线稍细，如图 1-8 所示。

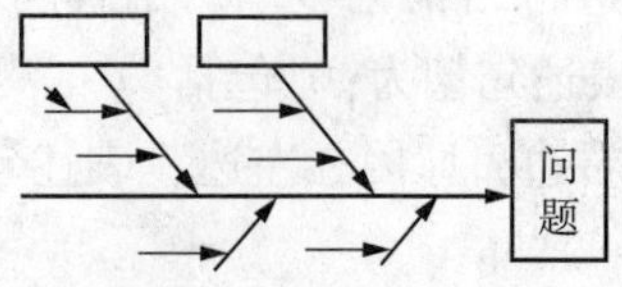

图 1-8 因果图第四步

(6) 圈出每层最重要的原因：比较原因对结果的影响程度，用圆圈选出来，以进一步讨论或采取对策。

(7) 因果图绘制完成后，在图上标注制作目的、制作日期、制作者和参与人员。

(六) 甘特图 (Gantt Chart)①

甘特图又称为横道图、条状图，以发明者亨利·劳伦斯·甘特（1861—1919）的名字命名。甘特图是项目规划的重要工具，它采取图表形式将活动列表与时间刻度放在一起，能够直观展示一个项目完成需要多少时间，可以使用多少资源，并展示项目任务完成的先后顺序。在旅游项目营销策划过程中，往往同时存在连续任务和并行任务。连续任务的开始依赖上一个任务的完成，并行任务的开始不依赖其他任务的完成。甘特图能将连续任务和并行任务同时展示出来，让项目运行人员了解项目进度，确定制约要素和多线头进行的重点。

1. 甘特图的制作步骤

(1) 根据项目计划列出所有任务。

(2) 列出所有任务的启动时间和完成时间。

(3) 建立二维表。横轴表头是时间单位，时间单位要一致，表格宽度也要一致。纵轴表头是需要完成的项目任务。

(4) 根据项目任务启动和完成时间在表格上画线表示。线段从纵轴项目任务处开始，对应横轴时间格画平行线或填涂，经过的表格就是需要的时间段。

(5) 规划任务。用不同颜色标识连续任务和并行任务，将连续任务按照前后顺序画衔接线，确保相互依赖的任务不在前任务完成前就开始；并行任务则采用关键路径分析法，规划开始和完成的时间，避免多任务集中堵塞路径。

2. 甘特图的优缺点

优点：①简单清晰，制作简捷使用方便。②可直观了解资源需要量。

缺点：只能关注进程管理，对于项目开发的成本和范围关注不够。

第三节　旅游项目的策划

一、旅游项目策划的含义

(一) 旅游项目策划的概念

旅游项目策划是项目方根据旅游项目营销目标，通过设计管理旅游项目产品、价格、渠道、促销等活动，把营销目标转换为现实成果，进而实现旅游项目经济效益与社会效益的一系列行为。

(二) 旅游项目策划的特征

1. 战略导向

策划方案一旦完成，将成为旅游项目较长时间内的操作指南，项目团队的全部工作都要

① 项目管理协会．工作分解结构（WBS）实施标准（第二版）[M]．北京：电子工业出版社，2015.

依据策划方案进行，因此在进行项目策划时，必须站在战略高度进行思考，高处着眼，低处求实，在营销战略方案的指导下，把策划方案做得认真细致、详细周到。

2. 创意创新

创意创新是策划工作的必备要素，同样的项目产品采用什么样的方式开发、呈现、更新能起到更好的效果，是策划过程中需要时时思考的问题。常规工作是策划的骨架，创意创新工作是策划的点睛之笔，两者结合才能实现目标与成果的转换。

3. 可操作性

策划涉及旅游项目开发、运行、检测中各个环节工作的处理，与每个人的具体工作息息相关，因此可操作性非常重要。不能操作的方案创意再好也不具备现实价值，无法完成蓝图到效益的置换，不易操作的方案也必然耗费人、财、物资源，造成管理复杂、效率低下。

4. 有针对性

每一个旅游项目都有自身特有的内外环境，策划工作必须注意依据项目各自特点，具体问题具体处理，找到最适合当下的策划方案，减少想当然和因循守旧的错误策划思想，真正做到发现问题、解决问题。

5. 团队凝聚原则

旅游项目策划筹备初始，就需要根据营销目标搭建项目团队，根据任务需要确定分工角色。在项目开发过程中，团队会面临种种问题，解决问题并持续运作的重要基础就是项目团队的齐心协力、共同前进，再优秀的项目负责人没有团队作为后盾都无法完成任务。

★小知识

从《越狱》看如何完成一个项目

项目目标：迈克尔·斯科菲尔德设法从监管严密的狐狸河监狱救出自己的兄弟林肯·布鲁斯。

项目时间：林肯·布鲁斯坐上电椅前（最严格的项目管理进度要求）。

项目成本：迈克尔·斯科菲尔德及其伙伴所付出的一切艰辛和智慧。

启示：

（1）一定要有坚定的信念。迈克尔·斯科菲尔德坚信哥哥是无辜的，这是所有行动的信念保障。无论碰上何种艰难，被狱警刁难，被其他囚犯伤害，甚至所有证据都证明他的哥哥就是杀人凶手，迈克尔·斯科菲尔德从不放弃自己的这种信念。这是一切的保障，否则一个项目管理是无法完成的。

（2）一个系统的项目计划。迈克尔·斯科菲尔德的文身是整个行动的 blue print（蓝图），这个计划的总纲乃至细节都在行功前做好足够的功课，每一步都是精心策划的结果。当主行动计划因为不可预测的事件受阻之后，一个准备好的备份计划迅即展开，始终保持行动的主动权。

（3）一个组织合理的团队。迈克尔·斯科菲尔德在团队建设方面具有强大的组织能力，在行动计划里规划的关键人物都被他成功控制，约翰·阿布鲁兹是监牢里的实际控制者，一个极难控制的家伙，迈克尔·斯科菲尔德抓住他的弱点，甚至失去两个脚趾，最终控制了他，拥有了所有行动的监狱资源。其他参与者虽然背景复杂、实力强悍，由于各种原因进入团队，但团队的核心控制权始终掌握在迈克尔·斯科菲尔德手中，保证了整个计划的顺利进行。

（4）超强的应变力。“变化永远比计划快”，这是永恒不变的真理，一个计划再完美总是会被一些突发事件打乱。面对各种意外，能以主动的态度随机应变才能使计划继续下去。《越狱》里面涉及了大量变数，无论大的小的，都可能是致命的，只有一个办法：在计划框架下不断想出新的办法，注意计划始终要留有余量。

（5）运气，永远不能忽视的要素。当迈克尔·斯科菲尔德和同伴千辛万苦来到医疗室的下面，突然绝望地发现原来腐蚀的管道被另一根管道替代的时候，我们不得不说造化弄人。任何项目中总有好运坏运，有时候这些突发情况是自己无能为力的，只能说“尽吾心，顺天意”，保持平常心就好。

（资料来源：英特尔软件学院教材编写组．项目管理［M］．上海：上海交通大学出版社，2011.）

二、旅游项目策划基础理论

（一）策划四要素

（1）对象，指旅游项目面对的目标市场，策划时要针对具体目标市场进行具体操作，化整为零，形成战略实施中的阶段性对象。

（2）资源，指旅游项目策划时团队手中掌握的人、财、物条件。把握资源，量入为出，是策划过程中必须考虑的问题。统筹规划资源，通过阶段性经营绩效，最终实现总体绩效是策划的目的。

（3）组织，项目团队是旅游项目开发运行过程中最重要的依靠力量。

（4）方法，指策划内容的架构组织方法，不同架构方法会让同样材料呈现不同的风貌，有经验的从业者善于灵活运用资源，针对对象，依托组织，善于使用方法、总结方法。

（二）策划过程四项工作

（1）计划，项目策划首要工作是将战略目标分解为任务目标，分解的过程就是计划的过程。

（2）沟通，项目策划目标需要得到项目组内外的了解和认同，客户与项目组之间、项目组与上级领导之间、项目组内部都需要及时沟通，明确目标，认同计划，掌控任务。

（3）控制，包括前馈控制，事中控制，事后控制，问题控制，风险控制等。项目策划通过控制纠正偏差，整合路径。为了有效实现控制，项目策划要设计出一个有效的控制系统和应急系统，这个控制系统要从组织上、制度上、人员上给予充分的保障，可以有针对性地提出最有可能发生的差错，提前预设好对策方案。

（4）测评，目标达标率、效益实绩、战略影响等是项目测评的重要指标，对成果的检测和分析，也有助于更好地完成项目、查漏补缺。

（三）策划基础理论

1. 核心竞争力

核心竞争力（Core Competitiveness），是指旅游项目与项目产品在市场竞争中表现出来的，具有支撑作用的、决定性的比较竞争优势。它能为旅游消费者提供其他旅游项目不能提供的价值，在实践中往往与项目营销中的品牌打造相结合，表现出价值保障、价值升值的特点，也常常与旅游企业的组织文化构建相结合，表现出组织理念、组织愿景的含义。品牌与组织文化伴随旅游项目成长，通过时间和行动累积旅游消费者的体验记忆，增加不可替代性，增加核心竞争力，是一个正循环的过程。

2. 生命周期理论

生命周期理论（Life Cycle），是指旅游项目与项目产品在市场上的进入期、成长期、成熟期、衰退期四个阶段。它通过市场接受程度、资源投入规模、产出收益比率等阶段特征要素，帮助项目策划者确定不同阶段投入和应对的重点。在实践中往往与目标市场结合起来，进行双向分析，如个体生命周期消费特征、家庭生命周期消费特征、城镇生命周期消费特征等。

3. 可持续发展理论

可持续发展理论（Sustainable Development Theory），是指旅游项目与项目产品以保护生态系统、环境系统、文化系统为前提的，可维持现有旅游发展，并能增加未来旅游发展的开发活动。可持续发展理论帮助项目策划者确定战略总体思路，在实践中往往由政府通过技术评估、文化增值、有限区域、定点环线等方法主动调控。

4. 社区参与理论①

社区参与理论（Community Participation），是指从社区角度策划开发适合社区生态系统的旅游项目与项目产品，即通过分析利益相关者的活动、交流占用的时间、空间，设计能够助益社区恢复、成长和完善的旅游项目与项目产品。在社会交流日益频繁、信息媒体日益丰富、对区域文化影响不断加大的现状下，社区参与理论中的生态系统研究具有非常重要的意义。目前实践中运用较多的方法有：社区居民参与旅游项目管理活动，社区共议旅游项目的开发，商定社区利益分配方案，加强就业倾斜等。

5. 临界分析理论

临界分析理论（Threshold Analysis），是指建立在门槛理论上的对某类建设的规模和建设投资极限或临界点的分析。门槛理论是 20 世纪 60 年代波兰区域规划专家 B · 马利兹提出的，主要是对城镇与工业区发展规模进行经济论证，对其基本建设投资进行计量分析。临界分析理论研究临界点，包括实体临界点、技术临界点、结构临界点等。在旅游项目中，常常被用在资源分析上，1968 年 B · 马利兹在南斯拉夫沿海地区旅游发展规划中，首次从临界分析角度把资源分为两大类：第一类是容量与需求成正比例关系；第二类是容量跳跃式增加，超正比例出现冗余，导致资产冻结的关系。

---

① 王林．景观村落旅游与社区参与［M］．北京：中国旅游出版社，2014.

6. 瓶颈理论

瓶颈理论（Theory of Constraints，TOC），是指基于短板的系统推论方法，即系统最终产出受到系统内最薄弱环节的限制，分析造成瓶颈的短板和薄弱环节并进行改进，可以有效提高系统整体效益。由以色列物理学家高德拉特博士创立，与精益生产、六西格玛并称为全球三大管理理论。TOC 提出了三项主要衡量指标：有效产出、库存和运行费用。有效产出的瓶颈是首要关注问题，其解决措施是其他活动不冲突的前提。实践中常常与帕累托分析法、因果分析法、PDCA 循环结合使用。

7. 全域旅游理论①

全域旅游理论（Global Tourism），是指在一定区域内，以旅游业为城市建设和优化配置的基础背景，通过旅游标准指标体系不断向景区、酒店等传统旅游实体以外的城市休闲空间、公共服务部门扩展，通过对区域内经济社会资源如自然人文资源、生态环境、基础设施、公共服务、政策法规、文明素质等进行全方位、系统化的优化提升，实现社会共建共享、区域资源有机整合、产业融合发展，以旅游业带动和促进经济社会协调发展的一种新的区域协调发展理念和模式。

8. 智慧旅游理论

智慧旅游理论（Intelligent Tourism），也称为智能旅游理论。智慧旅游指利用云计算、物联网等新技术，通过互联网和移动互联网，借助于便携的终端上网设备，主动感知旅游资源、旅游经济、旅游活动、旅游者等方面的信息，并及时发布，让人们能够及时了解这些信息，及时交互反馈，及时安排和调整旅游工作和计划，从而达到对各类旅游信息智能感知、交互参照、交互创造的效果。在此基础上，智慧旅游理论主要是研究智慧旅游作为工具和内容，在旅游管理、旅游服务和旅游营销三个层面的建设和发展，如基于移动互联网和社交软件而兴起的社群旅游等。

三、旅游项目策划的运作过程

旅游项目策划从项目开发到结束，在时间上划分为四个基本阶段，前一阶段的结束导致下一阶段的产生，下一阶段的进行保证前一阶段的成果有效并持续发生效力。

（一）旅游项目启动阶段策划

旅游项目启动阶段的策划工作主要是市场环境分析，帮助确定旅游项目构思、识别利弊和进行项目选择，并在此基础上进行初步调研，确定旅游项目可解决的问题、可实现的目标，进行旅游项目可行性研究。旅游项目启动阶段最重要的工作是明确旅游项目的目标，并确定可使用的资源。

（二）旅游项目准备阶段策划

旅游项目准备阶段的策划工作主要是进行项目策划前期文件的编制，如营销项目工作分解、策划可交付成果确定等；进行策划项目团队的组建，如负责人的选派、组员的确定，以

① 马勇，刘军，马世骏．旅游发展规划创新与实践：基于全域旅游的视角［M］．北京：高等教育出版社，2016.

及建立各项管理制度。

1. 工作分解结构

工作分解结构（Work Breakdown Structure，WBS）①，就是将项目按一定原则进行分解，大项目分解成小任务，小任务分解成单项工作，单项工作再分解为不可拆分的独立环节，直到分解不下去为止，如图1－9所示。

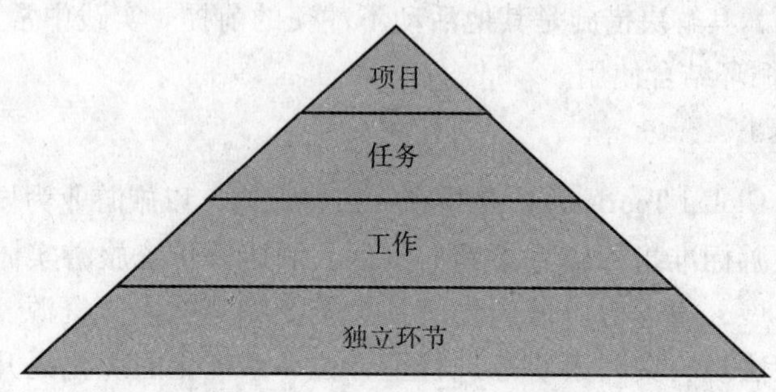

图1－9 项目工作分解结构

工作分解结构是项目计划过程的中心，是制定进度、资源需求、成本预算、风险管理、采购等计划的重要基础。

（1）分解要素。

工作（Work）：可以产生有形结果的工作任务。

分解（Breakdown）：逐步细分和分类的层级结构。

结构（Structure）：按照一定模式组织的各部分，如结构树状图、层次图等。

（2）分解方法。

构建旅游项目策划WBS有三种常见处理方法：时间＋任务处理法、区域＋任务处理法、里程碑事件＋任务处理法。

1）时间＋任务处理法：

第一步，从项目策划总目标开始，按照时间发展的不同阶段，如开始、准备、实施、收尾阶段，先分解为第一层。

第二步，将每个时间阶段的工作目标分解为多个工作任务，成为第二层，如开始阶段包括项目识别、项目构思、项目选择。

第三步。将每个工作任务划分为可以产生成果的独立工作，成为第三层，如宣传任务包括制作文字方案、制作图片资料、表演等。

第四步，将每个工作划分为可以产生成果的独立环节，成为第四层，如制作文字方案包括编写发言稿、主持大纲、新闻报道等。

2）区域＋任务处理法：

第一步，按根据项目策划目标构成的不同区域，先分解为第一层，如旅游景点包括活动区、观光区、休闲区。

① 项目管理协会．工作分解结构（WBS）实施标准（第二版）［M］．北京：电子工业出版社，2015.

第二步，根据每个区域的不同功能，将其分解为多个功能区，成为第二层，如旅游观光区包括主吸引物、次吸引物、辅助设施。

第三步，将每个功能区划分为更小的功能区，成为第三层，如主吸引物区包括入口处、停车场、观赏区、服务设施等。

第四步，将每个小功能区划分为独立工作负责区，成为第四层，如入口处包括安保1区、安保2区、检票1区等，如果区域较大，还可以多分解几次。

3）里程碑事件+任务处理法：

里程碑事件指项目中的重大事件，是项目应该重点考虑的关键点，通常指一个主要的可交付成果。所谓可交付成果指可度量的、可核实的工作成果。

旅游项目策划中主要可交付成果如下：启动阶段结束时，批准营销可行性研究报告是第一个里程碑，其可交付成果就是可行性研究报告；计划阶段结束时，批准项目营销计划是第二个里程碑，其可交付成果就是项目营销计划文件；执行阶段结束时，项目完工是第三个里程碑，其可交付成果就是有待交付的策划完工产品（基本完成的项目）或文件、软件等；收尾阶段结束时，项目交接是最后一个里程碑，其可交付成果就是策划完工产品和项目文件。该方法可以套用“时间+任务处理法”。

最后，参与项目的成员可以详细列出他们认为完成项目目标需要做的工作，然后对其进行分类整合，并归总到一个整体活动或者上一级内容中，帮助管理人员确定范围、精简内容。

2. 组建项目团队

完成招募旅游项目工作所需的人员，分配工作区域，确定各层级负责人。

3. 编制《项目手册》

编制《项目手册》确定项目的着手方向，确定何时何地由何人完成项目目标，树立项目成功的信心，《项目手册》应包括以下内容：

（1）项目启动原因：市场需求、营运需要、客户要求、新产品新技术开发、法律要求、公益需要。

（2）项目负责人的权限和级别。

（3）项目组织结构和参与人员。

（4）项目经费预算。

（5）项目总里程碑进度表。

（6）项目完成成果预设。

（三）旅游项目实施与监控阶段策划

实施与监控阶段的策划重点是执行任务计划书、跟踪执行过程和进行过程控制，策划工作要有专人负责监督与管理，以便及时识别潜在问题并采取纠偏行动，保证项目策划任务的完成。同时要配合沟通管理，加强与客户、与项目上级平级的沟通，包括状况报告、进展图示、预测汇报、及时进行信息发布、提交绩效报告等。在该阶段还要进行团队建设，改善团队成员对任务的胜任能力并加强彼此配合的能力。

项目负责人要不断分析评价可能导致项目走偏的因素，对不符合要求出现偏差的环节予以干预，责成执行人员提出改进计划，最终保证项目任务完成。要防止不必要的项目任务变更，导致人、财、物资源的浪费，影响后续工作。当项目任务因内外因素不得不进行更改时，项目负责人要充分地与客户、任务执行人进行交流协商，争取对已进行项目进行效益最大化的利用，尽量减少损失。

对策表是罗列诊断问题并提出相应解决方法的直观表格，当使用工具找出主要原因后，就要针对主要原因制订改进措施和计划，并将这些措施和计划汇集成表，如表 1－5 所示。

表 1－5　对策表

序号	问题	现状	对策
1			
2			
…			

（四）旅游项目策划成果验收阶段

旅游项目策划成果验收阶段重点是对项目策划结果进行检验，对结果完成质量进行评价和总结。旅游项目从设想立项到计划实施，再到各项成果验收，是一个收回投资达到预期目标的过程。因为时间跨度较长，涉及部门人员众多，目标多，任务细，为了有效保证最终成果，旅游项目各项成果验收多采用分级别实施的方法，即在项目不同阶段进行各项成果自检和互检，到项目最后完成时接收方再对项目的全部成果进行全面验收，以保证项目成果与成果目标相一致。

四、旅游项目策划管理

旅游项目营销策划管理，是指在项目负责人和团队的努力下，运用各种知识技能，采取各种活动，对项目资源进行计划、组织、协调、控制，以实现营销策划目标的过程。①

（一）策划管理流程

策划管理流程如图 1－10 所示。

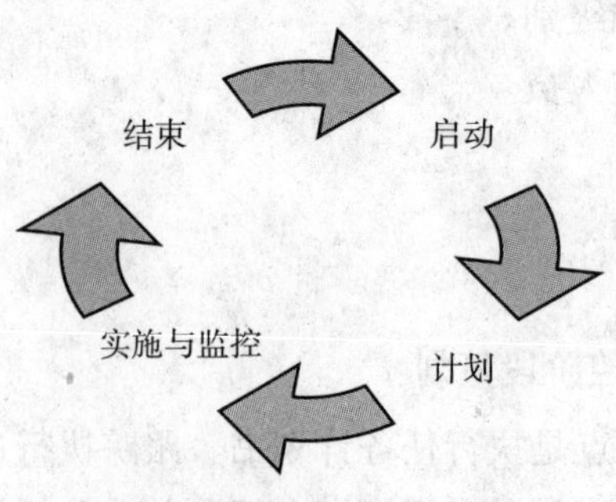

图 1－10　项目策划管理流程

① 北京大学旅游研究与规划中心．智慧旅游与旅游信息化［M］．北京：中国建筑工业出版社，2014.

（1）启动过程：发起项目，可行性论证，审批获得资源。

（2）计划过程：明确范围，项目分解，进度计划，费用预算，资源分配，组织构建。

（3）实施监控过程：计划启动，执行控制，检测纠正。

（4）收尾过程：成果测定，成果交接。

（二）策划管理重点

旅游项目营销策划涉及活动繁多，时间跨度长，又由于是建立在一定假设和估计基础上的拟定蓝图，具有不确定性。因此在项目营销策划期间，项目组的管理重点在于通过沟通，处理好项目营销策划质量、时间、成本三者间的关系。通常情况下，项目小组通过计划、合同、技术规范等硬性条款奠定解决三者矛盾的基础，通过上下平级沟通、内外沟通等软性努力搭建解决三者矛盾的空间。

★小知识

现代项目管理

现代项目管理的概念起源于美国，是20世纪50年代发展起来的一种计划管理方法，最初应用在军事、国防等方面。许多学者将美国研究世界第一颗原子弹的“曼哈顿计划”作为项目管理的典型案例。

1941年12月6日，美国正式制订了代号为“曼哈顿”的绝密计划。罗斯福总统赋予该计划高于一切的优先权。美国陆军部于1942年6月开始实施，利用核裂变反应制造世界上第一颗原子弹。该项目集中了除德国以外的西方国家最优秀的核心技术专家，动员了10万多人参加这项目工程，历时3年，耗资20亿美元，于1945年7月16日成功进行了世界上第一次核爆炸试验，并按计划制造出了两颗原子弹。1945年8月6日和9日，美国分别向日本广岛和长崎投掷了这两颗原子弹，加快了第二次世界大战的结束进程。

为了管理好如此庞大而复杂的工程，负责人L·R·格罗夫将军和科学家奥本海默应用项目管理和系统工程的思想及方法，有效缩短了工程耗费的时间。这一工程的成功促进了第二次世界大战后项目管理科学的发展。

（资料来源：英特尔软件学院教材编写组．项目管理［M］．上海：交通大学出版社，2011.）

五、旅游项目策划的管理框架

（一）整体管理

①项目营销策划章程；②营销策划目标分解；③全程管理计划；④指导与执行计划；⑤监控计划执行；⑥变更纠偏控制；⑦收尾工作；⑧费用预算；⑨费用控制。

（二）时间管理

①营销策划活动排序；②活动时间预估；③制订时间进度计划；④进度控制。

（三）质量管理

① 项目营销策划质量规划；② 质量控制：采购规划，采购管理，采购收尾，风险

监控。

（四）人力资源管理

① 项目团队组建；② 项目团队建设；③ 项目团队管理；④ 沟通管理：沟通规划，信息发布，绩效报告。

实训项目

组建旅游项目营销与策划小组

实训目的：通过组建项目小组及选择适合本团队的营销策划项目，帮助学生掌握基础理论，学习运用常用工具对营销策划项目进行基本情况分析。

实训步骤：

第一步，组建项目小组，选择小组本学期要完成的目标旅游项目。教师对相应旅游项目进行概括介绍，供学生参考。

第二步，根据目标旅游项目，收集资料，熟悉《项目手册》编制流程，运用常用工具，完成项目启动原因、项目负责人及权限和级别、项目组织结构和参与人员部分内容，了解项目经费预算、项目总里程碑进度表，完成成果预设表部分内容，为后期编制打下基础。

第三步，归纳总结项目调研情况，确定目标任务，撰写《工作分解结构》报告。

实训成果：筹建项目小组，确定目标旅游项目。

知识归纳

本章主要学习旅游项目营销与策划的基本含义、基础理论和基本工具，为后续章节的学习打下基础。全章分三大部分，第一部分是旅游项目营销与策划概述，主要介绍了旅游项目的概念、特征、阶段，旅游项目营销与策划的概念和特征，旅游项目的分类；第二部分是旅游项目营销策划管理，主要介绍了旅游项目营销策划管理的概念、管理重点、管理框架；第三部分是旅游项目营销策划基础理论，重点介绍了营销五种观念、策划基础理论和四大要素，重点阐述了常用的旅游项目营销与策划工具。通过本章的学习，要求学生了解旅游项目的分类。熟悉旅游项目四个基本阶段、旅游项目营销与策划的特点、旅游项目营销策划的基础理论。掌握旅游项目的概念、旅游项目营销与策划的概念、常用工具的运用。通过实训掌握项目筹备阶段的基本工作如何运行。

复习思考题

一、简答题

1. 旅游项目的概念是什么？有哪些特征？

2. 旅游项目工作分解结构（WBS）的含义是什么？其分解要素包括哪些？分解方法有哪些？

3. 如何组建旅游项目团队？团队成员应承担的职责和素质要求有哪些？

4. 旅游项目营销基础理论有哪些？STP 和 4PS 分别指的什么内容？
5. 旅游项目策划四要素是什么？基础理论有哪些？
6. 旅游项目营销与策划常用工具有哪些？

二、选择题

1. 旅游项目的特征包括（　　）。
A. 有明确的目标
B. 有具体的时间
C. 有极强的针对性
D. 有较大的不确定性

2. 旅游项目的基本要素包括（　　）。
A. 旅游项目的范围界定
B. 旅游项目的组织结构
C. 旅游项目的质量体系
D. 旅游项目的时间管理

3. 旅游项目营销的特征包括（　　）。
A. 效益为主
B. 需求优先
C. 价值对接
D. 系统运行

4. 生产导向观念有（　　）假定。
A. 消费者喜欢随处买到且价格低廉的产品
B. 消费者没有特殊需要
C. 消费者有不同偏好
D. 社会需求量大但购买力不高

5. 生产导向观念关注的要点是（　　）。
A. 企业的生产效率
B. 企业的推销能力
C. 企业的销售覆盖面
D. 企业的质量

6. 生产导向观念适合（　　）。
A. 低收入市场
B. 高收入市场
C. 较大顾客群市场
D. 无差异市场

7. 产品导向观念有（　　）假定。
A. 消费者喜欢高质量产品
B. 消费者喜欢多功能且具有特色的产品
C. 消费者有不同偏好
D. 消费者有较强的支付能力

8. 产品导向观念关注的要点是（　　）。
A. 产品的质量
B. 产品的品种
C. 产品的性能
D. 产品的品牌

9. 产品导向观念适合（　　）。
A. 低收入市场
B. 高收入市场
C. 需求差异较大的市场
D. 较小顾客群市场

10. 销售导向观念有（　　）假定。
A. 消费者存在购买惰性
B. 消费者有较大需求差异
C. 消费者有购买抗衡心理
D. 消费者收入较高

11. 销售导向观念关注的要点是（　　）。
A. 广告技术
B. 推销技术
C. 产品规模
D. 产品销量

12. 销售导向观念适合（　　）。

A. 供大于求的市场　　B. 求大于供的市场

C. 需求差异大的市场　　D. 需求差异小的市场

13. 1923 年，（　　）创建专业的市场调查公司，标志数据营销时代的开始。

A. 韦尔德　　B. 尼尔森

C. 杰罗姆 · 麦卡锡　　D. 菲利普 · 科特勒

14. 1960 年，（　　）出版《基础市场营销》，提出产品、价格、通路、促销 4PS 理论。

A. 韦尔德　　B. 尼尔森

C. 杰罗姆 · 麦卡锡　　D. 菲利普 · 科特勒

15. 20 世纪 60 年代，（　　）提出品牌形象理论，认为描绘品牌形象比强调产品差异更重要。

A. 杰罗姆 · 麦卡锡　　B. 大卫 · 奥格威

C. 艾 · 里斯和杰克 · 特劳特　　D. 唐 · 舒尔茨

16. 1969 年，（　　）提出定位理论，认为定位体现品牌价值。

A. 杰罗姆 · 麦卡锡　　B. 大卫 · 奥格威

C. 艾 · 里斯和杰克 · 特劳特　　D. 唐 · 舒尔茨

17. （　　）是识别出少数但对事物起决定作用的关键因素和多数但对事物影响较小的次要因素，从而确定不同管理方式的一种分析方法。

A. 头脑风暴法　　B. 德尔菲法

C. 帕累托图法　　D. 因果图分析法

18. （　　）通过集思广益寻找产生问题的原因，并将原因和结果间的关系绘制在有大小次序和起点终点的图上，是一种通过问题发现原因的方法。

A. 头脑风暴法　　B. 德尔菲法

C. 帕累托图法　　D. 因果图分析法

19. 1946 年，美国兰德公司为避免集体讨论存在的屈从权威或盲目服从多数的缺陷，首次采用（　　）进行定性预测。

A. 头脑风暴法　　B. 德尔菲法

C. 帕累托图法　　D. 因果图分析法

20. （　　）适用于团体成员间自由联想和讨论，目的在于尽可能全面地认识分析对象的特性，同时产生新观念并激发新设想。

A. 头脑风暴法　　B. 德尔菲法

C. 帕累托图法（　　）　　D. 因果图分析法

21. 旅游项目策划要素包括（　　）。

A. 对象　　B. 资源　　C. 组织　　D. 方法

22. 旅游项目策划过程中的工作包括（　　）。

A. 计划　　B. 沟通　　C. 控制　　D. 测评

23. （　　）是项目计划过程的中心，是制定进度、资源需求、成本预算、风险管理、采购等计划的重要基础。

A. 工作分解结构　　B. 组建项目团队

C. 编制项目手册　　D. 里程碑管理

操作训练题

【案例资料】　　2016年第一季度全国星级饭店统计公报

（一）总体情况

截止到2016年第一季度，国家旅游局星级饭店统计管理系统中有12 678家星级饭店。共有11 037家通过省级旅游主管部门审核，包括一星级87家，占比0.79%；二星级2 342家，占比21.22%；三星级5 354家，占比48.51%；四星级2 438家，占比22.09%；五星级816家，占比7.39%，如图1－11所示。

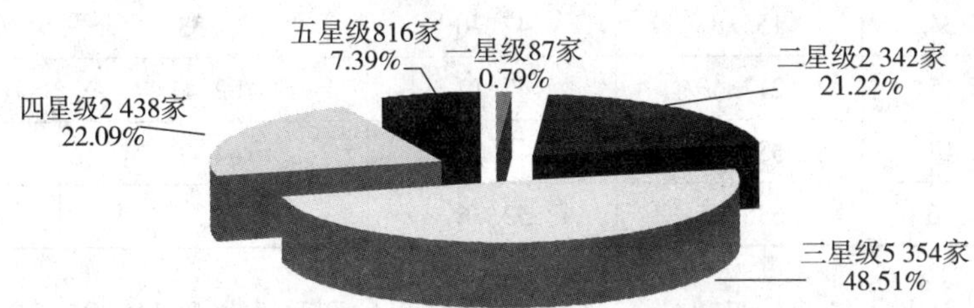

图1－11　2016年第一季度全国星级饭店数量结构图

全国11 037家星级饭店第一季度的营业收入合计496.65亿元，其中餐饮收入为216.06亿元，占营业收入的43.52%；客房收入为212.33亿元，占营业收入的42.77%，如图1－12和表1－6所示。

图1－12　2016年第一季度全国星级饭店营业收入结构图

表1－6　2016年第一季度全国星级饭店经营情况统计表（按星级分）

项目 星级	饭店数量/家	营业收入/亿元	餐饮收入比重/%	客房收入比重/%
合计	11 037	496.45	43.52	42.77
一星级	87	0.34	44.38	52.49
二星级	2 342	27.18	31.31	36.70
三星级	5 354	121.38	45.06	41.82
四星级	2 438	162.90	44.24	41.68
五星级	816	184.66	43.66	45.24

2016 年，全国第一季度星级饭店平均房价为 335.05 元/间夜，平均出租率为 48.94%，每间可供出租客房收入为 163.98 元/间夜，每间客房平摊营业收入为 32 149.67 元/间，如表 1－7 所示。

表 1－7 2016 年第一季度全国星级饭店经营情况平均指标统计表（按星级分）

项目 星级	饭店 数量/家	平均房价 /（元·间夜$^{-1}$）	平均出租率 /%	每间可供出租客房 收入/（元·间夜$^{-1}$）	每间客房平摊营业 收入/（元·间$^{-1}$）
合计	11 037	335.05	48.94	163.98	32 149.67
一星级	87	124.88	46.24	57.75	9 164.70
二星级	2 342	155.83	47.70	74.33	16 668.64
三星级	5 354	217.40	47.12	102.43	20 474.19
四星级	2 438	333.75	49.26	164.40	33 038.86
五星级	816	635.63	52.76	335.37	63 337.01

从第一季度各地区经营情况来看，平均房价高于全国平均水平 335.05 元/间夜的有 8 个省、市，位居全国前 6 位的为上海、海南、北京、广东、天津和福建，其中上海最高，为 679.80 元/间夜；平均出租率高于全国平均水平 48.94% 的有 16 个省、市，位居前 6 位的为海南、湖南、上海、福建、云南和湖北，其中海南最高，为 64.94%；每间可供出租客房收入高于全国平均水平 163.98 元/间夜的有 9 个省、市，位居前 6 位的为上海、海南、北京、广东、福建和江苏，其中上海最高，为 405.01 元/间夜；每间客房平摊营业收入高于全国平均水平 32 149.67 元/间的有 7 个省、市，位居前 6 位的为上海、北京、海南、浙江、江苏和福建，其中上海最高，为 77 925.43 元/间。

（二）各省份星级平均房价和出租率情况

一星级饭店：平均房价高于全国平均水平 124.88 元/间夜的有 8 个省、市、自治区，其中湖北（4 家）、广西（1 家）和北京（10 家）的平均房价在 200 元/间夜以上；平均出租率高于全国平均水平 46.24% 的有 11 个省、市、自治区，其中广西（1 家）、湖南（4 家）和湖北（4 家）的平均出租率超过 70%。

二星级饭店：平均房价高于全国平均水平 155.83 元/间夜的有 13 个省、市、自治区，其中北京（132 家）和上海（27 家）的平均房价均高于 200 元/间夜；平均出租率高于全国平均水平 47.70% 的有 16 个省、市、自治区，其中湖南（138 家）、上海（27 家）和陕西（78 家）的平均出租率超过 60%。

三星级饭店：平均房价高于全国平均水平 217.40 元/间夜的有 8 个省、市，其中北京（189 家）、上海（73 家）和广东（480 家）的平均房价超过 300 元/间夜；平均出租率高于全国平均水平 47.12% 的有 17 个省、市、自治区，其中湖南（238 家）的平均出租率超过 60%。

四星级饭店：平均房价高于全国平均水平 333.75 元/间夜的有 6 个省、市，其中北京（125 家）和上海（66 家）的平均房价超过 500 元/间夜；平均出租率高于全国平均水平 49.26% 的有 15 个省、市、自治区，其中海南（39 家）的平均出租率超过 65%。

五星级饭店：平均房价高于全国平均水平635.63元/间夜的有个4省、市，其中海南（24家）的平均房价超过1 100元/间夜；平均出租率高于全国平均水平52.76%的有9个省、市，其中海南（24家）的平均出租率超过65%。

（三）全国50个重点旅游城市平均房价情况

从2016年第一季度各城市经营情况看，平均房价高于全国平均水平335.05元/间夜的有21个城市，位居前10位的分别为三亚、上海、北京、厦门、深圳、广州、成都、南京、苏州、杭州；平均出租率高于全国平均水平48.94%的有27个城市，位居前10位的分别为三亚、长沙、丽江、福州、南京、深圳、海口、厦门、上海、广州；每间可供出租客房收入高于平均水平163.98元/间夜的有23个城市，位居前10位的分别为三亚、上海、厦门、北京、深圳、广州、南京、长沙、福州、成都；每间客房平摊营业收入高于全国平均水平32 149.67元/间的有21个城市，位居前10位的分别为上海、三亚、温州、北京、无锡、南京、厦门、广州、福州、长沙，如表1－8和表1－9所示。

表1－8　2016年第一季度重点旅游城市星级饭店平均房价前10名情况表（按星级分）

元/间夜

一星级		二星级		三星级		四星级		五星级	
全国平均	124.88	全国平均	155.83	全国平均	217.40	全国平均	333.75	全国平均	635.63
北京	200.00	长沙	346.48	北京	413.74	北京	533.67	三亚	1 379.29
拉萨	199.73	北京	275.44	上海	344.11	上海	506.09	哈尔滨	1 130.30
沈阳	187.26	拉萨	242.03	深圳	324.14	深圳	416.74	上海	936.12
宁波	164.21	广州	241.08	成都	298.21	南京	413.50	北京	851.45
大连	150.00	上海	236.55	广州	275.78	哈尔滨	409.13	济南	794.49
上海	139.18	深圳	226.86	杭州	274.17	珠海	407.42	广州	724.81
贵阳	109.29	温州	221.04	福州	266.54	广州	402.73	厦门	707.91
杭州	69.84	成都	213.92	天津	263.70	温州	401.22	深圳	699.56
—	—	石家庄	213.34	宜昌	258.81	厦门	392.61	成都	679.08
—	—	福州	211.54	温州	257.32	杭州	391.04	拉萨	626.95

表1－9　2016年第一季度重点旅游城市星级饭店平均出租率前10名情况表（按星级分）

%

一星级		二星级		三星级		四星级		五星级	
全国平均	46.24	全国平均	47.70	全国平均	47.12	全国平均	49.26	全国平均	52.76
沈阳	60.57	西安	80.15	三亚	67.08	三亚	75.62	三亚	79.44
宁波	39.00	福州	79.92	丽江	62.79	丽江	68.45	厦门	69.14
贵阳	37.69	上海	63.27	长沙	61.97	长沙	68.19	丽江	68.92
上海	35.35	广州	60.88	福州	61.88	海口	65.83	长沙	67.60
拉萨	29.70	南京	60.44	南京	61.20	福州	62.94	福州	66.05
杭州	29.58	长沙	60.28	昆明	57.71	南宁	62.77	深圳	66.05

续表

一星级		二星级		三星级		四星级		五星级	
全国平均	46.24	全国平均	47.70	全国平均	47.12	全国平均	49.26	全国平均	52.76
大连	16.67	深圳	59.21	深圳	57.57	广州	61.40	广州	65.65
北京	0.28	兰州	56.98	郑州	57.41	深圳	61.30	南京	63.08
—	—	南宁	54.84	济南	56.74	上海	60.55	长春	62.49
—	—	南昌	53.63	海口	56.27	珠海	59.26	海口	62.36

（四）比较分析

1. 分星级比较

2016 年第一季度全国星级饭店经营情况平均指标分星级比较如表 1－10 所示。

表 1－10　2016 年第一季度全国星级饭店经营情况平均指标比较（按星级分） %

指标 / 星级	平均房价比较		平均出租率比较		每间可供出租客房收入比较		每间客房平摊营业收入比较	
	环比	同比	环比	同比	环比	同比	环比	同比
一星级	2.82	5.70	1.54	−7.24	−1.96	4.40	3.02	−24.05
二星级	−7.23	0.74	−9.93	−1.10	−0.37	−16.44	23.21	−3.07
三星级	−7.27	6.98	−12.45	−1.51	5.37	−18.82	2.99	−21.59
四星级	−2.41	0.06	−13.48	−0.79	−0.73	−15.56	−1.76	−15.62
五星级	−0.66	−3.07	−10.07	3.57	0.39	−10.66	−0.12	−11.96

2. 各省份 2016 年平均房价、出租率、营业收入与去年同期比较

平均房价：有 19 个省份上升，其中广东增幅最大，为 10.32%；其余 13 个省份下降，其中宁夏降幅最大，为 13.09%。

平均出租率：有 16 个省份上升，其中云南增幅最大，为 9.27%；其余 16 个省份下降，其中新疆降幅最大，为 12.47%。

每间可供出租客房收入：有 18 个省份增长，其中云南增幅最大，为 12.23%；其余 14 个省份下降，其中黑龙江降幅最大，为 16.11%。

每间客房平摊营业收入：有 16 个省份增长，其中广西增幅最大，为 61.85%；其余 16 个省份下降，其中西藏降幅最大，为 18.69%。

3. 重点城市 2016 年平均房价、出租率、营业收入与去年同期比较

平均房价：增幅居前 10 位的城市为宜昌、南京、黄山、西安、北京、南宁、天津、贵阳、宁波、丽江，其中宜昌增幅最大，为 13.28%；降幅居前 10 位的城市为拉萨、洛阳、银川、太原、郑州、哈尔滨、福州、西宁、南昌、呼和浩特，其中拉萨降幅最大，为 21.77%。

平均出租率：增幅居前10位的城市为张家界、丽江、拉萨、郑州、西宁、昆明、福州、银川、乌鲁木齐、厦门，其中张家界增幅最大，为37.36%；降幅居前10位的城市为哈尔滨、太原、长沙、贵阳、大连、洛阳、青岛、温州、珠海、兰州，其中哈尔滨降幅最大，为13.48%。

每间可供出租客房收入：增幅居前10位的城市为张家界、丽江、南京、昆明、黄山、宜昌、北京、乌鲁木齐、郑州、宁波，其中张家界增幅最大，为44.07%；降幅居前10位的城市为洛阳、太原、哈尔滨、银川、长沙、南昌、大连、珠海、呼和浩特、青岛，其中洛阳降幅最大，为25.91%。

每间客房平摊营业收入：增幅居前10位的城市为广州、宜昌、大连、黄山、丽江、张家界、东莞、乌鲁木齐、南京、昆明，其中广州增幅最大，为33.82%；降幅居前10位的城市为拉萨、洛阳、长春、太原、郑州、三亚、长沙、石家庄、珠海、福州，其中拉萨降幅最大，为42.64%（以上排序城市不包括填报异常的秦皇岛市）。

上述四个方面的具体数据如表1－11、表1－12所示。

表1－11　2016年第一季度重点旅游城市各项指标同比增长前10名

%

平均房价		平均出租率		每间可供出租客房收入		每间客房平摊营业收入	
宜昌	13.28	张家界	37.36	张家界	44.07	广州	33.82
南京	11.90	丽江	32.40	丽江	39.52	宜昌	31.42
黄山	10.33	拉萨	27.77	南京	14.68	大连	28.62
西安	9.22	郑州	20.91	昆明	13.48	黄山	20.99
北京	7.84	西宁	17.60	黄山	13.17	丽江	20.46
南宁	7.71	昆明	14.46	宜昌	11.97	张家界	19.13
天津	7.59	福州	7.33	北京	11.44	东莞	18.75
贵阳	6.02	银川	6.83	乌鲁木齐	10.89	乌鲁木齐	14.97
天波	5.76	乌鲁木齐	6.45	郑州	10.78	南京	12.66
丽江	5.38	厦门	6.39	宁波	9.92	昆明	12.41

表1－12　2016年第一季度重点旅游城市各项指标同比下降前10名

%

平均房价		平均出租率		每间可供出租客房收入		每间客房平摊营业收入	
拉萨	－21.77	哈尔滨	－13.48	洛阳	－25.91	拉萨	－42.64
洛阳	－19.12	太原	－12.57	太原	－20.44	洛阳	－39.67
银川	－14.14	长沙	－10.83	哈尔滨	－20.19	长春	－20.52
太原	－9.00	贵阳	－9.77	银川	－8.28	太原	－16.24

续表

平均房价		平均出租率		每间可供出租客房收入		每间客房平摊营业收入	
郑州	-8.38	大连	-8.95	长沙	-7.78	郑州	-15.30
哈尔滨	-7.76	洛阳	-8.40	南昌	-6.33	三亚	-13.91
福州	-7.72	青岛	-7.24	大连	-5.75	长沙	-11.79
南宁	-6.55	温州	-6.87	珠海	-5.43	石家庄	-10.39
南昌	-6.27	珠海	-5.48	呼和浩特	-5.39	珠海	-8.51
呼和浩特	-5.22	兰州	-3.68	青岛	-5.29	福州	-8.14

（资料来源：国家旅游局监督管理司．关于2016年第一季度全国星级饭店统计公报［EB/OL］．中国国家旅游局官网，2016-06-14.）

（1）分析上述资料，说说目前本地区在住宿市场上更适用哪种市场经营观念。

（2）分析上述资料，说说目前本地区如何进行市场细分才能保证市场份额，应当确定哪些目标市场。

（3）分析上述资料，说说目前本地区可能面临哪些市场定位挑战。

（4）分析上述资料，说说项目小组可以运用哪些常用工具方法。汇总小组回答上述三个问题时运用的方法，并说说它们的优点和缺点。

（5）分析上述资料，说说目前本地区在住宿市场上有哪些核心竞争力。

（6）从生命周期理论的角度，分析本地区住宿市场主要客源是哪些。

（7）从可持续发展理论、社区参与理论的角度，分析本地区在住宿市场上可以进行哪些开发。

第二章

旅游餐饮项目营销与策划

学习目标

1. 了解旅游餐饮项目的概念与分类。
2. 熟悉旅游餐饮项目营销目标的确认方法和主要步骤。
3. 掌握旅游餐饮项目营销环境分析的方法和步骤。
4. 掌握旅游餐饮项目市场调研的方法和步骤。
5. 掌握旅游餐饮项目营销与策划的常用工具。

实训要求

1. 实训项目：旅游项目小组收集分析资料，熟悉旅游项目营销策划基本程序，熟悉旅游项目战略策划重点解决的问题。掌握沟通确认旅游项目营销目标的方法，掌握旅游项目营销战略定位方法，掌握旅游项目战略策划分析工具。

2. 实训目的：通过熟悉基本程序，沟通目标，确认目标，分解目标，为项目小组进一步学习项目不同阶段的营销策划工作打好基础。通过熟悉旅游项目战略策划重点解决的问题，运用旅游项目战略策划分析工具进行战略定位，帮助学生理论联系实际，从营销战略层面对旅游项目进行基本面分析。

第一节　旅游餐饮项目营销

一、旅游餐饮项目的含义与分类

旅游餐饮是指旅游活动中满足旅游者需求的餐饮服务。作为运作项目，旅游餐饮项目由两部分组成：一是提供的饮食；二是提供饮食的行业或者机构。

旅游餐饮项目根据其提供的内容可分为：常规餐饮项目、特色餐饮项目、团体餐饮项目、节庆餐饮项目；根据其售卖方式可分为：零散摊点项目、专业门店项目、饮食街项目、联盟餐饮项目；根据其综合性可分为：主题餐饮项目、文化餐饮项目。

二、旅游餐饮项目营销目标的确认

（一）分解原始目标

客户提出的最初的项目营销目标，可能意图模糊、涵盖面广、具体性差，项目小组对原始目标进行分解后，客户可以根据现实情况，分析哪些目标需要解决，哪些目标已经解决，进而找出亟须解决的重点目标问题。分解原始目标的方法主要有以下两种：

1. 理论内容分解

例如，客户提出项目营销目标为"想办法提高餐厅销量"，从理论上对这个目标进行分解，可以得到以下内容：

（1）餐厅的产品定位策略是什么？（目标市场定位、产品卖点定位）

（2）餐厅的价格定位策略是什么？（定价目标、产品成本、市场需求、竞争状况）

（3）餐厅的渠道销售策略是什么？（渠道的长度、宽度、深度）

（4）餐厅的促销策略是什么？（广告、推广、推销、公共关系）

2. 语句构成分解

例如，客户提出项目营销目标为"想办法提高餐厅销量"，从语句构成上对这个目标进行分解，可以得到初步结构问题：

（1）餐厅的销量怎么样？（目标销量、实际销量、竞争对手销量、市场可行销量）

（2）提高餐厅销量的方法有哪些？（定位、价格、渠道、促销）

进一步的衍生问题：

（1）餐厅的定位策略已经有哪些？还可以有哪些？（列举—头脑风暴—可行分析）

（2）餐厅的价格策略已经有哪些？还可以有哪些？（列举—头脑风暴—可行分析）

（3）餐厅的渠道策略已经有哪些？还可以有哪些？（列举—头脑风暴—可行分析）

（4）餐厅的促销策略已经有哪些？还可以有哪些？（列举—头脑风暴—可行分析）

（二）了解营销目标

1. 了解旅游项目营销目标的四个重要方面

（1）资源：指项目营销目标可调动、可使用、可凭借的物力、财力、人力，以及能够辅助物力、财力、人力实现对项目营销目标作用的其他因素。

（2）需求：指项目营销目标所面对的市场在一定时间、地区、环境下，对该目标所愿意接受的数量额度和质量要求。

（3）竞争：指项目营销目标所面对的行业或者领域在一定时间、地区、环境下，其他拥有类似资源、类似需求的个体或团体的市场占有率、增长率、屏蔽度。

（4）时间：指达到项目营销目标的资源、需求、竞争的时间限制。要确定不同时间阶段目标的可实现程度，区分不同时间阶段的资源、需求、竞争的呈现状况，有针对性地制订项目营销时间计划。

2. 了解项目营销目标的方法

（1）专家访谈。

（2）收集资料。

（3）小型调研：①直接调研：又称非隐瞒调研。调研对象在被调研时知道调研的意图，主要方法有焦点小组座谈法、深度访谈法。②间接调研：又称隐瞒调研。被调研者并不知道调研的意图，主要方法有观察法、投射法等。图 2－1 所示为市场调研的详细分类。

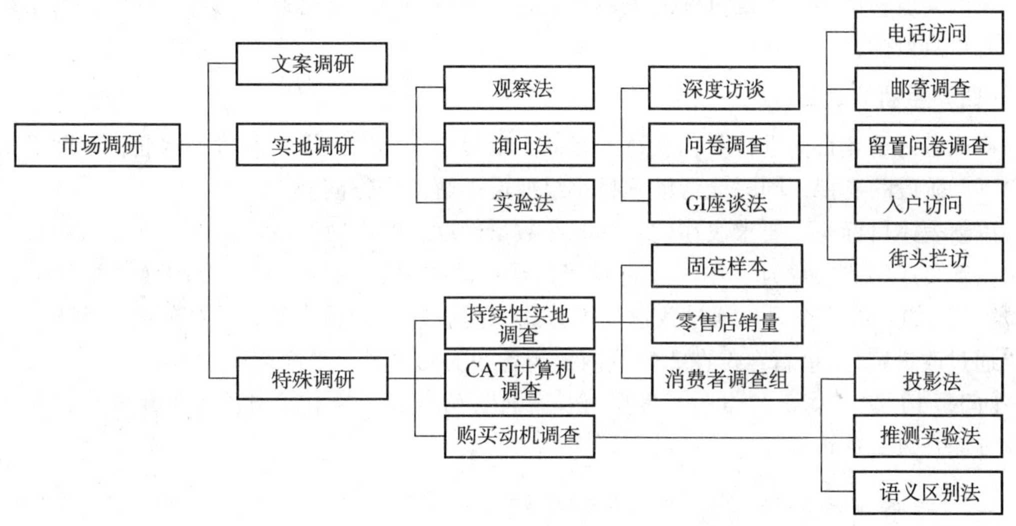

图 2－1 市场调研的详细分类

★小知识

文案调研的资料来源

文案调研法是有计划地收集已经存在的数据，并且进一步处理和分析的方法。通常资料来源有以下五类：

1. 企业内部资料：生产资料、财务资料、统计资料、成本资料、短期经营信息、营销活动信息等。

2. 政府统计信息：中央及地方政府的统计资料，政府的专门出版物，政府发表的行业统计资料、税收报告、物价水平统计，国家开放数据库等。

3. 行业统计资料：行业协会年鉴、专业出版物等。

4. 专业公司的情报。

5. 学术研究成果：主要指研究机构出版的学术刊物、论文报告集等。

（资料来源：赵西萍．旅游市场营销学［M］．北京：高等教育出版社，2012.）

（三）找出重点目标

帮助客户寻找亟须解决的重点目标时应主要考虑以下两个方面：

（1）哪些细化目标对原始目标起到最为关键的作用？（帕累托分析法、因果分析法等）

（2）这些关键细化目标实现的先后顺序是什么？（因果分析法、流程分析法等）

例如，对“想办法提高餐厅销量”这个原始目标细化分解后，客户发现餐厅实际销量远远低于目标销量，和竞争对手销量差不多，但距离市场可行销量还有部分距离，销量还有提高的可能。其中定位、价格、渠道、促销都有既定方案，但都有可挖掘的潜力。

于是，使用帕累托分析法对定位、价格、渠道、促销进行分析，发现可挖掘潜力集中在渠道和促销上，其对原始目标的实现起着最为关键的作用。再进一步用因果分析法细化分析，找出渠道和促销中关键目标的决定性因素。项目小组在此基础上与客户沟通，确定共同认可的重点目标。

（四）重新表述目标

将确定的重点目标进行明确表达，有助于项目小组和客户下一阶段的沟通，有助于获得客户下一阶段的支持，同时能帮助项目小组成员了解工作方向。

重新表述目标时，要求表述的目标既有数量额度，又有时间限定。

重新表述句式通常为“在（一定时间）通过改进（具体目标）来提高（原始目标）的（数量）”。如“在5个月内通过改进促销方式来提高餐厅的销售量，提高额度为50%”，或者“通过改进定位/重新定位在2个月内提高餐厅的销售量，提高额度为50%”。

【问题1】 客户提出“增加西餐厅销售利润”的目标，项目小组按照上述方法，应如何尝试与客户沟通确认目标？

三、旅游餐饮项目市场营销环境分析

（一）市场营销环境分析的概念

市场营销环境，是指影响项目营销效果的项目内外参与者，既包括物质因素，也包括非物质因素。市场营销环境分析就是通过对旅游项目内部环境和外部环境的调查研究，确定旅游项目目标市场，确定营销策划目标的行为。

根据内外环境的发展变化，确定有效的项目目标，制定有效的项目营销策略和有效的策划方案，可以减少不必要的损耗，节省成本，提高效益。

（二）市场环境分析

1. 宏观环境分析

所谓宏观环境，主要指项目外部的间接影响因素。宏观环境分析的主要目的是更好地认识环境，了解旅游项目的发展方向，为确定战略目标打好基础。

（1）社会文化环境：与旅游有关的区域包括社会风俗、生活方式、价值观念、消费习惯、舆论影响、流行时尚。

（2）政治法律环境：与旅游有关的区域包括鼓励或者禁止的法律法规，税收、用工、环保、基建等方面与旅游有关的优惠政策。

（3）经济环境：与旅游有关的区域包括GDP总量与人均GDP、产业构成和比例、主导产业类别和规模、居民人均年收入、社会商品零售总额和人均社会商品零售总额、居民存款余额和人均存款余额。

★小知识

GDP，GNP，CPI，RPI和相关概念

GDP：国内生产总值（Gross Domestic Product），是指一个国家（国界范围内）所有常驻单位在一定时期内生产的所有最终产品和劳务的市场价值，即用最终产品/服务的单价乘以其产量获得的货币量。GDP是国民经济核算的核心指标，也是衡量一个国家或地区总体经济状况的重要指标。

GNP：国民生产总值/国民总收入（Gross National Product），是指某国国民所拥有的全部生产要素在一定时期内所生产的最终产品/服务的市场价值（货币量）。例如，一个在日本工作的美国公民所创造的财富计入美国的GNP，但不计入美国的GDP，而是计入日本的GDP。目前，由于国外净收入数据往往不足，因此GNP相对于GDP来说，后者能够更好地衡量国内就业潜力。

CPI：居民消费价格指数（Consumer Price Index），是指居民家庭购买的社会产品和服务项目的最终价格水平随时间而变动的相对数。它是进行经济分析和决策、价格总水平监测和调控及国民经济核算的重要指标，其变动率在一定程度上反映了通货膨胀或紧缩的程度。一般来讲，物价全面地、持续地上涨就被认为发生了通货膨胀。

RPI：零售物价指数（Retail Price Index），是指一定时期内商品零售价格变动趋势和变动程度的相对数。零售价格指数分为食品、饮料烟酒、服装鞋帽、纺织品、中西药品、化妆品、书报杂志、文化体育用品、日用品、家用电器、首饰、燃料、建筑装潢材料、机电产品等十四个大类，我国规定了304种必报商品。RPI主要用来观察研究零售物价变动对城乡居民生活的影响，为平衡市场供求、加强市场管理、控制货币发行量提供参考。

通货膨胀率（Inflation Rate），是指货币超发部分与实际需要的货币量之比，用以反映通货膨胀、货币贬值的程度。在实际中，一般不直接，也不可能计算通货膨胀，而是通过居民消费价格指数（CPI）反映通货膨胀率。

货币购买力（Purchasing Power of Money），是指单位货币在一定的价格水平下能买到的商品或支付劳务费用的能力。

收入指数化（Income Indexation），是指将各种收入（工资、利息等）部分或全部地与物价指数相联系，自动随物价指数的升降而升降。

（资料来源：百度百科。）

（4）人口环境：与旅游有关的区域包括，人口总量、性别比例、职业构成和比例，年龄段人口数量和比例、教育程度人口数量与比例、收入水平人口数量与比例、家庭户数及户均人数等。

（5）自然地理环境：与旅游有关的区域包括气候差异、距离远近等。

（6）技术环境：与旅游有关的区域包括受新技术影响的购买产品渠道、受新技术影响的消费产品方式等。

★小贴士

市场=人口+购买力+购买欲望，因此人口、经济、社会文化是最重要的基础调研内容。

2. 微观环境分析

所谓微观环境，主要指项目内部与外部的直接影响因素。微观环境分析的主要目的是更好地协调相互关系，了解旅游项目的薄弱环节，为确定战略目标打好基础。

（1）项目自身：项目资源情况，项目组织协调情况（上级主管部门、平级协作部门、下级工作部门、项目小组内部）。

（2）供应商：资源供应的稳定性，供应价格变动趋势，供应的质量。

（3）分销商：渠道业态，市场分布，分销能力。

（4）传播媒体：价格，宣传质量，覆盖率，流量。

（5）金融机构：信用质保等级，可融资额度，拆借业务等。

（三）市场需求状况分析①

市场需求状况包括产品的现实市场和潜在市场（年销售数量、年销售金额），现实市场需求称为市场规模，未来市场需求称为市场容量。

1. 宏观分析法

找出行业发展趋势、行业市场需求与宏观经济发展趋势的数量波动关系，进一步找出产品处于市场生命周期哪一阶段，可以预测行业的市场容量与发展趋势。

2. 微观分析法

（1）以消费者预测市场容量。

在旅游项目导入期主要了解消费者准备做什么，衡量项目符合消费者需要的程度，预测市场容量。在旅游项目成长期主要了解消费者正在做什么，衡量项目符合消费者预期的程度，预测市场规模。在旅游项目成熟期主要了解消费者已经做了什么，分析销售数据，确定市场占有率和未占有率，进而预测市场规模和市场容量。

人口=A

目标顾客比例=B

人均可支配收入=C

人均可支配收入中用于购买该类产品的比例=D

可支配收入中可用于该类产品中某项产品的比例=E

本企业市场占有率=F

该企业市场容量=H

消费者连锁比率法（图2-2）：$A \times B \times C \times D \times E \times F = H$

① 方志坚. 营销策划技术［M］. 北京：中国农业大学出版社，2008.

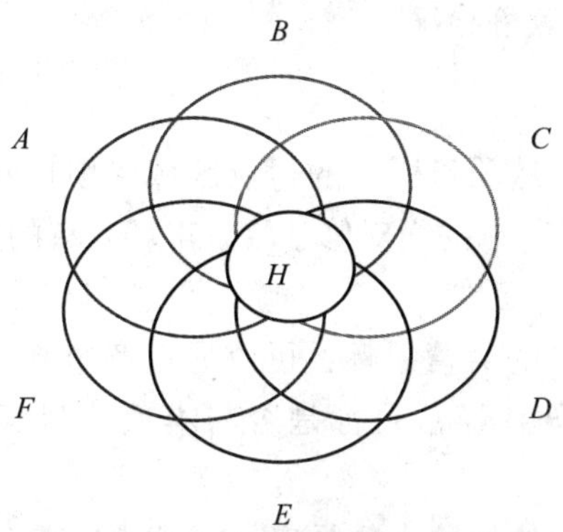

图 2－2　消费者连锁比率法

【问题 2】杭州某卡通主题连锁餐厅要测定其江苏市场容量，其主要目标顾客群是 8～14 岁的少年儿童，通过调研得知江苏省总人口为 7 960 万人，8～14 岁的少年儿童占江苏人口的 5.6%，年人均可支配收入 890 元，可用于休闲娱乐花费的约占 40%，愿意用于该连锁餐厅消费的约占 20%，该连锁餐厅在江苏市场的占有率为 1%，那么该连锁餐厅每年的市场容量是多少？

（2）以销售分析区域容量。

销售数据反映的顾客数量、人均购买次数、产品平均价格，三者相乘即可得到该企业的市场容量。

顾客数量 $=I$

人均顾客购买次数 $=J$

产品平均价格 $=K$

该企业市场容量 $=H$

销售汇总法（图 2－3）公式：$I\times J\times K=H$

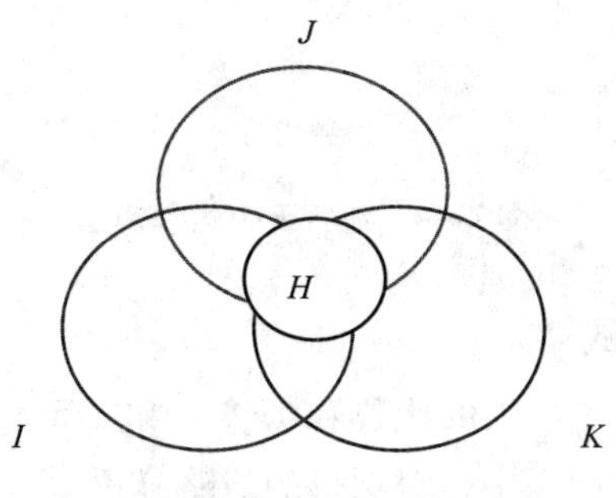

图 2－3　销售汇总法

【问题 3】杭州某卡通主题连锁餐厅需要测定其江苏市场容量，其主要目标顾客群是 8～14 岁的少年儿童，通过调研得知江苏省总人口 7 960 万人，8～14 岁的少年儿童占江苏人口的 5.6%，每年人均到该卡通主题连锁餐厅消费 2 次，该连锁餐厅平均价格 120 元，在江苏市场的占有率为 1%，那么该卡通主题连锁餐厅每年的市场容量是多少？

（四）分析餐饮项目市场竞争状况

1. 竞争格局

（1）识别项目的竞争者：从项目所处的行业区域和项目营销面对的市场两个方面进行分析，如果都是旅游景点项目，有的面对修学旅游市场，有的面对观光旅游市场，那么其涉及的项目竞争者就是不同的。

（2）了解竞争者在市场上的经营目标：可以通过竞争者产品定位、价格体系、销售渠道、推广策略判断，确定竞争者经营目标是否与本项目目标冲突，冲突越多，竞争强度越强。

（3）了解竞争者在市场上的地位：领导者，挑战者，追随者，补缺者。通常采用双变量定位的方式确定，操作简单，缺点是比较单一，可以多用几组变量综合排序。

（4）绘制竞争格局图。

2. 竞争策略

迈克尔·波特五力竞争模型包括同行业竞争者，供应商的议价能力，购买者的议价能力，潜在进入者的威胁，替代品的威胁（图2－4）。

对应的竞争策略为：规模领先，成本领先，专业集中。①

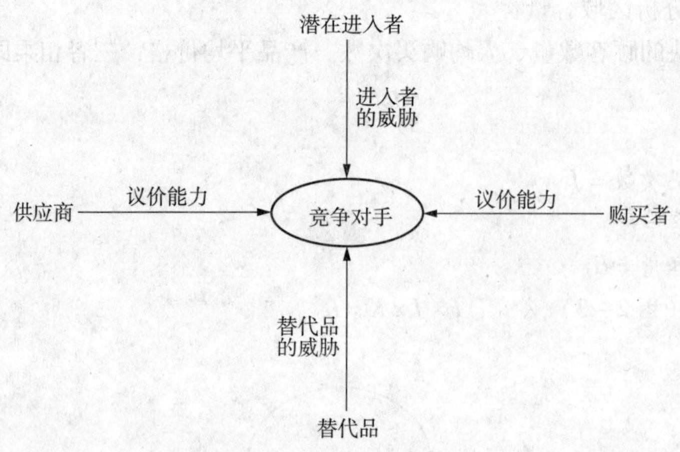

图2－4　波特五力竞争模型

（五）确定餐饮项目市场战略

战略是项目"能够做的"（组织的优势和劣势）和"可能做的"（环境的机会和威胁）条件的有机组合，因此在实际运用中，对项目的战略分析常常用到SWOT分析方法。

1. SWOT的概念②

S（Strengths）优势，W（Weaknesses）劣势，O（Opportunities）机会，T（Threats）威

① ［美］迈克尔·波特. 竞争战略［M］. 陈丽芳，译. 北京：中信出版社，2014.

② ［美］海因茨·韦里克，［美］马克·V·坎尼斯，［美］哈罗德·孔茨. 管理学［M］. 马春光，译. 北京：经济科学出版社，2012.

胁。SWOT 分析法就是将与餐饮项目对象密切相关的主要内部优势、劣势，外部机会、威胁，通过收集资料、数据梳理后列举出来，并依照矩阵形式排列（表 2－1），然后用系统分析的思想，把各种因素相互匹配起来逐一加以分析，从中得出一系列相对应的结论，并组合成不同的策略，最后再根据餐饮项目的目标选择适合的策略，并进一步细化为对应的战略决策。

如果应用 SWOT 分析法是在餐饮项目立项之后进行战略确定，那么应从餐饮项目已有条件出发，从内向外地衡量，即根据餐饮项目已确定的内在优势和劣势进行条件分析。如果应用 SWOT 分析法是在餐饮项目立项开始之前进行战略确定，那么应从外部条件出发，从外向内地衡量，即根据餐饮项目面临的外在机会、威胁进行条件分析。

SWOT 分析法的理论来源目前公认的有两个：以迈克尔·波特为代表的产业环境学派提出的竞争理论，该理论主要分析了企业“可能做的”方面；以加里·哈默尔为代表的资源能力学派的能力理论，该理论主要分析了企业“可以做的”方面。SWOT 分析法是在综合两者理论的基础上，以资源能力学派的能力理论为主导，结合产业环境学派的竞争理论，同时进行内部与外部分析，最后形成了具有结构化表现的平衡系统分析体系。

表 2－1　餐饮项目竞争环境的 SWOT 分析矩阵

项目	优势（Strengths） S1 S2 …	弱点（Weaknesses） W1 W2 …
机会（Opportunities） O1 O2 …	SO 战略组合 SO1 SO2 …	WO 战略组合 WO1 WO2 …
威胁（Threats） T1 T2 …	ST 战略组合 ST1 ST2 …	WT 战略组合 WT1 WT2 …

2. SWOT 分析步骤

（1）在确定本餐饮项目竞争对手的情况下，分析本餐饮项目在行业区域和市场上所拥有的优势与劣势，了解本餐饮项目是否拥有差别优势，以及这种差别优势的大小：

1）餐饮项目及餐饮项目产品在市场上选择的地位。

2）渠道的质量：覆盖面，牢固性，终端多样性。

3）销售水平：销售数量，销售金额。

4）推广水平：知名度，美誉度，忠诚度。

5）产品优势：相对优势，绝对优势。

6）餐饮项目财务能力：现金流量，贷款能力，权益资本获取能力，财务管理能力。

7）组织能力：领导素质，管理能力。

（2）分析该行业和市场所具备的机会以及存在的威胁。

（3）根据SWOT四要素中最重要、最值得策划的要素，组合形成增长战略（SO）、多元化战略（ST）、防御战略（WT）、转移战略（WO）（图2－5）。可做多张SWOT表，进行动态SWOT分析，突出优点、弱化缺点，尽可能回避自身劣势，形成相对精确的餐饮项目竞争地位描述。

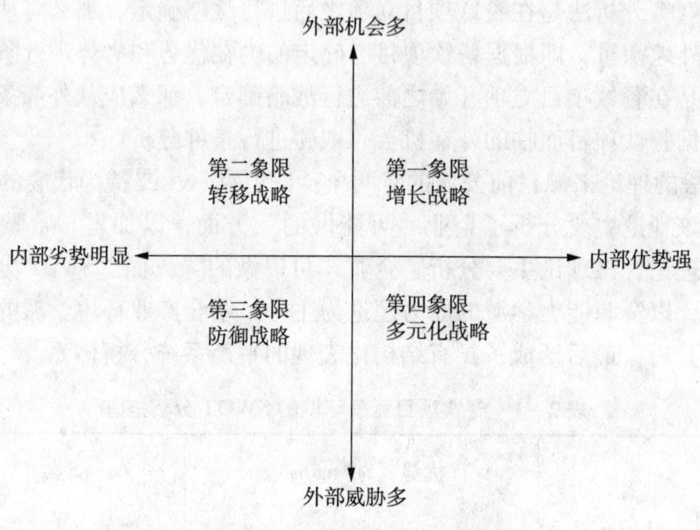

图2－5　SWOT象限分析图

四、旅游餐饮项目的市场调研

（一）市场调研的概念

市场调研是指为满足营销管理需要而系统收集、分析和提供市场信息的活动。

（二）市场调研的类型

以营销过程为基础对市场调研进行分类，可分为：环境调研、产品调研、价格调研、购买行为调研、销售调研、推广调研。

以营销目标为基础对市场调研进行分类，可分为：资源调研、需求调研、竞争调研。

（三）市场调研的流程

（1）确定调研目的。

（2）确定调研对象。

（3）确定调研主题和内容。

（4）制作调研资料。

1）调查表。

2）调查问卷。

（5）制订调研计划。

（6）确定调研样本抽取方法：[①]

1）概率抽样：可判断误差，较为费钱费时，间隔时间固定。

a. 简单随机抽样：对抽样总体成员采取抽签或者乱数排列的方法，随机选择调查样本。理论上只要重复足够多的次数，简单随机也能保证每个样本成员都有被选为样本的同等机会，但现实中很难做到重复足够多的次数。

b. 系统等距抽样：从抽样总体中选定一个随机起点作为第一个样本，然后每隔一个固定间隔选出其他样本，其固定间隔由总体数除以样本数而得。

c. 整群抽样：最常用的是地区整群抽样，即按照地域对抽样总体划区，相似群体区域归为一类，从每类区域中随机抽取一个或几个区域，汇总为调查样本。

d. 分层比例抽样：按照一定的市场细分变量（如收入的高、中、低）对总样本分层，然后对每层按照单位数量的比例分配样本数量，从每层随机抽取一些样本，将其汇总为调查样本。

2）非概率抽样：很难判断误差，较为省钱省时，间隔时间随意。

a. 任意抽样：随意选择样本。

b. 判断抽样：根据专业人员的经验判断进行抽样。

c. 配额抽样：根据一定市场细分变量对总样本进行分群，对群体按一个单位数量比例分配样本数量，再由调查人员主观选定调查样本。

（7）调研资料整理。

（四）市场调研的方法

1. 访问法

（1）问卷法；

（2）电话调研法。

2. 观察法

（1）直接与间接观察法；

（2）隐蔽与非隐蔽观察法；

（3）结构与非结构观察法。

神秘顾客调查法是观察法中的典型方式。它是采用直接非隐蔽性的结构观察，由经过严格培训的调查员在规定或指定的时间里扮装成顾客，对需要调查的问题逐一进行评估或评定，进而获得数据、发现问题的一种商业调查方式。神秘顾客调查可以从普通顾客的角度，考核餐饮企业或其连锁分店和合作网点的运作管理及其客源的组成、用餐时间、分布状况和服务（包括服务友善程度、速度、准确度、质量、卫生、满意度）等方面的问题。

3. 访谈法

访谈法是通过有针对性的消费者谈话讨论，确定调研数据的方法，该方法要求准备访谈提纲，进行较为全面的访谈环境设计，对调查人员素质要求极高。

---

① 周文根，徐之江．市场营销与策划［M］．杭州：浙江大学出版社，2011.

（五）二手资料收集法

二手资料可以从很多途径获得，如政府机构调查报告、专业公司调查数据、企业相关历史数据、图书文献中心、网络数据库等，但收集二手资料后需要进一步筛选，通过制表、绘图等方式进行信息保存。

（六）投射技术法

（1）词语联想测试法：调查人员让受访者听一个词，然后让其在三秒内说出脑海中出现的第一种事物，该方法经常被用于品牌名称、广告主题和口号的选择上。

（2）句子完成法：调查人员提出一些不完整的句子，要求受访者完成该句子。

如：一生必须去的旅游地是（　　）；在旅游地我最喜欢（　　）等。该方法可以帮助营销人员了解受访者的消费方向。

（3）故事完成法：调查人员提出一个发展到中段而没有结尾的故事，要求受访者续上故事后段和结尾。该方法可以获知受访者的态度和情感，了解其身处类似环境时的兴趣聚焦点。

五、旅游餐饮项目的市场细分

（一）旅游餐饮项目市场细分的要求

（1）可识别，指细分出来的市场在消费行为、消费方式上能够被区分。

（2）可衡量，指细分市场的购买力、市场规模能够被量化，能够提供足够的数据。

（3）可进入，指餐饮项目营销活动的可达性，信息、产品能够进入细分市场。

（4）可营利，指细分出来的市场在市场容量上能够提供给餐饮项目足够的利润。

（二）旅游餐饮项目市场细分的步骤

美国市场学家麦卡锡提出了细分市场的 7 个步骤：[①]

（1）确定市场范围，即确定餐饮项目处于什么行业中，能够开发生产什么产品。

（2）列举潜在顾客的基本需求。通过调研，了解餐饮项目潜在顾客不同层次的基本需求。图 2 – 6 所示为马斯洛需求层次论。

（3）分析潜在顾客的不同需求，分析潜在顾客的共性需求和个性需求，分别罗列。

（4）保留重要的差异需求。要在能满足潜在顾客共同需求的基础上保留差异需求，共性是基础，差异是吸引点，没有基础的吸引点是空中楼阁，没有吸引点的基础产品不能被识别。

（5）为不同的细分市场顾客群取名，顾客群名称根据划分顾客群时最显著的细分要素进行确定。

（6）进一步分析各细分市场顾客群的特点。主要分析各顾客群的购买行为，购买行为是消费需求的直接反映，分析行为的实施有利于验证需求分析是否正确，并能有针对性地确定餐饮项目行为。

---

① ［美］小威廉 · D · 佩罗，［美］约瑟夫 · P · 坎农，［美］E · 杰罗姆 · 麦卡锡．国际市场营销［M］．刘白玉，等，译．北京：中国人民大学出版社，2012.

(7) 测量不同细分市场的规模，主要包括顾客数量、购买频率和平均购买量，这三者直接关系到细分市场的购买能力，对于餐饮项目效益有至关重要的作用。

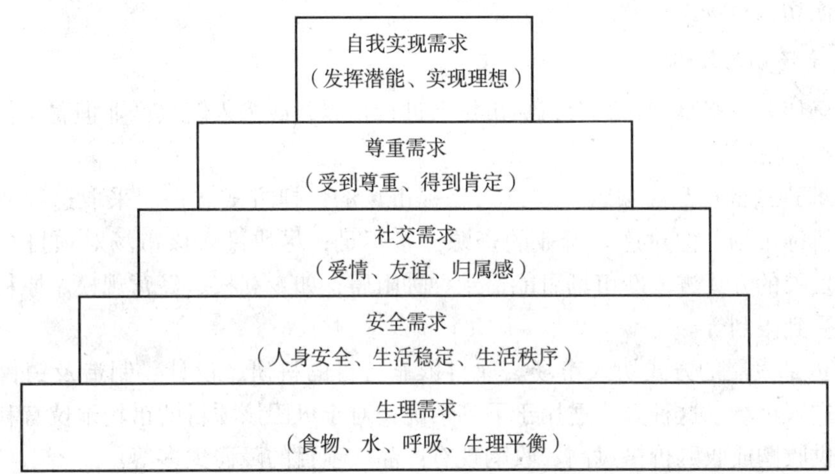

图 2－6　马斯洛需求层次论

（资料来源：［美］亚伯拉罕·马斯洛．动机与人格［M］．马良诚，等，译．北京：中国人民大学出版社，2013.）

（三）旅游餐饮项目目标市场的选择

餐饮项目营销的一切有效活动都是围绕目标市场进行的。确定目标市场，是餐饮项目确定营销战略计划的首要内容。

1. 目标市场策略

(1) 无差异性策略，指餐饮项目以整个市场为目标，这种策略的特点是餐饮项目只注重细分市场的共性而不考虑细分市场的特性，把市场看成一个具有共性的整体，适用于以生产经营观念为主的餐饮项目。该策略的优点是能避免研发费用的投入，并能节省促销费用、降低产品成本。缺点是不能满足消费者的不同需要，停留在大众市场的表层。

(2) 差异性策略，指餐饮项目在对市场进行细分的基础上，根据各细分市场的不同特点，分别设计不同的产品和运用不同的市场营销组合，服务各细分子市场。优点是可以吸引更多的消费者，缺点是增加了产品的生产成本、管理成本和促销成本。

(3) 集中性策略，指餐饮项目集中全部力量用于一个或极少数细分子市场。优点是可以充分利用有限资源，发挥其相对优势，以达到积聚力量与竞争对手抗衡的目的，从而提高产品的市场占有率，缺点是目标市场范围较小。

（四）目标市场的切入

1. 新兴市场切入策略

(1) 利用技术优势进入市场。这些技术既可以作为餐饮项目的专利，也可以通过与科研单位、高等院校联合开发获得，使餐饮项目一进入市场就树立起技术力量雄厚的形象，从而确定市场位置。

(2) 借助于项目原有的声誉切入。如果项目在长期经营中已经形成了较高的声誉、很好的营销网络和驰名商标，那么这些就是项目切入新产业市场的条件。

（3）填补空白切入。如果项目具有与众不同的能力，足以填补某类市场的空白，就可以大胆地全面切入市场。

2. 传统市场切入策略

传统市场切入策略是指在原有目标市场上进行拓展，或进入新兴产业但属于传统目标市场的方法。

（1）收购现成的产品或项目，是进入目标市场的快捷方式之一。采取这种方式时，项目进入某个目标市场，但对这一行业的资源储备不足；尽快进入该市场对项目有很大的利益；靠内部发展的方式进入新市场可能遭到种种阻碍，如专利权、经营规模、原料及其他所需物资供应受到限制等。

（2）以内部发展的方式切入市场。项目依靠自身的科研、设计、制造及销售目标市场需要的产品进入市场。这种方式适用于下列情况：对于巩固该项目的市场地位有利；没有适当的项目可供收购或收购价格过高；收购现有产品或项目的障碍太多等。

（3）联盟合作进入市场。项目间的合作可以是生产项目与生产项目合作，也可以是生产项目与销售项目合作。这种方式在项目界运用得比较广泛，因为采用合作的方式可将风险降低，合作项目在技术上、资源上相互支援，优势互补，发挥出整体组合效应，形成新的经营能力。

六、旅游餐饮项目的市场定位

（一）竞争对手定位

（1）针锋相对的定位策略，又称竞争性定位策略，指企业采取与细分市场上最强大的竞争对手同样的定位。也就是企业把产品或服务定位在与竞争者相似或相同的位置上，同竞争者争夺同一细分市场。一般来说，当企业能够提供比竞争对手更令顾客满意的产品或服务、比竞争对手更具有竞争实力时，可以实行这种定位战略。

（2）填补空隙定位策略，也叫避强定位策略，指项目尽力避免与实力较强的其他项目直接发生竞争，而将自己的产品定位于另外的市场区域内，使自己产品的某些属性或特性与较强的对手有比较明显的区别。

（3）重新定位策略，指对已经上市的产品实施再定位。采用这种策略时，我们必须注意，必须改变目标消费者对项目原有的印象，使目标消费者对其建立新的认识。一般情况下，这种定位的目的在于摆脱困境，重新获得增长与活力。

（二）产品定位

（1）特色定位法。根据特定的旅游项目产品属性来定位，如川菜馆、湘菜馆等，也可以根据向目标市场提供的特殊利益进行定位。

（2）用途定位法。根据产品的使用场合及用途来定位，如食住行游购娱六要素旅游项目。

（3）使用者定位法。根据使用者的类型来定位，既可以是使用者的年龄分区，如针对少年儿童的夏令营旅游项目，针对老年人的夕阳红旅游项目；也可以是使用者的消费能力分区，如高中低不同档次的旅游团。

（三）品牌定位

（1）理念定位法。根据项目使命和愿景进行定位，如项目是以服务社会为先，还是以获取利益为先；是以填补产业链、增加地区或国家竞争力为先，还是以资本最大化运作为先。

（2）文化定位法。根据项目文化内涵进行定位，如地方文化、特色文化、项目产品推广传达的生活理念等。

三种市场定位方法由于不同项目的生命周期不同，更迭的时间和频率也不同。其中产品定位法由于买方市场占优导致新产品推出频率加快，再加上产品生命周期短等原因，相对于其他两个定位方法，更容易受到买方和卖方所处市场环境的影响，因此时间较短，更迭也较为频繁。如城市郊县农家乐等旅游产品，初期多定位于价廉物美，中后期由于竞争加大，居民消费能力增强，更多宣传的是方便放心。竞争对手定位法相对于产品定位法来说，更多涉及地理分区和固有消费层面的确定，因此不同项目所针对的竞争对手区域相对较为稳定，更换的频次不像产品定位那样频繁。品牌定位法涉及项目目标、项目的理念和文化、创业发展的方向、市场所属区域等方面，受项目社会环境、项目人财物既有经验与传统、项目竞争对手影响较大，不仅定位非一时之功，更迭也不是短期能够做到的，大多数品牌定位会伴随该项目极长的时间，甚至整个过程。

同时，不同发展阶段和不同规模的项目，也会使用不同的市场定位方法。小项目往往是通过适销对路的产品进入市场，它们更多地选择产品定位法。资本较雄厚的大项目进入市场，往往首先采用竞争对手定位法，确定项目在市场中处于什么位置之后，再考虑产品品牌定位问题。已经在市场中经营一段时间的项目，回过头来补定位这一课时，会更多地考虑三种定位方法中的可适用内容，通过理念和文化的打造，通过确定竞争对手，明确产品概念来定位。营销观念先进、经营运作成熟的项目，在开拓新市场时，会采用品牌定位开始、市场定位承接、产品定位落实、品牌定位推广的顺序，通过四步法进行系统架构，理念和实践结合，做到上下并行，步步为营。

★小知识

米其林餐厅

《米其林指南》（*Le Guide Michelin*）是法国知名轮胎制造商米其林公司出版的美食及旅游指南书籍，其中以评鉴餐厅及旅馆的“红色指南”（Le Guide Rouge）最具代表性，所以有时《米其林指南》一词特指“红色指南”。

出现在《米其林指南》上的餐馆至少先要获得“一副刀叉”的标记，这种标记是该书对餐馆的基础品评标准，最高5副，最低1副，表明餐馆的舒适度。

在此之上是米其林星级，从一颗星到最高的三颗星，主要针对的是烹饪水准，从五个方面进行评选：餐厅所使用的原材料的品质、烹饪时采用的技术、不同味道是否很好地融合、烹饪的一致性和创新性、是否物有所值。

一颗星★：“值得”去造访的餐厅，是同类饮食风格中特别优秀的餐厅；

两颗星★★：餐厅的厨师厨艺非常高明，它是“值得绕远路”去造访的餐厅；

三颗星★★★：是“值得特别安排一趟旅行”去造访的餐厅，有着令人永生不忘的美味，据说值得打“飞的”专程前去用餐。

当餐厅获得一颗星之后，要在人员训练、器皿摆设和各种酒藏等方面多投资，才可能获得第二颗或第三颗星。

星星除了可以颁给餐厅，还可以用来奖励厨师，获得一颗星的厨师只要能够维持品质不变便可以终生保留，但是几乎所有厨师都会想自己是否要冒险争取第二颗星，而成为三星厨师则是一个优秀厨师毕生奋斗的目标。

米其林评审通常是由多个监察员共同决定的，如果一个监察员发现了一家不错的店，往往要反复光临好几次，才敢往上一级提交报告，而接下来会有其他的监察员再次去认证，如果意见不统一，那么一切就要重新来，一家一或两颗星的餐厅往往要经过每年15次的反复检查才能有答案，三颗星的则更多。一旦检查完毕，该监察员在随后的若干年里都不可以再出现在此餐馆，以确保下一次检查的公允，而且监察员必须自己掏腰包。

米其林每一年都会重新评选，所以一家米其林三星级饭店的产生，往往要观察好几年才有可能确定。即使这样，已经获得两颗星或三颗星的餐厅或厨师，只要有一点疏忽就会被降级，所以米其林星不仅代表着“绝对完美的食物”，更意味着“不会犯错误”。

（资料来源：米其林．米其林餐厅指南［EB/OL］．搜狐网，2016-03-11．有修改。）

【思考1】 结合旅游餐饮项目的市场定位，分析米其林餐厅是从哪些方面吸引顾客的。

【实训1】 我国云南有丰富的花卉资源，搜集相关资料，根据旅游餐饮项目市场定位方法，尝试设计花卉系列餐饮产品。

七、旅游餐饮项目的产品设计

（一）旅游项目产品概念

旅游项目产品就是旅游项目开发的，能满足旅游者需要的，用于交换的一切形式的事物。从项目开发者角度看，产品是围绕食住行游购娱设计，用以满足旅游者的旅游活动消费的物质和精神享受的总和；从旅游者角度看，旅游产品是指旅游者花费了一定金钱、时间和精力所换取的实体产品与虚拟产品。

核心产品：旅游者通过购买旅游产品所追求的核心利益或旅游产品所提供的基本效用，是最基本、最主要的概念。

形式产品：产品通过什么样的外在形式出现在旅游者面前，是核心产品的外在体现。

延伸产品：帮助旅游者使用产品的附加服务，是形式产品的辅助部分。

对于旅游项目产品来说，三个层次存在转化关系，延伸产品在获得旅游者普遍承认后，会成为形式产品。如某五星级饭店率先用劳斯莱斯到机场迎接顾客，“劳斯莱斯迎接”这种服务行为是帮助顾客消费该饭店客房的延伸产品，随后，所有五星级饭店都使用劳斯莱斯迎接顾客，在顾客中逐渐形成共识：订购五星级饭店客房，必然享受劳斯莱斯迎接。此时“劳斯莱斯迎接”这种服务行为已经转化为五星级饭店出售的形式产品的一部分，如果同时间段有个别五星级饭店不提供该项服务，顾客会认为从该五星级饭店得到的产品不完整，不符合同时间段该产品应有的外在形式。而当产品的外在形式成为旅游者追求的目标时，形式产品也会转化为核心产品，如希望通过品牌彰显其消费理念的旅游者。

（二）旅游餐饮项目产品

旅游餐饮是旅游活动中的重要环节，既反映了不同地区的地理气候特色，也涵盖了不同地区的风俗文化内容。旅游餐饮是旅游产品中内容最丰富、体系最完整的大类，主要包括与旅游餐饮有关的原料、成品、加工技术、饮食风俗等内容。

1. 餐饮项目产品设计角度

餐饮项目产品设计角度有：

（1）餐饮原材料本身的特色或者知名度，如藕苗、松茸、乌鱼子、宋嫂鱼等；

（2）烹饪制作的特色或者知名度，如傣族的腌茶、佤族的铁板烧茶、拉祜族的火焯茶等；

（3）餐饮设施和环境的特色或者知名度，如酒类器皿、茶类器皿、东方明珠旋转餐厅、伊特哈海底餐厅等；

（4）游客的参与性：如火锅，自助餐，生产、收获、制作结合的田园饮食等。

★小知识

大众化成餐饮主流

王女士春节回国探亲，与几年未见的闺密相约在北京一家川菜连锁店聚会。正当她为带不带孩子犯愁时，却得到了一份惊喜，令她为贴心的服务点赞：这家主打麻辣口味的餐厅提供多款免辣的儿童套餐，让喜爱川菜的成人在大饱口福的同时，孩子们也能享受家庭团聚的乐趣。

记者注意到，春节期间，全国许多知名餐饮企业都大打“亲子牌”“亲情牌”。有的在网上促销团圆饭，有的提供儿童套餐，有的为夫妻、情侣提供打折优惠……商务部数据显示，大众餐饮成为春节假日消费的亮点之一。农历除夕至正月初六，全国零售和餐饮企业实现销售额比2015年春节黄金周增长11.2%，结束了此前4年增幅连续缩小的局面。

“性价比已经成为餐饮企业竞争的主要手段。”另一家全国连锁川菜餐厅的北京西单门店经理宋女士说。据她介绍，近一年来，这家有十多年历史的知名餐饮企业大力探索满足不同客户群体需求的新服务，包括提供免费儿童套餐、充电宝、手机触屏笔等。

虽然餐饮业的转型仍在探索当中，但是主动适应和满足客户需求变化的努力在春节期间得到了回报，销售额比平时明显增加。中国银联的数据显示，2016年2月7日至13日，全国餐饮消费笔均消费额高于平时节假日，其中除夕当天团圆饭的笔均消费金额是平时节假日的两倍。

（资料来源：杨艺华．新春吃购玩折射“供给侧”新变化［EB/OL］．新华社，2016－02－17.）

餐饮项目可以和多种概念相结合，实现效益最大化。餐饮项目可以与娱乐相结合，顾客在餐厅用餐过程中，不仅能品尝美味佳肴，还可以欣赏精彩的演出活动，精神上得到陶冶，用餐心情也更加放松。与餐饮结合的娱乐内容，首先要考虑当地的特色，多运用地方和民族的特色活动。如云南省是许多少数民族汇聚的地区，不少饭店都推出少数民族歌舞表演，以此来吸引国内外游客；餐饮项目可以与健康相结合，在经济状况已经得到很大改善的今天，人们对健康问题越来越关注，肥胖病、高血脂、高血压、心脏病、糖尿病等日益威胁人类健康。同时，随着社会文明的发展，人们对维护和改善自身形象的要求越来越高，身材的苗条与健康成为当今人们普遍认同的“美”。低热量、低脂肪食物越来越受到欢迎。如新西兰一家酒店推出“优选健康食谱”计划，这些健康食谱是由当地心脏基金会和糖尿病协会批准的，该酒店餐厅所选用的健康食品在餐厅菜谱中用特殊的标志列出，客人对各种菜肴的主要成分一目了然，如标明某种食品是低脂、低钠和营养成分平衡的，对防止心脏病有益等，这类健康食品占该餐厅菜单的20%，而且经常更换，以此来吸引国内外游客。①

2. 餐饮项目产品设计要点

（1）文化主导：名副其实，通过文化塑造主题，给游客留下深刻印象，获得产品定位。如位于北京前门西大街上的老舍茶馆是传承老北京大碗茶文化的餐馆之一，老舍茶馆门前象征性的大碗旁，夏天依旧可以看见工作人员叫卖大碗茶。进入餐厅，二层设有专门喝茶的茶室，花茶、龙井等一应俱全。此外，老舍茶馆的菜品也与茶相结合，例如，观音一品圆子就融入了铁观音，将茶汁的香味和肉香相融合，再如卤水豆腐，是将龙井茶插在豆腐上，茶香四溢。而朝阳区新源西里东街有一间以古琴文化为基调的餐厅，餐厅中的木柜中摆放着各种紫砂茶具，木制的圆桌配以瓷制圆凳，凸显出餐厅古琴文化的韵味。餐厅中放有一把古琴，后面以汉代竹简制成的屏风作为背景，两层悬挂的旧式灯笼让客人置身于“高山流水”的氛围中。

（2）活动组合：如各种美食节是展览、表演、竞赛、食材展销、成品展销等活动的综合体。如2015年七夕夜，海底捞除了有比较常规的送情侣巧克力、8.8折优惠卡、情侣套餐的活动之外，还推出竞技小游戏，顾客在享受现场竞技的同时还能收获多重奖励，除了榜上前三名有奖品外，榜单上排名尾号为7的幸运儿均可获得浪漫七夕小礼物一份。而肯德基则推出了“穿越星际”，为大家带来“七夕告白令”，这个告白令是通过当时很流行的H5来互动的，把告白编译成密码，然后坐等你的有心人破译，成功参与活动的用户和第一个点击告白链接的好友，均可抢得七夕告白甜筒微信卡券。

（3）环境配套：美食美景美器，“食”作为旅游六大要素之首，策划人员应当结合当地人文自然特色，帮助游客更好地获得感官体验，升华理解情境。如南非米德兰的Foghound Coffee是一家用货运集装箱改造的咖啡馆，由设计公司Earthworld Architects设计，远远望去，湖蓝色的集装箱在道路的拐角处格外引人注目。这家咖啡馆的一楼是咖啡品尝区，二楼则作为展示区，用来展示这家公司自己研发与制作咖啡的机器及咖啡相关产品，突出了其硬朗却不失可爱的外表，室内装潢采用的是与之毫无违和感的工业风，金属灯管和粗糙的水泥地面，铁质与木质桌椅混搭恰到好处。而阿根廷的Captain Central Brewery酒吧，原是警察局用房，门脸设计采用5米多高的混凝土墙壁，屋顶上还竖立着一个7米多高的大烟囱，色彩冲撞的金属构架和钢铁材质的外观夹杂着反光玻璃，使人仿佛置身于一座艺术博物馆之中。

八、旅游餐饮项目的价格设计

菲利普·科特勒认为：“如果有效的产品开发、促销和销售为商业成功播下了种子，那

① 张亦唯．营销策划与执行［M］．北京：中国工人出版社，2007.

么有效的定价就是收获。”在市场中，价格是重要的竞争手段，同时价格体系的构建也是一门科学。

（一）价格的构成要素

价格的构成要素包括三部分：成本、需求、竞争（图2-7）。

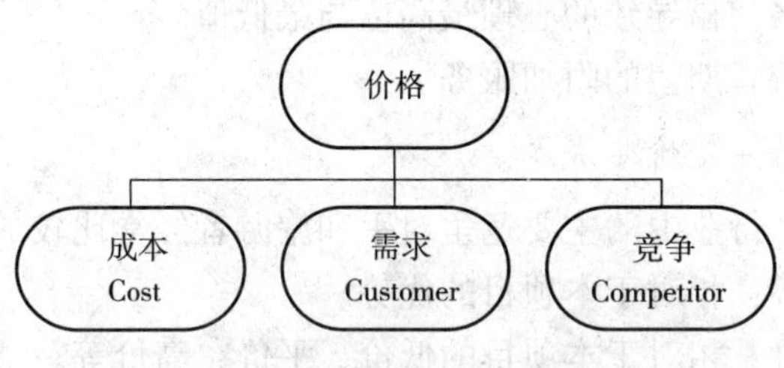

图2-7　价格的构成要素

1. 成本=固定成本+变动成本

（1）固定成本：指不随生产或者销售水平而变化的成本，图2-8所示为单位固定成本。

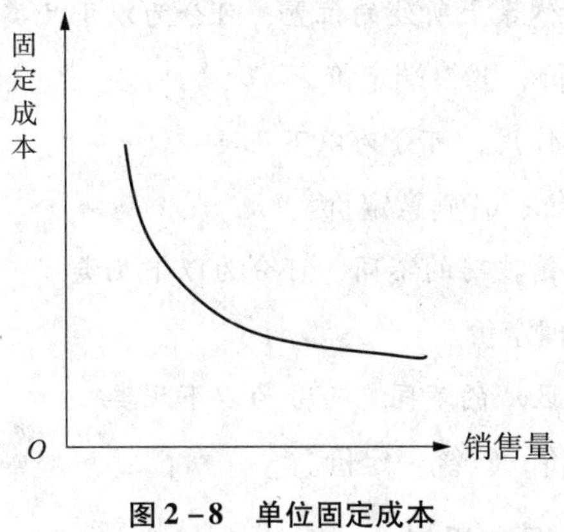

图2-8　单位固定成本

（2）变动成本：指随着生产水平的变化而发生变化的成本，图2-9所示为单位变动成本。

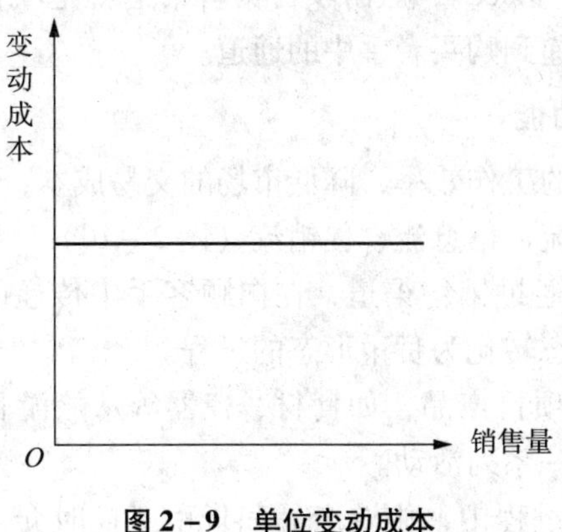

图2-9　单位变动成本

2. 需求 = 价格敏感度 + 卖点地位 + 竞争地位 + 心理价格 + 附加产品

(1) 价格敏感度：旅游者对产品价格的认知度。

(2) 卖点地位：卖点在旅游者心目中的排序。

(3) 竞争地位：与竞争者相比，产品所处的地位。

(4) 心理价格：价格门槛导致的心理最高值与最低值。

(5) 附加产品：旅游者期望的附加服务。

3. 竞争 = 定位 + 优势 + 定价 + 成本

(1) 竞争对手定位：行业中的主要竞争对手和旅游者经常比较的竞争对手。

(2) 竞争对手的优势：相对于本项目的优势。

(3) 竞争对手的定价：相对于本项目的低价、平价、高价等。

(4) 竞争对手的成本：可通过进货渠道、销售渠道、职员工资、场地租金等进行估算。

（二）旅游餐饮项目价格分类

1. 按照价格在利润构成上的位置，可分为以下几类

①保本定价；②目标盈利定价；③边际贡献定价。

2. 按照价格在产品销售体系上所处的位置，可分为以下几类

①出厂定价；②渠道定价；③终端定价。

3. 按照价格在竞争中的作用，可分为以下几类

①取脂定价；②渗透定价；③满意定价。

4. 按照价格在市场中营销技巧的不同，可分为以下几类

①需求弹性定价；②心理定价。

5. 按照价格在市场销售区域的不同，可分为以下几类

①基点定价；②地区定价；③统一定价。

九、旅游餐饮项目的渠道设计

（一）旅游项目销售渠道概念

“渠道”一词的英文是“Place”，旅游项目销售渠道就是项目开发方将旅游项目产品传递到销售商，再由销售商传递到购买者手中的通道。

（二）旅游销售渠道的功能

销售渠道能够提高市场的工作效率，降低市场的交易成本，良好的销售渠道能够为项目产品提供商流、物流、货币流、信息流、促销流（图2－10）。

(1) 商流：指旅游产品通过销售渠道，在向顾客手中传递的过程中，由货币形态转化为商品形态，或者由商品形态转化为货币形态的过程。

(2) 物流：指实体旅游项目产品，如食材、瓷器等从旅游目的地向购买者所在地流动过程中，涉及的运输储存等一系列活动。

(3) 货币流：指在商流过程中，旅游产品和货币互换时介入的货币量，它由银行作为

中介，通过销售渠道实施。

（4）信息流：指在销售渠道中存在的项目方、购买者、中间商、物流方、银行方相互之间既是信息源又是接收者的信息传递过程。

（5）促销流：指渠道项目方、购买者、中间商、物流方相互之间对产品进行的推送过程。

图 2－10　销售渠道的功能

（三）旅游餐饮项目销售渠道的分类

1. 直接渠道与间接渠道

没有中间商参与的渠道称为直接渠道，有中间商参与的渠道称为间接渠道。

2. 长渠道与短渠道

流通环节或者流通层次越多，渠道越长，反之越短。

3. 宽渠道与窄渠道

同一流通环节或者同一流通层次上中间商数目越多，渠道越宽，反之越窄。

第二节　旅游餐饮项目策划

一、旅游餐饮项目战略的制定

（一）战略计划

战略计划是对项目全部营销策划活动定目标、定范围、定时间的计划，它是确定项目实施方向、实施角度的总纲，是全局性的计划和设想。

1. 明确旅游项目定位

旅游项目总体定位包括：旅游项目目标顾客群定位，旅游项目档次定位，旅游项目主题定位，旅游项目形象定位，旅游项目价格定位。

旅游项目作为虚实结合的产业经济实体，针对什么类型的目标顾客群，提供哪些档次选择，准备通过营销策划活动呈现出什么样的价值形象，包含什么样的属性优势，给目标市场带来什么样的利益，以及如何将以上内容体现在价格渠道中，是战略计划的主要问题。

旅游项目策划之初，就应该明确本项目所针对的目标顾客群，针对目标顾客群的喜好和利益进行构思、组合、安排项目内容，这样才能做到有的放矢。所有目标顾客群都有不同的档次选择，确定项目及项目产品主攻的档次，可以更进一步准确地划分出项目资源的优势和劣势，识别机会和威胁，这样便可以有针对性地梳理数据，最终形成有建设意义的对策分析。将旅游项目推向市场时必须进行主题集中化思考，即围绕可表述的口号进行资源和活动组合，达到连带推动的效果，并反向审视组合活动，利用资源中疏离和未有效利用的部分。优秀的旅游项目首先销售的是它在目标市场上的形象，其次才是相应的旅游产品。如中国（文明古国）、普罗旺斯（浪漫之地）、荷兰（花和风车的国度），形象定位后的旅游项目开发出的旅游产品，可以在旅游项目经营者和旅游产品消费者的共同努力下，求同存异，共同打造利益趋同的价值形象。以上内容最终都要通过旅游项目的价格定位实现，并形成正循环，带动属性优势的发掘，给目标市场消费者带来更多的利益。

反之，没有总体准确的定位，旅游项目不确定目标顾客群，就无法找到切实合理的发展目标，不知该适用何种档次，主题口号缺少前两者定位支撑，也必然含混不清，缺乏有效的传播效能，而项目的属性优势在没有价值形象依附的情况下，难以形成整体印象，难以推广和储存目标市场的经历记忆，缺少感情共鸣，妨碍作为高层次需求的旅游活动在个体消费者的消费序列中占据不可或缺的一环。在旅游同质项目越来越多的今天，缺少定位的旅游项目，必然难逃泯灭于众、效益不显的命运。

2. 明确旅游项目范围

通过对品牌理念、目标顾客群范围的界定，进而对项目理念、模式、环节、要素进行界定，能集中资源实现目标，还可防范自检，及时止损。

管理大师彼得·德鲁克（1909.11—2005.11）认为：“战略不能决定未来，不能消除风险，但它将改变可能性（概率）。”如今旅游业竞争激烈，发展格局呈多元化态势，而旅游经济的快速增长也推动了许多行业向旅游业拓展，旅游产业与其他产业相互渗透越来越明显。很多新的旅游资源在整合创新中不断出现，传统旅游项目面临越来越多的挑战。明确旅游项目面对的目标顾客范围、打造的形象范围、包含的属性范围、提供的利益范围，对于旅游项目开发具有重要意义。

旅游项目针对的目标顾客范围，是旅游战略计划中涉及的重要问题，一般采取顾客群描述法，即通过对细分变量的归纳总结，描述出顾客群的总体特征，进而对号入座确定顾客范围。主要有以下两种方法：

（1）产品特征排除描述法：选取产品特征，排除非产品特征人群，描述目标人群。

（2）顾客静态动态结合描述法：静态描述顾客的年龄、性别、职业、家庭结构、收入、受教育程度等变量，动态描述顾客日常消费行为、消费规律、消费喜好等变量，确定顾客变量与产品特征的契合点，进而描述目标人群。

【问题4】 应用上述方法进行目标顾客群描述：

①项目小组打算开发地方特色菜品，主要针对外地游客，请自拟产品特征，进而选定目标顾客群。②项目小组打算开发地方特色菜品，主要针对外地游客，请描述目标顾客静态动态特征，进而确定目标顾客群。

3. 明确旅游项目竞争战略

（1）成本领先战略：指项目通过加强成本控制，在研究开发、生产、销售、服务和广告等领域把成本降到最低限度，从而获取利润。

适用于：①项目产品具有较高的价格弹性，市场中存在大量的价格敏感用户；②同类项目的产品都是标准化的产品，产品难以实现差异化；③购买者不太关注品牌，大多数购买者以同样的方式使用产品；④价格竞争是市场竞争的主要手段，消费者的转换成本较低。

（2）差异化战略：指项目向顾客提供的产品独具特色，且该特色可以给产品带来更多的利润。

适用于：①项目开发的产品能够充分地实现差异化，且为顾客所认可；②顾客需求多样化；③项目所在产业讲究特有独有，特色成为竞争的焦点。

（3）集中化战略：指项目专门针对某一特定购买群体、特定细分市场或区域市场，设计符合该特定市场的产品，精细研销，获取利润。

适用于：①购买群体在需求上存在差异；②特定购买群体、特定细分市场或区域市场能够保证盈利；③项目开发方资源和能力有限，难以在整个产业实现成本领先或差异化，只能选定个别细分市场。

4. 明确旅游项目时间

没有时间限制的项目没有实现的可能，项目时间管理又称为“项目进度管理”，包括项目活动分块、分块活动排序、活动时间估算、活动进度表、进度控制等。有了时间序列便会有相应的任务序列，这样便能够保证旅游项目各项活动的顺利进行。在整体战略计划中，项目不同板块间的时间协调是需要考虑的重点问题，一般可以采用甘特图进行展示。

（二）费用预估

1. 目标利润法

目标利润法是将项目所获得的利润按比例分配作为项目营销策划费用的方法。

（1）预测项目市场销售额：

类似项目销售额×（近三年平均销售增长率+1）=市场总需求

市场总需求×该企业所占市场份额=该项目可能的市场销售额

【问题5】某餐厅开发“乡土特色菜系列”项目，项目组调查得知该地区还有“节令特色菜系列”（上年销售额65万元，近三年平均销售增长率为11%），“海鲜特色菜系列”（上年销售额180万元，近三年平均销售增长率为5%），“滋补特色菜系列”（上年销售额240万元，近三年平均销售增长率为9%）。该餐厅占该地区餐厅市场份额的15%。请问“乡土特色菜系列”项目今年可能的市场销售额是多少？

（2）预测营销策划费用。

该项目可能的市场销售总额×利润比×营销策划费用比=可用的营销策划费用

【问题6】某餐厅开发“乡土特色菜系列”项目，项目组预计的利润比为58%，营销策划费用比为20%，请问“乡土特色菜系列”项目可用的营销策划费用是多少？

2. 最大利润法

最大利润法是运用销售反应函数确定对营销策划费用的最大投入限额的方法。

销售反应函数是指在特定时期内，其他市场营销组合因素不变，只有一个因素在各种可能的水平下变化时所预测的可能销售量，该函数一般表现为“S”形。在营销策划费用较少时，由于企业和产品难以达到一定的知名度，因而销售量较低。这时通过增加营销策划费用，可以使销售数量呈递增比率上升，但当营销策划费用达到一定程度后，费用的增加只能使销售数量按照递减的比率上升。

原因：首先，市场的需求存在上限，当销售量达到一定水平时，很难再通过增加营销策划费用来获得销售量的快速增长；其次，当一个公司增加其营销策划费用时，竞争对手可能采取同样的行动，从而抵消部分营销努力对销售量的促进作用。销售量与营销费用之间的关系如图 2－11 所示。

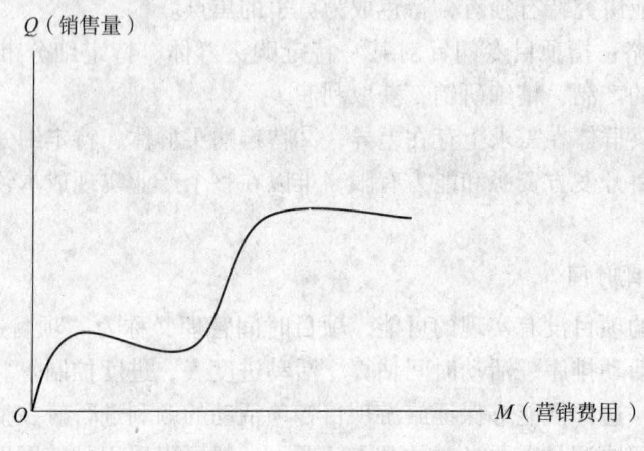

图 2－11　销售反应函数

销售反应函数可以采取三种方法进行测定：

（1）统计法：搜集销售量和市场营销组合变量水平波动的数据，运用统计分析技术估计销售反应函数。

（2）实验法：在可控制条件下，通过对一定时期内同样条件的消费者或同一消费者，有步骤地改变营销费用或营销组合方式，来观察销售量的变化情况，进而推测出销售反应函数。

（3）判断法：即专家采用德尔菲法，对销售量与市场营销费用之间的关系进行推测和估算。

最大利润法的原理是，通过计算销售反应函数，支出合理的营销策划费用，以便取得最大化利润，但这种方法在实际运用中操作难度较大，只有借助于计算机分析系统建模推演，才能得到理想效果。

二、旅游餐饮项目战略的执行

（一）费用分配

项目策划优势很大程度上取决于组合的优势，而不是单个因素的优势。在实际运用中，营销策划各个要素之间具有一定的替代性。例如，项目要增加利润，可以用提高价格的方法，可以用降低成本的方法，也可以用增加促销费用提高销量进而增加利润的方法。项目组必须将营销策划组合中的各个变量因素进行协调、融合和控制，形成最佳组合。因此，在执行过程中，必须考虑费用在各个组合因素之间的分配比例。

1. 经验分配法

策划者可以根据企业以往的历史经验，选用主体变量，分别搭配高投入和低投入两种不同的分配方案，对各种营销组合所产生的预期效益加以比较，形成可供选择的分配方案。

2. 目标市场费用分配法

当一个企业面临着两个以上的不同目标市场时，它就必须确定如何在各个目标市场上分配其营销费用。通常在一定的营销预算和组合下，企业可以通过不同市场之间的费用转移来增加销售和利润。

目标市场销售量×单位销量营销策划费用＝目标市场营销策划费用

大多数情况下，策划者可以根据不同目标市场的销售规模来分配营销策划总费用。但这种分配方式往往不能有效使用资金。因为各目标市场除了有“量”的区别外，还存在“质”的差异，在不同的目标市场上，顾客对营销策划的反应不同，如发展中国家的消费者与发达国家的消费者相比，传统的媒体促销对前者有着更大的影响力。因此，忽略不同目标市场“质”的差异性而进行的“平均”分配，往往难以使营销费用的投入获取最大效益。

于是，有些营销专家利用边际效应（Marginal Utility）这一概念来进行费用的市场分配，策划者应在尽量使各个市场所产生的边际反应相等的基础上，制定营销费用的市场分配方案。

★小知识

边际效应

边际效应，是指其他投入固定不变时，连续地增加某一种投入，所新增的产出或收益反而会逐渐减少。也就是说，当增加的投入超过某一水平之后，新增的每一个单位投入换来的单位产出量会下降，其产生的效用呈现递减趋势。

（资料来源：吴德庆．管理经济学［M］．北京：中国人民大学出版社，2006.）

（二）编制预计损益表

预计损益表分为收入和支出两部分。在收入中，它列举出企业采用某方案后可能获得的预计销售数量和预计平均价格。在支出中，它列举出为实现目标而支出的生产成本、实体分销成本、营销费用和更多细分项目，如生产成本可分为材料成本、人工成本、制造费用等，实体分销成本可分为仓储费用、运输费用、包装费用等，营销费用可分为销售费用、广告费用、促销费用和营销管理费用等。收入与支出之间的差额构成预计利润，如表2－2所示。

表2－2　预计损益表

单位名称：大雁塔旅游纪念品商店　　　　年度：2014年

元

项目	行次	预计数	累积数
一、产品销售收入	1	220 000.00	320 000.00
减：产品销售成本	2	50 000.00	80 000.00
产品销售费用	3		2 000.00

续表

项目	行次	预计数	累积数
产品销售税金和附加	4		2 000.00
二、产品销售利润	5	150 000.00	136 000.00
加：其他业务利润	6		2 000.00
减：管理费	7	10 000.00	10 000.00
广告费	8	40 000.00	40 000.00
财务费用	9		
三、营业利润	10	100 000.00	84 000.00
加：投资收益	11		
营业外收入	12		800.00
减：营业外支出	13		
四、利润总额	14	100 000.00	84 800.00
减：所得税	15		
五、净利润	16	100 000.00	84 800.00

预计损益表编制要求：

（1）格式完整。分门别类，行次标号，避免随意添减。

（2）条目详细。编制预计损益表时，要详细列出项目方案中的预计发生额，有利于高层决策人员对预算进行审核。

编制预计损益表对于项目活动有着十分重要的意义。首先，有利于项目人员明确预算，控制支出。其次，预计损益表把项目委托方希望达到的目标和愿意支出的成本以数字化的形式明确地加以表示，有助于项目委托方分析比较、评价成绩。

（三）项目控制

1. 设置控制标准

控制标准包括产品、定价、渠道、推广分类设置定性标准和定量标准。

2. 设置绩效检查制度。

绩效检查制度可分为工作进度检查和会计审核检查两种，采用定期报告与临时报告相结合的方式，通过目标—绩效—偏差—改进的工作程序，对项目执行绩效进行控制，如表 2 – 3 所示。

表 2 – 3　项目绩效检查表

项目	主要负责人	目的	方法
战略检查	最高负责人	检查项目是否符合战略预期	营销审计
计划绩效检查	中高层负责人	检查各部分计划目标是否完成	市场占有率分析，销售额分析，支出费用控制分析，其他财务分析

续表

项目	主要负责人	目的	方法
效率绩效检查	各分支项目负责人	检查项目环节工作任务设定和完成的质量比率、时间比率	工作效率分析
盈利绩效检查	项目审计人员	检查已完成项目任务的盈利点、亏损点	获利分析，消耗分析

（1）战略检查—营销审计。

1959 年，美国哥伦比亚大学的艾贝 · 肖克曼提出了“营销审计”的概念。他认为，公司应该定期进行营销审计，以检查它的战略、结构和制度是否与它们最佳的市场机会相吻合。此后，菲利普 · 科特勒进一步对营销审计进行了界定，指出：“营销审计是对一个公司或一个业务单位的营销环境、目标、战略和活动所做的全面的、系统的、独立的和定期的检查，其目的在于决定问题的范围和机会，提出行动计划，以提高公司的营销业绩。”并详尽归纳了营销审计的六大组成部分：营销环境审计、营销战略审计、营销组织审计、营销制度审计、营销效率审计及营销功能审计的具体内容。

营销审计过程如下：

a. 根据目标确定审计范围。

b. 检查目标的实现情况。

c. 确认项目效率是否为最佳。

d. 确认项目信息沟通是否合理。

e. 提出改进意见。

营销审计具有全面性、系统性、独立性、定期性的特点，主要内容包括：环境、计划、组织、沟通、效率、职能六个方面，如图 2 – 12 所示。

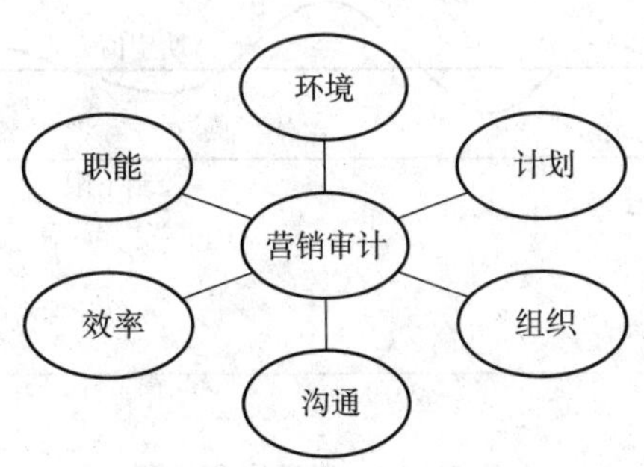

图 2 – 12　营销审计的内容

（2）计划绩效检查。

1）销售额分析。

第一种方法：销售差异分析，即对影响销售的价格和数量进行分析，找出影响最大的主要变量，再针对该变量找出解决方法。公式如下：

$$价格影响 = (预定价格 - 实际价格) \times 实际销量 \div (预定销售额 - 实际销售额)$$

销量影响 = 预定价格 ×（预定销量 – 实际销量）÷（预定销售额 – 实际销售额）

【问题7】 某酒店要求第一季度销售9 000间客房，均价为385元，目标销售额为3 465 000元，但到季度末仅销售了8 000间客房，均价315元，实现销售额2 520 000元，试分析价格和销量哪个对实际销售额的减少负有主要责任。

第二种方法：销售单位分析，即对不同销售单位的预期销售额和实际销售额进行比较，找出差距最大的销售单位，再针对该单位进行检查，找出解决方法。

【问题8】 某旅行社在三个地区推广产品，预期销售额分别为500单位、800单位、700单位，实际完成销售额分别为550单位、700单位、680单位，试分析哪个地区出现了问题。

② 市场占有率分析。

第一种方法：全部市场占有率，即用单位销售额占据全行业销售额的百分比表示。单位可以选择实物量，也可以选择货币量。

第二种方法：目标市场占有率，即用单位销售额占据目标市场销售额的百分比表示。单位可以选择实物量，也可以选择货币量。

第三种方法：相对市场占有率，即用单位市场占有率和行业中最大竞争对手的市场占有率进行比较，所得到的百分比。如果最大竞争对手市场份额比较小，或者没有最大竞争对手，可以选取同行业中前三大对手的市场份额总和作为比较对象。单位可以选择实物量，也可以选择货币量。

③ 支出费用比分析。

如图2－13所示，可以通过设定费用上限和费用下限，将支出费用控制在较小幅度的波动中，分析时允许正常的偏差值，但是当波动超出上下限时，就表明出现了问题。

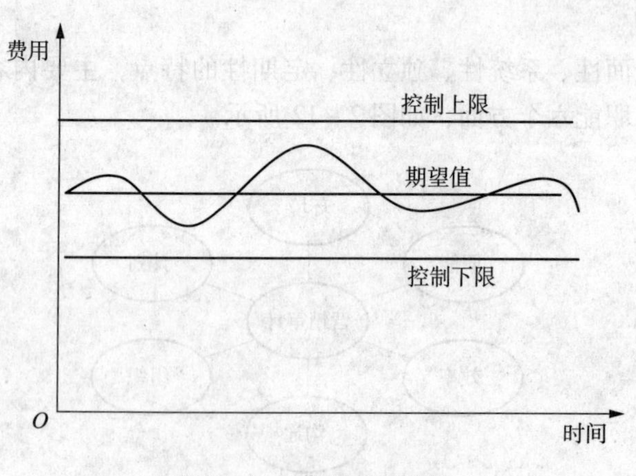

图2－13　费用比分析图

费用上下限可以通过常规对比进行设定，参照项目支出标准，结合实际累次段时间内的均值得出。

（3）效率绩效检查。

效率绩效检查，主要根据项目工作所花费的平均时间：平均成本，或者平均时间：平均收益的比值来分析。第一步记录每一次时间：成本的投入数量百分比，和每一次时间：收益的收入数量百分比。第二步计算单位期间内投入与收益的平均数。第三步对投入收益的最小和最大平均数进行分析。

（4）盈利绩效检查。

通过制作损益表，分析项目不同产品在不同渠道的销售盈利和亏损情况，确定盈利点或者亏损点，进一步分析造成盈利或者亏损的关键因素，针对该关键因素，找出学习或者改进的方法。表 2－4 所示为某主题公园的渠道损益情况。

表 2－4　某主题公园的销售渠道损益表

元

项目＼渠道		旅行社	饭店	总额
销售收入		200 000.00	150 000.00	350 000.00
销售成本		50 000.00	60 000.00	110 000.00
毛利		150 000.00	90 000.00	240 000.00
各项费用	策划	10 000.00	10 000.00	20 000.00
	管理	30 000.00	10 000.00	40 000.00
	推广	20 000.00	30 000.00	50 000.00
	更新			
	总额	60 000.00	50 000.00	110 000.00
	净利	90 000.00	40 000.00	130 000.00

由表 2－4 可以看出，该主题公园在不同销售渠道的盈利状况有明显差别，因此，可进一步分析不同销售渠道的不同环节，确定不同环节中的成本和盈利比，找出最大和最小比值环节，确定最大比值环节中的盈利点和最小比值环节中的亏损点，进一步分析造成盈利或者亏损的关键因素，针对该关键因素，采用帕累托图和鱼刺图找出学习或者改进的方法。

3. 设置权变计划应对突发情况

预先评估项目在资源、资金等方面的后备力量，对项目执行组织的应变能力、信息沟通能力进行了解，然后在此基础上预先考虑项目执行过程中有可能出现的突发情况，针对不同营销要素策划不同的应对方案，并保留适当的后备资源。

营销控制部分只是整个营销策划书的部分内容，一般情况下其篇幅不应太长，更不能超过营销行动方案部分。策划者只要设计出营销控制的组织机构、控制时间分解表、控制的制度与方法即可。

三、旅游餐饮项目营销策划成果评估

（一）项目营销成果测试

1. 软件方面

（1）项目概念的可传播度和可信度。

（2）项目概念产品与已有产品的距离水平。

（3）市场容量（潜在消费者对项目概念产品的认知价值）。

2. 硬件方面

（1）各项数据的真实性。

（2）项目组成的系统性。

（3）项目再生产的稳定性。

（二）项目营销成果评定

（1）项目营销目标评价：主要指项目营销目标在数量、时间上的实现程度，对于目标的质量放入效益评价中。

（2）项目营销效益评价：主要指项目营销带来的社会效益和经济效益。

（3）项目营销持续性评价：主要指项目委托方能否在项目组交付项目之后，仍然能够独立地运行该项目营销设定获取效益。

四、旅游餐饮项目营销策划收尾

（一）项目营销成果正式验收

（1）业务面运行验收；

（2）里程碑边界验收。

（二）项目营销收尾相关文件

（1）正式验收文件：包括正式验收报告、正式移交文件登记书、正式验收合同等。

（2）项目档案：包括项目营销活动过程中产生的文件，如项目营销管理计划、项目营销成果标准规定文件、项目营销备忘录、项目营销报告文件、工作量清单等。

第三节　旅游项目营销策划书的撰写

一、旅游项目营销策划书编写的原则

（一）主题清晰，逻辑严谨

开门见山地揭示营销主题，寻找理论依据和实践依据，帮助主题站稳立场。

1. 分块分环节带序号

将大段文字按照结构、环节划分为大小单元，有利于阅读者迅速把握要点，掌握策划书框架。

2. 注意阐述的逻辑结构

逻辑结构常见的种类有：大小、里外、远近。写作策划书时根据策划对象特点，在固定章节中选择一定的逻辑结构进行表达，有利于查漏补缺，方便阅读。

3. 注意阐述的逻辑关系

阐述的逻辑关系可以通过连接词的运用来表现，常见的连接词有：“因为……所以”

“由于……因此”“综上所述”“由此推定”等。

（二）叙述简洁，版面美观

（1）方法合适：为了便于确定边界、衡量效果、规范任务，文案中对各环节目标应当尽量采取定量的方法表述，可采用绝对数值与相对数值结合的方法。

（2）表2-5所示为各种图形的用途。多种方法阐述：图表、文字、模型多种方法相结合，能让叙述更简洁、阅读更快速。

表2-5　各种图形的用途

序号	名称	用途
1	柱形图	表示一段时间内数据的变动、排位情况，强调数据随时间变化
2	条状图	描述各项数值的差别，如游客偏好，强调数据的比较
3	坐标图	比较等距间隔内数据的变化趋势，适用于数据的预测
4	饼状图	显示某个特定范围内的数据比例大小，适用于部分与整体的显示
5	圆环图	与饼状图相似，但可以选取多个特定范围，分层显示多个数据比例
6	雷达图	显示数据各种因素的综合表现，便于把握现状
7	散布图	适合把握统计数据的零散分布状况

（3）统一格式规范表达：多种图文混排的情况下，为了避免杂乱无章，最好的办法是统一字体、字号、序号，统一叙述角度和观看角度，减少阅读者转换思路的时间，增加阅读者综合思考的时间。

（三）实效明显，操作性强

营销策划书要求方案可行、实施可达、方法简便，那么增加可见步骤，减少不可见步骤，恰当运用里程碑事件，固化成果，举例佐证等，都是有益的方法。

二、旅游项目营销策划书格式

（一）封面

封面内容包括：

（1）项目的名称；

（2）委托项目的客户名称；

（3）营销策划机构/人的名称；

（4）营销策划活动开始日期或者从开始到完成的时间段。

（二）正文

1. 前言

前言主要用来说明本旅游项目营销策划的原因，要达到的目标，强调项目进行该策划活动的重要意义，要求项目组成员统一思想、协调行动、共同努力，保证项目营销目标高质量地完成。

（1）项目营销策划的原因：

a. 企业开张伊始，需要根据市场特点设计开发项目；

b. 企业发展壮大，原有的项目不能适应新的形势，因而需要重新设计项目；

c. 企业改革经营方向，需要调整项目获取效益。

d. 企业原有项目严重失误，需要修正改善原有项目。

（2）项目营销策划的重要性或必要性。

（3）对项目组成员的要求。

2. 目录

标题至少做到四级，因项目营销策划内容繁多，作为战略纲领性文件，后面还会衍生更多环节的文案，为了便于检索回顾，可以将目录标题做细，这就为更进一步的工作提供了便利。

3. 项目市场环境分析

（1）宏观环境分析；

（2）微观环境分析；

（3）市场机会评价（SWOT 分析）。

4. 项目营销策划目标（定量或者定性）

（1）目标市场细分；

（2）目标市场选择；

（3）目标市场定位。

5. 项目营销计划

（1）开始和结束的时间点；

（2）产品、定价、渠道、推广时间段；

（3）分环节行动方案大纲；

（4）成果体系。

6. 经费预算

在项目实施前，一定要对经费进行预算。

7. 成果检验

（1）方法；

（2）负责人。

8. 收尾工作

（1）方法；

（2）负责人。

三、旅游项目营销问卷调查

（一）问卷调查程序

（1）明确目标。

（2）了解被调查目标（文献阅读）。

（3）了解访谈对象（小组访谈）。

（4）提出假设（提出有可能影响目标的因素）。

（5）围绕假设因素，设计题目。

（6）发放问卷（概率抽样，整群抽样）。

（二）问卷一般结构

1. 问卷标题

拟出问卷标题来。

2. 问卷说明和前言

前言应当有吸引力，使被调查者产生兴趣。前言中要通过对调查发起人和调查目的的介绍，恳请合作。同时，还应当用适当的方式激励被调查者，争取他们完成整张调查问卷中的问题。前言中的激励方式通常有四种：社会效用、请求帮助、激发自豪感、综合激励。

3. 问卷主体

（1）甄别问题，确定答题者属于被调查范围。

例：请问您是横店影视城的游客吗？

A. 是（继续访问）

B. 否（中止访问，表示感谢）

（2）正式问题。

问题排序应当从大到小，从普通到具体。从概括的、一般的问题开始，再到具体的、特殊的问题。敏感的、带有威胁性的问题应当尽量放在后面。从一个主题转到另一个主题时过渡一定要自然、合理和顺畅，富有逻辑性。内容上，要遵循行为—态度—意向的顺序。时间上，要遵循现在—过去—将来的次序。而比较复杂的，需要经过认真思考、回忆或计算的问题应当放在问卷的末尾。

4. 作业证明

略。

5. 督导信息

略。

四、旅游项目营销调研报告

（一）封面

封面内容包括：

①标题；②客户；③研究机构；④日期。

（二）目录

目录包括：

①章节目录、页码；②表格目录、页码；③图形目录、页码；④附录页码。

（三）执行摘要

执行摘要包括：

①目的摘要；②方法论摘要；③重要结果摘要；④结论和建议摘要；⑤其他说明。

（四）详细介绍

详细介绍的内容包括：

①调研背景；②有关人员和职责；③致谢。

（五）详细分析和结果

详细分析和结果具体表现为：

①分析说明（非技术性）；②图表；③解释。

（六）详细结论和建议

详细结论和建议包括：

①结论详述；②建议详述；③说明。

（七）研究方法论

研究方法论包括：

①研究类型；②研究意义；③抽样设计技术；④数据搜集方法；⑤问卷说明；⑥特殊问题。

（八）局限性

局限性包括：

①样本容量局限；②抽取局限；③其他局限。

（九）附录

附录包括：

①调研素材（如问卷、访谈提纲等）；②技术（如统计工具说明）；③其他（如调查地图）。

实训项目

项目营销战略策划书

实训目的：通过项目小组写作《项目营销战略策划书》，了解营销战略策划的基本程序，熟悉项目文案撰写要求，掌握分解项目目标的方法，掌握市场分析和调研的基本方法，掌握预算经费的基本方法，掌握项目检测和控制的方法。

实训步骤：

第一步，明确目标，撰写《目标结构分解报告》。

第二步，调研。①根据项目目标，项目小组制定可操作的市场调研策划方案；②根据策划方案，制订一份详细的调研活动计划；③设计一份市场调研问卷和一份访谈提纲；④根据项目目标和收集的资料，撰写调研报告。

第三步，目标市场定位。

第四步，设定阶段目标。

第五步，撰写《项目营销战略策划书》。

实训成果：

第一部分：《目标结构分解报告》《市场调研策划方案》《调研活动计划》《调研问卷》《访谈提纲》《调研结果分析报告》。

第二部分：《项目营销战略策划书》。

知识归纳

本章主要结合旅游住宿项目的策划运作，学习写作《旅游项目营销战略策划书》的基本程序、基础理论和基本工具，为后续章节的学习打下基础。全章共分三部分，第一部分主要介绍了旅游住宿项目营销部分的内容，包括旅游住宿项目的含义、旅游住宿市场特征分析、旅游住宿项目卖点分析、旅游住宿项目产品设计、旅游住宿项目销售渠道分析；第二部分主要介绍了旅游住宿项目策划部分的内容，包括旅游项目定价程序、价格体系、价格策略，旅游住宿项目销售渠道设计，旅游项目销售渠道策划程序，旅游住宿产品销售渠道选择；第三部分主要介绍了《旅游项目营销战略策划书》的撰写格式和要求。通过本章的学习，要求学生了解《旅游项目营销战略策划书》的基本格式，熟悉基本阶段和特点，掌握各个部分的基本理论，能运用工具和公式进行验证。最后要求学生能通过实训掌握战略阶段的基本工作如何运行。

复习思考题

一、简答题

1. 如何对旅游项目目标问题进行沟通？如何找出重点目标？如何重新表述目标？
2. 旅游市场环境分析有哪些主要理论和工具？
3. 如何运用 SWOT 进行市场战略选择和确定对策？
4. 旅游市场调查有哪些抽样方式？有哪些主要调查方法？
5. 项目目标市场的选择有哪些方法？
6. 项目营销费用有哪些方法进行预估？
7. 项目营销成果的测试和评定应该注意哪些方面？

二、选择题

1. 旅游项目营销目标的确认包括以下哪些步骤？（　　）

A. 分解原始目标　　B. 了解营销目标

C. 找出重点目标　　D. 重新表述目标

2. 旅游项目营销目标需要了解的重要方面包括（　　）。

A. 资源　　B. 需求　　C. 竞争　　D. 时间

3. （　　）是国民经济核算的核心指标，也是衡量一个国家或地区总体经济状况的重要指标。

A. GDP　　B. GNP　　C. CPI　　D. RPI

4. （　　）是进行经济分析和决策、价格总水平监测和调控及国民经济核算的重要指标，其变动率在一定程度上反映了通货膨胀或紧缩的程度。

A. GDP　　B. GNP　　C. CPI　　D. RPI

5. （　　）主要用来观察研究零售物价变动对城乡居民生活的影响，为平衡市场供求、加强市场管理、控制货币发行量提供参考。

A. GDP　　B. GNP　　C. CPI　　D. RPI

6. 迈克尔·波特竞争模型包括（　　）。

A. 同行业竞争者　　B. 供应商的议价能力

C. 购买者的议价能力

7. SWOT 是指项目的（　　）。

A. 优势　　B. 劣势　　C. 机会　　D. 威胁

8. 战略是项目（　　）和（　　）条件的有机组合。

A. 能够做的　　B. 不能够做的

C. 可能做的　　D. 不可能做的

D. 潜在进入者威胁　　E. 替代品威胁

9. 旅游项目市场细分的要求是（　　）。

A. 可识别　　B. 可衡量

C. 可进入　　D. 可盈利

10. 旅游项目目标市场策略包括（　　）。

A. 无差异性策略　　B. 差异性策略

C. 集中性策略　　D. 非集中性策略

11. 旅游项目竞争对手定位策略包括（　　）。

A. 针锋相对的定位策略　　B. 填补空隙定位策略

C. 重新定位策略

12. 旅游项目产品定位方法有（　　）。

A. 特色定位法　　B. 用途定位法

C. 使用者定位法

13. 旅游项目定位方法有（　　）。

A. 理念定位法　　B. 品牌定位法

C. 市场定位法　　D. 竞争对手定位法

14. 旅游产品概念由三个层次组成，包括（　　）。

A. 核心产品　　B. 形式产品

C. 延伸产品

15. 在市场中，价格是重要的竞争手段，由（　　）构成。

A. 成本　　B. 需求　　C. 竞争　　D. 市场

16. 价格构成中的需求由（　　）构成。

A. 价格敏感度　　B. 卖点地位

C. 竞争地位　　D. 心理价格

E. 附加产品

17. 价格构成中的竞争由（　　）构成。

A. 竞争对手的定位　　B. 竞争对手的优势

C. 竞争对手的定价　　D. 竞争对手的成本

18. 良好的销售渠道能够为项目产品提供（　　）。

A. 商流　　B. 物流

C. 货币流　　D. 信息流

E. 促销流

19. 旅游项目总体定位包括（　　）。

A. 目标顾客群定位　　B. 档次定位

C. 主题定位　　D. 形象定位

E. 价格定位

20. 明确旅游项目范围包括（　　）。

A. 项目打造的形象范围　　B. 项目包含的属性范围

C. 项目提供的利益范围　　D. 项目面对的目标顾客范围

21. 旅游项目竞争战略包括（　　）。

A. 成本领先战略　　B. 差异化战略

C. 集中化战略

22. 预测项目的市场可能销售额涉及（　　）要素。

A. 类似项目销售额　　B. 近三年平均销售增长率

C. 市场总需求　　D. 企业所占市场份额

23. 边际效应是指其他投入固定不变时，连续增加某一种投入，其新增的产出或收益会（　　）。

A. 增加　　B. 减少

C. 不变　　D. 不确定

24.（　　）是对一个公司或一个业务单位的营销环境。目标、战略和活动所做的全面的、系统的、独立的和定期的检查，其目的在于决定问题的范围和机会，提出行动计划，以提高公司的营销业绩。

A. 营销计划　　B. 营销审计

C. 营销战略　　D. 营销效率

25. 菲利普·科特勒进一步对营销审计进行了界定，并详尽归纳了营销审计的组成部分（　　）。

A. 营销环境审计　　B. 营销战略审计

C. 营销组织审计　　D. 营销制度审计

E. 营销效率审计　　F. 营销功能审计

26. 项目计划绩效检查中的销售差异分析，主要是对影响销售的（　　）进行分析，找出影响最大的主要变量，再针对该变量找出解决方法。

A. 价格影响　　　　　　　　　　　　B. 销量影响
C. 营销战略　　　　　　　　　　　　D. 营销推广

27. 项目计划绩效检查中的销售单位分析，主要是对不同销售单位的预期和实际（　　）进行比较，找出差距最大的销售单位，再针对该单位进行检查找出解决方法。

A. 价格　　　　　　　　　　　　　　B. 销售额
C. 营销　　　　　　　　　　　　　　D. 推广

28.（　　）即用单位销售额占据全行业销售额的百分比表示。单位可以选择实物量，也可以选择货币量。

A. 全部市场占有率　　　　　　　　　B. 目标市场占有率
C. 相对市场占有率

29.（　　）即用单位销售额占据目标市场销售额的百分比表示。单位可以选择实物量，也可以选择货币量。

A. 全部市场占有率　　　　　　　　　B. 目标市场占有率
C. 相对市场占有率

30.（　　）即用单位市场占有率和行业中最大竞争对手的市场占有率进行比较，所得到的百分比。

A. 全部市场占有率　　　　　　　　　B. 目标市场占有率
C. 相对市场占有率

31. 项目计划绩效检查主要进行三个方面的分析，即（　　）。

A. 销售额分析　　　　　　　　　　　B. 时间分析
C. 市场占有率分析　　　　　　　　　E. 支出费用比分析

32. 项目效率绩效检查主要涉及的要素有（　　）。

A. 成本　　　　　　　　　　　　　　B. 时间
C. 收益

操作训练题

【案例资料】　白领人群依然是外卖的核心战场

网络外卖已经成为移动互联网的基础服务，三大平台的疯狂竞争彻底改变了中国城市居民获取食物的习惯。

2016 年上半年，中国网络外卖用户达到 1.5 亿，白领单次平均消费以 20 ~40 元为主，而单次平均消费 40 元以上的白领占比可达 25%。

在大多数创业型外卖平台被“挤”出之后，百度外卖、美团外卖和饿了么三足鼎立的外卖市场似乎已经没什么变数。

不过，从 DCCI 近日发布的《中国白领人群网络外卖市场品牌价值研究报告》中，能看到外卖市场的一些新情况。

1. 网络外卖逐步走向规范化

在经历几年高速增长之后，网络外卖市场增速趋缓，今年市场规模有望超过 760 亿元，增长31.4%，而前几年增速分别为224%、159%、110%、107%，由此可见，网络外卖市场正在进入成熟期。

每一个行业都会经历从草莽生长到洗牌稳定再到规范化的过程，网络外卖市场也不例外，趋于成熟的网络外卖市场正在走向规范化运作。一方面是百度外卖、美团外卖、饿了么等巨头在行业层面的自行推进，另一方面则是监管部门的介入，食品安全法推出之后，广州等城市已开始严格落实，加强对外卖服务的监管。

商务部信息显示，近期三大网络订餐平台在北京地区已下线8 000家商户，店铺信息公示率近9成。网络外卖规范化趋势给外卖平台提出了更高的管理要求，同时让消费者的食品安全和服务更有保障。

2. 网络外卖成互联网基础服务

DCCI的报告显示，2016年上半年，中国网络外卖用户达到1.5亿，同比增长31.8%；手机网络外卖用户增速更快，达到1.46亿，同比增长40.5%。按照中国互联网络信息中心最新发布的统计数据显示，截至2016年6月，中国网民总数达7.10亿。也就是说，每5个网民就有1个使用网络外卖，且几乎都使用移动APP下单。

由此可见，网络外卖已成为移动互联网基础服务，与电商、资讯、视频和支付等服务处于一个级别。不得不说，百度外卖、美团外卖和饿了么等巨头的疯狂竞争彻底改变了中国城市居民获取食物的习惯。

每个时代都有每个时代的印记，曾经中国城市的标志是自行车，今天，外卖车成为中国城市新的风景线。而且网络外卖并没有因为补贴大战的终止而消失或衰减，这与打车APP不同。网络外卖带来的体验是到店就餐或电话外卖无法替代的，2016年上半年依然收获了31.8%的用户增长，俨然已成移动互联网基础设施。

3. 网络外卖的最后三公里之争

前几天，沃尔玛宣布战略投资新达达5 000万美元，双方将在到家服务、物流配送与零售等方面建立全面战略合作。

为什么外卖平台想要收购运力平台？因为新达达宣称要解决最后三公里问题，而这也是网络外卖的关键环节。DCCI报告显示，外卖平台配送人员专业度、配送速度和准时率是外卖用户关注的重点，大部分采取自建物流或众包模式。

值得注意的是，还有一类外卖服务正在崛起，即“产配一体化”的食品品牌。有一个专门做生日蛋糕的品牌，支持冷链配送。还有一个朋友开了一家烘焙店，同样支持在线下单、在广州送货上门。更早之前还有专注于咖啡外卖的连咖啡，深圳则有一家基于中央厨房模式的外卖品牌“包师傅”。

4. 白领依然是网络外卖的核心战场

DCCI报告显示，TOP50城市使用外卖的白领人群占比高达89.3%，且在正餐（早、中、晚餐）时间使用第三方外卖平台的白领越来越多。

9月订购早、中、晚餐的白领比6月份增长至少5%，此外，订购下午茶和夜宵的白领占比超过1/5，在三大外卖平台，白领的使用频次平均每周可达5次。白领单次平均消费以20～40元为主，而单次平均消费40元以上的白领占比可达25%，最高可达 32.2%。

由上述数据可知白领外卖用户需求最为强劲、需求频率高、消费能力强，且可向下午茶等领域扩展。白领用户整体上更关注食品安全、商家品质和配送服务，对于价格反而不是最敏感。白领用户是网络外卖的“黄金用户群”，他们是主流需求，且为盈利带来可能性，事实上前面提到的咖啡、蛋糕等外卖，同样面向白领用户群。

网络外卖市场可能会呈现出二八原理：外卖平台要用 80% 的精力去服务 20% 的优质人群，这些人群的标签就是白领，白领依然是网络外卖的必争之地和战略要冲。

（资料来源：DCCI 互联网数据中心．中国白领人群网络外卖市场品牌价值研究报告[R]．DCCI，2016 -03 -16.）

1. 分析上述资料，确认本项目小组的白领餐饮外卖项目市场目标。

2. 本项目小组的白领餐饮外卖项目市场有哪些特点？

3. 本项目小组的白领餐饮外卖项目需要哪些资源支持？该项目对外卖食品可能有哪些需求？该项目会面临哪些竞争？从策划到投入运作，可能需要多长时间？

4. 本项目小组的白领餐饮外卖项目有哪些优势？有哪些劣势？有哪些机遇？面临哪些挑战？

第三章

旅游住宿项目营销与策划

学习目标

1. 了解旅游住宿项目的概念与市场特征。
2. 熟悉旅游住宿项目的市场特征。
3. 掌握旅游住宿项目营销卖点分析的方法和步骤。
4. 掌握旅游住宿项目产品设计的方法和步骤。
5. 掌握旅游住宿项目营销与策划的常用工具。

实训要求

1. 实训项目：旅游项目小组收集资料，根据项目目标确定项目产品范围，了解旅游项目产品营销策划的概念，熟悉旅游项目产品营销策划的程序，掌握旅游项目产品营销策划的方法，能策划本项目小组的旅游项目产品，并且撰写《旅游项目产品营销策划书》。

2. 实训目的：通过熟悉基本程序，掌握基本方法，实践操作策划旅游项目产品，为项目小组进一步学习下一阶段的营销策划工作打好基础，帮助学生理论联系实际，对旅游项目体系进行深入的分析。

第一节　旅游住宿项目营销

一、旅游住宿项目的含义

旅游住宿是指为旅游者提供住宿，以及与住宿配套的餐饮和相关综合服务的行业。在旅游业的食、住、行、游、购、娱六大要素中，旅游住宿是一个十分重要的环节，与旅行社、旅游交通并称为旅游业的三大支柱。

旅游住宿项目由两个方面组成：一是为旅游者提供的住宿；二是与住宿配套的其他综合服务。旅游住宿项目根据提供的内容可分为：常规住宿项目、特色住宿项目、休养住宿项目；根据售卖方式可分为：定制住宿项目、联盟住宿项目；根据时间长短可分为：短期住宿项目、长期住宿项目；根据综合性可分为：主题住宿项目、文化住宿项目。

二、旅游住宿的市场特征分析

（一）散客市场特征

1. 商务散客

（1）特征：商务散客市场容量大，住宿房价较高，回头率较高，受经济环境因素影响大，对住宿单位的产品和服务十分熟悉，是较难满足的客人。

（2）对住宿单位产品的要求：商务散客对住宿单位的地理位置、交通便利程度有较高的要求，要求住宿单位的预订系统高效、准确，客房常规设备先进、完善，商务中心服务项目多样并富有效率，代办服务方便迅捷，有环境优雅、设施完善的休闲、娱乐、健身场所。早餐供应时间较长，有环境优雅、价格合理的咖啡厅服务，有小型洽谈室和会议室，客房内必须具备一定的办公条件，而且小型保险储放系统安全可靠。有常客积分优惠奖励计划，能较多地向客人提供个性化服务。①

此外，女性商务客人对住宿单位的安全状况、清洁状况、客房卫生间设施、附近是否有较好的购物场所比较关心。

2. 政府机关散客

（1）特征：预订为主，公务繁忙，应酬较多，注重体现身份，多定期结算少现付。偏爱城市中心位置的住宿单位，注重其规模和档次，房价和身份有直接联系，对消费票据要求较高。餐饮娱乐时多选用包间，公共场合出现较少，服务水平要求高。

（2）对住宿单位产品的要求：套房、标间、包间需求量较大，有免费停车场，服务态度要好，服务效率简洁高效，能提供完善的收付票据。

3. 个人和家庭旅游者

（1）特征：该市场以中高收入阶层客人为主体，通常以观光游览或私人活动为旅游目的，消费能力较强，付款方式以现付为主，对住宿单位产品价格较为敏感。对地理位置不太在意，更注重品牌口碑。较多使用住宿单位休闲娱乐设施，也会使用生活设施，如小厨房等。注重服务的质量和效率，旅游淡旺季客流量变化较大。

（2）对住宿单位产品的要求：对住宿单位环境的要求以雅致、安逸为主，住宿单位休闲娱乐设施要丰富。要求住宿单位的服务亲切自然，物有所值，对单人间、连通房、小套房的需求多于标准间，住宿单位的预订渠道要多且高效。

4. 包价客人

（1）特征：以个人消费居多，付款方式以现付为主，关心通过包价能给自身带来的相应利益。对价格、服务内容、产品质量等方面比较挑剔，在比较选择类似的产品时，价格因素往往起到十分关键的作用。

---

① 贺学良．饭店营销高效管理［M］．北京：北京旅游出版社，2013.

（2）对住宿单位产品的要求：打包产品和服务多样化，内容丰富，能根据要求进行调整。

（二）团队客人市场特征

1. 旅游团队

（1）特征：业务量随旅游淡旺季变化明显，预订变更频繁，业务量相对较大，但利润较低，回头客较少。人员复杂，团队成员素质差异较大，突发状况较多。在店消费时间、消费能力有限，对客房的设施、设备要求较少，对客房备品需求量大，重视住宿单位的服务速度。由于多是自掏腰包，对价格非常敏感，旅游客人相互影响比较严重，住宿单位对某些问题处理不好，容易引起众怒。

（2）对住宿单位产品的要求：品种丰富，方便快捷的早餐供应，清洗晾晒衣物的设备和空间，较强的问讯系统，能提供叫早服务和订票服务，服务态度亲切。

2. 会议客人①

（1）特征：各类会议分布于全年各阶段，受时间和季节影响较小，市场规模较其他市场大，在一些大型的或有影响力的会议召开期间，会有一些新闻媒体介入，这就使得和会议有合作的住宿单位有了很好的宣传自己的机会。会议客人的特点是：平均住宿时间较长，附属设施使用率较高，平均消费能力高于旅游团队，结算方式灵活。会议抵离店时间人员来往较为密集，客流量大，往往要求接待迅速。服务要求高、程序复杂、协调的方面多，需要住宿单位有专人全程跟踪协助和服务。会议用房往往“大进大出”，可能影响住宿单位客房对其他客人的销售。

（2）对住宿单位产品的要求：交通便利，特别是通往机场或车站的交通要方便。有各种规模、档次的会议室，有大型的多功能厅，有会议所需的声像、高倍投影设备等，通信条件好。多样的就餐形式和菜肴品种，如自助餐、冷餐会、酒会、大型宴会等。多样化的健身、娱乐设施，附属设施较为齐全，商务中心服务内容丰富。

（3）对住宿单位的要求：能帮助解决到机场或车站的接送，门票订购，外出游览的线路、导游安排等问题。具备良好的全面策划能力，能够将主办单位提供的人员名单、会议议程、各种活动安排等需求转化为清晰明了的计划并落到实处。

3. 各类代表团

（1）特征：类型多、涉及面广，如政府代表团、学术代表团、体育代表团、行业代表团等。代表团成员素质普遍较高，对住宿单位产品和服务较为挑剔。代表团的新闻曝光率较高，可以给住宿单位提供更多的宣传机会。成员住店期间的特殊服务要求较多，对住宿单位的应变能力是较大的考验。

（2）对住宿单位产品的要求：对住宿单位设施设备档次要求较高，对餐饮产品的规格、品种等要求严格。对高规格的中小型会议室、洽谈室、接见厅的需求较多，对住宿单位保安系统的可靠性要求较高。

---

① 朱运海．会展旅游［M］．武汉：华中科技大学出版社，2016.

（三）住宿客源市场的共性

（1）方便：即住宿单位要便于往来，与交通枢纽有连通性，各种设施及服务便于使用。

（2）清洁：清洁的环境不仅是生理上的需求，也能给客人一种安全感和舒适感。

（3）安全：安全是人类的基本需求，也是客人的最大需求。

（4）安静：当一个人疲劳时，需要的是没有干扰的安静环境。

（5）礼貌：客人有自我尊重的需求，尽管在具体的礼节、习俗以及信仰方面存在差异，但需要以礼相待是一样的。

三、旅游住宿项目卖点分析

（一）卖点的含义

卖点就是差异性，又称为“独特的销售建议”（Unique Selling Proposition，USP），是美国著名营销专家罗塞·里夫斯于20世纪50年代首创的。罗塞·里夫斯认为，任何产品在营销传播中都应有自己“独特的销售建议”，该理论运用在旅游项目中包含以下三个方面的含义：

（1）任何旅游项目产品的销售者都应该告诉目标顾客购买该产品的理由，这个理由应当是建议、忠告和承诺，是对目标顾客有用的语体。

（2）这种建议、忠告、承诺应该是竞争对手无法提出或未曾提出的，应该属于该项目的独特竞争优势。

（3）这种建议、忠告、承诺应该是某种层面目标顾客最关心、最迫切、最重要的需求。

旅游项目提出卖点的主要目的，就是吸引更多目标顾客的关注，给其留下深刻的印象，从而在市场上占据更多的份额。对于顾客来说，卖点既是他们购买产品的理由，也是识别产品、保持忠诚度的重要依据。同时，作为旅游项目的卖点，也不需要太多“独特的销售建议”，因为建议、忠告、承诺太多，只会削弱理解力和识别度，混淆不同销售建议的差异性，进而影响顾客对项目的认知。

（二）旅游项目卖点确定步骤

旅游项目可以从产品特色或使用者类型两个方面确定卖点。

表3－1所示为旅游项目卖点确定的步骤和方法。

表3－1　旅游项目卖点确定的步骤和方法

序号	步骤	方法
1	研究目标消费群的主要需求	问卷法、数据分析法
2	列出项目产品的主要特点	头脑风暴法
3	找出主要需求和主要特点的重叠部分A	圆饼图
4	列出竞争对手产品的主要特点	头脑风暴
5	找出己方产品特点与对手产品特点的重叠部分B	圆饼图
6	找出A和B的重叠部分与不重叠部分	圆饼图
7	重点研究A和B的不重叠部分	二维表、数据分析法
8	找出A和B不重叠部分中最吸引目标顾客的优点	问卷法、数据分析法
9	确定资源最优、效益最强的卖点	数据分析法、帕累托图法

（三）旅游住宿项目卖点策划方法

1. 体验策划法

B·约瑟夫·派恩认为：“所谓体验就是指人们用一种从本质上说以个人化的方式来度过一段时间，并从中获得在这个过程中呈现出的一系列可回忆的事情。它与服务不同，服务只是指由市场需求决定的一般性大批量生产。服务经济的地位高于产品经济，体验经济高于服务经济。”派恩和詹姆斯·H·吉尔摩在《体验经济》一书中对体验进行了阐述，主要包括以下四个方面的内容：

（1）逃避体验：脱离现实，尝试现实世界中不敢或者不能做的事情，如虚拟现实 VR 设备。

（2）教育体验：增加知识，学习现实世界中认为有用的东西，需要更积极的主动性。

（3）娱乐体验：感官愉悦，寻找现实世界中已有但尚未满足的感觉，是人类最亲切、最熟悉的体验。

（4）审美体验：身临其境，尝试现实世界中客观环境和主观想象结合的情境，是主动留白和主动创造的结合体。

根据上述四种体验设计旅游住宿项目，应当以游客的参与性为出发点，规划多种感官互动，注重情感体验，提升知觉体系，帮助游客从更多角度了解旅游住宿项目，将住宿项目体验加入旅游中的个人经历，丰富游憩记忆。

2. 感官策划法

感官策划，即根据人体五感设计旅游住宿项目，在视觉、听觉、嗅觉、味觉、触觉五个方面，确定旅游者在住宿项目中能够看什么、听什么、嗅什么、品尝什么、触摸什么。该方法可以和体验策划法结合起来，先用鱼骨图找要点，再用帕累托分析法找卖点。

★典型案例

鹿城古村老宅变身特色民宿

在温州的西部山区，隐匿着许多老房，村舍、青烟相映成趣，高树、低柳俯仰生姿。在这样的情境中与两三好友呷一口茶，谈天说地，不失为一种乐趣。日前，鹿城区山福镇东坑村内的第一家民宿缓缓揭开面纱，一场旨在唤醒乐趣、唤起乡愁的民宿潮激荡开来。

沿着古时的驿道拾级而上，一座古朴的院落内人头攒动。在山福镇东坑村为世人所知之前，它安静地隐匿在山间。全村 40 余户人家，清一色的旧式民居，掩映在山林间，门前屋后溪水潺潺流过。

2015 年 4 月，东坑村的青山秀水引来了“金凤凰”。当地政府与文化传媒公司合作，在相对完整地保存村庄原有生态风貌的基础上，挖掘乡村生产与生活中的文化特色，将其打造为乡村旅游新去处。东坑村也有了一个诗意的新名字——白鹿耆乡艺术村。截至目前，项目方已与村中 22 栋老房子的主人达成协议，通过租赁改造，将闲置农房旧貌换新颜，变身为特色民宿。

眼前的这家民宿，正是项目首个改造点。据介绍，这处老宅于 2016 年年初动工改造。由于村中正在铺设古道，车辆无法进入，一砖一瓦全由人力肩挑运送。但也正因为如此，保障了农房改造的精致。“在这家民宿的打造过程中，我们融入了许多传统民俗元素，一些家具与装饰都是古时流传下来的。"民宿主人夏旗告诉记者。

随着老宅改造的推进，白鹿奢乡艺术村基础设施配套建设也如火如荼地进行，拓宽主干道、建设停车场、改造护栏、修葺古道，一个传统与现代融合的民宿村已初具雏形。

据了解，2016 年年底，按照当地风土人情和乡土文化打造，以民俗、戏曲等为特色的另外 10 栋民宿也将开业迎客。"我们期盼东坑村能够成为展示'乡村生活方式'的窗口，市民能在这里找到心灵的归属感。"山福镇相关负责人也希望，能借助于白鹿奢乡艺术村项目带动更多村落的发展，帮助农民就业致富，更好地推动美丽乡村建设。

（资料来源：何雅. 鹿城古村老宅变身特色民宿 [N]. 浙江日报，2016-07-11.）

3. 要素策划法

根据食、住、行、游、购、娱六大要素进行组合策划，多要素组合或全要素组合也是常见的策划方法。该方法可以和体验策划法、感官策划法结合起来，以项目筹划的主题为基础面，开发更精确的分项定位和产品体系。

4. 检核表法

亚历克斯·奥斯本在 1941 年《创造性想象》中提出了检核表法，该方法针对研究对象的 9 个方面提出问题：能否他用、能否模仿、能否改变、能否扩大或增加、能否缩小或舍弃、能否替代、能否重组、能否颠倒、能否组合。基本操作步骤如下：首先选定研究对象，接着提出问题，产生思路，最后对所有思路进行筛选和进一步思考、完善。表 3-2 为奥斯本检核表。

表 3-2 奥斯本检核表

序号	检核项目	检核思路
1	能否他用	现有的事物有无其他用途
2	能否模仿	能否从其他领域、产品、方案中引入新的元素
3	能否改变	能否在外部式样、内部工艺等方面做改变
4	能否扩大或增加	能否扩大适用范围、增强使用功能、延长使用寿命、增加使用面积等
5	能否缩小或舍弃	能否在体积、面积、重量、组件等方面浓缩、简化
6	能否替代	能否用其他材料、结构、工艺等代替
7	能否重组	能否改变排列顺序、结构、速度等
8	能否颠倒	能否对里外、上下、前后、左右、主次、因果等做出改变
9	能否组合	能否与其他产品的功能相组合

奥斯本检核表法是一种产生创意的方法，由于它有突出的效果，被誉为创造之母。人们运用这种方法，产生了很多杰出的创意，以及大量的发明创造。

5. ASIA 策划法①

李庆雷提出 ASIA 策划法，首先选取旅游项目吸引物（Attraction），接着设计项目中的

① 李庆雷. 旅游策划：理论与实践 [M]. 哈尔滨：哈尔滨工程大学出版社，2013.

游客活动（Activity），根据游客活动确定所需设施（Infraction），最后确定游客活动和设施使用所需服务（Service）。同一吸引物可以设计不同的游客活动，产生不同的旅游产品。

★典型案例

各国民宿

民宿是指利用自用住宅的空闲房间，结合当地的人文生态、自然景观、环境资源以及农林渔牧生产活动等，为游客提供的能体验当地风情、乡野生活的住所。例如，英国的 B&B（Bed & Breakfast）、法国的农庄、美国的 Home Stay 等，均深受世界旅游者的喜爱。

英国民宿：英国最早的民宿出现于20世纪60年代初。英国西南部与中部人口较少的农家为了增加一些收入，把家中多余的房间让出来，供度假游客住宿，旅馆一般是由家里的女主人负责打理，只提供住宿与早餐，故又称 B&B（Bed and Breakfast）。到了20世纪70年代后期，民宿经营的范围扩大至露营地、度假平房（Flat），并运用集体营销的方式，联合当地的农家组成自治会，共同推动民宿的发展。1983年，由民间设立农场假日协会（Farm Holiday Bureau），并获得农业主管团体与政府观光局的支持。农场假日协会根据规章条文将民宿应具备的水平进行分级，其会员必须是向农渔粮食部登记备案的农场经营者或经营农家住宿设施向协会登记且具有一定服务质量水平者。在苏格兰，这些朴素的家庭旅馆门前有的还会挂着三星、四星甚至五星的标志，它由苏格兰旅游协会进行评定，无须豪华设施，只要符合规范并具有温馨体贴的家庭式服务即可。这种简单经营模式的家庭式住宿处所，如今深受世界各地年轻人喜爱，Airbnb 住宿网站的名字也由此而来。

法国民宿：第二次世界大战之后的20世纪50年代，法国百废待兴，农村人口急速外移到城市，空留许多农舍见证农村危机，普罗旺斯阿尔卑斯省参议员奥贝萌生在农舍接待度假者的想法。这个想法正好符合城里人向往宁静田野度假生活的需求，又不必花费昂贵的住宿费用，同时为危机中的农村增加了一些额外收入。1951年，法国第一个农村民宿开张。1952年，法国农业部发放补助给投入民宿经营的农民，同时，农业信贷银行和旅馆信贷银行也提供优惠贷款。1955年，法国民宿联合会成立，印发的第一本民宿指南共收录146个地址。

如今法国民宿联合会已成为世界最大的民宿组织，雇用600名职员，对56 000家民宿业者进行辅导与协助咨询各项管理事项，负责监督、严格检查旅舍质量，并向200万绿色旅游爱好者推销这些民宿。法国民宿从简单的小农庄到设在文艺复兴城堡的可爱客房，应有尽有。政府规定民宿房间数最多为六间，申请设立必须符合消防、建筑及食品卫生等安全规范，每5年评鉴一次，同时必须为旅客办理保险。法国民宿联盟依据标准，对民宿以麦穗划分等级，最低为一支，最高为五支，麦穗越多，该民宿的综合条件越好。

日本民宿：20世纪70年代，日本民宿（潮宿）开始快速增长，主要分为洋式民宿（Pension）和农家民宿（Stay Home on Farm）两类。洋式民宿和农家民宿最大的不同在于经营者的身份及价位不同：洋式民宿均为民间具有一技之长的白领阶层转业投资，以旅馆制（一宿二餐）为收费单位，采取全年性专业经营，如目前多数的温泉旅馆；农家民宿则有公营、农民经营、农协（农会）经营、第三部门（公、民营单位合资）经营等五种形式，有正业专业经营的，也有副业兼业经营的，但主要卖点则在地方特色体验项目。在日本开设民宿需要经过官方授权的财团的辅导和审核，通过它们的认证后即可营业。

美国民宿：美国民宿以家庭寄宿（Home Stay）为主。通常情况下，提供 Home Stay 的美国家庭是由于以下三种原因：第一种，补充生活中的经济来源。在这种情况下，Host Family 的主人一般与学生沟通较少，只是嘱咐他们一些生活中的注意事项。第二种，留守老人缺少子女陪伴。很多时候，Host Family 的主人往往是一对已经退休且生活富足，但子女已成立新的家庭、搬离原生家庭的留守老人。他们生活中常常缺少子女的陪伴，觉得孤单，所以希望找一些学生来充实生活。第三种，纯属热情好客，喜欢结识来自世界各地的朋友。这类 Host Family 的主人通常属于中产阶级以上，是社区教会里的活跃者，或者曾经去过国外学习和工作。

在我国内地，即便是全国民宿做得最好的厦门、杭州、大理、丽江，也只处在民宿发展的初级阶段。2015 年 11 月 22 日，国务院办公厅发布《关于加快发展生活性服务业促进消费结构升级的指导意见》，首次提出积极发展民宿客栈，民宿产业再次成为全国瞩目的焦点，国家旅游局提出，到 2020 年要在全国形成 15 万个乡村旅游特色村，300 万家乡村旅游经营户，乡村旅游年接待游客超过 20 亿人次。因此，如何规范发展民宿业是一个值得探讨的、有意义的话题。

（资料来源：李养田．各国民宿经营模式［EB/OL］．2015-02-04．北美留学生日报：寄宿家庭［EB/OL］．2015-06-08．春城晚报：民宿产业［EB/OL］．2016-01-20．编者根据以上资料修改整理。）

【思考 1】 结合卖点策划方法，分析上述旅游住宿项目是从哪些方面确定卖点的。

【实训 1】 我国民宿客栈发展迅速，搜集相关资料，根据卖点策划方法，尝试设计本地旅游民宿项目的卖点。

四、旅游住宿项目产品设计

（一）住宿产品设计思路

1．把握共性要素

住宿项目产品都具有虚实结合的特点，既提供虚拟产品，如服务，又提供实体产品，如住宿。因此在进行项目产品设计时，要把握两个具有共通性的要素：过程与有形展示。

过程是指不同游客在不同或相同时间段感受到不同或相同旅游项目产品的经历，通过体验记忆等游客感知方式固定下来；有形展示是指证实虚拟产品质量的证据，通过实体设施，实体外形，实体环境的品质、档次、质量表现出来。过程和有形展示是旅游项目产品设计的重要因素。

2．距离递减规律

李仲广认为，旅游经济与一般经济的最大区别就是游客向商品和服务流动，对于不同游客来说，某目的物的吸引力随着需要的费用的增加、时间的增多呈现递减规律。距离目的物越近，游客接触目的物的可能性越高，距离越远，游客接触目的地的可能性越小。①

① 李仲广．休闲学［M］．北京：中国旅游出版社，2011.

3. 产品扩展能力

旅游项目作为旅游活动载体，其产品在不同产业类型活动空间里的可拓展性，与其他旅游产品的关联性，是否具备规模效应，能否提供足够丰富的经济效益和社会效益，是否可持续发展，都是确定该旅游项目在发展中获得优先位置的重要因素。

（二）住宿产品设计程序

1. 产品定位

产品定位理论的提出者艾·里斯和杰·特劳特认为：定位是指产品根据一定的特点，在旅游者心目中所占据的位置。① 目前有以下四种主要定位方法：

（1）功能定位。

1）多种功能定位：选择产品多个重要功能进行定位，将几个功能做成系统，彼此呼应支撑。适合资本雄厚、内涵丰富、有多个目标顾客市场的旅游项目。

2）单一功能定位：选择产品的一种重要功能进行定位，将该项功能打造成完全超出竞争者和旅游者期望的产品，弱化甚至取消其他功能宣传。适合资本薄弱、目标顾客市场单一的旅游项目。单一功能风险较大，因此需要满足以下三个条件：①该项功能的开发必须是项目优势所在；②该项功能的目标市场需求足够大；③该项功能可实现深度开发。

【问题1】产品的深度开发可以采取哪些步骤进行？

A. 细分目标市场　　B. 确定消费共性

C. 确定消费个性　　D. 根据选择深度开发

（2）目标顾客群定位。

1）地域定位：根据旅游项目产品销售覆盖的区域，将目标顾客群划分为核心区、中间区、边缘区，在不同区域进行不同的产品定位。

2）价格定位：根据旅游项目产品销售价格，将产品划分为不同层次，分别对应不同目标顾客群。选择价格定位要求产品具有明显的价格竞争优势，性价比突出。而对于该产品的目标顾客群来说，价格是他们考虑的最重要的因素。

（3）竞争者定位。

1）跟随定位：以领导地位的竞争者为蓝本，宣传本项目产品与该领导产品的类似性，突出宣传类似性中同等水平的部分。如某旅游区宣传自己是“中国的夏威夷”，以类似夏威夷的阳光海岸沙滩作为产品定位点。

2）竞争定位：以领导地位的竞争者为蓝本，找到其弱点，突出宣传本项目产品比该领导产品更优异的部分。实施该定位时，应该分析该弱点变强后的市场份额，确定具有很高的价值后才可以将其作为定位重点。

（4）综合定位。

综合定位是以集合体系的方式综合考虑定位影响因素，力求符合最多子域的共同需求。旅游项目综合定位以旅游项目的目标顾客群定位为基础，扩展出的定位子域包括：①旅游项

① ［美］艾·里斯，杰克·特劳．定位：争夺用户心智的战争［M］．顾均辉，苑爱冬，译．北京：机械工业出版社，2015.

目档次定位；②旅游项目主题定位；③旅游项目形象定位；④旅游项目价格定位。

★小知识

形象遮蔽与形象叠加

就游客的感知和认知而言，不同旅游地的形象对游客产生不同的影响，而不同旅游地形象之间也存在复杂的关系。根据旅游地旅游资源的品级、旅游产品的品牌效应、旅游地之间的市场竞争三个主要因素，我们可以把不同旅游地形象间的关系分为两种：以竞争为主（导致"形象遮蔽"）和以整合为主（导致"形象叠加"）。

"形象遮蔽"，是指在一定区域内分布着若干旅游地（风景区），其中旅游资源级别高、特色突出或者产品品牌效应大或者市场竞争力强的一个旅游地（风景区），在旅游形象方面也会更突出，从而对其他旅游地（景区）的形象形成遮蔽效应。

"形象叠加"，是指在同一区域内不同的旅游地的差异化形象定位，使每一个旅游地具有各自的形象影响力，进而使这一区域产生一种叠加的合力，产生整合性的影响力。

（资料来源：杨振之．旅游原创策划［M］．成都：四川大学出版社，2006.）

2. 产品设计组合

旅游活动是综合性极强的活动，作为单项或整体的旅游项目设计，要求既能从单项产品的角度进行设计，又能够从系列产品组合的角度进行设计，内容各有侧重。

（1）单项旅游产品。一般从产品特质、产品功能、使用者类型三个方面确定主要特点，包括旅游餐饮产品、特色住宿产品、特色交通产品、游览路线产品、购物点/线产品、娱乐产品等。

（2）系列产品组合。在单项旅游产品的基础上，可以进一步进行旅游项目产品组合，达到整合资源、增强吸引力、增强识别度、丰富产品卖点内涵的目的，组合包括产品项组合和产品线组合。不论产品项还是产品线，组合的前提是产品具有特质相似、功能相似、使用者相似、消费连带性强的特点，即产品组合的四个维度：

第一，旅游产品组合的宽度：指组合中包括多少条产品线，产品线越多组合越宽。

第二，旅游产品组合的长度：指组合中所有产品品牌的总数，总数越多组合越长。

第三，旅游产品组合的深度：指组合中同品牌产品的不同品种，品种越多组合越深。

第四，旅游产品组合的关联度：指组合中各产品线在开发、定价、使用、推广等方面关联的程度。

【问题 2】某旅行社开发了"回顾历史"博物馆游、"学有所成"夏令营、"碧水蓝天"海滨度假游三个旅游项目，其中"学有所成"夏令营包括标准、定制两个档次，"碧水蓝天"海滨度假游包括经济、标准、豪华三个档次，该旅行社产品的宽度、深度、长度的数量各是多少？

3. 产品推广

（1）项目产品推广期。

重点：促销力度，价格高低。

① 慢速渗透策略（促销力度小、价格低）：市场规模大，产品有知名度，竞争激烈。

② 快速渗透策略（促销力度大、价格低）：市场规模大，产品没有知名度，竞争激烈。

③ 慢速掠夺策略（促销力度小、价格高）：市场规模小，产品有知名度，竞争不激烈

④ 快速掠夺策略（促销力度大、价格高）：市场规模大，产品没有知名度，竞争不激烈

（2）项目产品成长期。

特点：有一定知名度，销量增长幅度大，成本降低利润上升，竞争激烈。

重点：扩大影响、增强优势。

① 改进产品：调整产品，完善产品功能，适应旅游者需要。

② 加大宣传：提高产品知名度，吸引更多旅游者。

③ 增加销售渠道：扩大市场销售覆盖面，建立更完善的销售体系。

④ 品牌建设：加快品牌形象的建设，提高品牌识别度，提高品牌信赖度。

⑤ 价格调整：采用价格优惠活动，提高竞争力，留住老顾客，吸引新顾客。

（3）项目产品成熟期。

特点：产品生产量高，销售量高，销售增长幅度小，利润下降，竞争激烈。

重点：开发新市场，稳定旧市场。

① 开发新功能，寻找新的卖点，吸引新的用户。

② 完善客户管理系统，保持老客户稳定。

五、旅游住宿产品销售渠道分析

（一）住宿产品购买者的需求

住宿产品购买者的需求包括：①安全卫生；②特色和知名度高；③质价比高；④服务环境好。

（二）产品决定的销售渠道限制因素

（1）产品因素：易腐性，标准化程度，体积和重量，单位价值，特色含量，产品生命周期。

（2）市场因素：市场需求，市场规模，市场密度，地理布局。

（3）项目方因素市场投入：市场投入，预期目标，竞争态势，储运成本。

（三）确定主要销售渠道

（1）前台销售：主要负责团体散客销售，也是其他销售渠道的补充环节。

（2）公司客户：包括协议客户和大单位客户，如旅行社配额、企业合作用房协议等。

（3）联盟销售：与合作商家通过消费奖励、产品互动的方法打造销售渠道，如积分兑换客房、购买商品奖励入住等。

（4）在线订购：包括自建网页直销和电商网站销售两种，前者如景区门户网页、专属论坛等，后者如通过 OTA（Online Travel Agent）等旅游电子商务网站进行销售。

（5）分时换购：将住宿时间和住宿产品打包，提前预售给购买者。

（四）评估销售渠道

评估销售渠道的标准有三个：经济性、控制性、适应性。

（五）确定销售渠道

评估数据进行综合比较，根据项目目标，选取三个标准中单项最优或者综合最优的销售渠道进行布局。

★典型案例

酒店在线分销利弊如何权衡

长期以来，在线分销商在酒店的分销领域起到了十分重要的作用。随着互联网和移动互联网的广泛应用，在线分销份额呈扩大之势。

“目前，酒店脱离在线分销商显然不现实。”北京都季酒店管理公司总经理祖长生认为，与在线分销商合作，首先，酒店可以获得一定数量的客源；其次，可以更加清晰地了解市场动态、观察其他酒店的相关情况，包括它们的产品报价、促销活动、排名情况等。

“除了与携程网、艺龙网等国内 OTA 合作外，我们还跟 Booking、Expedia、Agoda 等国外在线分销商保持着密切的联系。2015 年上半年，在线分销商给我们带来的销售订单占到了全部销售订单的40%。”北京红墙花园酒店销售与市场总监曹冉指出，对于我们这样一家单体酒店来说，与越多的在线分销商合作，曝光率就越高。此外，在线分销商可以获取较全面的市场数据，并形成专业的分析报告，酒店可以通过该报告及时、准确地了解市场的发展趋势以及未来走向。

众荟信息技术有限公司 CEO 林小俊指出：“品牌营销也是在线分销商为酒店提供的一项重要服务。很多酒店都通过在线分销平台的网页较佳的位置来展示品牌、提升知名度。此外，酒店还可以根据在线分销商所带来的客流量，在某一特定的时间段，快速调整产品报价，与市场保持同步，以此来优化酒店的价格调控体系。”

但随着在线预订市场的火爆，酒店与各大在线分销商的矛盾也日益凸显。一位业内人士告诉记者，除了要支付较高的佣金外，很多酒店为了能在在线分销平台上保持较好的位置，不得不参加其举办的各类促销活动。“例如，我要去杭州旅行，通过 PC 端在一个分销平台上查找合适的酒店。当我输入相关筛选条件后，一个网页上会出现 8～10 家酒店的信息，我最多翻到第三页就会做出选择。目前，一般一家大型在线分销商会与 500 家以上的酒店进行合作，那么酒店怎么才能‘挤进’前三页？参加促销活动是一个方法。但是现在在线分销商的促销力度越来越大，而促销成本要由酒店自己来承担，再加上佣金，酒店利润空间越来越小。此外，近段时间，在线分销商之间因争夺市场而产生的纷争越来越激化，这也让作为供给方的酒店左右为难。”

“酒店的客人逐渐被在线分销商剥离走，这也是让酒店感到痛心的一方面。”祖长生表示，在线分销商长期举办“返现”贴补等各种促销活动，导致许多酒店的老客人变成了在线分销商的忠实用户，这对酒店来说是较大的损失。

（资料来源：中国旅游报编辑．酒店如何在分销渠道与直销中寻求平衡［N］．中国旅游报，2015－09－16．节选。）

【思考 2】 结合销售渠道目标，分析在线销售住宿产品是从哪些方面打造销售渠道，进而吸引购买者的。

【实训 2】我国民宿客栈发展迅速，搜集相关资料，根据旅游产品销售渠道策划方法，尝试设计旅游民宿产品销售渠道。

第二节 旅游住宿项目策划

一、旅游项目定价程序

（一）确定项目定价目标

定价目标取决于项目的经营目标，即该项目预期要达到的经济效益和社会效益。经营目标越清晰，定价目标就越明确，具体价格也就越容易确定。因此，在确定经营目标之后，确定定价目标是制定价格的前提。

定价目标主要包括以下几种：①获取理想利润；②取得适当投资利润率；③维护或提高市场占有率；④稳定市场价格；⑤作为竞争辅助手段。

（二）测定市场需求

需求能力（实际支付能力）决定价格上限，指旅游者受自身货币额度所限定的对商品的需要。

需求弹性（需求敏感度）决定价格活动范围，需求弹性可以通过需求价格弹性反映出来，公式：需求价格弹性 =（需求量变动的百分比 ÷ 价格变动的百分比）

$$E_d = -\frac{\Delta Q/Q}{\Delta P/P} = -\frac{\Delta Q}{\Delta P}\cdot\frac{P}{Q}$$

式中，E_d 表示价格弹性系数；Q 表示需求量；ΔQ 表示需求量的变动量；P 表示价格；ΔP 表示价格的变动量。

缺乏弹性的商品（图 3－1），适于稳定价格或适当提价。具备的条件：市场上没有竞争者；购买者对较高价格不在意；购买者改变习惯比较慢；购买者认为价格高是有原因的，如通货膨胀等。

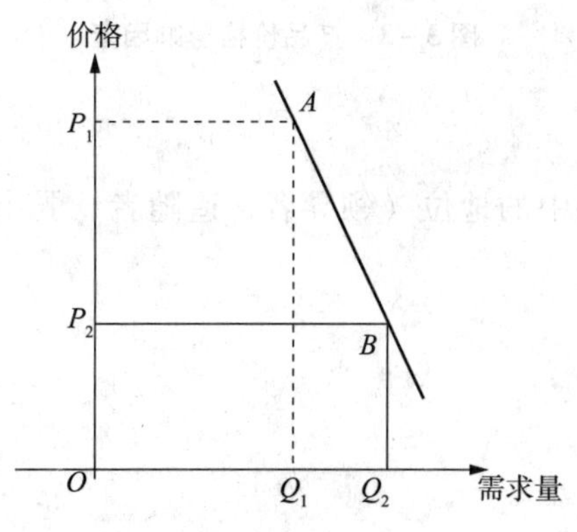

图 3－1 需求缺乏弹性

富有弹性的商品（图 3－2），适于适当降价，以扩大销量，如大部分非生活必需品都属于此类。

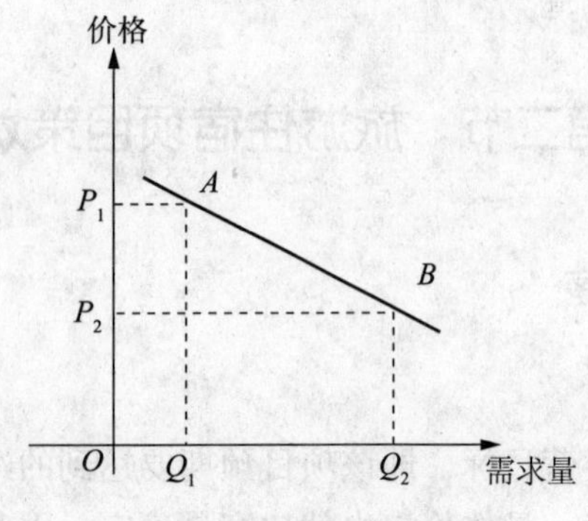

图 3-2 需求富有弹性

【问题3】 马斯洛需求层次论从低到高分别为生理需求、安全需求、社会需求、尊重需求、自我实现需求。哪些层次是维持生命的必需层次？哪些层次是提高生活质量的必需层次？

（三）估算商品成本

成本决定价格的下限（图3-3），除了固定成本和变动成本，成本估算中还需要进行边际成本分析，边际成本反映了单位新增产量与总成本增量之间的比例关系，规模效应越明显的商品，边际成本越低。

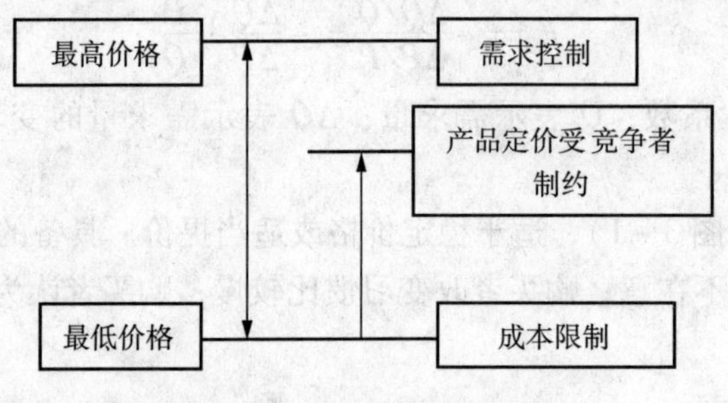

图 3-3 产品价格影响因素

（四）分析竞争状况

分析项目开发方在市场中的地位（领导者、追随者、弱小者），以及主要竞争对手的反应。

（五）选择定价方法

略。

（六）确定最后价格

略。

二、旅游项目价格体系

项目产品从制作完成、进入渠道到终端销售三个环节，可以组建不同的价格体系。

（一）制作完成环节

制作完成环节以定价目标为基础，侧重成本与利润的比例推算，主要涉及的定价方式有保本定价法、目标盈利定价法、边际贡献定价法。

1. 保本定价法

保本定价法又称为收支平衡定价法，是指在销量既定的条件下，项目开发方产品的价格必须达到一定的水平才能做到盈亏平衡、收支相抵，该定价法的关键是确定盈亏平衡点，即项目开发方收支相抵、利润为零时的状态。

盈亏平衡点价格 =（固定成本 + 变动成本）÷ 预期销售量

盈亏平衡点销售量 = 固定成本 ÷（单位产品售价 − 单位产品变动成本）

【问题 4】 生产某旅游纪念品的固定成本是 86 000 元，售价为每件纪念品 60 元，每件纪念品材料费 20 元、工资 7 元、其他变动成本 4 元。

A. 该旅游纪念品保本点（盈亏平衡点）的销量是多少？

B. 由于市场竞争激烈，该产品必须降价销售，现价格下降 10%，此时保本点的销量为多少？

2. 目标盈利定价法

目标盈利定价法是根据项目开发方总成本和预估的总销售量确定目标收益率，以目标收益率的比值作为定价的标准。

单位产品价格 =（固定成本 + 变动成本 + 目标利润）÷ 预期销售量

【问题 5】 某酒店拥有 100 间客房，下月预期利润 4 万元，变动成本是每天每间房 90 元，固定成本 2 万/月，预计下月客房出租率可以达到 70%。

A. 该酒店下个月（30 天）要达到预期利润，每间客房的价格是多少？

B. 该酒店套房（40 间）在这个月实现了 3 万元利润，要达到预期利润，其余普通客房（60 间）的价格是多少？

3. 边际贡献定价法

边际贡献是指产品销售收入与产品变动成本的差额，故边际贡献定价法又称为变动成本加成定价法。该方法仅计算变动成本，不计算固定成本，以预期的边际贡献补偿固定成本，甚至超过固定成本，从而获得收益。在生产能力过剩，只有降价才能扩大销量时，可以采用这种定价方法。

单位产品价格 =（总变动成本 + 总边际贡献）÷ 预期销售量

单位边际贡献 = 单位产品价格 − 单位变动成本

【问题 6】 某茶庄推出特色茶产品，单价为 20 元/两[①]，单位变动成本 12 元/两，全年固定成本共 6 万元，当年产量为 2 400 两。因竞争加剧，预期全年销售量为 1 600 两。问该特色茶的边际贡献定价为多少？

边际贡献定价法也可用于计算盈亏平衡销售量和盈亏平衡销售额：

盈亏平衡销售量 = 固定成本 ÷ 单位边际贡献

---

①1 两 =50 克。

$$盈亏平衡销售额 = 单位产品价格 \times 保本量 = 固定成本 \div 边际贡献率$$
$$= 固定成本 \div (1 - 变动成本率)$$
$$变动成本率 = 单位变动成本 \div 单位产品价格$$
$$边际贡献率 = 单位边际贡献 \div 单位产品价格$$

（二）进入渠道环节

进入渠道环节，为了获得渠道经销商的支持，定价目标或者偏重利润，或者偏重市场占有率，主要涉及取脂定价和渗透定价。同时，由于销售区域不同，定价方法还要配合基点定价、地区定价和统一定价。

1. 取脂定价法

取脂定价又叫撇脂定价（来自从鲜奶中提取乳酪（Skim the Cream）），指当产品进入销售渠道时，规定一个远高于成本的价格，目的是迅速收回投资并取得丰厚盈利。同时，当竞争对手推出类似产品时，又有迅速降价的空间，掌握定价先机。

2. 渗透定价法

与取脂定价相反，渗透定价是指当产品进入销售渠道时，将其价格定在较低水平，尽可能吸引最多的旅游者，目的是在短期内获得较高的销售量及市场占有率，进而产生显著的成本经济效益，使成本和价格得以不断降低。因为利润微薄，渗透定价也能有效阻止竞争对手进入市场。

3. 取脂/渗透基点定价法

取脂/渗透基点定价，即项目开发方选定某些城市作为基点，产品在基点城市的发货价称为基点价，通过基点价和物流运费来确定最终售价。离基点较近的地区，售价就较低；离基点较远的地区，售价就较高。如果选取的基点城市有多个，那么这种方法就称为“多基点定价”。

基点定价的适用条件：第一，运费成本比重大；第二，市场地理范围大；第三，产品价格弹性小。

4. 取脂/渗透地区定价法

取脂/渗透地区定价又称为分区定价，即将销售市场分为不同的价格区域，分别执行不同的价格。不同区域价格不同的原因主要有：距离远近、物流发达程度、促销费用高低、经销商优惠措施不同。

在通常情况下，不同地区由于定价高低不同，很容易产生窜货现象，经销商置经销协议和制造商长期利益于不顾，进行产品跨地区销售或者转卖，导致产品制造商与其他经销商利益受损。目前比较有效的窜货管理方法有：强化销售终端管理、设立产品编码和差异化包装。

5. 取脂/渗透统一定价法

取脂/渗透统一定价是指所有市场采取同样的价格，高成本市场由低成本市场差价弥补。这里的同样价格指的是同等金额的母公司货币或同等金额的可兑换货币。

（三）终端销售环节[①]

终端销售环节以定价目标为基础，是为了获得利润和提高市场占有率，主要涉及的定价方式有取脂定价、渗透定价、满意定价。同时，由于要面对消费群市场，情况复杂多变，所以需要配合需求弹性定价和心理定价构造价格体系。

★小贴士

终端价格策划的五个区间

在终端销售环节，可以划分五个区间：顾客心理价位区间 A，竞争产品价格区间 B，单位产品生产成本区间 C，单位产品营销成本区间 D，单位产品利润率区间 E，如表 3－3 所示。

表 3－3　终端价格策划的定量分析与价位区间确定

定价分析要素	定价区间		定价策略与定价区位		
	低位数	高位数	取脂定价	渗透定价	满意定价
顾客心理价位区间	A_1	A_2	靠近 A_2	靠近或低于 A_1	A_1 与 A_2 中间值
竞争产品价格区间	B_1	B_2	超过 B_1	靠近或低于 B_1	B_1 与 B_2 中间值
单位生产成本区间	C_1	C_2	靠近 C_2	靠近或低于 C_1	C_1 与 C_2 中间值
单位营销成本区间	D_1	D_2	靠近 D_2	靠近或低于 D_2	D_1 与 D_2 中间值
单位利润率区间	$E_1\%$	$E_2\%$	靠近 $E_2\%$	靠近或低于 $E_1\%$	$E_1\%$ 与 $E_2\%$ 中间值

1. 取脂定价法

定价公式：$P=(C_2+D_2)\times(1+E_2\%)$，$B_2\leqslant P\leqslant A_2$

2. 渗透定价法

定价公式：$P=(C_1+D_1)\times(1+E_1\%)$，$P\leqslant A_1$，$P\leqslant B_1$

3. 满意定价法

许多项目开发方对新产品既不定高价，也不定低价，而确定在一个中价，中价即为“满意价格”。高价和低价各有利弊，各有一定的风险，中价介于两种价格水平之间，取两者之利，弃两者之弊，应该说是一种较为公平、正常的价格。在大多数情况下，项目开发方往往会选择一种对旅游者、生产者和中间商都相对有利的满意价格，不太高，也不十分低。取脂定价法、渗透定价法、满意定价法与销量间存在不同的关系（图 3－4）。

---

① 朱华锋．营销策划理论与实践［M］．合肥：中国科技大学出版社，2010.

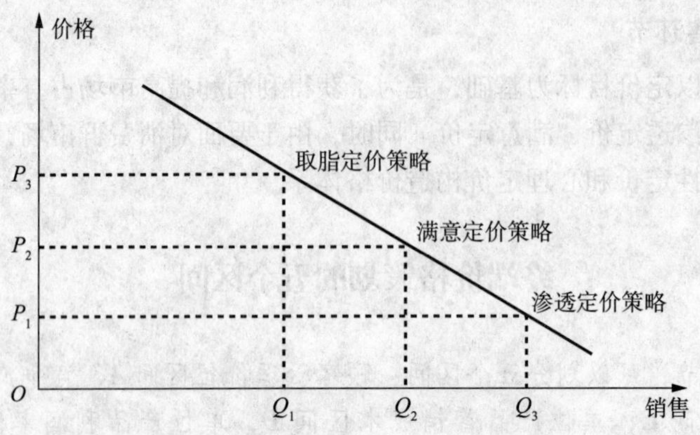

图 3-4　产品不同定价与销量的关系

满意定价下的定价公式：

$$P_1 = (C_1 + C_2) \div 2 + (D_1 + D_2) \div 2$$

$$P_2 = 1 + (E_1\% + E_2\%) \div 2$$

$$P = P_1 \times P_2$$

$$P \approx (A_1 + A_2) \div 2,\ P \approx (B_1 + B_2) \div 2$$

例题：某旅行社开发新马泰双飞十日游，顾客心理价位在 10 000 ~ 12 000 元，竞争对手同样产品的价格在 8 888 ~ 13 000 元。该产品成本在 6 000 ~ 7 000 元，单位营销成本在 2 000 ~ 3 000 元，单位利润在 10% ~ 20%。则三种定价如下：

① 取脂定价：

$$P = (C_2 + D_2) \times (1 + E_2\%) = (7\,000 + 3\,000) \times (1 + 20\%) = 12\,000\ (元)$$

$$B_2 \leqslant P \leqslant A2,\ 12\,000 \leqslant P \leqslant 13\,000$$

② 渗透定价：

$$P = (C_1 + D_1) \times (1 + E_1\%) = (6\,000 + 2\,000) \times (1 + 10\%) = 8\,800\ (元)$$

$$P \leqslant A_1,\ P \leqslant B_1。P \leqslant 10\,000,\ P \leqslant 8\,888$$

③ 满意定价：

$$P_1 = (C_1 + C_2) \div 2 + (D_1 + D_2) \div 2 = (6\,000 + 7\,000) \div 2 + (2\,000 + 3\,000) \div 2 = 9\,000\ (元)$$

$$P_2 = 1 - (E_1\% + E_2\%) \div 2 = 1 + (10\% + 20\%) \div 2 = 1.15$$

$$P = P_1 \times P_2 = 9\,000 \times 1.15 = 10\,350\ (元)$$

$$P \approx (A_1 + A_2) \div 2,\ P \approx (B_1 + B_2) \div 2。$$

$$P \approx (10\,000 + 12\,000) \div 2,\ P \approx (8\,888 + 13\,000) \div 2$$

答：该旅行社的新马泰双飞十日游，取脂定价在 12 000 元以上，13 000 元以下。渗透定价在 8 800 元左右，不能高于 8 888 元。满意定价在 10 350 元左右，为 11 000 ~ 10 944 元。

4. 需求弹性定价

根据需求价格弹性定价，需求价格弹性反映需求量对价格的敏感程度，以需求变动的百分比与价格变动的百分比之比值来计算，即价格变动百分之一会使需求变动百分之几。

需求价格弹性 = 需求量变动百分比/需求价格变动百分比

$$|E| = (\Delta Q/Q) \div (\Delta P/P)$$

式中，E 表示需求价格弹性系数；Q 表示需求量；ΔQ 表示需求量的变化量；P 表示价格；ΔP 表示价格的变化量。

$|E|>1$：富有弹性的需求，降价可以大幅增加销售量或销售额；

$|E|<1$：缺乏弹性的需求，降价不能增加销售量，同时会降低销售额；

$|E|=1$：无弹性的需求，降价可以增加销售量，但销售额不会有太大变化。

可替代产品多，弹性大；不是生活必需品，弹性大；在总支出中所占比重越大，弹性越大。

【问题7】 小周居住在北京，无房无车无欠款，目前有存款4万元。他一直打算去埃及旅游，旅行社推出的“埃及七日游”线路，往返大约需要3 800元，请问“埃及七日游”这个产品对于小周来说，需求弹性大还是需求弹性小？

5. 心理定价

心理定价可以分为以下四类：

声望定价、价格段定价、错觉定价和招徕定价，如图3－5所示。

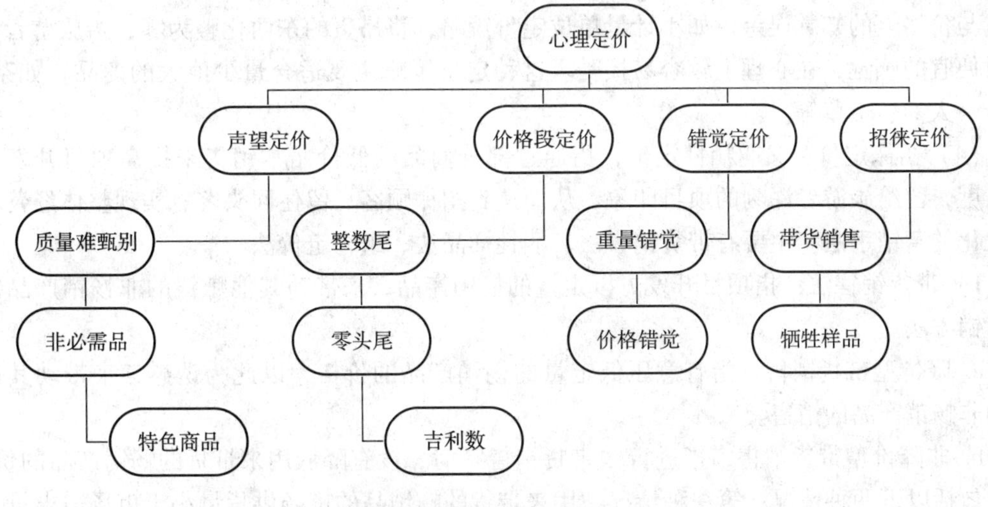

图3－5　心理定价分类

（1）声望定价：是一种根据产品在旅游者心目中的声望和产品的社会地位来确定价格的定价策略。它是指对那些有较高声誉的名牌高档产品或在名店销售的商品制定较高的价格，一般故意把价格定成高价，以满足旅游者求名和炫耀的心理。

声望定价适用的产品包括：①质量不易鉴别的商品，如：珠宝；②非生活必需品，如：高档餐饮；③具有民族特色的手工产品，如：蜀锦、蜀绣。

★典型案例

低价绣花鞋落败美国

20世纪90年代初，广州一家鞋厂生产的绣花鞋与韩国某厂家生产的绣花鞋同时在美国市场上出售。从质量上看，两者相差无几，中国绣花鞋的质量甚至略胜一筹。从价格上看，中国绣花鞋的价格只有韩国绣花鞋的1/8。按照常识推断，中国绣花鞋在这场商战中将稳操胜券，韩国绣花鞋必败无疑。

事情偏偏出乎人们的预料——韩国绣花鞋畅销，中国绣花鞋滞销，并且一直被挤到地摊上。难道美国人故意与中国产品过不去？

市场营销专家找到了原因。原来，美国女性购买绣花鞋的目的，并不是实际穿着，而是为好奇心所驱使，或者作为一种炫耀。一件价格极低的便宜货值得炫耀吗？显然不能，它只能降低炫耀者的身份。中国绣花鞋在这场商战中"落荒而逃"，根本原因是价格过低而无法满足美国女性的身份感与自尊感；韩国绣花鞋之所以能够取胜，正是由于他们把握住并充分满足了美国旅游者的这种心理和实际需要，故而引发美国旅游者的购买行为，同时也给自己带来了超额利润。

（资料来源：王东梅．低价绣花鞋落败美国［N］．中国证券报，2012－08－11.）

（2）价格段定价（整数、尾数）：旅游者在心理上将一段价格看作一个档位。在不同的档位，可以灵活使用整数定价和尾数定价。

（3）错觉定价：利用商品价格知觉上的误差确定商品销售价格的一种方法。常见的是重量与价格上的知觉误差，如小计量单位定价策略，将昂贵的东西化整为零，给旅游者一种相对便宜的感觉，在心理上较容易接受。这种定价策略主要适合量少值大的商品，如茶叶、黄金、人参、虫草等。

（4）招徕定价：又叫牺牲定价，指通过部分商品的低价赔本销售来提高项目开发方的知名度，留给旅游者深刻的项目印象，从而达到招徕顾客、留住回头客、实现整体经营利润最大化的营销手法。主要有带货销售法、牺牲样品法、组合定价法。

1）带货销售法：指项目开发方以走量的畅销产品，来带动其他赚钱的非畅销产品销售的营销方法。

a. 降价型带货销售，指有意压低走量的畅销产品的价格，以此为诱惑，来带动其他赚钱的非畅销产品的销售。

b. 非降价型带货销售，指进行"带货销售"时，没有降低用来带货的畅销产品的价格，主要包括以下两种情况：第一种情况，用来带货的畅销品的市场供货量小于市场需求量，因市场上货源紧缺，畅销品成了紧俏产品，无须降低价格就具有足够的带货能力；第二种情况，赠送型带货，即没有直接把用来带货的畅销产品的价格降下来，而是采用赠送畅销产品的方式。

2）牺牲样品法：指项目开发方通过样品的示范作用，促使游客进行相应消费的行为。

3）组合定价法：产品大类组合定价，选择产品组合定价，补充产品组合定价，分部组合定价，副产品组合定价，产品系列组合定价。

旅游项目设计组合定价时，应注意以下几点：

a. 当产品拥有市场支配力时，组合定价才能起到价格差别的作用。

【问题8】 某景区最吸引游客的景点由高到低分别是长空栈道（80%游客目的地）、云海奇观（60%游客目的地）、断崖飞瀑（30%游客目的地），某旅行社打算推出景点套餐，请问套餐应以哪个景点为主？

b. 组合定价产品之间在消费对象、销售终端、品牌效应等方面相同或相近。

【问题 9】博物馆旅游可考虑捆绑下列哪些产品？

A. 日用品　　B. 机票　　C. 游戏　　D. 电子书

E. 酒店　　F. 景点　　J. 纪念品

旅游项目设计招徕定价时，应注意以下几点：

a. 实行招徕定价的产品品种要多，以便顾客有较多的选购机会。

b. 降价产品的降低幅度要大，要有明显的降价前后对比。只有这样，才能引起旅游者的注意和兴趣，才能激起旅游者的购买动机。

c. 降价品的数量要适当，太多商店亏损太大，太少容易引起旅游者的反感。

d. 降价品应与因伤残而削价的商品明显区别开来。

（四）付款的时限

付款的时限是重要的事先约定内容，涉及现金流转量、贷款利率、负债时效、拆借信誉等方面，在通常情况下，可以选择 3 个日期点作为付款开始时间：

1. 按发票的开票日期（Date of Invoice，DOI）计算

按开票日期计算是指从开立发票的次日起计算折扣期和全额付款期。

例如，一家旅游饭店收到一张 1 000 元的商业发票，开票日期是 2 月 10 日，支付条件注明“3/10 N 30 DOI”（第一个数字“3”表示折扣率，第二个数字“10”表示享受折扣的天数，数字后的字母“N”及数字“30”表示该旅游纪念品商店必须支付全部货款的天数，“DOI”表明从开发票次日起计算天数），如果发票能在 10 天内支付，计算的应付金额是：

$$1\,000 \times 0.97 = 970 \text{（元）}$$

2 月 20 日之前付款即可享受该项折扣，超出时间就要支付全部货款。

2. 按收货日期（Receipt of Goods，ROG）计算

按收货日期计算是指从收到货物次日起计算折扣期和全额付款期。

例如，一家旅游饭店收到一张 2 000 美元购入高尔夫球的商业发票，开票日期是 5 月 15 日。支付条件是“2/10 N 30 ROG”。5 月 25 日收到商品，如果自收到货物之日起 10 天之内付款享受最大折扣，30 日内付全额货款，则付款金额计算如下：

$$2\,000 \times 0.98 = 1\,960 \text{（美元）}$$

这笔金额应该在 6 月 5 日前支付，6 月 5—25 日则需支付全部货款 2 000 美元。

3. 月末起计算（End of Month，EOM）付款日期

这是指折扣期或全额付款期都从下一个月的第一天开始计算。如果开票日期是当月的 25 日，折扣期限或全额付款期都从下个月的第一天计算。

例如，一家旅游饭店收到一张 3 000 元的商业发票，开票日期是 6 月 5 日，支付条件是“4/10 N 30 EOM”，享受最大优惠的付款金额为：

$$3\,000 \times 0.96 = 2\,880 \text{（元）}$$

7 月 10 日之前付款可享受该折扣，7 月 10 日之后到 7 月 30 日将要支付全部的金额。

三、旅游项目价格策略

项目价格策略包括两部分：定价目标——主要考虑利润和市场占有率；定价技巧——主要考虑不同的价格组合，并运用价格组合实现定价目标。

（一）产品市场地位定价策略

形象产品应当选择技术含量最高、功能最全的产品，额定最高价；利润产品应当选择技术功能较强、功能较全的产品，额定中高价；上量产品应当选择销量与市场份额最大、技术功能较强的产品，额定中低价。开拓市场的进攻产品，可以选择上述三种中的任何一种，额定相对低价。

（二）产品组合矩阵定价策略

波士顿产品组合矩阵，通过二维要素分析，确定产品定价策略（图3-6），另外，它还选择市场增长率和相对竞争地位两个要素。明星产品指市场增长率与相对竞争地位双高的产品，额定高价；金牛产品指市场增长率低而相对竞争地位高的产品，额定中高价；问题产品指市场增长率高而相对竞争地位低的产品，应当对其进行改造，增强其相对竞争地位，尽快使其转化为明星产品；瘦狗产品指市场增长率与相对竞争地位双低的产品，应对其改造，增强其相对竞争地位，尽快使其转化为金牛产品，若转化不成功，那么只能清仓处理。

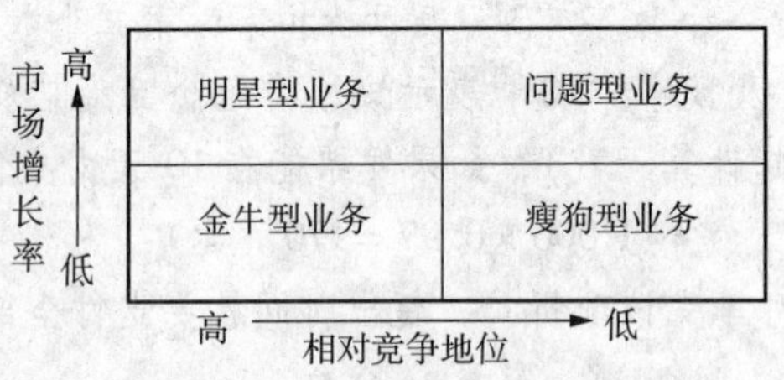

图3-6 波士顿矩阵

（三）变价策略

韦伯—费勒定律（Weber-Fechner）表明，同一刺激差别量必须达到一定比例才能引起差别感觉。因此，旅游者对价格变化的感受更多取决于变化的百分比，而不是变化的绝对值。并且，产品价格之上、之下各有一个界限，将价格调整到上下价格界限之外更容易被旅游者注意，而在上下界限之内调价却往往被旅游者忽视。同时，在价格上限以下一点一点地提高价格比一下子提高很多价格更容易为旅游者所接受，相反，如果一次性地将价格调到下限以下，比连续几次小幅减价效果更好。

1. 涨价策略

涨价策略包括直接涨价和间接涨价两种，两者操作的共同原则如下：

（1）涨价幅度不宜过大，一般5%为宜，也可参照竞争者的价格进行变化。

（2）涨价应配合产品新内容推出。

（3）涨价可提前告知旅游者。

2. 降价策略

降价策略包括直接打折和间接打折两种，两者操作的共同原则如下：

（1）当其他商家都在提供打折优惠时，那么我们再采取打折措施就可能不会给自己带来更好的收益。

（2）应该利用降价策略来清理存货或增加业务量。

（3）应该对降价交易在时间上做出限制。

（四）反向定价策略

反向定价策略也称零售价格反推法，是依据旅游者能够接受的最终零售价格，反推出生产项目开发方的出厂价格和中间商的批发价。这种定价方法主要不是考虑产品成本，而重点考虑的是产品在市场上的需求状况，其公式如下：

出厂价格 = 市场可销价格 ×（1 - 销售进货差率）×（1 - 批发零售差率）

= 批发价格 ×（1 - 销售进货差率）

批发价格 = 市场零售价 ×（1 - 批发零售差率）

销售进货差率 =（售价 - 进价）÷ 售价

披发零售差率 =（零售价 - 批发价）÷ 零售价

★典型案例

Priceline：反向定价法成就商旅“大佬”

Priceline 的反向定价等于为酒店业者打开了吸引购买“尾单”客房的客源，将酒店客房收益率最大化。

提起 Priceline，或许很多中国旅游者并不熟悉，但经常出游的中国游客都知道在线预订网站 Booking、Agoda 等，这些网站其实都隶属于 Priceline，作为国际 OTA（在线旅游代理商）巨头、美国最大的基于 C2B 商业模式的旅游服务网站，Priceline 的业务涵盖机票、酒店、租车、旅游保险等诸多旅游服务内容。

2013 年，Priceline 全年净利润达 189 280 万美元，居参评项目开发方之首。Priceline 的核心增长来自旗下的在线酒店预订服务提供公司 Booking. com。Priceline 先后收购了旅游搜索引擎公司 Kayak Software、在线餐厅预订服务商 Open Table，公司业务版图进一步扩展，竞争优势也得到了提升。

1998 年，Jay Walker 创立了 Priceline，或许创立之初，他并没有想到此后 Priceline 会在业界名声斐然。有资料显示，经过互联网泡沫和金融危机后，在 2010 年度的“财富创造者”排行榜上，Priceline 公司 CEO 杰弗里·博伊德甚至排在苹果公司 CEO 乔布斯之前，可见网站极高的公众接受度。

Priceline 作为全球主要在线旅游公司之一，通过旗下六大主要品牌 Booking. com、priceline. com、Agoda. com、KAYAK、rentalcars. com 及 Open Table 进行运作。

而让 Priceline 真正独树一帜的，当属其创立的 C2B 反向定价模式。

资料显示，Priceline 模式的原理是，产品越接近保质期使用价值就越小，从机票或者酒店行业来看，临近登机或者入住的实际价值变小，一旦飞机起飞或者客房空置超过夜里 24

点价值便会为零。而 Priceline 网站让旅游者报出要求的酒店星级、所在城市的大致区域、日期和价格，Priceline 从自己的数据库或供应商网络中寻找到合适价格的房间并出售，返回一个页面告知此价格是否被接受，之后进行交易。目前“租车”“旅游保险”也包括在业务之中。

当有些商务散客既需要控制预算而又有高性价比的住宿需求时，这种由旅游者定价的独特模式就起到了作用。反向定价的具体操作即由客人报出城市、时间、入住酒店标准和愿意支付的价格，比如一名商旅客人需要一家定位五星级的酒店，为此愿意支付100 美元一夜的价码，这个产品还需要包含早餐，当商旅客人将这个信息发出后，就等待是否有项目开发方接单，一旦接单则客户在线支付，那么对于客户而言，得到了性价比颇高的酒店产品。

而在让商旅客人得到实惠的同时，酒店业者也得到了商业价值。旅游业是一个淡旺季非常分明的行业，当淡季或平日客房未满时，闲置的客房价值无法被体现，与其空闲，还不如将这些客房低价出售，这样既可以提升酒店入住率，也可以增加客房收益。因此，Priceline 的反向定价等于为酒店业者打开了吸引购买“尾单”客房的客源，将酒店客房收益率最大化。同时，商旅客人需要提交信用卡信息后才能提交购买条件，这种交易是不可反悔、不可取消的，因此对酒店而言是一笔直接交易，即便最终该客人并未入住，酒店方也已经收到了款项且无须退回。

此外，Priceline 上没有报价信息，商旅客人只知道最终成交价和星级、地理位置，这种方式起到了保护酒店方的作用，毕竟过低的价格会拉低酒店的品牌定位，对一些高星级或看重品牌定位的酒店而言，不能公开以过低的价格销售，但其实这类酒店也需要将闲置客房售出，Priceline 这种不公开酒店报价信息的反向定价模式也保护了酒店品牌，“里子”和“面子”都顾及了。

当然，还有一点不得不提，Priceline 这种模式不需要呼叫中心，其网站的收入主要来自向买方收取手续费。有资料显示，如果实际从供应商拿到的价格比旅游者报价还低，差价也会被 Priceline 赚取。

（资料来源：乐琰．反向定价法成就商旅大佬［EB/OL］．新浪财经，2014 - 08 - 20.）

四、旅游住宿项目销售渠道设计

（一）销售网点

销售网点又称为销售点，指产品销售和购买者购买的终端，是旅游产品购买者支付费用完成购买行为的场所。销售网点建设得如何，最能体现销售渠道管理的水平。它属于销售渠道最后一个环节，也是最重要的环节。旅游产品因其涵盖面广，既有实体产品形式，又有虚拟服务形式，因此销售终端也有多种表现形式，主要包括：①实体终端，如餐厅柜台；②虚拟终端，如网上订购。

销售网点布局主要考虑广度、密度和具体位置。

销售网点布局的原则：最大限度地接近购买者。

★小知识

终端与终端营销

终端是指产品销售渠道的最末端，是产品到达购买者、完成交易的最终端口，是商品与购买者面对面进行展示和交易的场所。通过这一端口，厂家、商家将产品卖给购买者，完成最终的交易，进入实质性消费；购买者买到自己需要并喜欢的产品。终端是竞争最激烈的具有决定性的环节，在终端柜台货架，各种品牌在这里短兵相接，如何吸引购买者的眼光和影响购买者的购买心理是终端工作关键所在。

终端营销，就是通过做零售商的工作使其心甘情愿地配合帮助厂（商）家的一切营销工作，与厂（商）家联手做购买者的工作。包括组织体制、运行机制、营销人员的培养选拔管理和激励；是终端维护、终端服务、终端公关、终端检查管理、终端激励与协调；是集物流配送、终端理货、市场调研、信息搜集反馈、货品陈列展示、价格策略、终端宣传广告、终端包装和促销等多要素的组合。

（资料来源：盛斌子．终端爆破：整合促销与立体推广［M］．北京：人民邮电出版社．2013.）

（二）销售网线

销售网线又称为销售线路，是指网点与网点之间，网点与项目目的地之间，网点与购买者之间，网点与中间商之间的连线。它确定了旅游产品流通的方向和区域，类似于道路干线，其作用是使商流、物流、货币流、信息流、促销流连为一体，实现融合增长的效益。

销售网线布局主要考虑能否提高项目产品的市场占有率，能否扩大销量和提高知名度，线路畅通与否、稳定与否、与终端衔接如何。

布局原则：线路畅通，与终端衔接良好。

（三）销售网面

销售网面又称为销售渠道市场覆盖面，是指销售网点网线所覆盖的目标市场的广度。覆盖面广有利于最大限度地实现购买者对旅游项目产品的购买愿望，提高项目产品的市场占有率、扩大销量和提高知名度。其中，市场占有率与销量、利润、知名度成正比关系，是销售网面中首要考虑的内容。

从理论上分析，市场占有率包括三个概念：全部市场占有率、可达市场占有率、相对市场占有率。

（1）全部市场占有率是指该产品销售额占全行业销售额的百分比：

全部市场占有率=(某产品销售额÷全部市场上同类产品销售额)×100%

（2）可达市场是指项目计划进入的目标市场，它具有三个特征：其一，它是项目营销努力所及的市场；其二，它是项目销售业绩中比重最大的市场；其三，它是项目人员认为最适合的市场：

可达市场占有率=(某产品销售额÷可达市场上同类产品销售额)×100%

（3）相对市场是指主要竞争对手市场，以项目产品的销售额与其最大的三个竞争者的销售额的总和的百分比来表示：

相对市场占有率 =（某产品销售额 ÷ 相对市场上同类产品销售额）×100%

如某项目产品市场占有率为 15%，其最大的三个竞争者的市场占有率分别为 20%、10% 和 10%，则该企业的相对市场占有率是 15 ÷ 40 = 38%。一般情况下，相对市场占有率高于 33% 即被认为是强势的。

★小贴士

市场占有率分析

企业可从产品大类、顾客类型、地区以及其他方面来考察市场占有率的变动情况。一种有效的分析方法，是从顾客渗透率 *CP*，顾客忠诚度 *CL*，顾客选择性 *CS*，以及价格选择性 *PS* 四个因素进行分析。

顾客渗透率：指从本企业购买某产品的顾客占该产品所有顾客的百分比。

顾客忠诚度：指顾客从本企业所购产品与其所购同种产品总量的百分比。

顾客选择性：指本企业一般顾客的购买量相对于其他企业一般顾客的购买量的百分比。

价格选择性：指本企业平均价格与所有其他企业平均价格的百分比。

全部市场占有率 *Tms* 可表述为：

$$Tms = (CP/\text{times}) \times (CL/\text{times}) \times (CS/\text{times}) \times PS$$

假设某企业在一段时期内市场占有率有所下降，则上述方程为我们提供了四个可能的原因：

1. 企业失去了某些顾客（较低的顾客渗透率）；

2. 现有顾客从本企业所购产品数量在其全部购买中所占比重下降（较低的顾客忠诚度）；

3. 企业现有顾客规模较小（较低的顾客选择性）；

4. 企业的价格相对于竞争者产品价格显得过于脆弱，不堪一击（较低的价格选择性）。

经过调查，企业可以确定市场占有率改变的主要原因。假设在初期，顾客渗透率为 60%，顾客忠诚度为 50%，顾客选择性为 80%，价格选择性为 125%。根据 *Tms* 计算方程式，企业的市场占有率为 30%。

假设在期末，企业的市场占有率降为 27%，在检查市场占有率要素时，发现顾客渗透率为 55%，顾客忠诚性为 50%，顾客选择性为 75%，价格选择性为 130%。很明显，市场占有率下降的主要原因是失去了一些顾客（顾客渗透率下降），而这些顾客一般都有高于平均的购买量（顾客选择性下降）。这样，企业决策者就可集中力量对症下药了。

（资料来源：马承霈．市场调研与预测［M］．成都：西南财经大学出版社，2015.）

五、旅游项目销售渠道策划程序

（一）确定销售渠道目标

1. 销售渠道能为旅游购买者提供便利

（1）减少等候时间：等候时间指购买者购买或订货后拿到产品的等待时间，包括两个内容：购买产品的时间和得到产品的时间。

（2）减少出行距离：出行距离指购买者到产品售卖地的距离。在不影响产品体验程度的情况下，购买者更愿意就近完成购买行为，因此，不同旅游项目产品所能承受的出行距离是不同的。渠道网点密度越大，购买者购买的出行距离越短，反之则越长。

（3）增加选择范围：选择范围指购买者同时同地能够接触到的相关产品的品种数量、档次数量。通常购买者更愿意在一个地方购买到多种产品。

（4）增加服务支持：购买者可以通过渠道得到信息、货币等辅助服务。

2. 销售渠道能提供给旅游项目开发商的便利

①增加市场占有率；②提高销售量；③及时获得信息反馈；④分担销售风险。

（二）销售渠道构建考虑要素

1. 产品因素

（1）易腐性：渠道短（决定性要素）；

（2）标准化程度：当产品趋于标准化时，通过中间商延长渠道的机会也随之增加（决定因素）；

（3）体积和重量：重、大，渠道短（备选）；

（4）单位价值：单位产品价值越低，渠道越长；

（5）特色含量：具有传统特色的手工旅游产品，短渠道更合适，专业化、标准化程度高的定制旅游产品，长渠道更合适；

（6）产品生命周期：新产品，短渠道更合适；老产品，宽渠道更合适。

【问题10】某产品标准化程度高、单位价值低、体积重，如贵州老干妈，其销售渠道应该选择（　　）。

A. 长渠道　　B. 短渠道

C. 宽渠道　　D. 窄渠道

2. 市场因素

（1）市场需求：指目标市场的消费需求，如产品使用价值、审美价值、象征价值等影响的消费偏好。通常市场需求越强，中间商加入的可能性越高（决定因素）。

（2）市场规模：个体购买者数量越多，市场规模就越大，越应使用中间商（决定因素）。

（3）市场密度：指单位面积上的购买者数量。通常密度越小销售难度和费用越高，越应使用中间商（决定因素）。

【问题11】探险旅游在华东地区上海市的旅游者中只有8%的比例，作为西南地区黔南探险游的开发商，其销售渠道应该选择（　　）。

A. 长渠道　　B. 短渠道

C. 宽渠道　　D. 窄渠道

（4）地理布局：指市场的地理区域、物理位置、产销距离。一般来说，生产商和其市场之间的距离越远，使用中间商比直接销售花费越少，选择长渠道的可能性越高（备选因素）。

3. 项目方因素

（1）市场投入：市场投入少，更适合寻找中间商伙伴，组建长渠道。市场投入多，更适合打造重点渠道或者直接开设店面进行面对面销售。

（2）预期目标：项目开发方市场经营目标是快速渗透或者快速取脂，那么更适合寻找中间商伙伴，一步到位铺开销售规模，组建宽渠道和长渠道。目标是慢速渗透或者慢速取脂，那么更适合重点渠道和面对面短渠道。

（3）竞争态势：项目方竞争能力越弱，越适合寻找中间商伙伴，组建长渠道。项目方竞争能力越强，越适合打造可掌控的短渠道。

（4）储运成本：项目产品储存运输价格高，适合寻找中间商代理产品，组建长渠道。项目产品储运成本低，适合打造可掌控的短渠道。

【问题12】某旅游产品市场投入高、竞争力强、以获得长期利润为目标缓慢渗透、竞争储运成本高，其销售渠道应该选择（　　）。

A. 长渠道　　B. 短渠道

C. 宽渠道　　D. 窄渠道

（三）设计销售渠道方案

（1）确定渠道的长度：即决定渠道的层次。

（2）确定渠道的宽度：即决定每层中间商的数量。

（3）确定渠道的深度：即决定渠道终端的多样性。

【问题13】某地发掘出一个新旅游景点，准备打造包装后向市场推广，小王作为该景点的策划负责人，设计销售渠道应从哪里入手？

A. 先确定渠道有几层

B. 先确定渠道中间商的数量

C. 先确定将产品外包给哪些中间商

（四）选择渠道成员

1. 描述渠道目标

找出目标市场，确定可以接触和到达目标市场的点，渠道应当能够涵盖全部或者大部分接触点和到达点。如小张作为某旅游产品的营销人员，目标是消费能力在200～1 500元的青年市场，他对渠道目标的表述：我们的渠道目标就是，确保愿意花200～1 500元购买旅游产品的青年们，可以在他们的学校、工作单位、社交媒体和任何卖场，都能看到我们的产品。

【问题14】小张作为杭州某饭店的营销人员，目标市场是200～800元/人的会议市场，你认为他对渠道目标的表述可以是什么样的？

2. 根据渠道目标描述选择渠道成员

选择渠道成员时应考虑的因素如表3－4所示。

表3-4　选择渠道成员的因素

考虑因素	基本要求
中间商的地理位置	接近目标市场
中间商的信誉	资信状况好、知名度高的企业
中间商的资本实力	中间商资本实力强的经营管理实力也强
中间商的经营能力	中间商市场覆盖面大，人员素质好，储存、运输、服务能力强
合作的意愿	有合作愿望和动机

3. 评估销售渠道成员

经济性、控制性、适应性分别从盈利、管理、竞争三个角度提出标准，对销售渠道成员进行评估，具有简便易行、适宜量化的特点。

（五）管理渠道成员

1. 渠道的激励

（1）向中间商提供适销对路的产品：中间商选择代理某产品的考虑因素（表3-5）；

表3-5　中间商代理产品的考虑因素

考虑因素	百分比/%
产品与已有的经营产品对路	66.66
项目方的声誉好、规模大	50.00
项目方代理政策好	50.00
偶然的机遇	5.55
与项目方有私人关系	0.00

（2）开展各种促销活动；

（3）扶持中间商：中间商对代理政策的关注程度（表3-6）；

（4）与中间商结成长期的伙伴关系。

表3-6　中间商对代理政策的关注程度

主要代理政策	百分比/%
代理价格	77.77
广告支持	61.11
供货及时	55.55
技术支持	50.00
售后服务	44.44
销售返点	16.66

2. 渠道掌控

（1）品牌掌控：主要涉及品牌理念、品牌发展战略、合乎逻辑的可预期的未来愿景三个方面，通过对渠道经销商进行品牌理念、战略、愿景沟通，达到认同协作，共同发展的目的。

（2）培训掌控：主要包括培训经销商、帮助经销商加强各方面管理，如会员、促销等工作内容。通过再教育或修正教育，协助经销商达到销售目的，间接扩大产能，实现市场占有率和增长率双双提高。

（3）利益掌控：包括经销利润和销量挂钩，跟经销商协作销售的利润超过经销商单独销售的纯利，缺货调配、供货特配等内容。目的是帮助销售体系线路畅通，并优化销售成本，提高销售量或销售利润。

渠道掌控是销售体系的重要环节，缺乏掌控的销售体系不能将产品供应商的利润变现锁定，且极易被竞争对手利用，造成产品进入市场的通路被截断，损害最终市场占有率与销量。

3. 渠道的绩效评估

（1）确定评估内容：①顾客满意度评价；②运行状态评价；③财务绩效评价；④渠道价值评价。

（2）确定评估方法。

1）顾客满意度评价：包括可信赖感、负责程度、安全保障、感情交流四个方面。

2）运行状态评价：包括畅通性、覆盖率、流通能力三个方面。

3）财务绩效评价：包括有形资产分析、费用分析、盈利分析、资产管理效率分析四个方面。

4）渠道价值评价：一般通过收益现值法和重置成本法进行评价，收益现值法又称收益还原法、收益资本金化法，是指通过估算被评估资产的未来预期收益并折算成现值，借以确定被评估资产价值的一种资产评估方法。重置成本法，是指在现实条件下重新购置或建造一个全新状态的评估对象，所需的全部成本减去评估对象的实体性陈旧贬值、功能性陈旧贬值和经济性陈旧贬值后的差额，以其作为评估对象现实价值的一种评估方法。

4. 渠道的调整

渠道的调整如表 3－7 所示。

表 3－7　渠道的调整

目　标	操作说明
1. 顺畅	最基本的功能，以短渠道为宜
2. 增大流量	追求铺货覆盖率，广泛布点，多路并进
3. 便利	最大限度地贴近购买者，广泛布点，灵活经营
4. 开拓市场	较多地依赖经销商、代理商，站稳脚跟再做他议
5. 提高市场占有率	渠道保养很重要

续表

目 标	操作说明
6. 扩大品牌知名度	争取和维系客户对品牌的信任度和忠诚度
7. 经济性	考虑渠道建设成本、维系成本、替代成本和收益
8. 市场覆盖面积及密度	多家销售和密集销售

六、旅游住宿产品销售渠道选择

（一）旅游住宿产品购买者的需求

购买者对旅游住宿产品的要求包括以下几点：

（1）安全；

（2）性价比高；

（3）体验度好。

（二）产品决定的销售渠道限制因素

（1）产品因素：易腐性，标准化程度，体积和重量，单位价值，特色含量，产品生命周期。

（2）市场因素：市场需求，市场规模，市场密度，地理布局。

（3）项目方因素市场投入：市场投入，预期目标，竞争态势，储运成本。

（三）确定主要销售渠道

1. 直接预订渠道

直接预订渠道，是指客人通过传真、电话、信函、电邮、短信等方式直接向酒店进行预订（订房、订餐及其他订购服务），或委托他人或组织机构代理预订，这类预订的最大特征是预订人或组织机构无任何营利目的。无预订入住散客也可以归入直接预订市场。

直接预订通常可以使酒店保持较高的房价，而且可以减少使用中间环节的佣金支付。直接预订市场要求酒店具备先进、多样的预订设施和条件；可以高效率地完成预订确认、变更和取消等作业；同时具备完善的订金收取、退款等方面的程序和管理制度，以保障预订的顺利、准确和快捷。

2. 间接预订渠道

中间商是指代理个体消费者向酒店进行预订（主要为客房预订）并从中获得相应利润的个人或组织。酒店的中间商主要包括：

（1）旅行社：酒店的主要中间商市场。绝大多数酒店均与之存在长期固定的业务往来和关系。旅行社能够为酒店带来大批量旅游团队订房，但同时也存在淡季业务萎缩和高取消率的风险。旅行社一般希望酒店预订准确可靠，希望能为其客人提供满意的服务，借以维护和提高其自身的声誉和形象，同时，较低的房价和宽松的付款条件是旅行社始终追求的利益。

（2）航空公司：酒店的又一大重要预订来源。航空公司经常协助其旅客安排住处、推荐酒店。不少航空公司与酒店达成协议，联合组织包价团，开展各种形式的联合促销活动，以期将旅客吸引到该酒店去。另外，航空公司本身具有庞大、高效的预订网络，有着较为详细的旅客资料，这为酒店加入其预订网络、实现联网预订和资源共享提供了机会。

（3）银行信用卡公司：国内外大多数大银行、信用卡公司（如银联、运通等）往往设立属于本公司的旅游部或类似机构，向宾客销售旅行线路和包价旅游等旅游产品。银行、信用卡公司的担保使酒店在该市场上的应收账款得到比较有力的保障。银行、信用卡公司巨大的客户网络同时也是酒店宣传自己、树立形象的上佳渠道。

（4）酒店预订组织：随着酒店业的全球化和国际化发展，许多国际性的大型酒店预订组织也应运而生。这些公司和组织通过其设立于全球各地的办事处、分支机构代理客人的预订业务，并从中获得相应利润。在互联网时代，预订网络也具有越来越多的功能，酒店选择加入某一预订网络前，应对该网络及其相关机构进行充分的调查研究，以挑选出最佳的合作者。

（5）旅游展销会：每年国内外都有许多大大小小的以旅游产品为主或包括旅游产品的行业展销会，有的定期举行，有的临时发起；有的由行业协会出面主办，有的由政府有关部门出面主办；有的以线下实体展示为主，有的线上线下结合展示。不管展销会规模、形式如何，大多数参展商都是旅游产品的直接或间接提供者，例如酒店、旅行社、网络订房公司、景点实体等。在展销会招展过程中，参展商能较为集中地选择可能合作单位和购买商，不仅能提高自身的影响力，也能加快自身信息的有效传递。在保证质量的旅游展销会上，专业人士和顾客能了解旅游行业最新产品的细节和动态，现场交流也更有适应性和针对性。同时，作为旅游展销会举办地，也能在相应时间吸引业内业外的眼球，赢得关注度、知名度和美誉度，促进地区发展，提升竞争力。

（四）评估销售渠道

（1）经济性评估：①只考虑花费成本的静态评估；②花费成本与收益的动态评估。

（2）控制性评估：将控制的必要性与控制成本进行比较。

（3）适应性评估：选择与该地区的消费水平、购买习惯和市场环境相适应的销售渠道。

（五）确定销售渠道

根据项目目标，选取三个标准中单项最优或者综合最优的销售渠道进行布局。

2015—2016 年大型国际旅游贸易展销会如表 3－8 所示。

表 3－8　2015—2016 年大型国际旅游贸易展销会

名称	举办地点	日期
西班牙马德里国际旅游博览会	马德里	1 月
香港国际旅游博览会	香港	1 月
法国巴黎世界旅游博览会	巴黎	2 月
意大利米兰国际旅游交易会	米兰	2 月
德国汉堡国际旅游博览会	汉堡	2 月
西柏林国际旅游交易会	西柏林	3 月

续表

名称	举办地点	日期
瑞典哥德堡国际旅游博览会	哥德堡	3月
美国芝加哥国际旅游展销会	芝加哥	4月
加拿大多伦多旅游与消遣展览会	多伦多	4月
美国洛杉矶旅游展览会（春秋两季）	洛杉矶	4月、10月
世界旅游发展大会	北京	5月18日
上海世界旅游博览会	上海	5月19—22日
北京国际旅游博览会	北京	5月20—22日
中国国际旅游商品博览会	义乌	5月24—27日
北京国际主题公园、儿童乐园及游乐场所展览会	北京	5月26—28日
中国山东国际旅游交易博览会	济南	6月
澳大利亚假日与旅游展览会	悉尼、墨尔本	6月
美国芝加哥国际会议与奖励旅游展览会	芝加哥	9月
中国旅游产业博览会	天津	9月
首届国际海岛旅游大会	浙江	10月
首届国际山地旅游大会	贵州	10月
世界旅行博览会（偶数年举行）	东京	11—12月
日本国际观光会议旅游展销会（奇数年举行）	东京	11—12月
英国伦敦世界旅游博览会	伦敦	11月

（资料来源：根据中国国家旅游局网站2015—2016年新闻数据整理。）

★典型案例

国家旅游局就首届国际山地旅游大会召开新闻发布会

记者从国家旅游局、国家体育总局、贵州省人民政府在京联合召开的新闻发布会上获悉，首届国际山地旅游大会于2015年10月10日至11日在贵州省黔西南州兴义市举办。大会将构筑国际旅游业和山地旅游目的地高端交流平台，进一步普及山地生态旅游理念，推动体验式休闲养生旅游项目开发和山地旅游发展模式探索。

首届国际山地旅游大会由国家旅游局、国家体育总局、贵州省人民政府主办，贵州省旅游局、贵州省体育局、黔西南布依族苗族自治州人民政府承办。此次大会是近年来国家旅游局第一次与西部省份共同主办、以山地旅游为主题的国际性会议，也是国家旅游局落实“一带一路”战略，推进国际旅游合作的重要举措之一。届时，国家有关部（办、委、局）领导、国际旅游组织官员及境内外有关旅游行政管理机构、专家学者、旅游企业、旅行社、航空公司、投资机构、主流媒体等各方嘉宾600余人将出席会议。

本次大会以“山地旅游·绿色运动·同向发展”为主题，采取“一地办会、全省联动、节赛并举、景产融合”的办会模式，充分激发并释放“旅游+”的巨大能量，提升旅游业发展的层次和水平，促进体旅、农旅、文旅、康旅等产业大融合。

据悉，大会上5位世界重量级嘉宾将发表演讲。“多彩贵州”旅游文化专场推介、智慧旅游大数据应用成果展暨山地旅游线上平台启动仪式、“山地旅游与投资消费”主题论坛暨旅游投资项目签约仪式、“山地旅游与户外运动”主题论坛等10项主体活动将陆续进行。与此同时，中国·贵州安顺坝陵河大桥国际低空跳伞挑战赛、牂牁江国际滑翔伞邀请赛、海龙屯国际山地户外运动挑战赛、兴义万峰林国际徒步大会、兴义万峰林热气球表演赛、史迪威公路晴隆24道拐汽车爬坡赛活动等国际性赛事，将吸引多国体育名将云集，向与会嘉宾充分展示以山地户外运动为载体的山地旅游深度体验。大会系列活动将持续至11月。

大会将发表一个宣言，即《国际山地旅游大会贵州宣言》；发布一个报告，在“智慧旅游大数据应用成果展暨山地旅游线上平台启动仪式”上，将发布《贵州旅游大数据指数报告》；推出一批旅游线路产品，即以贵阳—毕节（织金洞）—安顺（屯堡、兴伟石博园、黄果树）—黔西南（双乳峰、三岔河、马岭河、万峰林）为代表的经典山地旅游精品线路。

目前，大会各项筹备工作正在紧锣密鼓地进行，实施建设项目108个，涵盖景区升级、乡村旅游、基础设施、旅游商品、配套服务设施及产品等方面。贵州省委、省政府秉承“保护一方山水、传承一方文化、促进一方经济、造福一方百姓”的理念，把承办首届国际山地旅游大会当作推动旅游产业转型升级的重要机遇，举全省之力把首届国际山地旅游大会办得“圆满、精彩、出彩”。

（资料来源：龙波．首届国际山地旅游大会新闻发布会在京举行［EB/OL］．国家旅游局新闻办，2015-09-24.）

【思考3】结合旅游产品渠道销售目标，分析资料中的游览景点是从哪些方面打造销售渠道，进而吸引购买者的？

【实训3】搜集本地景点相关资料，根据旅游产品销售渠道策划方法，尝试设计景点游览线路销售渠道。

第三节　旅游项目产品策划书的撰写

一、旅游项目单项产品策划书①

（一）旅游项目产品描述

（1）产品内容；

（2）产品的命名、标识；

（3）产品特色。

（二）旅游项目市场分析

（1）市场上现有产品分析；

① 孟韬，毕克贵．营销策划：方法、技巧与文案［M］．北京：机械工业出版社，2012.

（2）目标消费群和潜在目标消费群分析。

（三）旅游产品 SWOT 分析

（四）旅游项目营销策略

（1）项目愿景；
（2）品牌主题；
（3）营销目标、销量、销售额、市场占有率；
（4）产品不同阶段的营销策略；
（5）目标市场品牌定位：属性 + 利益 + 价值 = 品牌，社会形象与社会情境；
（6）促销推广方式。

（五）旅游项目产品开发进度

（1）产品初次提案（时间）；
（2）产品思路整合：分几次，每次时间，间隔时间，采取形式，参与人员；
（3）产品二次提案（时间）；
（4）产品开发流程（流程时间）；
（5）产品测试时间。

（六）旅游项目产品定价

确定基础价格、浮动价格、收益平衡价格、利润目标价格等，构建价格体系。

（七）旅游项目产品效益估算

（1）产品消费群规模；
（2）产品每月大约收益。

（八）旅游项目产品销售渠道

根据评估数据，确定综合最优或相对最优的产品销售渠道。

（九）销售维护及其他辅助工作

这主要指渠道管理人员对销售渠道的支持、监督、评价、反馈等工作。

（十）营销费用预算

这主要包括市场费用预算、行政费用预算、后勤费用预算三部分，如广告费、投诉费、运输费等。

（十一）旅游项目产品小组人员

①项目经理；②产品策划人员；③文案编辑人员；④技术人员；⑤测试人员。

二、旅游项目产品市场开拓计划书

（一）SWOT 分析

使用图表和文字结合的方式，进行产品市场分析。

（二）产品目标

对产品目标的描述必须带时带量。

（三）市场定位

结合产品卖点进行市场定位，建议文字与图表结合。

（四）市场推广组合策略

①渠道策略；②广告策略；③销售促进策略；④公关策略；⑤人员推销策略。

（五）广告策略

选择广告策略时一定要从实际出发。

（六）营销操作

进行营销操作时要制订好计划。

（七）行动计划（时间）

①工作目标；②工作计划。

（八）营销费用预算

产品开拓市场费用预算、行政费用预算、后勤费用预算。

（九）销售预计

可通过定性分析，如项目经理、销售人员、购买者、专家进行销售额预计；也可通过定量分析，如时间序列分析法、回归分析法等进行销售额预计。

三、旅游项目产品上市建议书

（一）前言

（1）为什么要开发该产品？

（2）开发该产品的社会经济效益是什么？

（3）本建议书主要讲述的内容框架是什么？

（二）旅游项目市场分析状况

（1）市场规模；

（2）竞争者缺口；

（3）市场的稳定性和增长空间。

（三）旅游者分析

通过描述旅游者确定目标市场细分变量，在此基础上进行特征分析。

（四）产品定位

确定产品可提供给目标市场的利益。

（五）营销员业务培训

针对一线营销员和营销小组负责人进行业务培训，包括营销技巧、突发情况处理等。

（六）广告媒体组合策略

①类型；②时间；③批次；④沟通效果预期。

（七）旅游项目产品上市的利弊分析

（1）不利点（解决方法）；（2）有利点。

（八）旅游项目产品上市的建议

写建议时要详细、清晰。

四、旅游项目销售渠道评估书

（一）项目渠道管理能力评估

1. 项目销售经理的素质和能力

①从事销售工作 3 年以上占总数比例；②学历大专以上占总数比例。

2. 项目自控终端比例

①自控终端在全部终端中的比例；②自控终端销售额在全部终端销售额中的比例。

（二）项目掌握客户档案评估

（1）散客客户档案：姓名，购买产品的名称，购买日期，联系方式，用户购买频率、购买数量。

（2）公司客户档案。

①公司名称、地点、联系方式，公司客户所购买产品的品种、数量、时间、规模、频率。②负责人姓名、联系方式、居住地、信用、行为偏好、生日、家庭结构。

（三）渠道销售商运营情况评估

1. 经营年限

①3 年以上（AAA）；②1～2 年（AA）；③1 年以下（A）。

2. 代理项目产品半年销售增长率

①每万元超过 20%（AAA）；②每万元 10%（AA）；③每万元低于 10%（A）。

3. 结付账款

①准时结付（AAA）；②超时一周结付（AA）；②超时一月结付（A）。

4. 是否重点销售本项目产品

①本项目产品占全部销量的 50% 以上（AAA）；②30%～49%（AA）；③低于 30%（A）。

（四）客户服务评估

评估指标为：

（1）参加培训、服务、帮助活动的客户数量占客户总量的比例。

（2）成为会员的客户数量占客户总量的比例。

（3）成为会员并重复消费的客户数量占客户总量的比例。

（五）促销活动评估

评估指标为：

（1）项目促销活动天数占全年天数的比例。

（2）项目每万元促销费所实现的销售额、销售量、美誉度、知名度所占的百分比。

五、旅游项目渠道代理商选择方案

（一）影响代理商选择的因素

（1）成本：建立渠道的成本、中间商利润。

（2）资金：货物成本、账款现金流。

（3）产品：长短渠道、宽窄渠道的选择。

（4）控制：掌控目标。

（5）覆盖：对市场占有率的选择。

（二）选择代理商的标准

（1）符合渠道目标描述：活动区域、市场形象、顾客类别。

（2）经营管理水平较高：①销售指标完成好；②平均存货水平较低；③向顾客交货的速度较快；④对损坏和遗失商品的处理章程合理；⑤促销方面的合作积极；⑥货款回收情况良好；⑦为顾客提供的服务良好。

（三）选择步骤

（1）获取中间商资料。

相关资料包括：①贸易展览会；②行业协会；③银行；④竞争者中间商；⑤招募广告。

（2）筛选中间商：要从经济性、控制性、适应性等方面去筛选；

（3）评估结果；

（4）合作谈判方案。

六、旅游项目渠道评估调查问卷

（一）基本信息

①项目名称；②中间商名称。

（二）正文

1. 项目产品相关

具体内容包括：

（1）负责项目产品的员工人数；

（2）项目产品最近6～12个月的销售额，每万元销售增长率；

（3）项目产品未来6～12个月的预估销售额，每万元预估销售增长率。

2. 顾客反应相关

具体内容包括：

（1）是否在购买场所见过项目产品；

（2）选择产品的原因：产品原因、价格原因、推广原因、销售渠道原因；

（3）零售比和团购比。

3. 代理商选择代理的原因

具体原因包括：

（1）产品知名度；

（2）产品的畅销程度；

（3）产品组合效应；

（4）供应商的广告、促销支持；

（5）供应商供货服务质量：订货程序是否复杂、订货最低限额是否过高、资金结算方法是否恰当、产品交付顾客是否快捷、残次品和退货利润点的结算是否合理，供应商服务人员素质是否到位；

（6）供应商提供的后续支持：投诉情况、售后服务、培训管理服务。

实训项目

旅游项目产品策划书

实训目的：通过项目小组写作《旅游项目产品策划书》，对应《旅游项目综合策划方案》，在树立整体观点的基础上，了解项目产品营销策划的基本概念，熟悉项目产品营销策划程序，掌握不同旅游项目产品营销策划的方法。

实训步骤：

第一步，明确项目产品范围。

第二步，调研。

1. 根据项目产品，项目小组制定可操作的产品定位市场调研方案；
2. 根据策划方案，制订一份详细的调研活动计划；
3. 设计一份产品定位市场调研问卷和一份访谈提纲；
4. 根据项目目标和收集的资料，撰写调研报告；

第三步，对本组项目产品进行定位。

第四步，寻找本组项目产品卖点，撰写《旅游项目产品市场开拓计划书》。

第五步，撰写《旅游项目产品策划书》。

实训成果：

第一部分：《市场调研策划方案》《调研活动计划》《调研问卷》《访谈提纲》《调研结果分析报告》。

第二部分：《旅游项目产品市场开拓计划书》。

第三部分：《旅游项目产品策划书》。

知识归纳

本章主要学习写作《旅游项目产品策划书》的基本程序和基础理论，为后续章节的学习打下基础。全章共分三部分，第一部分是旅游项目产品营销策划的程序，主要介绍了项目产品概念、分类，项目产品营销策划的程序；第二部分是不同旅游项目产品的策划方法，旅游项目产品渠道选择的基本内涵，主要介绍了产品渠道的概念、分类、渠道体系、渠道构建程序四个方面的内容，和不同旅游项目产品构建不同销售渠道应注意的要点；第三部分主要介绍了《旅游项目战略营销策划书》《旅游项目产品市场开拓计划书》《旅游项目产品上市建议书》《旅游项目销售渠道评估书》《旅游项目渠道代理商选择方案》《旅游项目渠道评估调查文卷》的撰写格式。通过本章的学习，学生能够了解旅游项目产品营销策划书的基本格式，熟悉项目产品开发的基本阶段和特点，掌握各个部分的基本理论，最后可以通过实训掌握旅游项目产品策划的基本工作如何运行。

复习思考题

一、简答题

1. 旅游项目产品的三个层次分别指哪些？旅游项目产品主要分为哪几类？

2. 旅游项目产品策划的基本程序是什么？

3. 旅游项目产品有哪些定位方法？如何寻找旅游项目产品的卖点？

4. 旅游项目产品的策划方法有哪些？其营销策略如何？

5. 旅游产品组合维度包括哪些方面？你认为哪个方面最重要？为什么？

6. 各类旅游项目产品的策划角度和策划重点有哪些？你对哪类旅游项目产品策划最感兴趣？为什么？

7. 旅游项目销售渠道的概念是什么？主要分类是什么？

8. 旅游项目销售渠道体系包括哪几个部分？主要原则是什么？

9. 如何进行市场占有率分析？

10. 从哪些方面确定销售渠道目标？

11. 不同旅游项目产品的销售渠道特点是什么？

二、选择题

1. 旅游住宿客源市场的共性包括以下哪些特点？(　　)

A. 方便　　B. 清洁

C. 安全　　D. 安静

E. 礼貌

2. 罗塞·里夫斯认为任何产品在营销传播中都应有自己“独特的销售建议”，该理论运用在旅游项目中包括怎样的含义？(　　)

A. 购买产品的理由　　B. 竞争对手未提出的承诺

C. 顾客最迫切的需求

3. 旅游项目提出卖点的主要目的是（　　）。

A. 吸引更多目标顾客　　B. 给目标顾客留下深刻印象

C. 在市场上占据更多份额

4. 旅游项目卖点太多，会导致（　　）的情况发生。

A. 削弱顾客理解力　　B. 削弱产品辨识度

C. 混淆不同卖点的差异性　　D. 影响顾客对旅游项目的认知

5. 艾·里斯和杰·特劳特认为，（　　）是指产品根据一定的特点，在旅游者心目中所占据的位置。

A. 目标　　B. 定位

C. 理念　　D. 形象

6. 资本雄厚、内涵丰富、有多个目标顾客市场的旅游项目，适合采取（　　）。

A. 单一功能定位　　B. 多种功能定位

C. 地域定位　　D. 价格定位

7. 资本薄弱、目标顾客市场单一的旅游项目，适合采取（　　）。

A. 单一功能定位　　B. 多种功能定位

C. 地域定位　　D. 价格定位

8. 旅游项目综合定位以旅游项目的目标顾客群定位为基础，扩展出的定位子域包括（　　）。

A. 档次定位　　B. 主题定位

C. 形象定位　　D. 价格定位

9. 旅游产品组合的（　　）指组合中包括多少条产品线。

A. 宽度　　B. 长度

C. 深度　　D. 关联度

10. 旅游产品组合的（　　）指组合中包括多少产品品牌。

A. 宽度　　B. 长度　　C. 深度　　D. 关联度

11. 旅游产品组合的（　　）指组合中同品牌产品的不同品种。

A. 宽度　　B. 长度　　C. 深度　　D. 关联度

12. 旅游产品组合的（　　）指组合中各条产品线在开发、定价、使用、推广等方面关联的程度。

A. 宽度　　B. 长度

C. 深度　　D. 关联度

13. 旅游项目产品推广期的重点是（　　）。

A. 促销力度　　B. 价格高低

C. 扩大影响　　D. 增强优势

14. 旅游项目产品成长期的重点是（　　）。

A. 促销力度　　B. 价格高低

C. 扩大影响　　D. 增强优势

15. 旅游项目产品成熟期的重点是（　　）。

A. 开发新市场　　B. 稳定旧市场

C. 扩大影响　　D. 增强优势

16. 市场规模大，产品有知名度，竞争激烈时，多采取（　　）策略。

A. 慢速渗透　　B. 快速渗透

C. 慢速掠夺　　D. 快速掠夺

17. 市场规模大，产品没有知名度，竞争激烈时，多采取（　　）策略。

A. 慢速渗透　　B. 快速渗透

C. 慢速掠夺　　D. 快速掠夺

18. 市场规模小，产品有知名度，竞争不激烈时，多采取（　　）策略。

A. 慢速渗透　　B. 快速渗透

C. 慢速掠夺　　D. 快速掠夺

19. 市场规模大，产品没有知名度，竞争不激烈时，多采取（　　）策略。

A. 慢速渗透　　B. 快速渗透

C. 慢速掠夺　　D. 快速掠夺

20. 需求能力（实际支付能力）决定（　　），指旅游者受自身货币额度所限定的对商品的需要。

A. 价格上限　　B. 价格下限

C. 价格活动范围　　D. 成本投入

21. 需求弹性（需求敏感度）决定（　　），需求弹性可以通过需求价格弹性反映出来。

A. 价格上限　　B. 价格下限

C. 价格活动范围　　D. 成本投入

22. 缺乏弹性的商品，适于（　　）。

A. 价格不变　　B. 适当提价

C. 适当降价

23. 富有弹性的商品，适于（　　）。

A. 价格不变　　B. 适当提价

C. 适当降价

24.（　　）是指在销量既定的条件下，项目开发方产品的价格必须达到一定的水平才能做到盈亏平衡、收支相抵。

A. 保本定价法　　B. 目标盈利定价法

C. 边际贡献定价法

25.（　　）是根据项目开发方总成本和预估的总销售量，确定收益率，以收益率的比值作为定价的标准。

A. 保本定价法　　B. 目标盈利定价法

C. 边际贡献定价法

26.（　　）指仅计算变动成本，不计算固定成本，以预期的边际贡献补偿固定成本，甚至超过固定成本，从而获得收益的定价方法。

A. 保本定价法　　B. 目标盈利定价法

C. 边际贡献定价法

27.（　　）指当产品进入销售渠道时，将其价格定在较低水平，尽可能吸引最多的旅游者，目的是在短期内获得较高的销售量及市场占有率，进而产生显著的成本经济效益，使成本和价格得以不断降低。

A. 取脂定价法　　B. 渗透定价法

C. 基点定价法　　D. 地区定价法

28. 项目开发方选定某些城市作为基点，产品在基点城市的发货价称为基点价，基点价加上从基点城市到顾客所在地的物流运费来确定最终售价，基点定价适用的条件是什么？（　　）

A. 运费成本比重大　　B. 市场地理范围大

C. 产品价格弹性小

29. 声望定价是一种根据产品在旅游者心目中的声望和产品的社会地位来确定价格的定价策略，主要适用于（　　）产品。

A. 质量不易鉴别　　B. 非生活必需品

C. 民族特色工艺品　　D. 量小价值大

30. 错觉定价是利用产品价格知觉上的误差确定产品销售价格的一种方法，主要适用于（　　）产品。

A. 质量不易鉴别　　B. 非生活必需品

C. 民族特色工艺品　　D. 量小价值大

31. 招徕定价是通过部分商品的低价赔本销售来扩大项目开发方的知名度，留给旅游者深刻的项目形象和商业信誉，从而达到招徕顾客、留住回头客、实现整体经营利润最大化的营销手法，主要包括（　　）。

A. 带货销售法　　B. 牺牲样品法

C. 组合定价法

32. 当产品拥有市场支配力时，（　　）才能起到价格差别的作用。

A. 带货销售法　　B. 牺牲样品法

C. 组合定价法

33. 旅游项目设计招徕定价时，招徕定价的产品应注意（　　）。

A. 品种多　　B. 降价幅度大

C. 数量适当　　D. 有质量保证

34. 旅游项目付款时限是重要的事先约定内容，涉及现金流转量、贷款利率、负债时效、拆借信誉等方面，通常情况下，可以选择（　　）日期点作为付款开始时间。

A. 开票日期　　B. 收货日期

C. 月末计算　　D. 月初计算

35. 波士顿产品组合矩阵选择市场增长率和相对竞争地位两个要素，（　　）是市场增长率低而相对竞争地位高的产品。

A. 明星产品　　B. 金牛产品

C. 问题产品　　D. 瘦狗产品

36. 波士顿产品组合矩阵选择市场增长率和相对竞争地位两个要素，（　　）是市场增长率高而相对竞争地位低的产品。

A. 明星产品　　B. 金牛产品

C. 问题产品　　D. 瘦狗产品

37. 韦伯—费勒定律表明，旅游者对价格变化的感受更多取决于变化的百分比，而不是变化的绝对值，因此涨价时（　　）。

A. 幅度不宜过大　　B. 应配合新内容推出

C. 应提前告知旅游者

38. 韦伯—费勒定律表明，旅游者对价格变化的感受更多取决于变化的百分比，而不是变化的绝对值，因此降价时应当（　　）。

A. 注意竞争者是否降价　　B. 清理存货

C. 增加业务量　　D. 做出时间上的限制

39. 销售网点指产品销售和购买者购买的终端，是旅游产品购买者支付费用完成购买行为的场所，其布局主要考虑（　　）。

A. 销售网点的广度　　B. 销售网点的密度

C. 销售网点的具体位置

40. 销售网线确定了旅游产品流通的方向和区域，类似于道路干线，其作用是使商流、物流、货币流、信息流、促销流连为一体，实现融合增长效益，其布局主要考虑（　　）。

A. 提高市场占有率　　B. 扩大销量

C. 提高知名度　　D. 线路畅通

E. 线路稳定　　F. 终端衔接良好

41. 销售网面中的可达市场是指项目计划进入的目标市场，它是指（　　）的市场。

A. 营销努力可及　　B. 销售业绩比重最大

C. 项目认为产品最适合

42. 销售渠道能提供给旅游购买者的便利包括（　　）。

A. 减少等候时间　　B. 减少出行距离

C. 增加选择范围　　D. 增加服务支持

43. 销售渠道能提供给旅游项目开发商的便利包括（　　）。

A. 增加市场占有率　　B. 提高销售量

C. 及时获得信息反馈　　D. 分担销售风险

44. 销售渠道需要考虑的市场因素包括（　　）。

A. 市场需求　　B. 市场规模

C. 市场密度

45.（　　）分别从盈利、管理、竞争三个角度提出标准，对销售渠道成员进行评估，具有简便易行、适宜量化的特点。

A. 经济性　　B. 控制性

C. 适应性

46. 渠道掌控是销售体系的重要环节，主要包括（　　）。

A. 品牌掌控　　B. 培训掌控

C. 利益掌控

47. 渠道的绩效评估主要包括（　　）评价内容。

A. 顾客满意度　　B. 运行状态

C. 财务绩效　　D. 渠道价值

操作训练题

【案例资料】

盘锦民宿产业渐入佳境

望得见蓝天碧水，摸得到绿蔬鲜果，融得进乡情民俗……盛夏时节，走进盘锦市的乡镇村屯，仿佛置身于旅游风景区中，一村一特色，一路一风景。盘锦市在宜居乡村建设上，大力发展乡村民宿产业，不仅令人赞叹，而且令人向往。实现了从观光游向休闲度假游转变的盘锦民宿，正在成为盘锦经济的又一新亮点和增长点。

在大洼区石庙子村“行走的稻田博物馆”之畔，两处青瓦白墙的民宿掩映在一片桃红柳绿之中。漫步之余，游客还可以到“行者驿站”小憩，品一杯咖啡或赏一枝青梅……这是大洼区盘锦红湾旅游发展有限公司在石庙子村打造的民宿样板间。大洼区还与紫澜门温泉达成合作，对石庙子村民宿进行专业化运营，集中采购、集中配送、集中管理。

民宿游，作为一种深度休闲的体验式旅游，它的魅力在于能够让人们获得全新的生活方式，让人们记住“乡愁”。盘锦市全面开展宜居乡村建设以来，乡村基础设施得到了前所未有的提升，乡村旅游呈现供需两旺之势。从2015年开始，民宿经济开始迅猛发展。

盘锦市决策者敏锐地注意到，发展民宿产业既是激发乡村旅游活力、发展消费经济、推进供给侧结构性改革的关键举措，也是促进农民增收、带动群众致富的重要途径。2016年4月，盘锦市委、市政府因势利导，明确提出实施民宿产业“百村万床”行动计划，做好民宿经济这篇大文章。盘锦市将在1~2年内，完成100个民宿村的工作目标，打造1万张民宿床位，让“民宿产业”带动乡村旅游产品的发展和提升，使之成为扩大游客接待量的主力军，把“红海滩”招徕的游客，留在美丽乡村，把“田园野趣”转化为发展资本，转化为产业发展的优势，让特色民宿游成为人们向往的旅游方式和生活体验。

目前，大洼区西安镇成立了盘锦海韵河风旅游发展有限公司，他们与沈阳专业运营公司合作，在上口子村建设了“草堂花宿”“金色农家”等特色鲜明的高端民宿，已开始试营业。新立镇成立了盘锦乡居源旅游发展有限公司，设立了游客接待服务中心，“立富民宿”等已经投入使用，村里还配有小型电影院、咖啡厅等服务设施。平安镇民宿主推朝鲜族风情体验特色；榆树镇民宿则挖掘本地“大榆树”历史文化资源。新兴镇、清水镇、榆树镇还出台了相应的奖补措施，给予符合标准的民宿户一次性2万~4万元的奖励和低息贷款申请帮助。

辽东湾新区荣滨街道发挥毗邻红海滩、金帛滩、田庄台古镇等旅游产品的优势，全力打造集住宿、餐饮、娱乐等为一体的综合性民宿体验区——“稻作人家”民宿度假村。民宿度假村将20户民宅作为一期工程开始施工建设。同时，在周边配套农业认养、采摘、旅游购物等服务，现已完成了“三通一平”、房屋外形改造、室内格局改造、园区水系及水系内绿化工作，首批120张床位在8月中旬对外营业。

盘山县出台了《盘山县民宿村工作设施方案》，明确民宿产业发展目标，要打造三条民宿产业带。甜水镇二创村已打造农家乐14户，床位130张，并按照“一户一特色”的原则打造精品民宿产品；得胜镇得胜村已打造6户农家院，54个床位。

双台子区依托鼎翔生态旅游区，在陆家镇陆家村计划新建占地500亩[①]民宿村，在辽河城区段“如意花海”打造精品民宿。

辽河口生态经济区则以朝鲜族风情为特色，计划打造东郭镇、石新镇两处朝鲜族少数民族特色民宿村。

一座座美丽乡村、一处处精品旅游路线、一栋栋精品民宿，吸引着游人的目光，留住了游人的脚步……随着盘锦市民宿产业“百村万床”行动计划的实施，各区县、经济区特色民宿如雨后春笋般涌现。他们借鉴民宿产业发展较快地区的经验，用先进的开发理念和经营模式武装头脑，推动本地区的民宿产业发展建设步伐。随着城市发展“全域旅游”工作不断推进，特色民宿产业必将成为盘锦乡村旅游的新支点和新主角。

（资料来源：马静徽. 盘锦民宿产业渐入佳境［N］. 辽宁日报，2016－08－02.）

1. 分析上述资料，该民宿产业在住宿营销环境上有哪些优势？抓住了哪些机遇？

2. 分析上述资料，该民宿产业在住宿营销环境上有哪些劣势？可能面临哪些挑战？

3. 分析上述资料，该民宿产业塑造的卖点有哪些？有哪些能够借鉴到本地民宿产业开发中？

① 1亩＝666.67平方米。

第四章

旅游交通项目营销与策划

学习目标

1. 了解旅游交通项目价格营销策划的概念。
2. 熟悉旅游交通项目价格营销策划程序。
3. 掌握旅游交通项目价格营销策划的方法。
4. 掌握旅游交通项目产品价格体系构建。
5. 掌握旅游交通项目价格营销策略。

实训要求

1. 实训项目：旅游项目小组收集资料，对所策划的旅游交通项目产品，根据要求确定产品价格范围。在实训过程中学生需要了解旅游交通项目产品价格的概念，熟悉旅游交通项目产品价格营销策划程序，掌握旅游交通项目产品价格营销策划的方法，能构建本项目小组的旅游交通项目产品价格体系。

2. 实训目的：通过熟悉基本程序，掌握基本方法，实践操作策划旅游项目价格体系，为项目小组进一步学习下一阶段的营销策划工作打好基础，帮助学生理论联系实际，对旅游项目体系进行深入的分析。

第一节　旅游交通项目营销

在旅游业食、住、行、游、购、娱六大要素中，旅游交通是一个十分重要的环节，与旅行社、旅游住宿并称为旅游业的三大支柱。旅游交通项目涵括三个方面的内容：一是旅游交通线路；二是旅游交通运载工具；三是旅游交通站点。旅游交通项目根据其提供的内容可分为：常规交通项目、特色交通项目、主题交通项目；根据售卖方式可分为：定制交通项目、联盟交通项目；根据时间长短可分为：短期交通项目、长期交通项目；根据范围可分为景区外部的大交通、景区内部的小交通。

一、旅游交通项目的含义

（一）旅游交通线路

旅游交通线路包括人工修筑的线路和自然形成的线路。人工修筑的线路有公路、铁路、索道、运河等。自然形成的线路有内河航道、湖泊航道、航海航道等。前者大部分通过人工劳动修筑而成的，后者是在自然水域基础上经过人工探测和试航形成。不论哪种线路，其开发成本都较大，维护修缮耗资较多。①

（二）旅游交通运载工具

旅游交通运载工具包括现代旅游交通运载工具、传统旅游交通运载工具和特殊旅游交通运载工具。现代旅游交通运载工具主要指飞机、火车、轮船、汽车等和工业城市建设联系紧密的交通工具；传统旅游交通运载工具指人力车、马车、木帆船、雪橇等和自给自足生活状态联系紧密的交通工具；特殊旅游交通运载工具有汽艇、气球、滑翔机、索道缆车等满足特殊地形地貌交通需求的交通工具。现代旅游交通工具是目前旅游活动的主要运载工具，批次大、数量多，而传统旅游交通工具和特殊旅游交通工具在旅游活动中，更多是对现代旅游交通工具的补充和辅助，批次有限、总量较少。

（三）旅游交通站点

旅游交通站点包括旅游者集散地、旅游交通运载工具停靠点两种。机场、火车站、汽车站、码头等，既是旅游者集散地，也是交通运载工具停靠点。长途休憩小站、加油站、服务区等，都是旅游交通运载工具停靠点。目前，旅游交通站点主要由所依托的景点景区所在地和规模、游览方式、旅游客源市场所在地和旅客流向等因素决定。

二、旅游交通项目的特征

（一）旅游交通的不可储存性

旅游交通是满足旅游者空间位移需要的产品，生产和消费同时开始，同时结束。旅游交通当天卖不出去，当天的价值就无法实现。旅游交通商品不可储存的特性，要求旅游交通部门充分利用现有运力，最大限度地提高利用效率。

（二）旅游交通的季节性

受旅游活动影响，旅游交通需求具有明显的季节性。在大范围内，我国5月到10月气候特性突出，景色优美，同时7月到9月，1月到2月又是我国大部分民众休假探亲、避暑疗养、旅游观光的时间，是旅游交通需求旺季。在小范围内，周末是一周小旅游交通最繁忙的时间。由于旅游交通商品不可储存，旅游交通的季节性导致运力需求的不平衡，淡季过剩、旺季不足是阻碍旅游交通效益增长的重要因素。

（三）旅游交通的特殊性

旅游交通主要指客源地与目的地或目的地之间的交通服务，和普通的公共交通既有相同

① 吴国清．旅游线路设计［M］．北京：旅游教育出版社，2015.

之处也有不同之处，相同之处是都基于出行目的，同等条件下安全、快速是首选项；不同之处是旅游者在有限的游览时间中，倾向于减少重复乏味的交通时间，增加安全有趣的交通时间，同等条件下安全、有趣是旅游交通的首选项。因此，能够在保证安全的前提下，从游客的体验出发，增加游览兴趣的交通项目更受欢迎。

三、旅游交通的地位和作用

（一）旅游交通是旅游业产生和发展的先决条件

旅游交通与旅行社、旅游饭店并称旅游业三大支柱。旅游业的服务对象是旅游者，而旅游者大多来自旅游地以外的客源地。旅游者要到达旅游目的地，首先必须解决交通运输问题；到了目的地后，还要进行游览活动，游览完毕还需及时返回客源地。旅游交通被人们称为旅游事业的大动脉，目的是实现旅游者“进得来、散得开、出得去”的任务，为旅游业的存在和发展提供先决条件。①

“进得来”，指旅游者到达旅游目的地所需要的交通运输服务。

“散得开”，指旅游者到达旅游目的地后，进行游览活动所需要的交通运输服务。

“出得去”，指旅游者游览完毕，安全、舒适、快捷地离开旅游目的地所需要的交通运输服务。

★小资料　**民俗村增加车位让游客“进得来、出得去、散得开”**

随着城市的快速发展和对外知名度的不断提高，山东日照市机动车数量迅速增长，旅游人口逐年增加，停车难、停车乱以及交通安全等问题日益突出。7 月 25 日，记者从市住建委召开的人大建议、政协提案面办会议上获悉，本市将对日照市旅游交通及停车系统进行统筹安排。

据了解，在新市区片区控制性详细规划中，统筹规划了青岛路西侧用地功能布局，增添社会公共停车场，以缓解目前面临的交通压力，解决区域周边停车难、停车乱以及交通安全等问题，并建立起规范停车秩序长效机制。

在日照市交通发展战略研究中，充分分析了沿海旅游交通及停车等问题，以实现旅游交通“进得来、出得去、散得开”为目标，积极引导市民和游客选择步行和自行车交通的方式，缓解交通拥堵和停车压力。同时，通过出租观光游览车、电瓶车、脚踏车等，提高旅游资源可达性和游客体验的兴趣度，缓解旅游交通拥堵和停车压力。

另外，市住建委还结合海岸带综合整治工程以及植物园、游泳馆、城市规划展览馆等城市大型公共设施建设，高标准配置了多处社会公共停车场及行人过街天桥和地下通道，以解决人车混行及停车等相关问题，缓解交通压力。

为解决旅游旺季北沿海公路的交通秩序问题，市交警直属大队组织召开了北沿海路交通整治座谈会，要求各民俗村适量增加停车泊位，以最大限度地满足高峰旅游期停车需求，明确从五一小长假至十一黄金周期间，碧海路单向通行，北海路双向通行，增加 5 处交通引导

① 原群．旅游规划与策划全真案例［M］．北京：旅游教育出版社，2014.

屏，15处监控设备。

（资料来源：龙海艳．日照自助旅游［EB/OL］．日照信息网，2012－12－17.）

（二）旅游交通是旅游经济收入的重要来源

旅游交通是旅游者在旅行游览活动中使用最频繁的服务，交通费用支出占旅游总支出较大比重，同时旅游交通费用收入是旅游经济收入的重要来源，是衡量地区旅游业发展情况的重要指标。我国疆域辽阔，不同地域游客流动数量大，旅游交通受不同地形地貌变化影响，增长潜力较大，增长速度也较快。

（三）旅游交通促进旅游地区的经济发展

旅游交通的特性，决定了交通部门要在交通设施方面增加数量和提高质量，要兴建和扩建机场、车站、码头、港口、高速公路等交通设施，配备相应数量的飞机、汽车、火车、轮船等交通工具，以满足旅游者对交通运输的需求。这些交通设施的兴建和增加，会给旅游城市创造经济发展的基础条件。特别是在高铁时代，逐步形成的“小时经济圈”不仅拉动了沿线城市的旅游经济，还促进了经济圈内城市群中其他城市的经济发展。

★小知识

小时经济圈

“小时经济圈”又叫“小时都市圈”或“小时生活圈”，是指以主城为核心，在交通一小时可到达的范围内，形成一个具有明显聚集效应、具备竞争优势的地区。诸如长三角经济圈是以上海为中心，一小时之内交通可以到达的地方；重庆经济圈是以重庆为中心，一小时之内交通可以到达的地方。

小时经济圈的含义有两种：一是都市圈，二是经济圈。

都市圈以首位城市为主，放射性辐射周围城市构成环状经济区域，一般具备三大条件：一是首位城市的经济总量与第二大城市的经济总量之间有差距，首位城市经济总量越高，差距越大，其凝聚力和聚集功能也越强，该经济圈的发展规模和经济效能也越大；二是有若干腹地或者周边城市，它们是中心城市经济能量扩散接收地，也是支撑中心城市发展的要素资源供给源；三是中心城市与腹地城市的内在经济联系紧密，具有“极化—扩散”效应。国际性都市圈有以美国纽约为中心的都市圈、涉及美国和加拿大的五大湖都市圈、日本太平洋沿岸都市圈等。中国的全国性都市圈有长江三角洲都市圈、珠江三角洲都市圈、环渤海都市圈等，其中长三角都市圈是我国最发达的都市圈，正在向国际性都市圈迈进。

经济圈是从大城市的辐射作用着眼的，侧重于考虑大城市的辐射带动作用，是辐射带动所及的地域范围。其实很少单独提经济圈，一般提一小时经济圈。一小时经济圈地域范围一般要小于大城市辐射带动所及的地域范围。经济圈空间范围的界定，主要依据两条标准：一是物流配送半径原则，二是商务作息时间原则。通过三种距离进行测量，即：空间距离、通勤距离、经济距离。

（资料来源：张连兵，孟华，吕臣．小时旅游经济圈战略——旅游业发展的未来趋势［J］．农场经济管理，2008（5）.）

四、旅游交通项目产品设计

（一）产品设计角度

（1）交通工具本身的特色或者知名度，如索道、马车、雪橇、热气球、威尼斯小艇等；

（2）交通服务的优秀程度：优秀的服务也能成为吸引游客的标的物，如新加坡航空、东方航空等；

（3）交通设施的独特性，如栈道、玻璃悬空桥等；

（4）游客的参与性：如自行车、手划船、自驾游等。

（二）产品设计要点

（1）完善交通设施：安全、方便、快捷、舒适是游客对旅游交通的基本要求，在此基础上策划旅游交通产品，达到丰富游客体验和增加收入的目的。

（2）塑造特色体验：将交通工具、服务、设施、游客的参与性和自然人文风貌相结合，重新设计游客旅途中的外部世界，实现旅游栖息地的休憩目的。

（3）拓展产品组合：打造与交通有关的产品体系，更快更好地实现经济效益与社会效益。

★典型案例

全球顶尖奢华铁路旅行

1. 亚洲东方快车之旅——新加坡至曼谷

在这趟 3 天 2 夜的旅程中，每位旅客都拥有自己的独立包厢，可以在餐车享用丰盛的美食，在酒吧品味餐后茶点。途中停靠的站有吉隆坡、槟城、合艾、素叻他尼、春蓬、华欣以及桂河大桥，最终到达终点站泰国曼谷。旅途中，游客们可以下车游览泰国的乌布迪亚清真寺、马来西亚的霹雳皇家博物馆、苏丹国王博物馆，以及在风景如画的桂河泛舟，探索当地的历史文化。

2. 金鹰豪华列车之旅——莫斯科至德黑兰

根据金鹰豪华列车的官网，这条线路经过古代丝绸之路沿线的波斯，旅客们能够自行探索目的地，但游客人数较少。旅程长达 17 天，途经俄罗斯首都莫斯科、哈萨克斯坦境内的拜科努尔、乌兹别克斯坦的塔什干、撒马尔罕、布哈拉、希瓦、土库曼斯坦的阿什哈巴、伊朗境内马什哈德、伊斯法罕，最终抵达伊朗首都德黑兰。在旅途中，还有许多为游客们准备的娱乐项目，包括学习俄语、跟随尤里加加林特派团前往哈萨克斯坦拜科努尔太空发射站、参观铁路博物馆，以及前往位于乌兹别克斯坦的应用艺术博物馆游览参观。

3. 印度王公豪华之旅——孟买至新德里

这趟旅行由孟买启程，途中经过阿旃陀的中世纪山洞、拉贾斯坦邦的堡垒和宫殿，以及雄伟的泰姬陵。游客们可以在停靠的站点下车，参加当地的游览观光活动，包括夜晚在沙滩上举行的鸡尾酒品酒会、骑象彩喷等活动。此外，一些特色的购物场所也列入了印度孟买至新德里 7 天之旅的行程当中。

4. 横跨西伯利亚之旅——莫斯科至海参崴

仅仅14天时间游客们便可以感受由莫斯科至海参崴这一世界上最长的铁路线。在列车上，游客们将被分配至四人或两人的卧铺间，而在伊尔库茨克停靠的三个晚上，将住在位于基洛夫广场的三星级安加拉宾馆。此外，每个人都有机会参加一项自己喜欢的活动，包括西伯利亚徒步旅行，以及西伯利亚犬拉雪橇等。

5. 落基山登山者号——环游温哥华

旅行由温哥华启程，为期8天，游客们可以领略途中美轮美奂的原野风光。此外，从天窗向外望，还可以观赏到沿途的激流以及雪崩的景观。更刺激的是，游客们还可以下车追寻野生动物的足迹，游览优鹤国家公园以及哥伦比亚冰原。

6. 威尼斯辛普伦东方快车——伦敦至威尼斯

8天的旅行中，游客们先乘坐极其舒适豪华的普尔曼式列车，穿越海峡后，将转移到前往威尼斯的辛普伦东方快车上。整列火车如同一座五星级酒店，白天每间包厢都是一间优雅大气的客厅，而晚上则变成舒适豪华的卧室。途中会经过秀美壮丽的山川河流，以及乡下唯美惬意的田园风光。此外，列车在巴黎、因斯布鲁克和维罗纳也会有短暂的停留。

7. 非洲之傲豪华列车之旅——开普敦至比勒陀利亚

这趟独一无二的旅程会带领游客们从开普敦启程穿越南非抵达比勒陀利亚，途中经过许多名山秀水以及著名的景点。在为期6天的旅行中，会穿越金黄色的高地草原以及令人难忘的荒凉的大卡鲁地区，途中还会经过马奇斯方丹的古村庄，参加城市观光，参观城市博物馆，以及世界上最大的人工开挖矿。

（资料来源：刘雨晗．全球8条顶尖奢华铁路旅行［EB/OL］．环球网，2016-02-17．有修改。）

【思考1】 结合旅游产品策划方法，分析上述旅游交通产品是从哪些方面吸引游客的。

【实训1】 我国高铁线路发展迅速，搜集相关资料，根据旅游产品策划方法，尝试设计高铁旅行线路产品。

五、旅游交通运输项目价格体系

（一）交通运输企业的成本项目①

1. 燃料及各种材料费

燃料及各种材料费是指交通运输企业在运作过程中实际消耗的各种燃料、材料、润料、备品配件、航空高价周转件、垫隔材料、轮胎、专用工器具、动力照明、低值易耗品等物品费用。

2. 营运人员工资及福利费

营运人员工资及福利费是指交通运输企业从事营运活动人员的工资、奖金、津贴和补贴

① 文国玮．城市交通与道路系统规划［M］．北京：清华大学出版社，2013.

等工资及福利。

3. 固定资产折旧及修理费

固定资产折旧及修理费是指交通运输企业在生产过程中发生的固定资产折旧费、修理费、租赁费。

4. 其他费用

其他费用如取暖费、水电费、办公费、差旅费、保险费、设计制图费、实验检验费、劳动保护费、季节性和修理期间的停工损失、事故损失等费用。

此外，铁路运输企业还包括铁路线路灾害防治费、铁路线路绿化费、铁路护路护桥费、乘客紧急救援费等费用；公路运输企业还包括车辆牌照检验费、车辆清洗费、车辆冬季预热费、公路养路费、公路运输管理费、过路费、过桥费、过渡费、过隧道费、行车杂费等费用；水路运输企业还包括港务费、拖轮费、停泊费、代理费、理货费等费用。

交通运输企业一般按月计算成本，从事远洋运输的船舶、长途航空企业可以以“航次”进行计算。

（二）交通运输的成本指标

1. 运输成本

运输成本是制定运输价格的基础，运输成本 = 主营业务成本 + 期间费用 + 营业外支出。

2. 换算吨公里成本

换算吨公里是把客运人公里按一定比例换算成吨公里，然后与货运吨公里相加得出的运输周转量指标。现行规定的换算比例是 1 人公里等于 1 吨公里，换算周转量就等于旅客人公里与货物吨公里数相加之和。换算吨公里成本就是整个交通项目系统成本支出总额除以换算吨公里数得出的结果。在换算吨公里成本基础上加上合理的利润和国家税金，可以作为制定和控制客运的平均运价率、安排整个运价水平的标准。

换算吨公里成本 = 运输支出总金额 ÷ 换算吨公里数

设某铁路局某年运输支出总额 52 447.833 万元，换算吨公里 2 194 470 万吨公里（其中旅客人公里为 273 870 万人公里，货物吨公里为 1 920 600 万吨公里），计算换算吨公里成本。

换算吨公里成本 = 0.023 9 元。

3. 旅客人公里成本

把运输支出总额按一定的方法分配于货运与客运之间，得出货运支出总额与客运支出总额。这种分配是由铁路运输部门成本核算时解决的问题。以货运支出总额、客运支出总额分别除以货物吨公里数和旅客人公里数，得出货物吨公里成本和旅客人公里成本。

设某铁路局运输支出总额 30 800 万元，按规定方法分配后，货运支出总额为 25 500 万元，客运支出总额 5 300 万元。该年货物周转量为 1 020 000 万吨公里，旅客周转量为 132 500 万人公里，分别计算货物吨公里与旅客人公里成本。

货物吨公里成本 = 25 500 ÷ 1 020 000 = 0.025（元）

旅客人公里成本 = 5 300 ÷ 132 500 = 0.04（元）

（注：客运支出总额中不应包括行李、包裹、邮件运输的支出，否则计算的旅客人公里成本比实际要高，在制定旅客票价时应予注意。）

4. 水运综合单位成本

水运综合单位成本指全部货客运输综合计算的单位周转量成本。货客运换算比例为：铺位运客为 1 人公里（海里）=1 吨公里（海里）；座位运客为 3 人公里（海里）=1 吨公里（海里）（1 海里 =1.852 公里）。

水运综合单位成本 = 水运总成本 ÷ 水运总周转量

水运综合单位成本不能作为制定具体运价的直接依据，但它可以作为衡量和控制水运总价格水平的参考。

（三）交通运输的票价指标

1. 铁路票价

普通硬座票价是全部旅客票价的基础，其他票价都是在此基础上加成或减成计算的。

按全国汇总的客运成本总支出（应扣除行李、包裹、邮件运输方面的支出），除以旅客周转量计算的人公里成本，可作为普通硬座票价计算的基础，再加上合理利润和国家税金，便形成平均的普通硬座人公里票价。在平均的硬座人公里票价基础上，按照短途客运与长途客运人公里成本的差别，确定不同里程区段的递差运价串，采用货物全程运价的计算方法计算出硬座不同里程区段的人公里运价，然后按不同车站之间的距离乘以相应的递差运价率，便可计算出不同车站之间的全程基本票价，此外再加保险费，便为向旅客核收的全程票价。

不同席别的旅客票价的差别，基本上要以不同旅客列车和车辆的运输成本差别为依据，按质论价。影响不同车型、席别运输成本差异的原因有：列车速度、车厢设备、服务条件、列车编成辆数、车厢定员人数等。在其他条件不变的情况下，人公里成本与列车速度、设备、服务条件成正比，与编成辆数、车厢定员数成反比。

根据它们之间的成本差别，再考虑不同的运价政策要求（如为便于职工、学生通勤、通学，市郊列车实行低运价政策等），确定不同客票的加成或减成比例，然后在普通硬座票价基础上计算其他各种票价。如：普快票价按普通列车票价加价 20%，特快票价按普通列车票加价 40%，硬卧票价按硬座票价加价 80%，软座票价按硬座票价加价 75%，软卧票价按硬座票价加价 285% 等。

2. 水运客运票价

在客运成本基础上，制定基价和等级差率，并确定各港口间的运价里程。

（停泊基价 + 航行基价）× 运价里程 = 全程基价

为了体现水运成本递远递减的性质，旅客运价也递远递减，这就要求分别制定不同里程区段的基价。为了体现不同客舱、不同席位质量上的差别，要求制定不同客舱、不同席位的等级系数。在此基础上规定不同舱位、不同运距的客运票价，旅客保险费按票价比例计收。不同里程区段的基价乘等级系数，再加上保险费以及不同舱位的卧具费，就可以计算出不同等级的全程票价。

3. 汽车客运票价的计算

（1）汽车客运基本运价的计算。

汽车客运基本运价是指普通大型客车在正常营运路线运输的人公里运价，是各种旅客票价的计算基础。旅客基本运价是普通大型客车在正常路线的单位运输成本加上合理利润和税金之后形成的。

客运单位成本 =（客车运输车辆费 + 应摊企业管理费）÷ 旅客周转量

（2）各种不同类型的旅客票价的计算。

不同类型的旅客票价一般都参考其与基本运价的成本差别，规定一个加价或减价的幅度。

（3）旅客包车运价。①

1）计程包车运价按车辆驶抵载客地点到包用完毕地点的实际里程，以及客车核定载客量和包用车型的人公里运价计算，起码计费里程为 50 公里；往返包车按全程运费减 10% 计算；单程包车的回程费不超过单程运费的 50% 。

2）计时包车运价按包车计费时间、客车核定载客量、车型和车座小时运价计算。包车计费时间是指车辆到达约定地点起至完成任务时止的时间。起码计费时间为 1 小时，超过的尾数以半小时递进计费。整日包车，8 小时以下者按 8 小时计费，8 小时以上者按实用小时计费。载客前后出入库的空驶里程，按 50% 作为计费里程，并以基本运价计算。

小型车客票价是指客位 15 座及以下的小型客车票价，应根据车型、座位数、舒适性等计价。5 ~ 15 座的票价一般高于基本运价 200% 以内，5 座以下的由各省、市、自治区规定。

（四）旅游交通价格的需求弹性

（1）单位弹性：当需求弹性等于 -1 时，需求量和价格将保持同等比例的变化，即旅游交通票价每上涨 1% ，需求量将相应减少 1% ，此时的需求弹性称为单位弹性。

（2）强弹性：当需求弹性小于 -1 时，需求量的变化大于价格的变化，即价格每上涨 1% ，需求量将相应减少 1% 以上。这种弹性称为强弹性。专门为旅游者提供的旅游交通商品，如旅游汽车、旅游列车、旅游包机等，其需求弹性一般属于强弹性。

（3）弱弹性：当需求弹性大于 -1 时，需求量的变化小于价格的变化，即价格每上涨 1% ，需求量将相应减少 1% 以下，这种弹性称为弱弹性。我国间接为旅游者服务的公共交通，如市内公共汽车、民航班机、普通旅客列车、普通客运船舶等，其需求弹性一般属于弱弹性。

六、旅游交通项目销售渠道

（一）交通产品购买者的需求

①安全；②性价比高；③体验度好。

（二）产品决定的销售渠道限制因素

（1）产品因素：易腐性、标准化程度、体积和重量、单位价值、特色含量、产品生命

① 周玲强．旅游景区经营管理［M］．杭州：浙江大学出版社，2012.

周期。

（2）市场因素：市场需求、市场规模、市场密度、地理布局。

（3）项目方因素市场投入：市场投入、预期目标、竞争态势、储运成本。

（三）确定主要销售渠道

①售票中心；②公司客户；③在线订购；④联盟商家。

（四）评估销售渠道

进行经济性、控制性和适应性评估。

（五）确定销售渠道

选取单项最优或综合最优的销售渠道进行布局。

★典型案例

阿里旅行优化目的地小交通业务

《北京商报》讯（记者：陈杰、白帆）阿里旅行目的地小交通布局又有新进展。近日，阿里旅行与神州专车、神州租车达成战略合作，神州专车、神州租车将在阿里旅行平台上开设官方旗舰店。

据悉，目前购买者只要进入阿里旅行 APP 的“租车包车”频道，即可预订用车服务。同时，购买者还可通过支付宝、芝麻信用“信用租”、花呗的透支、分期消费等系列产品支付。另外，神州专车、神州租车未来将推出酒店 + 车、高尔夫 + 车、旅游线路 + 车等以出行为基点的旅游打包产品。对神州专车、神州租车来说，阿里旅行将成为神州专车、神州租车重要的流量入口，获得更大数量级的潜在用户。

对持续布局目的地小交通的阿里旅行来说，神州专车、神州租车的入驻将丰富阿里旅行平台的用车产品。有分析指出，阿里旅行平台在旅游出行环节中增加了市内交通出行、境内外自驾游、境内外接送机等多样化产品。据了解，目前阿里旅行已经与出境游自驾租车供应商如租租车、惠租车，境外包车游供应商如皇包车、蜜柚旅行等进行合作。同时，阿里旅行的接送机服务目前已经覆盖超过 100 个国家，国内也覆盖了 40 多个城市的机场接送。

从去年开始到现在，目的地小交通战火在境外中文包车的抢攻中持续进行，诸如唐人接、皇包车等多种提供境外用车、包车服务的平台也迅速走红，同时，携程也上线了欧洲包车线路。此外，携程、去哪儿网、途牛等在线旅游企业与惠租车、一嗨租车、赫兹等租车企业进行战略合作，布局目的地小交通。有业内人士指出，大交通领域的空间较小，但目的地小交通仍是痛点，对创业企业来说是机遇，对旅游巨头来说也是要迅速抢占的市场。

（资料来源：陈杰，白帆．阿里旅行优化目的地小交通业务［N］．北京商报，2016 - 03 - 24.）

【思考 2】结合销售渠道目标，分析目的地小交通是从哪些方面打造销售渠道，进而吸引购买者的。

【实训 2】我国高铁线路发展迅速，搜集相关资料，根据旅游产品销售渠道策划方法，尝试设计高铁旅行线路销售渠道。

第二节 旅游交通项目策划

一、旅游交通项目可行性评估

（一）项目评估的一般程序

1. 确定目标

当项目工作进入具体的策划程序时，我们应根据5W2H原则再次明确该项目的目的是什么，如何做，以及达到何种可衡量的要求。如：活动规模、规格、数量、成本、收益、市场占有率、游客数量指标、消费指标、媒体报道率、市场反应等。

2. 方案拟订

方案拟订，即拟订在当前技术经济条件下，达到同一投资目标的多个备选方案，在此基础上进行比较优选。

3. 方案的分析和比较

（1）选择基础方案：采用不记名投票方式选择一个方案作为比较对象，并将不同的数量和质量指标转化为统一可比的货币指标。

（2）建立评价模型：将方案的目标函数、约束条件以及各变量之间的关系，用图表或数学方程式表达出来。建立评价模型后，把各种具体的资料和数据代入模型运算，求出各种方案评价指标的解，作为多方案选优的依据。

（3）综合评价与选优。对于重大的投资方案的决策，不完全依据定量公式计算的结果，通常是在评价模型的定量基础上综合分析政治、经济、军事、社会、稀缺资源等因素，并把定量计算和定性分析结合起来，综合评价推导结论。综合评价一般采用多级过滤、筛选的方法，将安全性、经济性、社会影响、环境生态平衡等作为制约因素，制定这些制约要素的最低标准，同时，把投资方案与各项最低标准进行比较，进行层层累积的多级筛选，在满足最低要求的前提下，最后以经济效益作为选择最优方案的依据。因此，综合评价与选优是通过定量分析和定性分析，综合考虑方案的优缺点，经过多次反复比较，选出最优方案的过程。

（二）旅游交通项目条件分析

1. 资源条件

资源是指旅游项目需用的自然和人文资源，它是旅游项目赖以存在的物质基础，只有具备了可靠的资源条件，拟建项目才能有稳固的生存基础。因此，落实各种资源条件是保证项目得以顺利建设和正常产出的重要条件。

（1）资源开发利用的基本原则。

1）环境保护原则。旅游交通项目对环境改造力度大，按照国家有关规定，建设单位应当在交通建设项目可行性研究阶段报批建设项目环境影响报告书、环境影响报告表或者环境影响登记表。经交通环境保护机构审核，并经有审批权的环境保护行政主管部门同意，可在初步设计完成前报批建设项目环境影响报告书或者环境影响报告表。不需要进行可行性研究的交通建设项目，建设单位应当在交通建设项目开工前报批建设项目环境影响报告书、环境影响报告表或者环境影响登记表。

2）综合利用原则。2016 年 6 月，国家发展改革委、交通部联合印发《关于推动交通提质增效提升供给服务能力的实施方案》的通知，提出整合交通资源，强化一体衔接，形成集成优势，提高整体效率，拓展交通运输发展领域，促进交通发展与产业发展联动，推进交通建设与新型城镇化深度融合。要求交通建设适应新的生产模式和生活方式，在供给侧和需求侧两端发力，创新交通运输服务，满足多层次、个性化、高质量的出行需求和小批量、高价值、多频次、多样化的货运需求。旅游交通业总量巨大、分量繁多，交通综合体的打造和实施能最大限度地保护环境，使人们有效利用资源条件，从而促进生产发展。

3）提高竞争力原则。提高资源利用效率是交通项目增强竞争力的重要途径，在规划交通项目时，不仅要重视经济效益，更要重视社会效益，交通所耗时间和费用布局要注重整体效应，以最小的资源总成本最大限度地满足社会需求。

★小资料

贵黔高速通车　贫困山区毕节融入贵阳两小时经济圈

7 月 16 日 12 时，贵州省贵阳至黔西高速公路全线正式通车，使地处乌蒙山区集中连片特困地区的毕节市全面融入贵阳两小时经济圈。

记者从贵州省交通厅了解到，贵黔高速起于贵阳市白云区曹关，止于毕节市黔西县石板，是贵州高速公路骨架网的重要组成部分，路线全长 78 公里，总投资 90 亿元。其主线跨越乌江干流鸭池河及其支流猫跳河、跳蹬河、皮甲河等峡谷，控制性工程鸭池河大桥是主跨 800 米的钢桁梁斜拉桥，是世界上最大跨径的钢桁梁斜拉桥，是世界山区斜拉桥之最。

贵黔高速是毕节市通往贵阳市的快速通道，贵阳至黔西行车时间从原来的 2 小时缩短为 50 分钟，贵阳到毕节行车里程缩短至 160 多公里，全程仅需 2 小时。

毕节市副市长高青说，融入贵阳两小时经济圈，将实现毕节市在区域协调发展中战略地位的重大跃迁，从根本上改变落后地区区域经济的资源配置能力和方式。

作为贵州扶贫攻坚任务最为艰巨的地方，目前毕节市还有贫困村 1 900 余个、贫困人口 160 万余人。

（资料来源：叶露．贵黔高速通车　贫困山区毕节融入贵阳两小时经济圈［EB/OL］．新华网，2016－07－16.）

（2）资源条件分析。

这主要是分析为项目提供的资源报告是否落实和可靠。因为只有经过国家指定机构证实的资源，才能作为拟建项目立足的物质基础。

1）必须明确旅游交通项目所需自然与人文资源的种类性质和可供数量。

2）分析交通资源的可供数量、质量、获取方式、可用年限。

3）研究当前技术条件下，充分利用和发挥交通资源优势的作用和影响。

4）对于需要利用稀缺交通资源和供应紧张的交通资源的项目，还需要分析评估开辟新资源的可能前景及替代资源的途径。

2. 旅游交通项目选址的具体要求

（1）节约土地，少占耕地；

（2）减少拆迁移民；

（3）尽量选取工程地质较好的地段；

（4）合理布置建设面积和安全运行；

（5）应尽量靠近旅游中心吸引物。

（三）旅游交通项目方案选择

1. 评分优选法

对于一个定性问题，可以将它定量化地使用优选方法去解决。首先，列出对比方案所需要考虑的共同指标，如客流量、投资费用、经营费用、社会效益等，按其对项目目标的重要影响程度给予一定的权重，然后各个方案根据实际情况，计算出每个指标的评价分值（即每个指标的评分值与其对应的权重的乘积），取总分最高的为最佳方案。

2. 方案比较法

以投资回收期较短和经营费用较低为衡量标准，符合这两项要求的为最佳方案。方案比较过程中可根据评分优选法，确定相对效益最大化标准，将投资回收期、经营费用与节约土地、拆迁移民、建筑面积、中心吸引物距离、客流量、社会效益等结合起来考虑，如表4－1所示。

表4－1 项目方案比较

项　目	方案1	方案2	方案3
建设投资			
经营费用			

（四）环境保护评估

旅游交通项目建设应注意保护周围地区的水土资源、海洋资源、矿产资源、森林植被、文物古迹、风景名胜等自然环境和社会环境。

（1）符合国家环境保护法律、法规和环境功能规划的要求。

（2）要达到污染物排放总量控制和达标排放的要求。

（3）坚持“三同时”原则，即环境治理措施应与项目的主体工程同时设计、同时施工、同时投产使用。

（4）环境效益与经济效益统一。在研究环境保护治理措施时，应从环境效益、经济效益相统一的角度进行分析论证，力求环境保护治理方案技术可行和经济合理。

（5）注重资源综合利用。对于项目建设和使用过程中产生的废气、废水、废弃物，应提出处理和再利用方案。

二、旅游交通项目可行性研究报告的编制与审批

（一）可行性研究报告的编制依据[①]

（1）项目建议书（初步可行性研究报告）及其批复文件。

（2）国家和地方的经济和社会发展规划，行业部门发展规划。

（3）国家有关法律、法规和政策。

（4）大中型项目必须具有国家批准的资源报告、国土开发整治规划、区域规划等有关文件。

（5）有关机构发布的工程建设方面的标准、规范和定额。

（6）合资、合作项目方签订的协议书或意向书。

（7）委托单位的委托合同。

（8）经国家统一颁布的有关项目评价的基本参数和指标。

（9）有关的基础数据。

（二）可行性研究报告的编制程序

根据我国现行的项目建设程序和国家颁布的《关于建设项目进行可行性研究试行管理办法》，旅游项目可行性研究报告的编制程序如下：

（1）旅游项目建设单位提出项目建议书和初步可行性研究报告。

（2）旅游项目业主、承办单位委托有资质的单位进行可行性研究。

（3）咨询或设计单位进行可行性研究工作，编制完整的可行性研究报告。

（4）进行可行性研究报告的预审与复审。

（5）进行可行性研究报告的最后审批。

（三）可行性研究报告的编制要求

（1）编制单位必须具备承担可行性研究的条件。

（2）确保可行性研究报告的真实性和科学性。

（3）可行性研究的深度要规范化和标准化。

（4）可行性研究报告必须经过认证和审批。

（四）可行性研究报告的审查程序

（1）提出可行性研究报告每部分的内容要点和问题。

主要综合考虑以下问题：审查内容是否全面，是否尽可能全面地考虑了项目的影响因素；数据来源是否可靠，是否准确；分析方法是否正确。

（2）用表格等方式罗列影响项目的重要因素。

（3）找出可行性研究报告中没有得到解决或有疑点的问题。

（4）对上述问题进行详细的分析和研究，确定项目评估要点。

（五）可行性研究报告的管理

目前，对于投资项目的管理分为审批、核准和备案三种方式。

---

① 文国玮．城市交通与道路系统规划［M］．北京：清华大学出版社，2013.

政府投资项目中只有直接投资和使用资本金注入方式的项目，政府需要对其可行性研究报告进行审批，其他项目无须审批可行性研究报告。

对于企业不使用政府性资金投资建设的项目，实行核准制和备案制，政府对重大项目和限制类项目从维护社会公共利益角度进行核准，其他项目无论规模大小均改为备案制。对于以投资补助、转贷或贷款贴息方式使用政府投资资金的企业投资项目，应在项目核准或备案后向政府有关部门提交资金申请报告，政府有关部门对是否给予资金支持进行批复，不再对是否允许项目投资建设提出意见。

三、旅游项目常规可行性研究方案

（一）旅游项目策划背景

1. 主要内容

①项目提出原因、项目开发的必要性、项目选择的依据、项目涵盖范围。②项目在实现企业自身发展、满足市场和社会需求、促进国家或地区经济社会发展等方面的意义。③项目前期工作概况、项目建议书的编制及审批过程。

2. 内容分析

（1）项目的宏观背景：指国家一定时期的产业方针、政策和规划。

产业政策是政府为实现一定的经济和社会目标而对产业的形成和发展进行干预的各种政策的总和。其主要功能是协调产业结构，弥补市场缺陷，有效配置资源，对于保护本国产业增长、减少经济震荡有重要作用。对项目的产业背景进行评估，首先要分析国家的产业政策，包括产业结构、产业组织、产业分布、技术和投资等，把项目的建设与同期的产业政策、技术政策和投资政策的要求进行对比分析，考察项目开发结果与宏观背景的关系，即项目在规划中所处的地位，项目投资时机是否合适等，确定项目建设对宏观背景的影响。

（2）项目的微观背景：指该项目的开发能给地方、部门和企业带来的益处，如可优化利用资源，可增加加工产品附加价值，可填补本地区行业空白，可以替代进口或增加出口，可满足市场需要，可扩大就业，可应用社会协作条件和国家优惠政策等。

在实际旅游项目评估工作中，通常从产业背景、区位背景和项目定位三方面入手，结合上述要点，对投资项目提出的宏观背景和微观背景进行综合分析与评价。

★小资料

2013年国家发展改革委印发《促进综合交通枢纽发展的指导意见》的通知

对交通运输发展任务的要求包括根据城市空间形态、旅客出行等特征，合理布局不同层次、不同功能的客运枢纽。按照“零距离换乘”的要求，将城市轨道交通、地面公共交通、市郊铁路、私人交通等设施与干线铁路、城际铁路、干线公路、机场等紧密衔接，建立主要单体枢纽之间的快速直接连接，使各种运输方式有机衔接。鼓励采取开放式、立体化方式建设枢纽，尽可能实现同站换乘，优化换乘流程，缩短换乘距离。

高速铁路、城际铁路和市郊铁路应尽可能在城市中心城区设站，并同站建设城市轨道交通、有轨电车、公共汽（电）车等城市公共交通设施。视需要同站建设长途汽车站、城市航站楼等设施。特大城市的主要铁路客运站，应充分考虑中长途旅客中转换乘功能。民用运输机场应尽可能连接城际铁路或市郊铁路、高速铁路，并同站建设城市公共交通设施。具备条件的城市，应同站连接城市轨道交通或做好预留。

视需要同站建设长途汽车站等换乘设施，有条件的鼓励建设城市航站楼。公路客运站应同站建设城市公共交通设施，视需要和可能同站建设城市轨道交通。港口客运、邮轮码头应同站建设连接城市中心城区的公共交通设施。

综合交通枢纽建设和运营过程中应有效推进科技创新，集成、整合现有信息资源（系统），推进公共信息平台建设，建立不同运输方式的信息采集、交换和共享机制，实现信息的互联互通、及时发布、实时更新、便捷查询，提高综合交通枢纽的信息化、智能化水平。

发展联程联运，积极推进铁路、公路、水运、民航等多种运输方式的客运联程系统建设，普及电子客票、联网售票，推进多种运输方式之间的往返、联程、异地等各类客票业务，逐步实现旅客运输“一个时刻表、一次付票款、一张旅行票”。

鼓励组建公司实体作为业主，根据综合交通枢纽规划，负责单体枢纽的设计、建设与运营管理。统一设计，依法确定一家具有资质的设计研究机构，由其牵头组织协调交通各个专业，实行总体设计、分项负责。设计中应集约布局各类场站设施，突出一体化衔接，有效承载多种服务功能，实现枢纽的便捷换乘、经济适用、规模适当，切忌贪大求洋、追求奢华。

同步建设，强调集中指挥、同步建设，统筹综合交通枢纽各种运输方式建设项目的开工时序、建设进度和交付时间，使各类设施同步运行，各类功能同步实现。不能同步实施的应进行工程预留。协调管理，创新管理模式，完善协调机制，培育专业化枢纽运营管理企业，保障综合交通枢纽整体协调运营，提升运行效率、服务能力和经营效益。

（资料来源：中华人民共和国国家发展和改革委员会官网，2013－03－07.）

（二）旅游项目资源与环境分析

（1）现有资源状况，如自然资源、人文资源、知识产权、人力资源、资金、技术、装备等的优势和劣势。

（2）现有环境状况，如外在的政策、法律、竞争等机遇和挑战。

（3）项目开发后的市场前景，如市场需求量、产品销售量预测、产品竞争力等内容。

（三）项目发展定位与目标

（1）阐述对拟建项目在供需、销售、价格、竞争对手、产能分布等方面调查研究的数据。

（2）确定项目的目标市场、预测市场份额、提出营销策略、确定风险评估机制。

（3）对项目产品方案和项目发展方向进行技术经济论证比较。

（4）确定项目的基本定位和发展目标，主要包括项目定位、目标分析、总目标分目标列表、经济指标、技术指标、环境指标等。

（四）建设条件与地址选择

（1）项目所在地理位置、水文、地质、地形条件、地震、洪水情况。

（2）项目所在地区通信设施、水电设施及其他基础设施现状。

（3）项目选址比较方案：地价、拆迁等工程费用，建筑面积、距离中心吸引物距离、客流量、社会效益等情况。

（五）项目的基本框架

旅游交通项目的基本框架一般包括交通项目的功能定位、围绕交通线提供的产品方案、整体线路布局、整体设施布局、工艺方案、人员配备、项目实施进度安排、运营管理方案、质量验收九大部分。不同旅游项目根据自身特点，基本框架也会略有变化。

（六）项目组织方案

项目组织方案由两部分组成：①项目组织框架：项目所需的组织机构、运作团队、定员数量。②项目组织质量：技术人员、管理人员的素质要求，人员招募、人员培训的形式与机制，团队合作的形式与机制。

（七）项目营销方案

①营销渠道；②营销内容：定位、价格、广告、促销等。

（八）项目商业模式设计

商业模式设计包括核心产品、盈利模式、收入来源、收入预测和支出预测。

（九）项目资金及效益分析

1. 主要内容

（1）项目投资方案：固定资产投资、流动资产投资、投资效用测算、投资金额预算、利息和流动资金、用款计划等。

（2）项目资金筹措方案：资金筹措方案、资金筹措结构、融资成本分析、融资合作方式等。

（3）项目的微观财务效益分析。

2. 内容要点

（1）项目宏观经济效益分析：主要是从社会经济资源有效配置的角度，对旅游交通项目的直接和间接经济价值进行分析，对于有可能产生重要影响的项目，要分析其对行业发展、区域经济和宏观经济的影响，对经济建设所做的贡献，从而判断拟建项目的经济合理性。对于那些关系国家安全、国土开发等具有较明显外部效果的政府审批或核准项目，需要从国家经济整体利益的角度来考察，并以能反映资源真实价值的影子价格来计算项目的经济效益和费用，通过经济评价指标的计算和分析，得出项目是否对整个社会经济有益的结论。

（2）项目微观财务效益分析：财务效益分析主要是进行项目的投入产出分析，预测项目能实现的财务成果，通过内部收益率、净现值、投资回收期、资产负债率等指标判断项目的财务可行性。

（3）项目资本金的筹措。

项目资本金是指在建设项目总投资中由投资者认缴的出资额，对建设项目来说是非债务性资金，项目法人不承担这部分资金的任何利息和债务。投资者可按其出资的比例依法享有所有者权益，可转让，但不得收回。资本金确定了项目产权关系，是项目获得债务资金的信用基础。

投资者可以用货币、实物、工业产权、非专利技术、土地使用权、资源开采权等作价出资。出资的资产必须经过有资格的资产评估机构评估作价，工业产权和非专利技术作价出资的比例不得超过项目资本金总额的20%，部分高新技术企业可占35%以上。

项目资本金的筹措方式主要有：股东直接投资、股票融资、政府投资、贷款、债券、租赁。

（十）项目社会效益评价

对可能产生重要社会影响的项目在扶贫、教育、文化、区域综合开发、公共卫生、环境保护等方面进行社会影响评价，包括社会影响效果分析、社会适应性分析、社会影响风险及对策分析。

（十一）项目风险分析与控制

项目风险分析与控制包括风险预测、对策方案和备选方案，如：市场风险、政策风险、财务风险、项目自身风险等。

（十二）环境治理措施方案

对于环境污染问题，应根据项目的污染源和排放污染物的性质，采取不同的治理措施。

（1）废气污染治理，可采用冷凝、吸附、燃烧和催化转化等方法。

（2）废水污染治理，可采用物理法（如重力分离、离心分离、过滤、蒸发结晶、高磁分离等）、化学法（如中和、化学凝聚、氧化还原等）、物理化学法（如离子交换、电渗析、反渗透、气泡悬上分离、汽提吹脱、吸附萃取等）、生物法（如自然氧池、生物滤池、活性污泥、厌氧发酵）等方法。

（3）固体废弃物污染治理，有毒废弃物可采用防渗漏池堆存；放射性废弃物可封闭固化；无毒废弃物可露天地存；生活垃圾可采用卫生填埋、堆肥、生物降解或者焚烧方式处理；利用无毒害固体废弃物加工制作建筑材料或者将其作为建材添加物，进行综合利用。

（4）粉尘污染治理，可采用过滤除尘、湿式除尘、电除尘等方法。

（5）噪声污染治理，可采用吸声、隔音、减震、隔震等措施。

（6）建设和生产运营引起环境破坏的治理，如岩体滑坡、植被破坏、地面塌陷、土壤劣化等，也应提出相应的治理方案。

（十三）实施项目的保障措施

实施项目的保障措施包括构建组织管理、政策法规、资金融资、人力资源支撑、资源整合等多方面的保障体系。

项目策划方案完成后，可作为项目决策的依据，也可作为环保部门、地方政府和规划部门审批项目的依据。项目策划方案作为编制项目实施环节设计方案的前提，是梳理项目涉及部门，互订协议、签订合同文件的基础，同时，施工组织、工程进度安排及竣工验收都要在策划书确定的范围内，进行最后项目质量验收评估。

四、旅游交通项目经济评价的注意点

（一）阶段重点不同

项目前期研究包括项目规划、机会研究、项目建议书和可行性研究四个阶段，经济评价的深度和侧重点也有所不同：在规划和机会研究阶段，项目不确定性大，此阶段可以使用综合性的信息资料，通过简便的指标计算进行分析。在项目建议书阶段，重点是围绕项目立项建设的必要性和可能性，分析项目具备的经济条件，采用的数据可适当粗略，评价指标可适度简化。可行性研究阶段的经济评价，应按照建设部印发的《建设项目经济评价方法与参数》最新版的要求，对建设项目的财务可接受性和经济合理性进行详细全面的分析论证。

（二）运用影子价格合理计算

影子价格又称“计算价格”“最优价格”“预测价格”，是荷兰经济学家詹恩·丁伯根在 20 世纪 30 年代末首次提出来的，运用线性规划的数学方式计算的，反映社会资源获得最佳配置的一种价格。他认为影子价格是对“劳动、资本和为获得稀缺资源而进口商品的合理评价”。1954 年，他将影子价格定义为，“在均衡价格的意义上表示生产要素或产品内在的或真正的价格”。萨缪尔逊进一步做了发挥，认为影子价格是一种以数学形式表述的，反映资源在得到最佳使用时的价格。联合国把影子价格定义为：“一种投入（比如资本、劳动力和外汇）的机会成本或它的供应量减少一个单位给整个经济带来的损失。”①

苏联经济学家列·维·康特罗维奇根据当时苏联经济发展状况和商品合理计价的要求，提出了最优价格理论。其主要观点是以资源的有限性为出发点，以资源最佳配置作为价格形成的基础，即最优价格不取决于部门的平均消耗，而是由在最劣等生产条件下的个别消耗（边际消耗）决定的。这种最优价格被美籍荷兰经济学家库普曼和苏联经济学界视为影子价格。列·维·康特罗维奇的最优价格与丁伯根的影子价格，其内容基本是相同的，都是运用线性规划把资源和价格联系起来。但由于各自所处的社会制度不同，出发点亦不同，因此二者又有差异：丁伯根的理论以主观的边际效用价值论为基础，而列·维·康特罗维奇的理论同劳动价值论相联系；前者的理论被人们看成一种经营管理方法，后者则作为一种价格形成理论；前者的理论主要用于自由经济中的分散决策，而后者的理论主要用于计划经济中的集中决策。

（三）定量分析和动态分析为主

项目经济评价要求尽量采用定量指标，对一些不能量化的因素，不能直接进行数量分析，可以先定性，再通过影子价格定量。

动态分析是指利用资金时间价值的原理对现金流量进行折现分析，与此相对应的静态分析不对现金流量进行折现分析。所谓折现，指对企业未来的现金流量及其风险进行预期，然后选择合理的折现比率，将未来的现金流量折合成现值。一般来说，资产评估中所选的折现率应与特定主体在现实约束条件下的期望报酬率相适应。根据具体情况采用以下几种方法：按行业或企业的平均资金利润率确定折现率，按加权平均资金成本确定折现率，按安全利率加权风险利率确定折现率。项目经济评价的核心是折现，所以分析评价要以折现的动态指标为主。非折现的静态指标与一般的财务和经济指标内涵基本相同，比较直观，但是只能作为辅助指标。

（四）确定项目计算期

确定项目计算期，是指经济评价中为建设期和运营期的动态分析设定期限。建设期是

---

① 张擎．公路建设项目投资与融资［M］．北京：人民交通出版社，2015.

从项目资金正式投入开始到项目建成投产为止所需要的时间，可按合理工期或预计的建设进度确定。运营期包括投产期和达产期，投产期指项目投入生产，但生产能力尚未完全达到设计能力时的过渡阶段；达产期指生产运营达到设计预期水平到生产运营衰落持续的时间。

项目计算期应根据多种因素综合确定，包括行业特点、主要装置、主要设备的经济寿命等，如旅游交通项目吸引物的生命周期、交通运载工具等。项目计算期不宜定得太长，一方面是因为按照现金流量折现的方法，把后期的净收益折为现值的数值相对较小，很难对财务分析结论产生有决定性的影响；另一方面由于时间越长，预测的数据越不准确。

由于折现评价指标、影子价格都受计算时间的影响，对需要比较的项目或方案应取相同的计算期。①

（五）确定项目价格体系

1. 建设期的投入价格

因预测期限较短，实践中常常结合涨价预备费进行综合计算。所谓涨价预备费，是指对建设工期较长的投资项目，在建设期内可能发生的材料、人工、设备、施工机械等价格上涨，以及费率、利率、汇率等变化，而引起项目投资的增加，需要事先预留的费用，又称价差预备费或价格变动不可预见费。

2. 运营期的原料和产品价格

由于项目运营期比较长，在前期研究阶段对将来的物价上涨水平较难预测，预测结果的可靠性也难以保证，所以通常只预测初期价格，对运营期各年采用统一不变的价格。预测初期价格时，因项目可能有多种投入或产出，在不影响评价结论的前提下，只需对在生产成本中起重要的原材料和主要产品的价格进行预测。其中，主要产品的价格根据市场预测结果和销售策略确定。在对未来市场价格信息有充分可靠判断的情况下，本着客观谨慎的原则，也可以采用相对变动的价格，甚至考虑通货膨胀因素。在这种情况下，财务分析采用的财务基准收益率也应考虑通货膨胀因素。但如果采用影子价格体系为基础的预测价格，影子价格体系不考虑通货膨胀因素的影响。

五、旅游交通项目融资

（一）股票融资

我国证券法规定，公司公开发行新股，应当具备健全且运行良好的组织机构，具有持续盈利能力，财务状况良好，3 年内财务会计文件无虚假记载，无其他重大违法行为以及经国务院批准的国务院证券监督管理机构规定的其他条件。

（1）《首次公开发行股票并上市管理办法》规定，首次公开发行的发行人应当是依法设立并合法存续的股份有限公司；持续经营时间应当在 3 年以上；注册资本已足额缴纳；生产经营合法；3 年内主营业务、高级管理人员、实际控制人没有重大变化；股权清晰。发行人应具备资产完整、人员独立、财务独立、机构独立、业务独立的独立性。发行人应规范

---

① 杨晓光．白玉，马万经．交通设计［M］．北京：人民交通出版社，2010.

运行。

发行人财务指标应满足以下要求：①在 3 个会计年度净利润均为正数且累计超过人民币 3 000 万元，净利润以扣除非经常性损益后较低者为计算依据；②连续 3 个会计年度经营活动产生的现金流量净额累计超过人民币 5 000 万元；或者 3 个会计年度营业收入累计超过人民币 3 亿元；③发行前股本总额不少于人民币 3 000 万元；④至今连续 1 期末无形资产（扣除土地使用权、水面养殖权和采矿权等后）占净资产的比例不高于 20%；⑤至今连续 1 期末不存在未弥补亏损。

（2）非公开发行股票的条件。上市公司非公开发行股票应符合以下条件：①发行价格不低于定价基准日前 20 个交易日公司股票均价的 90%；②本次发行的股份自发行结束之日起，12 个月内不得转让；控股股东、实际控制人及其控制的企业认购的股份，36 个月内不得转让；③募集资金使用符合规定；④本次发行导致上市公司控股权发生变化的，还应当符合中国证监会的其他规定。非公开发行股票的发行对象不得超过 10 名。发行对象为境外战略投资者的，应当经国务院相关部门事先批准。

（二）政府投资

政府投资包括各级政府的财政预算内资金、国家批准的各种专项建设资金、地方政府预算资金等。政府投资主要用于关系国家安全和市场不能有效配置资源的经济和社会领域，包括加强公益性和公共基础设施建设，保护和改善生态环境，促进欠发达地区的经济和社会发展，推进科技进步和高新技术产业化。中央政府投资除本级政权建设外，主要安排跨地区、跨流域、对经济和社会发展全局有重大影响的项目，如青藏铁路。

国家根据资金来源、项目性质和调控需要，分别采取直接投资、资本金注入、投资补助、转贷和贷款贴息等方式，并按项目安排使用。

在项目评价中，对投入的政府投资资金，应根据资金投入的不同情况进行不同的处理。

（1）全部使用政府直接投资的项目，一般为非经营性项目，不需要进行融资方案分析。

（2）以资本金注入方式投入的政府投资资金，在项目评价中应视为权益资金。

（3）以投资补贴、贷款贴息等方式投入的政府投资资金，在项目评价中应视为现金流入，根据具体情况分别处理。

（4）以转贷方式投入的政府投资资金，在项目评价中应视为债务资金。

（三）企业债券

企业债券是企业以自身的财务状况和信用条件为基础，依照《中华人民共和国证券法》《中华人民共和国公司法》规定的条件和程序发行的，约定在一定期限内还本付息的债券，如铁路债券。企业债券代表发债企业和债券投资者之间存在债权债务关系。债务投资者是企业的债权人，不是所有者，无权参与或干涉企业经营管理，但有权按期收回本息。企业债券有如下特点：

（1）筹资对象广、市场大，但发债条件严格、手续复杂。

（2）利率虽低于银行贷款利率，但发行费用较高，需要支付承销费、发行手续费、兑付手续费及担保费等费用。

企业债券适用于资金需求大、偿债能力较强的建设项目。目前，我国企业债券的发行总量需纳入国家信贷计划，申请发行企业债券必须经过严格的审核，只有实力强、资信好的企业才有可能被批准发行企业债券，还必须有实力很强的第三方提供担保。

（四）国际债券

国际债券是政府、金融机构、工商企业或国际组织为筹措和融通资金，在国际金融市场上发行的、以外国货币为面值的债券。国际债券的重要特征，是债券发行者和债券投资者属于不同的国家，筹集的资金来源于国际金融市场。

按照发行债券所用货币与发行地点的不同，国际债券主要有外国债券和欧洲债券两种。发行国际债券的优点是资金规模巨大、稳定、借款时间较长，可以获得外汇资金，缺点是发债条件严格、信用要求高、筹资成本高、手续复杂。适用于资金需求大，能吸引外资的建设项目。发行国际债券，筹集到的资金是外国货币，汇率一旦发生波动，发行人和投资者都有可能蒙受意外损失或获取意外收益，因此，国际债券很重要的一部分风险是汇率风险，涉及国际收支管理，国家对企业发行国际债券进行严格的管理。

（五）融资租赁

融资租赁是资产拥有者在一定期限内将资产租给承租人使用，由承租人分期付给一定的租赁费的融资方式。出租人根据承租人对租赁物件的特定要求和对供货人的选择，出资向供货人购买租赁物件，并租给承租人使用，承租人则分期向出租人支付租金，在租赁期内租赁物件的所有权属于出租人，承租人拥有租赁物件的使用权。融资租赁是一种租赁物品的所有权与使用权相互分离的信贷方式，由于其融资与融物相结合的特点，出现问题时租赁公司可以回收、处理租赁物，因而在办理融资时对企业的资信和担保资质要求不高，较为适合中小企业融资。2015 年 8 月 26 日，国务院总理李克强主持召开国务院常务会议，确定加快融资租赁和金融租赁行业发展的措施，融资租赁规范管理力度增强，可更好地服务实体经济。

（六）法人内部融资

1. 可用于项目建设的货币资金

可用于项目建设的货币资金，包括法人现有的货币资金和未来经营活动中可能获得的盈余现金。①现有的货币资金是指现有的库存现金和银行存款，扣除必要的日常经营所需的货币资金额，多余的货币资金可用于项目建设。②未来经营活动中可能获得的盈余现金，是指在拟建项目的建设期内，企业在经营活动中获得的净现金结余，可以抽出一部分用于项目建设。企业现有的库存现金及银行存款可以通过企业的资产负债表了解，未来经营活动可能获得的盈余现金，需要通过对企业未来现金流量的预测来估算。

2. 资产变现的资金

资产变现的资金，包括法人流动资产、长期投资和固定资产折现的资金。企业可以通过加强财务管理，提高流动资金周转率，减少存货、应收账款等流动资产占用而取得现金，也可以出让有价证券取得现金。企业的长期投资包括长期股权投资和长期债权投资，一般都可以通过转让而变现。企业的固定资产中，有些由于产品方案改变而闲置，有些由于技术更新而被替换，都可以出售变现。

3. 资产经营权变现的资金

资产经营权变现的资金，指法人可以将其所属资产经营权的一部分或全部转让，取得现金用于项目建设。

六、旅游交通项目运营策划

（一）旅游客源调查

（1）旅游目的地、景点的旅游接待人数历年增长或减少的变化趋势。

（2）旅游目的地、景点的旅游接待人数在一定时期内的季节变化规律。

（3）旅游目的地、景点的旅游接待人员所在城市和地区分布状况和变化趋势。

（4）人均国民收入、个人可支配收入和物价指数等经济参数的变化趋势。

（二）旅游客运计划管理①

1. 始发站旅游客运量

它是指在始发站（始发机场、车站、码头）乘坐交通工具的旅游者数量和周转量。

2. 中途停靠站旅游客运量

它是指在运营范围内各条线路中途停靠站乘坐交通工具的旅游者数量和周转量。

3. 旅游运营企业总客运用转运量

计划期总客运周转量（人/公里）= 计划期旅游客运量（人次）× 旅游者平均运距（公里）

（三）旅游运力计划管理

（1）计划初期客运能力：计划开始时企业实有交通工具数量、座位数、交通工具类型等。

（2）计划中期客运能力：各个阶段新增加的交通工具数量、座位数、交通工具类型；各个阶段改装的交通工具数量、座位数；各个阶段减少或淘汰的交通工具数量、座位数、交通工具类型等。

（3）计划末期客运能力：最终需要拥有的交通工具数量、座位数、交通工具类型等。

（4）计划期平均客运能力：计划期内的平均交通工具数量、座位数、交通工具类型等。

（四）旅游交通班次时刻表编制

（1）按照客流流向，确定运营线路和始发站、中途停靠站、终点站。

（2）按照客流流量：确定各条运营线路的班次数量和交通工具类型。

（3）按照客流时间：确定各个班次的始发时间、中途停靠时间、抵达终点站时间。

（4）编制班次序号和班次时刻表。

（五）旅游交通工具上的管理

（1）安全服务管理：预防为主，程序化操作，如列车车门要求“一关、二锁、三拉、

---

① 吴国清．旅游线路设计［M］．北京：旅游教育出版社，2015.

四检”。向旅客宣传安全知识，如飞机乘务员向旅客讲解示范安全带、救生衣、氧气面罩的正确使用方法和注意事项。

（2）导游宣传管理：导游宣讲内容应包括与旅游地有关的民俗文化知识，旅客运输的重要法规和政策，客运时间安排，旅行安全常识等。

（3）餐饮服务管理：在有限空间里，为旅客提供安全、卫生、方便、快捷的餐饮服务。

（4）清洁卫生管理：交通工具外部应干净，内部无异味、无灰尘、无虫鼠、无杂物，器具整洁明亮等。

第三节　自驾旅游项目

一、自驾游项目的含义

（一）自驾游概念

自驾游是旅游者以自驾车的形式，以旅游活动为主要目的的旅游行为。2006 年，首届中国自驾游高峰论坛的定义为：“自驾游是有组织、有计划，以自驾车为主要交通手段的旅游形式。”自驾游在选择旅游对象、旅游参与程序、旅游体验等方面给旅游者提供了较大程度的自由伸缩空间，具有自由化与个性化、灵活性与舒适性、选择性与季节性等特点。目前，按照其车辆属性不同可分为自有车辆自驾游和租赁车辆自驾游，按照其旅游距离不同可分为短途自驾游和长途自驾游。

自驾游兴起于 20 世纪中期的美国，后流行于西方发达国家。进入 21 世纪，我国汽车工业的大发展，为自驾游的推广和普及奠定了基础。2015 年 4 月发布的《中国自驾游发展报告》显示，我国每年自驾车出游总人数约达到 22 亿人次，占年度出游总人数的六至七成。2016 年 3 月 5 日，国务院总理李克强在第十二届全国人民代表大会第四次会议上做《2016 年政府工作报告》时指出：“落实带薪休假制度，加强旅游交通、景区景点、自驾车营地等设施建设，规范旅游市场秩序，迎接正在兴起的大众旅游时代。”国务院办公厅《关于进一步促进旅游投资和消费的若干意见》提出，到 2020 年，引导社会资本建设自驾车房车营地 1 000 个左右。

（二）自驾游市场特征及影响因素

1. 自驾游市场特征

（1）出游时间：自驾游出游时间多集中在周末和法定节假日。

（2）住宿地点：靠近交通干线的住宿地更受欢迎。

（3）消费热点：短途自驾车旅游的消费主要集中在餐饮、门票上，对于沿途和目的地的物美价廉的特产有较强的购买能力，如时令水果、新鲜蔬菜等。长途自驾车旅游消费更多集中在过路费、道桥费、燃油费、食宿费、门票费上面。

（4）参与形式：大多数自驾游以家庭、熟人自助旅游为主。

2. 自驾游市场影响因素

（1）从供给的角度看，旅游景区自驾游市场的大小，受到下列因素的影响：

1）地理位置。旅游景区自驾游市场与旅游景区自身相应的旅游市场的汽车可达性因素，如旅游景区与市场（特别是经济较为发达的旅游客源产生地）之间的实际距离远近、旅游沿线的基本路况等有着十分密切的关系。按照有关经验，除小众游客外，自驾游一般以2～3小时的驾车距离（“三小时生活圈”）为佳，并以半天车程为限。同时，道路的畅达性也是自驾游游客考虑的重要因素。

2）景观吸引力。旅游景区景观资源的丰富程度、独特性、知名度和美誉度与对自驾游游客的吸引力成正比。

3）配套服务和设施。自驾游游客多为中高端人群，吸引其到旅游景区旅游，除了要求景区具有较为完善、较高标准的旅游配套服务和设施，还必须有适应自驾游的观光道路系统、停车场地、加油站、汽车修配服务机构等配套服务和设施。

（2）从需求的角度看，旅游景区自驾游市场的大小，受到下列因素的影响：

1）旅游景区客源市场所处区域的经济发展水平、居民收入水平。

2）旅游偏好和闲暇时间。

一般来说，经济发展水平较高的地区，居民消费水平较高，汽车拥有率也较高，同时视野较为开阔，对旅游质量的要求也较高，更注重个人体验，常规随机随车团队旅游难以满足其出游需求，因而自驾游发展基础较好。同时，居民收入水平也制约着自驾游市场的发展规模、自驾游产品的价格定位、自驾游业务的季节性变动等情况。

二、自驾游安全应对措施

（一）自驾游安全问题

（1）车辆问题。自驾游对车辆性能有较高要求，目前很多车主自驾游之前没有对车辆进行专门的检查和保养，或者因为缺乏对路况的针对性了解，而导致维修保养不到位，行驶途中出现安全隐患，进而发生交通事故。

（2）驾驶员问题。自驾游者不仅要开车还要旅游，而且对于异地路况不太熟悉，最有可能导致驾驶员疲惫不堪，在路上一旦发现一点小差错极有可能导致事故的发生。同时，在自驾游旅途中，驾驶员很可能因为旅游吸引物使其情绪高涨导致车辆加速，或者注意力分散忽略路况，这在自驾游中都会导致交通事故的发生。

（3）安全保障问题。目前，针对自驾游还没有太多方面的保障，比如，没有专门针对自驾游的保险措施，政府没有出台相应的保障措施，没有成立专门的救援队伍等，这些都会使得自驾游得不到安全保障，不利于自驾游的安全顺利进行。

（4）路标不清楚。为了方便人们的出行，我国已经兴建起了很多高速公路，但是很多路标都还没有标清，还有一些高速公路对景区的路标还没有完善。特别是一些偏远的、新建的景区，可能还没有完善路标指示，这都会导致我们在自驾游时出现找不到路、绕路等事件发生，而且在偏远地区还无人可问路，进而分散注意力，引发事故。

（5）自然条件的影响。自驾游路段发生大雨、大雪、浓雾等情况，还有可能会遇到一些自然灾害，比如滑坡、泥石流等，这些自然现象的发生都有可能影响路面情况，进而使得司机操控不好而发生交通事故。

（二）自驾游安全应对措施

1. 全面检测车辆

①检查燃油是否加满。②检查机油是否达到机油尺刻度的上限。③检查冷却液液面。④检查刹车油杯，油面在刻度下限就需更换刹车片。⑤检查轮胎胎压是否符合标准，是否出现老化裂纹或创伤。⑥检查照明灯、喇叭、信号、后视镜、门锁、玻璃升降是否正常。⑦检查玻璃水是否充足，喷水泵是否正常工作，雨刷片弹性是否正常。⑧检查车内的 GPS 导航仪是否能正常有效工作。

2. 备足行车装备

①绳索类：拖车绳、启动用的搭线。②液体类：机油、齿轮油、刹车油、清洗机油剂、冷却液等。③轮胎类：备胎、补胎工具和车载气泵。④冰雪天还需备防冻液、防滑链等。

3. 带齐必备用品

① 各种证件：身份证、驾驶证、行驶证、车船使用税证、车辆的保险卡等。②通信设备：手机、备用电池、充电器。③地图、适量现金和信用卡。④日用品：换洗衣物、食品、饮用水等。⑤应急药物：防蚊虫叮咬药、消毒医药用品、外伤医药用品、感冒药和肠胃药。

三、房车自驾游

房车也称旅居车，英文为 Recreational Vehicle，简称 RV。房车按照车辆长度可分为大型房车（车辆长度大于6m）和小型房车（车辆长度小于等于6m），按照车体运载方式可分为自行式与拖挂式两种。内部构造一般包括卧室、卫生间、盥洗室、会客厅、厨房等区域，配备温控调节、娱乐设备、电器设备、安全设备等，和缩微版的房子一样。但它和传统住宅相比体积更小，对固有土地没有绝对依赖性，又称为车轮上的家。

（一）房车自驾游存在的问题

1. 相应制度尚未健全

房车分为自行式与拖挂式两种，自行式房车体积过于庞大，行动起来多有不便；拖挂式房车则需要外界的牵引力，两种房车都对驾驶员的驾驶技术要求很高，但目前国内还没有相应的制度规范对此做出明确规定，相关法律也不完善。此外，房车行驶的道路也有诸多限制，如拖挂式房车不能上高速，在购买保险时也缺乏针对房车设计的保险种类。制度不健全是房车发展的主要问题。

2. 房车营地建设比较落后

作为“移动的家”，房车在提供旅途休憩自由的同时，对于支撑运作的附属条件也提出了更高的要求，和古时驿站服务一样，房车营地可以为房车提供电力、水源、排污等服务，加大其续航能力。在欧美等国家，因为拖挂式房车占比 70% 以上，且车主使用房车的强度和频率远远低于家庭轿车，在一个地方停留的时间多于在路上行驶的时间。因此，各国政府大力发展房车及其营地。其中，美国现有房车 800 多万辆，营地 16 500 多个，欧洲有房车 1 000 多万辆，营地 3 万多个，欧美房车营地不仅点多面广，营地内各种娱乐、运功、商务等服务也一应俱全。而我国目前的营地建设还比较落后，给房车出行造成了一定的限制。

（二）我国房车自驾游发展的趋势

1. 发展势头良好

目前，我国的房车市场还处于起步阶段，但其发展势头较好，房车行业的队伍不断扩大，人们对房车的认识也渐渐扩展。国务院在2009年颁发的《国务院关于加快发展旅游产业的意见》中明确指出："为培育新的旅游消费热点，把房车、邮轮、游艇等作为旅游装备制造业，纳入国家鼓励产业目录。"这使得房车的发展在制度上有了一定保障。2015年，国务院办公厅发布的《关于加快发展生活性服务业促进消费结构升级的指导意见》（〔2015〕85号国办发）中指出："适应房车、自驾车、邮轮、游艇等新兴旅游业态发展需要，合理规划配套设施建设和基地布局。"指明了房车配套基础设施的建设方向，为房车的进一步发展奠定了良好的基础。据不完全统计，截至2016年7月，全国房车保有量突破2万辆大关，已经建成或正在建设的自驾车房车营地超过300个，全国24个省、市、自治区成立了房车露营自驾一级协会。

房车旅游发展近两年进入快车道，每年以85%左右的速度增长。中央和地方政府及旅游主管部门多次发文，出台了一系列优惠政策，扶持自驾车房车营地投资建设，推动自驾车房车营地加速发展。一些房车制造厂商已经有能力降价，把低档自行式房车的单价降到每辆10万元左右。一旦以价换量取得成功，将快速把年产销量拉升到10万辆以上的水平，取得规模经济的正常效益。其他相关产品供给也将呈现出规模化、品牌化、连锁化发展的良好势头。

2. 盈利模式多样化

国内很多房车营地利用配套木屋、别墅、会议、餐饮、游乐、体育、婚纱摄影等辅助设施和活动的收入，摊销营地早期投资中高昂的土地成本。从其发展趋势看，许多营地建设的终极目标是某个区域旅游的目的地，而非单一的停车场和宿营地。同时，随着自动驾驶技术、车联网技术、纯电动汽车等新能源新技术的运用，房车还能够整体或部分实现能源分享，在车主不用的时候出租给其他需要者，各取所需。

2016年11月8日，国家旅游局会同国家发展改革委、工业和信息化部、公安部、财政部、国土资源部、环境保护部、住房和城乡建设部、交通运输部、国家工商总局、国家体育总局等多部门联合印发《关于促进自驾车旅居车旅游发展的若干意见》（以下简称《意见》），提出了一系列解决房车旅游发展的政策措施。《意见》提出，到2020年重点建成一批公共服务完善的房车旅游目的地，推出一批精品房车旅游线路，培育一批连锁品牌企业，增强房车产品使用、管理技术的保障能力，形成网络化的营地服务体系和完整的房车旅游产业链条，建成各类房车营地2 000个，初步构建起房车旅游产业体系。同时，在推进房车旅游发展过程中，要加强规划指导、完善公共服务体系、加快房车营地建设、提升房车租赁服务、提高房车旅游经营服务水平、大力发展房车营地设施制造业、加强对房车旅游的科学管理、推广房车旅居生活新方式。

《意见》还明确了解决目前制约房车旅游发展的若干政策措施。一是依法加强房车交通管理。对于列入《机动车辆生产企业及产品公告》的国产旅居挂车及符合相关国家标准的进口旅居挂车，应予依法办理机动车登记。允许安装有符合国家标准牵引装置的小型客车拖挂重量不超过2.5吨的中置轴旅居挂车上路行驶，研究改进房车准驾管理制度。二是明确了营地用地政策。房车营地项目建设应该符合城乡规划、土地利用总体规划、房车营地建设规划、房车营地建设与服务规范，依法依规使用土地，不得占用基本农田，不占或者尽量少占耕地。选址在土地利用总体规划确定的城镇规划区外的房车营地，其公共停车场、各功能区之间的连接道路、商业服务区、车辆设备维修及医疗服务保障区、废弃物收纳与处理区等功能区可与农村公益事业合并实施，依法使用集体建设用地，其自驾车营区、房车营区、商务俱乐部、木屋住宿区、休闲娱乐区等功能区应优先安排使用存量建设用地，确需新供的，用途按旅馆用地管理，宜以招标方式实行长期租赁或者先租后让；其他功能区使用未利用土地的，在不改变土地用途、不固化地面的前提下，可按原地类管理。选址在土地利用总体规划确定的城镇规划区内的房车营地，全部用地均应依法办理转用、征收、供应手续。已供房车营地项目建设用地不得改变规划确定的土地用途，不得分割转让和转租。三是完善了相关管理制度。原则上，自驾游俱乐部纳入旅行社序列管理，自驾游领航员纳入导游序列管理，开展旅游经营的各类营地纳入景区序列登记管理。各地要制定出台针对营地运营特点的卫生、环保和住宿登记具体政策措施，进一步简化营地的前置性审批手续。拖挂式旅居挂车上路按照牵引车辆的高一档标准收费。四是加强财税金融扶持。中央财政加大对纳入国家规划和年度建设计划的营地项目和中西部贫困地区的营地建设项目的支持力度。各地加大对自驾游道路、停车场、厕所、电信、环卫处理等基础设施建设的支持力度。房车旅游营地的用水、用电价格实行与工业企业相同的价格政策。该《意见》印发后，国家旅游局将会同有关部门加强对《意见》落实情况的检查，督促各地全面落实好相关政策措施，为房车旅游发展创建良好环境。

四、旅游交通综合体

旅游交通综合体指将旅游交通功能与旅游餐饮、住宿、游览、购物、娱乐结合为一体的，以旅游交通为纽带，带动各个功能一体化发展，实现旅游要素有机融合的整体开发和利用的综合枢纽。旅游交通综合体是在城市综合体的基础上，外向发展的产物，目前城市综合体多以连体建筑群为代表，如城市广场、城市商区、城市花园等，而旅游交通综合体所涵盖的范围更大，它是以交通线路为串联的多个食住行游购娱旅游项目的集聚体。

（一）城市轨道交通综合体

目前，旅游交通综合体比较成熟的 TOD 模式（Transit-oriented Development，以公共交通为导向的开发)，是立足于 BRT（Bus Rapid Transit，城市快速公共交通系统）之上的项目集群开发。

TOD 以公共交通为导向的开发模式，要求旅游交通项目具备以下条件：

（1）立体密度开发：立体开发指项目建筑群有高层空间，采用大厦和楼台衔接的方式疏散分流不同目标人群；密度开发包括两个含义，一是指项目建筑群和交通端点有多处接口，二是指商圈、商区、休憩区和交通路线毗邻交错，有较大的人群疏散空间。

需要注意的是，密度开发中的“密度”更多指的是规划区间的密度，而不是指人口可接触密度，密度开发是在立体化、综合化基础上对人口可接触密度的降低，而不是增加。

（2）功能复合集约：功能指旅游交通综合体内各规划区的作用，在食住行游购娱系统中扮演什么角色，可吸引哪类相关人群；功能复合指不同规划区的功能再结合，如酒店休憩，入住客人可间接带动该区域的餐饮，同时通过交通线路安排，为娱乐购物项目提供消费群体，而区域内的餐饮、娱乐、购物也为酒店入住客人提供了居住的便利条件；功能复合集约指不同规划区充分利用空间、动线资源，为莅临人群提供更高的行为效益和效率，如一站式购物，可以同时进行休憩、娱乐、餐饮，既节省时间，又节省交通成本。

在游客时间足够的情况下，多项目功能复合能产生比单项目更多的倍数效益。但功能复合并不必然带来功能集约，只有科学合理地研究目标人群的需求，并综合规划与管理，才能达到集约的目的。

（3）分流网络多点化：分流指通过对交通动线的安排，达到进得来、散得开、出得去的要求；分流网络指通过网状路线安排，化整为零，减少单位面积的人群密度，增加人群可接触区间密度；分流网络多点化指通过多出入口管理，实现交通综合体内外人流的导入与导出，实现莅临人群与新入人群、滞留人群与新入人群的兑换。

★小资料

国内10大地轨道交通综合体

1. 上海中山公园龙之梦：通过多个中庭立体串联交通换乘

通过3个直接采光的中庭空间来高效组织地块南侧地铁2号线、地块西侧高架轻轨3号线、4号线、地块北侧公交车站以及地下2层出租车站的多向密集人流。

2. 广州太古汇：多地铁口的设置将商场与地铁站、BRT融为一体

太古汇商场在东南西北都设有出入口。其中，商场负二层（M层）设置了两个通往地铁站、BRT（城市快速公共交通系统）的出入口，多地铁口的设置将商场与地铁站、BRT融为一体，有利于引导人流，促进商场的经营。

3. 成都来福士：双轨交汇，周边资源有机联动

项目与地铁1号线和3号线的换乘站在商场下面的负2层无缝对接，并与对面的省体育馆连通，方便客流导入，满足来福士对地铁的选址要求。

4. 深圳华润中心：地铁出口直接导入，多通道连接各物业

华润中心由地铁1号线大剧院站C出口直接导入，动线跨度约为5米，其中B1层内部由三个小型中庭组成环流动线，并在营业死角的地方设置超市和百货店，方便导入客流，达到消除死角的目的。

5. 深圳益田假日广场：利用地势高差创四首层，连接交通枢纽

项目地下三层设有大型巴士换乘站，日流量数百万人次。益田假日广场与深圳地铁1号线、地铁2号线换乘站——世界之窗站无缝连接，成为拥有双地铁站厅的地铁上盖物业，在资源优势足够的情况下，交通运输线影响力还可扩展到整个深圳区域。假日广场内部利用地势差使商场形成多个首层，达到商业价值最大化的目的。

6. 北京来福士中心：北京TOD模式试验地的成功案例

来福士中心地下与位于广场东北角的亚洲最大交通港——东直门地下交通枢纽相连，整个项目具有办公、零售、住宅及服务公寓四个功能，不同建筑既相互连接又彼此独立。由具

有成熟的轨交商业操作经验的香港地铁公司及凯德置地负责管理。

7. 北京国贸中心：国贸站成更新改造模板，增强项目连接

地铁国贸站与各线地铁相通，空中停车位疏导客流进入高层，国贸是典型的建成功能区，地铁1号线和10号线的两层换乘通道处，建成具备完整功能的地下四层建筑，换乘地铁线、出地面、直接进入国贸，行人都会有更宽的空间。

8. 广州天河城：与周边资源有机联动的轨交综合体

项目与邻近的两个商业项目通过连桥连通，并连接体育中心，实现天河商圈人流共享，为消费者提供便利。

9. 上海静安嘉里中心：多种交通换乘方式衔接良好

静安嘉里业态功能丰富，开业后使区域价值快速提升，同时项目临近城市航站楼，连接地铁2号线、7号线，靠近城市快速路及主干道，同时，中央广场的设置能既能扩充商圈，也能有效吸引消化大量客流。

10. 北京嘉茂购物中心：全方位交通枢纽与项目实现零换乘

京城枢纽的西直门作为集国家铁路、地铁、城铁和公交站四位于一体的交通中转核心枢纽，交通便利，铁路、地铁、轻轨及多条公交线路的汇集使其成为名副其实的全方位交通枢纽。由公共交通带来的人流工作日可达约30万人次，周末约60万人次，三条轨交与嘉茂购物中心连接，项目可承担极大客流。

（资料来源：赢商网，2015－09－11.）

（二）高速公路交通综合体

高速公路交通综合体是以高速公路服务区为依托，包括加油、加气、充电、修理、配件等车辆必需的运行服务，同时提供停车休息、卫生间、购物、餐饮等人员服务，应急救援、医疗、公共管理等公共服务的综合区域。目前，作为高速发展的公路干线支撑区域，高速公路交通综合体倾向于通过公路服务区构造公路服务圈，进而带动周边居民区、制造产业园区、农产品种植园区三位一体化发展。

高速路交通综合体通常选取圈层开发与嵌点引导相结合的方式发展：

（1）构造服务区与外圈（服务圈、产业区、居住区）的各类交通动线，方便服务区与外圈人流、物流、信息流的自由往来，在此基础上打造相应的商业服务。

（2）服务区设立物流、展销中心，集中展示分散批发，帮助周边圈层主动进入服务区，并在此基础上催化更进一步的食住行游购娱项目。

探索“高速＋旅游”深度融合 把服务区打造成开放式休闲度假区

开车开累了，到服务区钓鱼、泡温泉，或去户外健身中心健身。

晚上，可住在服务区集装箱主题酒店、自驾车营地或帐篷营地，品尝当地的美食；或在

汽车影院，一家人看一场浪漫的电影……

这就是重庆高速集团今年将启动打造的西南地区首个五星级开放式休闲露营服务区——G50沪渝高速重庆冷水服务区规划的美好蓝图。

发展旅游业需要人气的聚集，高速公路服务区就是一个重要的人流汇集区、重要的游客集散地。数据显示，目前重庆高速公路网每天有50万辆的车流量，约150万人次。

重庆理工大学教授、市旅游局顾问牟红称，这是一个庞大的、潜在的消费群体。但过去高速公路服务区大多与周边环境相互隔离，业态及功能较为单一，对过往客流吸引能力不强，且经营多呈现小、乱、散、弱的特点，服务区还仅限于加油、上厕所等基本功能，游客停留时间只有约10分钟。有数据显示，若停留时间提高到半小时，服务区商业功能将充分发挥出来，实现经济效益和社会效益双赢的局面。

如中国台湾高速公路服务区，由于人们赋予了其人性化的经营理念，所以它的商业功能发挥了出来。台湾总共14个高速公路服务区，就是14个新兴的景点，从生态乐园到特产美食，名牌包包、主题美食几乎是“标配”，“高大上”的购物环境可与机场免税店媲美，已经成为亲子旅途中的“加油站”；对境外游客来说，服务区则是了解台湾本地人文地理的景观窗。如清水服务区每年接待游客达200多万人次，年营业额也高达7亿新台币。

业内人士认为，高速公路服务区经营管理应与地方经济发展规划、村镇建设规划紧密结合，打造出规模适度、布局合理、功能完善、业态齐全、产品精良、服务优质的现代化开放式服务区，使服务区成为客流、物流和信息流交汇整合的重要节点，成为带动城乡统筹发展的重要载体、企业新的产业发展平台。

重庆高速集团总经理田世茂表示，沿线区县、景区可在服务区举办节庆和特色商品、旅游产品促销活动，实现全年不休，365天展销。

对此，重庆高速集团将从三个方面打造服务区，推动“高速+旅游”的深度融合：

一是成为地方特色产品、地域文化的展示交易体验平台，在服务区建“重庆造”地方名品展销馆，将知名品牌引进开展经营，同时搭建电商O2O平台。

二是成为客流物流集散的重要节点，方便周边居民出行及进入服务区消费，将服务区打造成区域物流枢纽。

三是打造服务区商贸连锁经营公司，建设综合商业体，积极推进服务区升级改造，打造大足、冷水、静观等一批开放式服务区，建设房车营地、露营基地、婚纱摄影、影视创作基地等，吸引更多的国内外自驾游及摄影爱好者来重庆观光旅游。

“让消费者主动留下来消费，让服务区成为景区景点的旅游集散地。”田世茂表示。

（资料来源：重庆日报，2016-02-02.）

（三）港口交通综合体

港口交通综合体以港口运转节点和枢纽为中心，包括码头操作平台、货运堆场、物流园区、产业园区、集疏运板块等区域和必备的信息管理系统，金融、物流、法律、贸易服务系统，政府公共管理、公共服务系统等，由此派生出围绕港口的物流中心、金融中心、商业中心、生活中心、服务中心、医疗中心、信息中心。港口交通综合体以交通动线、物流动线为基础，控制人工、燃料、设备损耗成本，能促进整个区域对外贸易、加工业的发展和升级换代，促进地区获得新的发展机会。

目前，港口交通综合体业绩最明显的是自贸区模式。所谓自贸区（Free Trade Zone，自由贸易园区），是指在贸易和投资等方面具有比世贸组织有关规定更加优惠的贸易安排的区域。目前我国有 2013 年 8 月 22 日设立的上海自贸区，2014 年 12 月 12 日设立的广东、天津、福建自贸区，2016 年 8 月 31 日设立的辽宁、浙江、河南、湖北、重庆、四川、陕西自贸区。自贸区以上海自贸区港口试点内容为主体，结合地方特点，不断充实新的试点内容。国家还在积极发展海外投资的基础上，设立内地和澳门自贸区，谈判建立中日韩自贸区等。

旅游交通综合体将建筑群体地下、地上有形交通要素和项目空间贯穿起来，结合交通信息化大数据监控指挥，同时将街道、停车场、室外交通、室内交通与地铁、轻轨、船运、航运系统有机联系，形成多种交通方式融为一体、高效衔接的综合交通格局，并带动临路、临铁、临港、临轨物流园和商贸圈的发展，是目前发展运行的主要模式。

实训项目

项目产品定价策略营销策划书

实训目的：通过项目小组写作《旅游项目产品定价营销策划书》，了解项目产品定价的基本程序，熟悉产品成本分析、定价分析、调价方案撰写要求，掌握项目产品定价的方法，掌握产品价格策略策划方法。

实训步骤：

第一步，明确产品范围，撰写《旅游项目产品成本分析》报告。

第二步，调研。①根据项目产品定价目标，项目小组制定可操作的产品定价方案，要求结合价格策略制作价格体系；②根据产品定价方案，制作一份详细的产品价格调研计划；③设计一份产品价格市场调研问卷和一份访谈提纲；④根据收集的资料，撰写调研报告。

第三步，提交《旅游项目产品定价方案》。

第四步，撰写《旅游项目产品定价营销策划书》。

实训成果：

第一部分：《旅游项目产品成本分析》《调研问卷》《访谈提纲》《调研结果分析报告》。

第二部分：《旅游项目产品定价方案》《旅游项目产品定价营销策划书》。

知识归纳

本章主要学习写作《旅游项目产品定价营销策划书》的基本程序、基础理论和基本工具，为后续章节的学习打下基础。全章分两部分，第一部分是旅游项目产品定价的基本内涵，主要介绍了产品价格的构成、产品价格的分类、制定产品价格的主要环节、产品定价策略四个方面的内容；第二部分主要介绍了《旅游项目产品成本分析报告》《旅游项目产品定价分析报告》《旅游项目产品定价方案》《旅游项目产品调价分析书》的撰写格式。通过本章的学习，要求学生了解旅游项目产品价格的基本构成，熟悉定价各基本环节的特点，掌握各种定价方法的公式，并能熟练运用。最后要求学生能通过实训掌握旅游产品定价阶段的基本工作如何运行。

复习思考题

一、简答题

1. 影响价格构成有哪几部分原因？旅游项目价格可分为几类？
2. 旅游项目定价目标取决于什么目标？主要的定价目标有哪些？
3. 需求价格弹性对价格的影响表现在哪些方面？
4. 旅游项目价格的上限、下限、活动范围分别是由哪些因素决定的？
5. 旅游项目制作完成环节的价格体系是如何组成的？
6. 旅游项目进入渠道环节的价格体系是如何组成的？
7. 旅游项目终端销售环节的价格体系是如何组成的？

二、选择题

1. 旅游交通被人们称为旅游事业的大动脉，目的是实现旅游者（　　）的任务，为旅游业的存在和发展提供先决条件。

A. 方便　　B. 清洁
C. 安全　　D. 安静
E. 礼貌

2. 旅游交通项目产品设计角度包括（　　）。

A. 交通工具本身的特色　　B. 交通服务的优秀程度
C. 交通设施的独特性　　D. 游客的参与性

3. 旅游交通项目产品设计要点包括（　　）。

A. 完善交通设施　　B. 塑造特色体验
C. 拓展产品组合

4. 旅游交通运输企业一般按（　　）计算成本。

A. 天　　B. 周
C. 月　　D. 年

5. 客运支出总额中不应包括（　　）运输的支出，否则计算的旅客人公里成本比实际要高，在制定旅客票价时应予注意。

A. 行李　　B. 包裹
C. 邮件

6. （　　）是全部旅客票价的基础，其他票价都是在此基础上加成或减成计算的。

A. 普通硬座票价　　B. 普通软座票价
C. 普通硬卧票价　　D. 普通软卧票价

7. 为了体现水运成本（　　）的性质，旅客运价也（　　），这就要求分别制定不同里程区段的基价。

A. 递远递减　　B. 递远递增
C. 等量增加　　D. 等量减少

8. 包车计费时间是指车辆从到达约定地点起至完成任务时止的时间。起码计费时间为（　　），超过的尾数以半小时递进计费。

A. 半小时　　B. 一小时

C. 两小时　　D. 三小时

9. 计程包车运价按车辆驶抵载客地点到包用完毕地点的实际里程，以及客车核定载客量和包用车型的人公里运价计算，起码计费里程为（　　）。

A. 20 公里　　B. 30 公里

C. 40 公里　　D. 50 公里

10. 小型车客票价是指客位 15 座及以下的小型客车票价，应根据（　　）分等计价。

A. 车型　　B. 座位数

C. 舒适度

11. 旅游交通项目综合评价一般采用多级过滤、筛选的方法，将（　　）等作为制约因素，制定这些制约要素的最低标准。

A. 安全性　　B. 经济性

C. 社会影响　　D. 环境生态平衡

12. 旅游交通项目综合评价一般采用多级过滤、筛选的方法，将安全性、经济性和社会影响、环境生态平衡等作为制约因素，在满足最低要求的前提下，最后以（　　）作为选择最优方案的依据。

A. 安全性　　B. 经济性

C. 社会影响　　D. 环境生态平衡

13. 旅游交通项目资源开放利用的基本原则是（　　）。

A. 环境保护　　B. 综合利用

C. 提高竞争力

14. 旅游交通项目选址的具体要求是（　　）。

A. 节约土地　　B. 减少拆迁移民

C. 尽量选取工程地质较好的地段　　D. 合理布置建设面积

E. 尽量靠近旅游中心吸引物

15. 旅游交通项目方案比较法以（　　）为最佳方案。

A. 投资回收期较短　　B. 经营费用较低

C. 客流量高　　D. 用地少

16. 旅游交通项目环境保护评估“三同时”原则指环境治理措施应与项目的主体工程（　　）。

A. 同时勘探　　B. 同时设计

C. 同时施工　　D. 同时投产使用

17. 旅游交通项目可行性评估的一般程序包括（　　）。

A. 确定目标　　B. 方案拟定

C. 方案分析比较

18. 旅游交通项目方案分析和比较包括（　　）。

A. 选择基础方案　　B. 建立评价模型

C. 综合评价　　D. 综合选优

19. 旅游交通项目可行性研究报告的编制程序包括（　　）。

A. 项目建议书　　B. 初步可行性研究报告

C. 可行性研究　　D. 完整可行性研究报告

E. 可行性研究报告预审与复审　　F. 可行性研究报告最后审批

20. 旅游交通项目可行性研究报告的编制要求包括（　　）。

A. 编制单位资质　　B. 可行性研究报告真实科学

C. 可行性研究规范标准　　D. 可行性研究报告有认证和审批

21. 旅游交通项目可行性研究的审查程序包括（　　）。

A. 提出报告每部分的内容要点　　B. 确定报告每部分的问题是否得到解答

C. 罗列影响项目的重要因素　　D. 找出报告中没有解决或有疑点的问题

E. 确定项目评估要点

22. 旅游交通项目可行性研究报告的管理包括（　　）方式。

A. 审批　　B. 核准

C. 备案　　D. 研究

23. 旅游项目常规可行性研究的宏观背景包括（　　）。

A. 协调产业结构　　B. 弥补市场缺陷

C. 有效配置资源　　D. 保护本国产业增长

E. 减少经济震荡

24. 旅游项目常规可行性研究的微观背景包括（　　）。

A. 优化利用资源　　B. 增加加工产品附加值

C. 填补本地区行业空白　　D. 替代进口或增加出口

E. 满足市场需要　　F. 扩大就业

25. 旅游项目资源与环境分析包括（　　）。

A. 现有资源状况　　B. 现有环境状况

C. 项目市场前景

26. 旅游项目资金与效益分析的主要内容包括（　　）。

A. 项目投资方案　　B. 项目资金筹措方案

C. 项目微观财务效益分析

27. 项目经济评价要求尽量采用定量指标，对一些不能量化的因素，不能直接进行数量分析，可以先定性，再通过（　　）定量。

A. 实物价格　　B. 影子价格

C. 折现分析

28. 项目经济评价的核心是（　　）。

A. 实物价格　　B. 影子价格

C. 折现分析

29. 项目评价中全部使用政府直接投资的项目，一般为非经营性项目，不需要进行（　　）分析。

A. 融资方案　　B. 权益资金
C. 现金流入　　D. 债务资金

30. 项目评价中以资本金注入方式投入的政府投资资金，在项目评价中应视为（　　）。

A. 融资方案　　B. 权益资金
C. 现金流入　　D. 债务资金

31. 以投资补贴、贷款贴息等方式投入的政府投资资金，在项目评价中应视为（　　），根据具体情况分别处理。

A. 融资方案　　B. 权益资金
C. 现金流入　　D. 债务资金

32. 以转贷方式投入的政府投资资金，在项目评价中应视为（　　）。

A. 融资方案　　B. 权益资金
C. 现金流入　　D. 债务资金

33. 旅游交通项目运营策划包括（　　）。

A. 旅游客源调查　　B. 旅游客运计划管理
C. 旅游运力计划管理　　D. 旅游交通班次时刻表编制
E. 旅游交通工具管理

操作训练题

【案例资料】　港中旅房车发布精品房车旅游线路

6 月 18 日，2016 中国国际房车展在北京展览馆拉开了帷幕，正式开启了第五届年度房车盛典。

展会由杜塞尔多夫展览（上海）有限公司、中国港中旅集团公司、中国汽车工业协会房车委员会及中国旅游车船协会自驾游与露营房车分会、雅森国际展览有限公司联合主办。国家旅游局副局长王晓峰、中国港中旅集团公司董事长张学武以及德国交通部司长、德国房车工业协会会长等领导和嘉宾为展会开幕式剪彩。为期三天的展会吸引了国内外房车及露营企业再次齐聚本次展会，向社会各界展现行业发展成果和最新动态。具有主办方和参展商双重身份的国内最大旅游实体企业港中旅集团董事长张学武接受了多家媒体采访，他介绍了港中旅集团 6 年来在房车领域的实践和探索，阐述了港中旅集团未来在开发旅游新业态，促进旅游产业结构升级，打造旅游消费新热点等方面的布局和发展愿景。

展会期间，港中旅集团发布了川藏线、云南—东南亚出境线等精品房车旅游线路，并与众多合作方签署投资协议和战略合作协议。

记者在港中旅房车展台看到，整个展台以本次发布的川藏线、云南跨境东南亚线以及丝绸之路等三条西部房车旅游线路作为背景，神奇瑰丽的沿途景色，辅以极具表现力的展示手法，展现了房车旅行的独特魅力，令人无限神往。展台上还专门设置了一个房车休闲农庄区域，这是港中旅房车在东部大城市周边开发周末休闲度假游的另一个产品系列。

由于国内房车购置及使用门槛相对较高、营地基础设施还不完备、房车旅行理念尚未流行等原因，像欧美国家那样个人购买房车的比例还很低。为了让更多国人体验房车旅游的乐趣和魅力，港中旅借助于自身旅游产业链的资源优势，携手其投资的四川318、云南奥特多等家企业，打造更加系统、更具特色的房车旅游线路产品，在降低消费者体验房车旅游门槛的同时，将线路沿线丰富的旅游资源展示给消费者，真正让房车旅行惠及大众。

目前，港中旅投资的四川318公司沿着318国道（即川藏南线）、317国道及四川周边开发房车及自驾游营地，现已有新都桥、峨眉山、松潘、剑阁等10个营地开业，在建及筹建的营地接近20个，全力打造房车及自驾游营地网络，并基于此营地网络推出最美蜀地·神秘佛国、蜀中三国·仙境九寨、最美天路·穿越藏地、熊猫家园·蜀地藏乡、高地牧歌·母水之源等颇具地域特色和文化内涵的房车自驾车旅游线路。港中旅房车在本次展会期间与云南奥特多公司签署入资协议专注于房车租赁和线路运营，并与云南金孔雀旅游集团有限公司共同合作，依托云南和东南亚丰富的旅游资源，开发滇东小环线、香格里拉环线等传统境内线路，重点拓展出境至东南亚的特色房车旅游特色线路。目前已在开发泰北跨境线、老挝跨境线，未来将继续开发云南—缅甸、云南—越南等线路，让陆上房车或自驾车出境东南亚成为未来国内游客前往东南亚旅游的新兴旅游方式。下一步，港中旅房车还将与甘肃省公路航空旅游投资集团有限公司合作，继续推出丝绸之路房车旅游线路，让现代民众能够重温当年古丝绸之路的辉煌与壮丽。

此次展会上，为了配合房车旅游线路的拓展，港中旅与华晨签署了房车方面的战略合作协议，并联合318公司与华晨、北方、大通、宇通、长城等多个房车生产厂家签订了批量的房车采购合同，2016年，计划在川藏线、云南线投入200多台房车用于线路运营。

颇具想象空间的是，港中旅还将通过旗下的中旅银行、财务公司、融资租赁、产业基金等为行业内企业和消费者提供更多的房车消费金融服务，通过产融结合的方式助推房车及露营产业快速发展。

多年来，港中旅集团一直致力于房车生活理念的推广，展会期间，港中旅房车俱乐部组织撰写的《中国房车旅行生活指南》正式发售，这是国内第一部房车旅行指南，通过图文并茂的方式，让读者一览房车旅行的风采。

（资料来源：赵琳．港中旅房车精品会发布［EB/OL］．中国新闻网，2016-06-20.）

1. 根据上述资料，分析港中旅集团打造的房车旅游线路有哪些特点。
2. 根据上述资料，分析港中旅集团打造的房车旅游可以提供给游客哪些便利。
3. 根据上述资料，选择一条房车旅游线路，设计一份项目可行性研究方案。
4. 根据上述资料，选择一条房车旅游线路，设计一份项目融资方案。
5. 根据上述资料，选择一条房车旅游线路，设计一份项目运营策划方案。

第五章

旅游购物项目营销与策划

学习目标

1. 了解旅游项目销售渠道的概念和类型。
2. 熟悉旅游项目销售渠道体系的策划程序。
3. 掌握不同旅游项目销售渠道营销策划的方法。
4. 掌握旅游项目销售渠道的管理方法。

实训要求

1. 实训项目：旅游项目小组收集资料，根据旅游项目目标、主打产品和产品价格体系，确定旅游项目销售渠道范围，进行旅游项目销售渠道策划，构建本项目小组的旅游项目销售渠道体系，并且制定项目销售渠道管理纲领性文件。

2. 实训目的：通过熟悉基本程序，掌握基本方法，实践操作策划旅游项目渠道体系，为项目小组进一步学习下一阶段的项目营销策划工作打好基础，同时帮助学生理论联系实际，对旅游项目体系进行深入的分析与构建。

第一节　旅游购物项目概述

旅游购物项目包括两个方面的内容：一是旅游购物商业形态，如购物街、购物楼、购物店；二是旅游购物商品，如地方特产、纪念品等。购物类旅游项目根据提供的内容可分为：常规购物项目、特色购物项目、便利购物项目；根据售卖方式可分为：定制购物项目、联盟购物项目；根据综合性可分为：主题购物项目、综合购物项目。

一、旅游购物的含义

（一）旅游购物的概念

狭义的旅游购物是指旅游或旅游业的一个领域或要素，以非营利为目的的游客离开常住地，以购物或其他形式为旅游目的，为了满足其需要而购买或品尝，以及在购买过程中的观看、娱乐、欣赏等行为。广义的旅游购物是指游客在旅游目的地或在旅游过程中购买商品的活动，以及在此过程中附带产生的参观、游览、品尝、餐饮等一切行为。

世界旅游组织在此基础上对旅游购物支出进行了界定："为旅游做准备或者在旅途中购买商品的花费，其中包括购买衣服、工具、纪念品、珠宝、报刊书籍、音像资料、美容及个人物品和药品等；不包括任何一类游客出于商业目的而做的购买，即为了转卖而做的购买。"还包括"旅行中惯常环境以外的地方购买日常物品的开支，目的是利用这些物品较便宜的价格，如：边境购物游；小型耐用品或消费品的购买，不论用于旅行中或家中；旅游纪念品，如装饰物等，不论花费多少；在目的地购买的其他商品，包括在免税商店的购买，但不包括商业或投资项目"。①

（二）旅游购物的特点

1. 旅游购物是感性消费的过程

旅游是追求高层次需要满足的过程，旅游商品除了商品本身的物质性，还包含更多精神上的内涵。在物流发达的今天，旅游者在旅游地的购物行为更多的是寻找一种浓缩自身旅游经历的、自己认同的旅游文化的标志性的物质表现。旅游者通过在旅游地的购物行为，将这些物质表现带回居住地，与亲朋好友一起分享，表现的是旅游者分享旅游经历的意义。这些旅游商品的数量和分量可以不多，他们更注重精神层面的感性表示。

2. 旅游购物是名气消费的过程

旅游购物更多寻找的是对旅游目的地著名商品的尝试，这些著名商品或者因其出产地有名，如杭州龙井地区的龙井茶；或者因其品牌而出名，如全聚德的北京烤鸭。旅游者对非著名商品更多选择忽视，如告诉在全聚德外排队购买北京烤鸭的游客，另一条街的烤鸭味道更好、价格更便宜，还不用排队，旅游者可能会在吃过全聚德后再去尝试，作为带给亲朋好友的商品则购买后者的可能性很小。原因在于著名商品本身已经成为旅游地吸引物的组成部分，对该商品的购买，更多的是一种对旅游地吸引物的尝试。例如，国外游客对丝绸、茶叶、瓷器等具有中国特色旅游纪念品的指向性购买，我国游客对国外特色旅游纪念品，如法国葡萄酒、保加利亚玫瑰油等的指向性购买，都是名气消费的表现。

3. 旅游购物波动变化较大

旅游购物商品作为感性消费和名气消费的物质载体，从需求弹性角度分析，其支出具有更多的主观性。在电商平台十分发达的今天，很多情况下，旅游购物商品品质是否优良、品种是否丰富、品牌是否受到肯定，旅游购物环境是否宜人、购物服务是否热情、购物后结算是否便捷、物流是否方便等，都是决定旅游者是否购物的重要原因。倘若旅游购物在商品、特色、品质、环境、服务、价格、结算、物流等方面不能让游客感到满意，旅游者大多数会减少或放弃购物，反之，旅游者会增加购物量。因此，旅游购物商品和购物环境的良好开发，对于旅游购物消费的增长，具有决定性作用。

---

① 王衍用，宋子千，秦岩．旅游景区项目策划［M］．北京：中国旅游出版社，2012.

（三）旅游购物的意义

1. 促进旅游业的可持续发展

旅游购物以旅游目的地丰富的社会经济资源为依托，通过与旅游活动的有机结合，开发出各式各样的旅游购物商品，进而打造具有特色的旅游购物设施，最终成为具有吸引力的旅游景点，丰富旅游内容，增加旅游者的旅游乐趣。

2. 提高旅游业的经济效益

旅游购物是提高旅游业经济效益的重要途径，旅游经济效益主要体现为旅游收入，即接待人数消费均量和消费水平均量。接待人数受旅游接待能力、旅游环境容量及客源的制约，发展较慢，消费均量增长空间有限。消费水平增长空间取决于旅游地满足旅游者消费需求的程度。作为旅游经济中最活跃的增长点，旅游购物涉及的商品范围广、品种繁多、需求弹性大，其旅游经济收入具有相对无限性。同时，旅游购物商品的生产和销售，能够提高一个地区的资源综合利用水平，推动其产业结构的调整。

3. 增强旅游地的经济文化优势

旅游购物商品开发有助于挖掘传统手工艺，提高旅游形象，促进地方经济的发展，增加旅游收入，能够为社会提供大量的就业机会。如南通的曹裕兴兰印坊在坚持传统蓝印花手工艺的基础上，在面料、花纹上进行创新，吸引一些欧洲品牌主动上门合作，日本一家潮牌店更是专门为其开辟合作产品销售区。同时，旅游购物商品不仅可以给旅游地的旅游、商贸、就业等带来短期直接效益，还可以创造旅游地长期的经济文化优势。例如，被称为世界购物天堂的巴黎、纽约、东京等地，都将购物与本地的经济文化发展相结合，形成产品助长经济，经济催生文化，文化衍生产品，产品再助长经济的良性循环。国内大量旅游购物街区的开发也卓有成效，如北京王府井、上海南京路、重庆解放碑、成都春熙路等吸引了世界各地的游客，成为集中展现当地经济文化、民俗风貌的重要窗口。当然，外国旅游者的购物消费对旅游目的地来讲，是实实在在的货物出口，比常规国际出口贸易有更大的优势，旅游购物创汇率已经成为很多发展中国家衡量旅游业发达程度的重要标志。

二、旅游购物项目的含义

（一）旅游购物项目的概念

旅游购物项目是指以旅游商品为核心，通过提供购物资源，满足游客购物体验和购物需求，包括购物渠道、购物环境、购物服务的综合产品。旅游购物项目是重要的旅游项目策划对象，是增强游客旅游体验、实现项目所在地经济效益和社会影响的重要途径。

（二）旅游购物项目的分类

旅游购物项目主要分为以下两类：

（1）设计类购物项目：旅游购物商品，旅游购物场所，如购物街、购物楼、购物店。

（2）策划类购物项目：旅游购物线路，旅游购物节目，旅游购物推广。

三、旅游购物行为模式和特点

（一）旅游购物行为模式

1. 需要—动机—行为模式

马斯洛需要层次论认为，人的动机由五种需要构成：生理需要、安全需要、社会交往需要、尊重需要、自我实现需要。当人们产生某种需要时，心理上就会产生不安与紧张的情绪，成为一种内在的驱动力，即动机。它驱使人们选择目标，并进行实现目标的活动，以满足需要。需要转化为动机必须满足两个条件：一定的强度和适当的刺激。刺激包括物质缺失刺激和社会影响刺激两种。该行为模式主要是从旅游者的角度出发，探讨主体在主客观因素的影响下，主观动机如何形成，并产生购买行为的过程。

2. 提醒—需要模式

提醒—需要模式认为，旅游者的购物行为是因外界提醒而产生的，外界提醒使旅游者认知到自己缺失的不平衡点，产生需要，当不平衡点达到足够强度时，需要转化为动机，动机导致购物行为的出现。在该模式的理论框架内，市场上的各种旅游商品广告、促销和推销手段是促使旅游者购物的重要原因，它们不断提醒旅游者缺少什么，旅游者通过适当的渠道接受提醒，最终转化为旅游行为。该行为模式主要从外界提醒出发，认为外因是导致内因的重要前提，研究重点应放在如何更好地打造外部提醒上。

3. 刺激—反应模式

刺激—反应模式认为，旅游者的购物行为是对外部刺激的反应，包括选择购物和放弃购物，当购物行为的结果对购物者起到奖励作用时，购物行为就倾向于再次重复；当购物行为的结果对购物者没有奖励作用，甚至进行惩罚时，购物行为就趋向于消退。购物行为是良性刺激不断奖励导致的结果，在该模式的理论框架内，优良的口碑、良好的购买体验、友善的购物服务、负责的售后维护和商品的优良品质一样，成为重要的购物刺激。同时，购物后的认知成为消费经验，帮助旅游者构筑预判模型，提前预判相似的时间、地点和场合，进而做出是否进行购物消费的决定。这些预判模型会进一步影响该旅游者周边的社会群体。该行为模式主要从学习与反馈的角度出发，探讨旅游者对外界刺激的主动加工与再学习过程。

（二）旅游购物行为的特点

1. 时间迅速

旅游购物作为旅游过程中的物化载体，体量和空间占用都较大，对于不以购物为主要目的的旅游者，为了方便携带，多选择在登车、登船、登机之前进行采买，时间安排较短。对于以购物为主要目的的旅游者，为了达到相对性价比有利的目的，也会选择多个购物目标，事先筹划，单个柜面交易时间相对较短。这就导致旅游购物推销经常处于“机不可失，时不再来”的情况。

2. 重复购买少

旅游购物作为个人旅游行程的精神和感性载体，对于不以购物为主要目的的旅游者来说，特定旅游时间、特定旅游地区的特定旅游商品，再次购买的价值不大。同时，对于长途旅游者来说，重复旅游同一目的地的可能也较小，于是在旅游目的地的购买行为存在客观上的不可重复性。

四、旅游购物行为模式的影响因素

（一）需要—动机—行为模式下的旅游购物影响因素

需要—动机—行为模式主要是从旅游者角度出发，探讨主体在主客观因素的影响下，主观动机如何形成并产生购买行为的过程。

1. 主观因素

（1）旅游目的：购物目的、纪念意义、馈赠目的、谋利目的。

（2）旅游经验：旅游经验越多，购物相对越少。旅游者初到旅游目的地，尤其是知名旅游地，购物需求大，购物较活跃，而随着重游次数增多，购物数量和次数都会相应减少。

2. 客观因素

（1）旅游距离：距离远的旅游者，购买的旅游商品多以轻巧、便携为主。同时，该旅游者也会更多地购买旅游目的地历史悠久、知名度高、价值公认的商品，如我国面对欧美游客常年销售居于前列的丝绸制品、茶叶制品等。

（2）逗留时间：逗留两日以上的旅游者，购买商品的比例和数量都会显著增加。逗留时间越长，购买商品的倾向越高。逗留时间短暂的旅游者主要购买纪念品，逗留时间较长的旅游者会购买一些其他物品，如食品方面的开销会显著增加。

（3）环境因素：包括国家政策、经济形势、可自由支配收入、不同货币之间汇率的变化等。尤其是汇率变化，对国际旅游市场影响极大，直接影响旅游者在旅游目的地的购物决策。

（4）他人影响。

①亲友：馈赠对象、代购委托人、经验建议参考者。②导游：介绍商品，引导购物愿望，被旅游者信任时能增加旅游购物的比例和数量，反之会减少购物可能。③团队成员：大团队和小团队。大团队是指旅游者所属的单位、非正式组织、兴趣爱好团体及其他因工作生活原因而加入的组织。大团队对旅游者的长期行为影响较大，但在旅游活动中，如果没有频繁的联系和互动，直接影响较小。小团队是指旅游者参加的旅游团。在异地旅游过程中，作为一个临时聚集在一起的特殊社会群体，在重建规则和适应新环境的驱使下，群体对个体的直接影响很强。旅游者常常因为旅游团同伴的购物行为而选择、更改或放弃购物计划，具有明显的从众心理。此外，在旅游团中，女性旅游者比男性旅游者更容易受群体影响产生购物行为，购物次数普遍高于男性。

★小资料

“脱欧”引爆游客赴英热情　中国赴英旅游情况调查

英国公投“脱欧”后，英国汇率暴跌，未来有可能持续下跌。英国瞬间成为消费者关注的焦点，国内旅行社随即推出各类优惠，迎接即将到来的英国旅游热潮。

中青旅遨游网首席品牌官徐晓磊分析认为，英国“脱欧”对中国旅游投资者是一件好事，给中国旅游企业去英国“抄底”提供了时机，随着旅行社对酒店、机票等采购成本的降低，消费者也会得到更优惠的价格。另外，英国并不使用申根签证，而是独立使用英国签证和英镑，因此“脱欧”不会给英国签证带来影响。

徐晓磊表示，从旅游行业的经验来看，旅游产品中包括的食住行游购娱等要素采购往往发生在一个月之前，汇率变化对旅游产品价格的影响，往往在未来一个月后才能充分释放。英镑以及受此影响的其他币种汇率的下行，势必使英国及其他相关国家公民来华旅游的产品价格上升，在一定程度上不利于入境旅游市场的恢复。

此外，英国“脱欧”使英镑开始出现幅度较大的下行趋势，也为游客在英国购物带来了最好的时机。6—8 月的英国不但气温适宜游客旅行，而且夏季打折季即将到来，在英国主要的购物城市曼彻斯特、伦敦等地，世界级的品牌都将迎来幅度较大的折扣，是游客难得的旅游购物窗口期。

赴英旅游将呈现爆发式增长：数据显示，2015 年，中国赴英游客人次较 2014 年增长了 46%，达 27 万人；同时，中国游客消费金额增长了 18%，达到 5.86 亿英镑。携程公布的数据显示，英国是国人赴欧洲旅游的重要目的地之一，特别是暑假期间，常年位居前三。

从英国公投“脱欧”、英镑大幅下挫的情况来看，短期内对国人赴英旅游的提振作用应该是非常明显的，随着当地旅游成本、购物成本的下降，性价比将大幅提升。携程相关专家认为，汇率下跌之后，英国地接成本下降了 9% 左右，“可以说，这是前所未有的赴英旅游的好时节”。

英镑的贬值将进一步刺激国人赴英购物的欲望。有消息称，“扫货大军”已筹划前往英国，携程方面预计，今夏英国旅游将呈现爆发式的增长。

据携程统计，2016 年 1 月赴英两年多次签证实施后，英国人气一直呈现出稳定上升趋势。今年 1—6 月，携程团队游、自由行、门票玩乐等业务服务超过万人出行，同比去年增长 40%。英国在最受中国游客欢迎的海外目的地中排名第 24 位，在欧洲位列第二。携程数据显示，2016 年上半年，中国游客前往最多的欧洲目的地分别为：意大利、英国、德国、俄罗斯和法国。

据统计，国内游客到英国旅行的平均花费为 15 025 元，其中团队游与自由行的比例为 52∶48，相对于往年以连线产品为主流，从 2016 年开始，选择英国一地深度跟团游以及自由行的游客明显增多，五成以上的消费者选择英国一地产品，“英国苏格兰 + 英格兰 + 爱尔兰 12 日10 晚深度跟团游”产品在携程 APP 上成交最多，有近 3 000 人出行。近五成中国游客在英国停留 10 天以上，四成游客在英国停留 7 ~ 10 天。

目前，英国在中国一线城市中的影响力明显超过二线城市，2016 年上半年，赴英人数最多的 10 个城市分别为上海、北京、广州、深圳、成都、武汉、南京、杭州、沈阳、福州。英国官方、航空公司和国内旅行社都看好二三线城市的增长：英国下个月将在西安、长沙、昆明增设 3 个签证服务中心，以满足中国游客日益旺盛的旅游需求。就在上周六，重庆至伦敦开通了第一条直飞航线。

英国搜索量环比翻倍：携程方面介绍，英国脱欧之后的第一个周末，携程攻略社区中“英国”“英镑汇率”等与英国旅行相关的关键词搜索量环比成倍增长，不仅如此，英国相关目的地的“口袋攻略”以及游记的浏览量也相应提高。用携程攻略相关负责人的话来说：

“这个周末好像所有暑假有出游打算的人都在看英国。”

携程攻略提供的数据显示，在国人最想去的英国目的地中，大英博物馆毫无意外地排名首位，其后分别是白金汉宫、伦敦眼、泰晤士河、伦敦塔桥、爱丁堡、剑桥大学、曼彻斯特、牛津大学、巴斯、伯明翰等。

公投“脱欧”消息宣布后，携程 APP 英国线路搜索量增长 200%，暑期英国订单成交量环比上涨 150%，很多路线截至 8 月初的班期都已告售罄。专家预计，如果汇率持续下跌，英国将成为今年下半年最大的黑马市场。

（资料来源：鄢光哲．“脱欧”引爆游客赴英热情．中国赴英旅游情况调查［N］．中国青年报，2016－07－01.）

（二）提醒—需要模式下的旅游购物影响因素

提醒—需要模式主要从外界提醒出发，认为外因是导致内因的重要前提，研究重点应该放在如何更好地打造外因—外部提醒上。

（1）市场营销：从商家经营的角度分析旅游者特征，分析产品特色，思考如何围绕产品打造外部提醒系统。

（2）权威机构发布的信息：权威机构多指相关负责部门、专业机构发布的通知、报告等。从维护和管理的角度分析如何有效地引导、规范购物。

（三）刺激—反应模式下的旅游购物影响因素

刺激—反应模式主要从学习与反馈的角度出发，探讨旅游者对外界刺激的主动加工与再学习过程。

（1）购物经验：①旅游者自身的购物经验；②其他旅游者的购物经验。购物经验既是旅游者学习的直接途径，也是能够给旅游者带来最直接改变的影响因素。

（2）媒体信息：书籍、报纸杂志、影视媒体、网络平台上发布的有关旅游购物的新闻、故事、分析等。媒体信息既是旅游者学习的间接途径，也是能够给旅游者带来间接改变的影响因素。

五、旅游购物系统的运行

（一）旅游购物系统

旅游购物系统如图 5－1 所示。

（二）旅游购物系统运行的特点

1. 购物系统的依附性

旅游购物系统是伴随旅游活动而存在的，依附于旅游活动的运行之上。旅游者是旅游购物商品的需求方，旅游商品生产经营者是旅游购物商品的供给方，旅游购物资源是旅游购物商品产生的基础，旅游购物网点是旅游购物的桥梁，旅游购物环境和服务是旅游购物的保障。旅游购物系统依赖其他旅游子系统，它们直接或间接进行旅游商品经营活动，为旅游购物提供了平台。

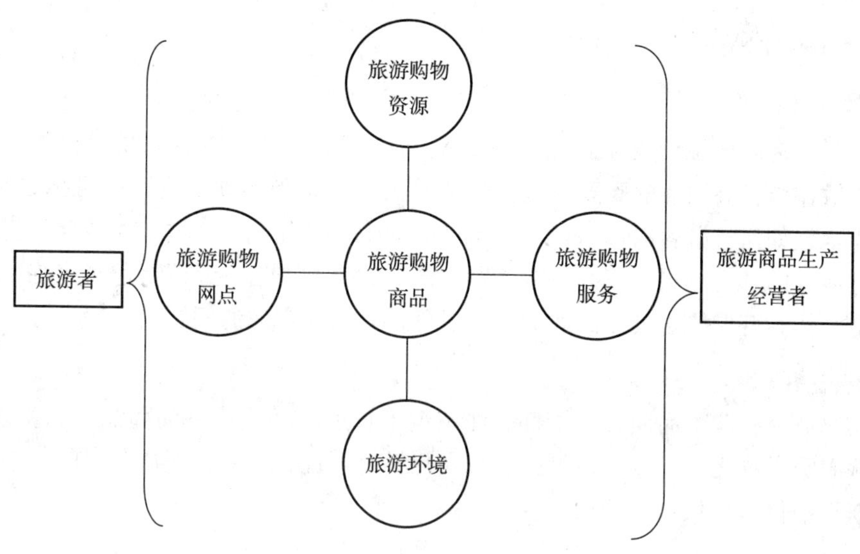

图 5－1　旅游购物系统

2. 购物行为相对随机

旅游购物系统受到旅游活动时间和空间的制约，旅游者常因旅途中的各种外部环境因素而产生随机购物行为，同时，旅游者的主观性对旅游购物行为影响很大，由于旅游者来源广泛，具有不同的思想、感情、欲望和主观能动性，在旅途中形成不同的小团体，导致购物行为具有更多的随机性。

3. 购物市场运行相对独立

旅游购物系统是旅游业中为旅游者提供有形商品的供给服务系统，从旅游商品原料提供者，到旅游商品生产者，进而形成旅游商品市场，产生旅游商品销售，到最后的旅游商品购买，具有完整的市场运行结构。在市场经济机制的作用下，所有商品都能进入旅游购物系统，在旅游商品市场上流通。同时，旅游商品也能进入其他购物系统，在购物商品市场上流通，旅游购物系统和其他购物系统一起，成为市场销售机制的一部分。旅游商品的购买对象是可以移动的，生产与消费不一定同步，甚至可以离开旅游过程进行消费，其旅游者的身份也存在更多的转化性。这些因素导致旅游购物市场运行相对独立，常常在基础消费品市场上发展起来，适应旅游需要就蓬勃发展，不适应旅游需要就更多地进行专项销售，其市场运行相对其他旅游产品的提供方，具有更大的独立性。

六、旅游购物项目产品设计

（一）产品设计角度

（1）旅游商品本身的特色或者知名度，如苏绣、宋瓷等；

（2）旅游商品价格比，即相对物价水平带来的价值，如免税购物；

（3）购物渠道与购物环境的独特性和便利性带来的价值，如百年老店、一站式购物等；

（4）游客的体验性，如交互性、参与性等。

（二）产品设计要点

1. 现场独特价值

旅游商品作为脱离旅游服务无形性的实物，游客不在现场购买的可能性很大，但作为实现当地经济效益与社会效益的重要途径，现场购买是旅游购物项目设计的目标之一。因此，结合游客需求，如何将游客的参与性与旅游商品的生产过程、观赏过程相结合，塑造旅游商品保存美好体验的现场购买价值，将旅游购物产品的生产渠道、经营特色与旅游目的地吸引物统一打造，作为有形线索延续游客的回顾过程，是首要考虑的问题。

2. 品质优良

作为实物商品，脱离品质只谈情怀，注定走不长远。品质优良的商品可以实现正循环，最终成为旅游吸引物之一，以实体形式实现文化异地再现，从而扩展旅游目的地销售的时间和空间，获得数倍乃至数百倍的社会经济效益。

3. 价格合理

在网络物流发达的21世纪，价格虽然不是游客决定购物的最重要因素，但仍是必不可少的因素，性价比高是任何实物商品吸引旅游者的不二法宝。

4. 游客体验良好

游客体验良好，包括辅助设施的完备、服务水平的优质、购物过程的多样组合、购物花费的性价比、携带运输的方便快捷、购物环境的艺术品质。

（三）产品开发原则

1. 挖掘地方文化内涵原则

现代旅游是一种以文化为主的综合性社会活动，文化动机是一种最基本、最广泛的旅游动机，购物类旅游资源的商品转化要有生命力和可持续发展．必须体现出民族文化和地方文化的精髓，才能使旅游商品具有区域性文化特征和纪念性特征。

2. 逐步系统开发原则

旅游购物商品应尽可能实行多层次开发，根据客源市场情况，制定高、中、低档旅游商品的开发比例，生产基础好、投资小、回收期短、效益好的旅游商品可先安排开发，再用先期的收益投入后续的商品开发中。

3. 品牌开发原则

在市场经济条件下，质量和品牌对于旅游商品的信誉和市场开拓十分重要，商品竞争已进入品牌竞争时代。在开发过程中，购物类旅游资源，要树立“先谋势，后谋利”的经营理念，实现从“商品经营”向“品牌经营”转变。对于已在世界上享有一定声誉的购物类旅游资源要依照《中华人民共和国商标法》《保护工业产权巴黎条约》等法律条文来保护其开发后的商标专利权和市场占有率；对正在开发的资源，要牢固树立品牌意识和商标战略，凡是开发、设计成功的旅游商品应及时向国内和国际有关部门申请商标注册。在一定程度上，保证旅游商品开发与旅游者感知相统一，不仅可以避免两者出现信息不对称现象，还可以在旅游者心目中树立起旅游商品鲜明的主题和形象。

【思考1】 结合旅游产品策划方法，分析资料中的旅游纪念品在购物产品的现场、品质、价格、体验等方面可以如何安排。

【实训1】 搜集本地旅游购物相关资料，根据旅游产品策划方法，尝试设计旅游购物产品。

第二节　旅游购物商品营销与策划

一、旅游购物商品的含义

（一）旅游购物商品的概念

弄清旅游购物商品的概念，首先要理解旅游商品（Tourism Commodity）的含义，广义的旅游商品是指旅游企业为满足旅游者的旅游需求以交换为目的而提供的有形物品与无形服务的总称，狭义的旅游商品是指旅游地区和城市商店对游客出售的有形商品。旅游购物主要针对狭义的旅游商品，因此，旅游购物商品是指旅游地区和城市商店对游客出售的有形商品。

（二）旅游购物商品的特点

1. 纪念性

经念性是指显示旅游目的地特色、标记旅游活动经历和时间的商品，旅游者通过购买纪念性旅游商品来保存自己的旅游经历。旅游目的地特色主要包括以下几个方面：①地方特色，如传统工艺品、农副土特产品等；②民族特色，如民族衣着、生活用品；③主题特色，如大型活动、重要旅游吸引物的明信片、景点门票、邮票等。

2. 艺术性

旅游购物商品的艺术性常与旅游目的地特色相结合，能够凝聚、集中地表现目的地共性特色和体现鲜明个性特色，成为旅游者美好旅行回忆的一部分，并将其具象化和象征化，进而成为旅游者选购的重要原因，如非洲木雕、法国印象画等。

3. 实用性

实用性是指旅游购物商品所具有的使用价值，既能起到纪念作用，又能进入旅游消费者生活的可使用的旅游购物商品，相对于纯粹纪念作用的旅游购物商品，前者具有更加广阔的市场，如扇子、腰带、提包、笔墨等生活和工作用品，手串、领章等佩戴饰品，以及能表达平安祝福的挂件饰品等。

4. 轻便性

由于旅游活动具有流动性的特点，轻便的旅游购物商品更容易获得旅游者的青睐，重量轻、体积小、方便携带、方便收藏、方便使用都是旅游购物商品在设计时需要考虑的重要因素，如台湾把本地特产称为伴手礼，又称为手信，有书记载："伴手贽曰伴手。俗赴亲友之家，每带饼饵为相见之礼。而台北曰手讯；谓手之以相问讯也。""贽"就是礼物。《左传·庄公二十四年》记载："男贽，大者玉帛，小者禽鸟，以章物也；女贽，不过榛栗枣，以告虔也。"手讯、手信就是人们出远门回来时捎给亲友的，表达关怀和礼数的，随手的旅游购物商品。

二、旅游购物商品的分类

旅游购物商品的分类标准应该体现该商品对旅游者的直接效用，或者体现旅游者对该商品的直接需求的性质。[①] 从客观上来说，旅游者对旅游购物商品的直接需求可以分为四种类型：纪念需求、日常生活需求、旅游专用需求、其他需求。

在需求的基础上，可以进而将旅游购物商品分为旅游纪念品、旅游日用消费品、旅游专用品和其他商品。同一种旅游购物商品可能具有多种效用，因此，应当以该商品对于多数旅游者的最直接、最主要的效用作为该商品的分类标准。

（1）旅游纪念品：指显示旅游目的地特色、标记旅游活动经历和时间的商品。

（2）旅游日用品：指在旅游日常活动中所需的用品，包括穿着和梳洗用品两大类，如衣帽、洗发液等。

（3）旅游专用品：指满足旅游者从事旅游活动专门需要的旅游商品，如指南针、望远镜、潜水服、睡袋等。

★典型案例

旅游纪念品为何千篇一律

1. 旅游纪念品千篇一律

据世界旅游组织研究显示，2015 年中国成为全球第一大旅游目的国，但我国旅游业存在结构性不合理、旅游收入分配明显不均的弊端。在发达国家，旅游购物占旅游经济的40%～60%，而在我国却不足20%，在旅游财产诸要素的经济形态中，旅游购物仍然是制约中国旅游业发展的软肋。

中国社会科学院旅游研究中心副主任刘德谦、北京联合大学旅游学院副院长石美玉，在《当代中国旅游购物研究》一书中表示，旅游购物不仅是旅游活动中与游、娱、食、住、行等平行的供求要素，同时也是旅游吸引力的重要组成部分。旅游购物是目的地特色引力不可缺少的一部分，在一些地方，旅游购物对象的“旅游商品”甚至成为旅游的第一引力。

地位如此重要的旅游纪念品，在我国却面临着同质化严重的问题。

“以前出去玩儿还愿意花心思挑选些小物件作为自己每到一地的纪念，后来发现，很多景点卖的东西都一样。在西藏挑选的手链，到了丽江能够看到一模一样的，东南西北走一圈，带回来的东西没有差别。慢慢地，我也就不大愿意在旅游景点买纪念品了。”说起旅游纪念品，旅游爱好者陈女士的话里含有一丝无奈。

和陈女士有相同感受的人恐怕不在少数，去一个地方旅游，总想带些有特色的物品作为纪念。但现实的情况也许是，这些纪念品都是某些小商品基地批量发往全国各地的相同货品，带回家后常常被遗忘在角落；消费者也在这样一场场和同款纪念品的“重逢”后，逐渐丧失了对旅游纪念品的兴趣，对旅行地的印象也大打折扣。

---

① 石美玉．旅游购物研究［M］．北京：中国旅游出版社，2007.

2. 轻授权、轻产权导致多侵权、同质化

国际品牌授权业协会公布的《2011 年年度授权调查报告》显示，全球品牌授权市场的年销售额约 2 000 亿美元，其中美国约 1 100 亿美元，而中国 2010 年的授权市场规模仅为 15 亿美元。

一直以来，包括旅游纪念品在内的文化产品常被诟病缺乏创意。记者在网页搜索栏输入“旅游纪念品创意设计大赛”，搜索结果中几乎能看到全国各城市都在举行此类大赛，其中不乏一些有创意的设计，但好创意为什么没有带来好产品？

中央财经大学文化经济研究院院长魏鹏举表示，创意缺乏并不是缺少新鲜独特的点子，主要是创意工业本身存在欠缺。“一些关于旅游纪念品的创意不少，但能把这些好想法做成一门生意的体制机制比较欠缺，创意生产链是断开的。”魏鹏举说，“创意产业链意味着从创意到论证到变成具体的产品再到营销，所有的环节都是一个完整的链条，这些链条只有前后互补，才能产生有市场的好的旅游纪念品。”

为何创意产业链条不完善？魏鹏举认为，这与我国一些机构缺乏授权意识不无关系。他举例说：“中国台北故宫博物院和全球许多创意公司、营销公司、版权代理公司进行合作，或许只是一个图像的授权，就能很快生产出极富创意的独特纪念品。”

国际艺术授权基金秘书长郭羿承表示，英美一些大型博物馆主要收入来源于艺术授权及衍生品，一般占到其总收入的 20% ~50%，而且销售产品的 90% 是代理产品。而国内许多博物馆、美术馆等旅游目的地在授权方面的意识还远远不够。

大景区缺乏授权意识，而一些有创意才能的青年设计师，在辛苦地完成设计生产后还要担心作品被仿制。

“辛辛苦苦做出来的东西，没过几天满大街都是了，盗版的速度太快了。”大学生杨扬毕业后回家乡敦煌开了家小商铺，卖些自己设计的原创敦煌手绘地图、地图丝巾、手绘明信片等旅游纪念品，颇得顾客的喜爱。创意、设计、生产难不倒杨扬，但盗版侵权却让她头疼。

“有些景点和礼品公司能做出很好很有市场的创意旅游纪念品，但这些产品都面临侵权的问题。一旦它们有了市场，很快就被模仿，而且是恶性竞争性复制，产品越好卖，越容易被模仿。”魏鹏举说。

在他看来，一方面，有关部门要加大对旅游纪念品版权的保护力度和对盗版的打击力度；另一方面，要培育旅游纪念品市场的版权保护意识和属地保护意识，使旅游纪念品自身的产权价值得以实现，创造出无法复制的资源基因，打造出“离开这个景点就买不到的有特色的纪念品”。

刘德谦表示，政府在重视旅游产业发展的同时，必须十分注意推动本地旅游购物的发展。地方的旅游行业组织，也要给予企业积极的引导，不仅要鼓励它们发挥自己的主体作用，更要引导它们注重商品市场的开拓和旅游商品的研发生产。

（资料来源：王小润，陈晨．旅游纪念品千篇一律，为何多为地摊货［N］．光明日报，2014 -04 -24. 节选。）

三、旅游购物商品生产经营特点

（一）旅游购物商品具有物质生产与艺术创作的两重性

旅游购物商品作为旅游者在旅游活动中的购买物，其艺术创作在生产经营中占据重要地位，不仅表现在旅游购物商品生产前期的设计上，还表现为生产过程中生产者的艺术再创造活动。生产设计、生产过程与个性化艺术创造活动融合得越好，旅游购物商品越具有独特的市场价值。

（二）旅游购物商品的生产经营品种多、批量小、变化快、季节性强

首先，旅游购物商品要求多品种、多花色。旅游者来自不同国家和地区，属于不同阶层，从事不同的职业，对商品有不同爱好及不同的购买水平。为适应旅游者的各种需要，旅游购物商品往往品种繁多，即便一个门类的产品也有五花八门的质地、材料、款式、花色。其次，旅游者作为旅游购物商品的销售对象，目的性与独特性是很显著的特点，商品生产者根据市场的千变万化，不断推出新品种、新花色，以新取胜，造成旅游购物商品就每一品种来说相对批量较小的特点。再次，旅游购物商品常常与旅游区域的客源季节波动紧密相连，因此，在生产环节上也存在相应的季节变化，而旅游购物商品生产的针对性和特殊性导致许多企业难以雇用业余或兼职劳动力，导致淡季时库存压力和资金压力较大，相应也会减小规模，形成船小好调头的局面。

（三）旅游商品生命周期较短，模仿复制严重

商品生命周期较短，市场上模仿成风的现象在其他行业中依然存在，但在旅游购物市场中尤其明显。主要原因表现在以下几个方面：

（1）由于旅游目的地的地域限制，游客购买旅游商品的地点相对集中，生产企业能较快把握同行动态，商品模仿非常快，作为研发企业来说，好不容易开发出来的新产品很快被模仿，研发成本未能及时兑现，又面临低价同质的商品，新产品的生命周期大大缩短，直接造成再次研发的动力不足。

（2）旅游者需求本身具有多样化、个性化的特点，生产企业难以准确及时地把握消费者动态，新产品开发难度很大。

（3）旅游购物商品购买流通渠道较为复杂，即便新产品研发企业对模仿复制企业进行追究，但旅游购物商品在国营民营私人售卖都有渠道，甚至作为旅游项目，旅游者自身也可以成为很多旅游商品的生产者，模仿复制的处罚效果难以体现。因此，很多旅游购物商品生产企业对旅游商品创新动力不足，有些大企业甚至还有专门机构和专职人员负责发现并复制销路好的旅游商品进行生产获利。

（四）旅游商品生产方式多样化

旅游商品的种类繁多，生产旅游商品的企业来自不同行业、不同领域。其生产方式从手工到机械化，从作坊到工厂，从定制到流水线，呈现成品的方式多种多样，导致不同旅游商品的单位生产成本有很大差距。

四、旅游购物商品营销

（一）旅游购物商品产品设计的角度

①特色优先；②艺术性与实用性相结合；③方便携带。

（二）旅游购物商品价格设计的步骤

（1）划分类别：将旅游购物商品按原料、工艺技术、品种、规格等标准，分别划分成若干类别。

（2）标准品定价：根据旅游购物商品的分类，在每个小类内，选出一个商品作为按质论价的标准品，作为旅游购物商品定价的核心。该类别中的非标准品要以标准品的质量和价格为依据，进行综合衡量比较后的价格作为核定价格的依据。为了保证结果客观可靠，标准品应选择同类旅游商品中数量占多、生产正常、质量稳定，并在价格上具有代表性的旅游商品。

（3）标准品价格的审查：标准品价格的相对正确性非常重要，如果出现偏差，会造成某类旅游购物商品整体定价失误，所以应有专家组、市场销售人员、生产技术人员对标准品的价格进行审查，以确保其相对准确性。主要着眼点在标准品的质量是否可靠，价格是否真实可信。

（4）制定非标准品的质量差价率：质量差价率是非标准品与标准品价格之差和标准品价格之间的百分率，也可以通过质量价格比率求出，质量比率是非标准品价格与标准品价格的百分比率。

$$质量差价率 = (非标准品价格 - 标准品价格) \div 标准品价格 \times 100\%$$

非标准品与标准品之间要有一个适当的质量差价率，质量差价率可以进一步扩展为衡量体系，它包括文化内涵差价率、品种差价率、规格差价率、花色差价率、等级差价串、包装差价率、造型差价率等。

（三）旅游购物商品销售渠道

1. 单一市场模式

该市场布局模式主要以方便外地游客购物为主，市场及配套设施主要建在旅游景区或旅游线路的必经之地，是专供旅游者购物的场所，本地居民一般不在此类市场购物。因此，这种市场布局将本地居民购物与外地游客购物完全分离。这种市场布局的优势是：可以忽略本地居民的消费水平和需求，专门针对外地游客的消费水平和需求组织货源，进行配套销售，其市场营销的针对性强，在定价策略上价格可以高于本地消费水平。不足的是：对旅游客源市场的依赖性大，旅游客源市场的增减变化能够完全反映在旅游购物商品市场上，如旅游的淡旺季变化、旅游热点区域的变化都会反映在旅游购物市场上，不同程度地增加了经营者的风险。同时，相应的市场管理容易出现纰漏，商品的质量和价格有可能偏离正常轨道，出现一些问题。该模式前期多采用行政命令使其成为旅游过程中必须停留的站点，通过时间、规模、口碑的积累，最终成为有吸引力的旅游购物目的地。

2. 双市场模式

该市场布局模式着眼于服务两个市场，本地居民市场和外地游客市场。设计思路是以既能方便本地居民购物，又能方便外地游客购物的原则进行市场布局，如城市购物步行街的建设就属于该模式，既能满足本地居民的购物休闲活动，又能满足外地游客的旅游购物活动，并通过综合打造，成为具有吸引力的旅游购物目的地。该模式的优点是生产者和经营者的风险分散，生产企业和经营企业的生存与发展不仅能够得到旅游客源市场消费活动的支撑，还能够得到当地居民消费活动的支撑，同时，相应的市场管理不易缺位，商品的质量和价格随时会受到熟悉商品属性的当地居民的监督，较为公平合理。

3. 旅游购物网点模式

该市场布局模式着眼点是对旅游目的地进行区位分块的基础上，采取中心旅游商业区、区域旅游商业区、专业旅游商业街（市场）、旅游商业点的递进层次，由大到小，特色前导，结合交通构造动线，连接旅游购物商品网点，构成旅游购物商品市场网点体系，形成不同层次旅游商贸网点有聚有分、互相联系、合理布局、各尽其能的有机体系。

（1）中心商业区，多在旅游中心城市的商业中心区域建设，是面向“两个市场”的大型休闲购物场所，既可作为城市景观建设，又可成为旅游者和本地居民共同消费的目的地。旅游中心城市一般可以设一个或几个市级中心旅游商业区，主要由城市规模及人口（含旅游者）规模决定。市级中心旅游商业区作为旅游城市最大的最高层次的旅游商贸中心，要求商业网点高度密集，各种业态齐全，具有购物、文化娱乐、休闲、旅游、商务、金融等多种功能。

（2）零售商业区，是相对中心商业区而提出的，其规模比中心商业区小，规模带来的中心效应也相应较小，多体现为商业网点的形式。主要类型有：①城市内零售商业区。城市内吸引大量游客和居民的特定的零售商业区，高度集中了各类旅游纪念品商店、旅游吸引物、餐馆、小吃摊等。②旅游区零售商业区。如自然风景旅游区的零售商业区、大型人文景观周围的零售商业区、市内旅游景观入口处的零售商业区。零售商业区往往由当地群众自发形成，经过时间、口碑积累，后期逐渐扩大规模。

（3）区域性旅游商业区，指较大型旅游景区建立的区域性旅游中心商业区，辐射范围主要在某个景区区域内。各种业种、业态的商贸网点有较高程度的聚集，功能也较全，有购物中心、超市、百货店、文化娱乐、餐饮等服务网点。区域性旅游商业中心的商圈半径各不相同，以吸引本区域旅游者购物为主要目的。如果景区在城市内，则可以与当地居民区、住宅区相结合，区域性旅游商业中心内可下辖一些社区商业网点及特色街区，这样就可同时面向两个市场。

（4）专业旅游商业街（市场）。在中心商业区周边交通便利的地段，可以建立同一系列的专业店和专卖店，形成提供专门商品和专业服务的特色旅游商业街（市场），以满足购买专门商品或寻求专业服务的旅游购物者，如深圳华强北，作为国内电子产品流通的主要枢纽，其手机批发零售业务闻名全国。该类商业街（市场）以特色专业店和专卖店为主，一些有历史的商业街区，本身就是内涵丰富的旅游文化资源，对旅游者有相当大的吸引力，在目前城市地价逐年抬高的情况下，以旅游业带动商业休闲活动，既能营造特色购物环境，丰富旅游的内容，又能使历史文化地段得以复兴和有效地保护。

（5）旅游商业点。在旅游景点、交通干线旁、旅游者停留点（如车站、码头、机场、饭店、餐厅等）等地可以建立旅游商业点，以各种综合店面为主，服务对象主要是过路旅游者，主要经营当地有特色的旅游商品。很多时候，在旅游者停留点设置旅游商业点，可以提供给旅游者一个再购物的机会，旅游旺季在旅游景点、交通干线等处可以增设流动商业点，以保证旅游者必需的购物品的供应。

五、旅游购物商品策划

（1）旅游购物商品战略计划编写；
（2）旅游购物商品方案撰写；
（3）旅游购物商品实施推广；
（4）旅游购物商品绩效评估。

第三节　旅游购物场所营销与策划

一、旅游购物场所项目的选址

（一）以旅游吸引物为中心的选址

根据核心旅游吸引物的位置来确定旅游购物商店的空间布局是非常有效的做法，在实际操作中，先确定核心旅游吸引物的位置可以进一步确定通过该区域的旅游者的行进路线，进而可以围绕路线设置旅游商店。

如何将购物设施和主要旅游吸引物连接起来是该布局需要考虑的问题，目前普遍的做法是把旅游景点开发建设与旅游商业网点配套，即在旅游城市或旅游景点规划中把旅游购物设施作为重要的辅助设施考虑进去，根据不同旅游吸引物接待的客流量，来确定相应的旅游购物网点的数量。此外，在工业旅游、农业旅游中还可以有计划地开放商品生产基地，使游客既可以购物又可以参观，实现动线的自然连接。实践表明，这种参与性较强的旅游动线设置非常受旅游者的欢迎，能较好地实现旅游购物场所的经济目的。

（二）以旅游住宿点为中心的选址

住宿点既是旅游者在旅游区域中的集散地，也是旅游者在旅途中重要的休闲娱乐场所，以住宿点为中心构建的旅游购物场所，其销售对象主要是该区域的住宿客人。因为不同住宿点有不同的定位，面对不同的目标消费者群体，该区域的旅游购物场所必须根据其收入水平、消费档次、兴趣爱好等特点选择旅游商品的内容、种类、档次，并以此为前提布置其销售店面的呈现形象。

（三）以旅游区进出路线为中心的选址

通常在旅游核心地区的进出路线上，尽可能多地创造和设置购物节点被证明是一种很有效的规划，如法国在高速公路沿线，推出了旅游商品售卖点，在售卖点可以买到种类繁多的当地产品和纪念品。近年来，随着我国自驾游的增加，针对自驾游群体的公路沿线店铺在不断增加，如许多旅游景区沿途农家在路边设立简易摊子销售自家的农产品。

（四）以旅游城市为中心的选址

旅游城市是旅游购物的良好空间，大多数游客在往返旅游目的地时，都会停留在一个或几个城市休整、换乘交通工具等，停留时间不论长短都有可能购物。旅游城市可通过管理机构对购物街区进行组织、协调和规划，把一系列零售商店、服务机构组织在一起，提供购物、休闲、娱乐、饮食等一揽子服务，打造成一站式旅游购物点，满足旅游者的旅途需要。

二、旅游购物街区

（一）旅游购物街区的概念

购物街区（Street Mall）英文原意是“林荫道”，也可译为“购物林荫道”，特指规模巨大的购物区，区内有一条或多条步行街，沿街设置不同商铺，汇聚多种业态，它是集购物、休闲、娱乐、餐饮为一体的复合型商业街区。《中国大百科全书·城市规划园林建筑卷》将其解释为：“除保持传统商业街的特色外，还设有自助食堂、电影院、游乐场、美容院、游泳池和展览厅等活动内容，使单一的商店群发展成具有各种功能的综合性商业、服务、娱乐和社交中心。”购物街区起源于欧美，伴随汽车家庭化、住宅郊区化而诞生，是现代工业文明和商业文明的产物，能在相对密集的空间里较大限度地满足不同消费群体的消费需求。

（二）旅游购物街区的组成

（1）购物街道：包括都市商业街、主题商业街、特色商业街等，主要考虑区位功能的划分，如北京三里屯酒吧一条街、王府井步行街等。

（2）购物中心：包括地区购物中心、中型购物中心、零售公园、专业购物中心等，主要考虑不同业态在功能和区间上的相互补充、相互支撑，如万达广场、太古广场等。

（3）购物店：包括专卖店、零售店、主题特色店等，主要考虑丰富同区域内商品体系，为消费者提供更细节的服务和商品。

（三）旅游购物街区的特点

1. 购物街区步行化

购物街区是商店群建筑的组合，为了协调商店与商店、商店与购物者之间的联系，往往通过一条或多条线形街道来串联商店，并组织人流。往往基于安全考虑，街道完全排除车辆，实现购物步行化。由于购物步行对体力的消耗较大，休憩空间必不可少，而距离入口不同阶段的购物者在速度上有一定的差异，购物街区在不同商业建筑间可采用电动步行道等助力，并引导步行路线，路线两侧的商铺和商业活动也可以收获稳定的客流。

2. 购物街区社会化

购物街区空间较广，既包含丰富的业态，也能提供居住休憩场所，提供多种物质文化生活产品。不同业态和产品代表人群社会生活的多个方面，商业活动同时也是社会交往活动，经营者与消费者在相对密集的空间内能更有效地获得较多资源与信息，并通过经营与购物活动，形成商业和社会活动密不可分的状态。购物街区作为商业与社会生活结合的代表，源自古希腊，欧洲的城市广场对其进行了继承和发展，作为公共活动、买卖、集会、表演和娱乐的场所，广场上商业活动和社会活动相互交织，成为了解该地区或国家的重要窗口。东方城市的庙前广场也具有同类功能。

三、旅游购物街道

（一）旅游购物街道特征

（1）大：购物街道具有占地面积大、绿地面积大、停车场规模大、建筑规模大等特点，商铺累计营业面积一般在10万平方米以上。

（2）多：店铺多、行业全、功能多，购物街道集购物、餐饮、休闲、娱乐、文化、服务于一体。多数购物街道里包括两个或更多的大型百货商店．它们被称为“锚店”，意为这些店像锚一样固定，支撑起整个商业区域。在锚店连接起来的购物街道上，有很多各式各样的小型零售商店，它们既依靠锚店吸引客流，又为锚店丰富业态。

（3）经营主题明确：购物街区按照所处地理位置、自身条件、当地零售商业发展状况确定目标市场，然后据此定位引入相应零售商配合其市场定位，如成都的锦里、南京的城隍庙等。

（4）聚合性好：购物街区一般购物环境好、档次高，对顾客能进行识别筛选，顾客购买力聚合性好，可以满足其一站式消费需求。

（二）旅游购物街道功能分类

（1）大型办公楼的辅助：该类购物街道多在建筑群同层或地下提供酒吧、时装、报纸、书店等常规休憩消费项目，并与相邻建筑通过通道、天桥、拱廊等连接起来。如美国的休斯敦、达拉斯、明尼阿波利斯和亚特兰大等城市都有相当可观的市区地下步行网络，将城市市区的办公楼与旅馆、公园、图书馆等大小建筑联系起来，建筑群的地下层也多被开发为辅助设施。

（2）旅游综合体的辅助：该类购物街道多以大中型旅游者停留地（如饭店、景区）为中心，承租户面向游客提供便利的购物条件和服务，包括美发、高档服装、珠宝、照相器材等，同时出售工艺品和特产，还包括超级市场、食品店和餐厅。

（3）交通综合体的辅助：该类购物街道多与交通综合体（如高铁站、巴士站等公共交通换乘车站）结合起来，为高速流动的过往行人提供服务，同时吸引上下班人群购买食品和生活必需品。

四、旅游购物中心

（一）旅游购物中心的概念

购物中心（Shopping Mall）也被称为Shopping Center，《美国百科词典》将其解释为：“在毗邻的建筑群中或一个大建筑物中，许多商店和餐馆组成的大型零售综合体。”现代购物中心的功能趋向多样化，并且常常与其他功能设施形成多功能综合体，它不仅满足购物需要，而且也满足文化、娱乐、餐饮等需求。①

旅游购物中心指具备购物中心功能的，能满足外地游客和当地居民的，在当地具有代表性的零售综合体。对于旅游者来说，位于旅游目的地中心区域的购物中心，既能满足一站式

① 李怀生，郑恬辛．购物中心公共空间设计［M］．北京：高等教育出版社，2014.

购物需要，也能集中获得对当地特色文化的了解，既能节省旅游时间，也能丰富旅游体验。对于旅游目的地来说，旅游购物中心有利于集中打造旅游地形象，维护旅游市场规范，增加规模经济效益。

（二）我国购物中心的发展阶段

1. 萌芽时期

20 世纪 90 年代中期是内地购物中心的萌芽期，随着中国城市建设进程的不断加快、房地产业逐渐升温，加上居民生活需求的逐步提升，一批具有战略眼光的投资人开始关注中国零售房地产市场的前景和机会，开始了投资购物中心的主动尝试。投资开发主体包括大型国有、合资、外资企业，如和记黄浦、长江实业、新世界、恒基、新鸿基、嘉里、太古、恒隆集团等，在北京、上海等大城市的黄金商圈兴建高档写字楼，这些写字楼大多附带有大面积的商场裙房，逐步形成了一批具有国际特色的购物中心范本，如广州天河城广场、上海港汇广场、上海恒隆广场、北京国贸中心、北京燕莎友谊商城、北京赛特购物中心等。该阶段购物中心严格按发达国家购物中心开发模式运行，运营者以持有物业为主，通过收取稳定租金和物业增值实现投资回报。

2. 发展时期

20 世纪 90 年代末期，随着全国房地产业日益升温，购物中心作为新型房地产投资形式盛行，通过打造商圈—聚拢人气—区域地产升值的模式，购物中心成为很多城市旧城区改造、新城区建设的重要规划内容，引发了较大范围的模仿和复制，投资开发主体包括大型国企、外资投资机构、地方小开发商。因涉及投资回报问题，很多城市购物中心产权分化，出现售卖、分租、承包转营多种形式。前期规划草率，中期产权分化，后期缺乏有效管理，导致很多购物中心变成内容繁杂、形象不一、设施缺乏维护的小商品市场，不能成功打造商圈，以致不能聚拢人气，最后日渐衰败。该阶段购物中心运营状况分化，良莠不齐。

3. 稳定时期

2002 年至今，随着中国经济和城市建设加速发展，一批偏离市场规律的开发商或转变开发思路或退出购物中心开发市场，购物中心发展回归理性。构造规模、中心选址、建筑设计、运营管理、融资渠道都逐渐成形。2002—2006 年每年新增 100 ~ 200 家，增势比较平稳；2007—2009 年，受市场经济影响，开业数量有所缓减；2010—2014 年每年新增 300 ~ 500 家，增势迅猛。北京、成都、天津、重庆、西安、武汉均进入全球购物中心城市排行榜前列，中国有望成为全球规模最大的购物中心市场。投资开发主体包括国有控股企业、外资企业、上市公司，如上海友谊、北京王府井、大连万达、香港长江实业、台湾好又多等。该阶段受益于房地产商在住宅领域的品牌优势和住区居民黏性，区域性购物中心、社区型购物中心、邻里型购物中心成为购物中心新的发展重点。

（三）购物中心的分类

1. 购物中心按照规模大小分类

小型购物中心，占地面积 3 000 ~ 30 000 平方米；中型购物中心，占地面积 30 000 ~ 100 000 平方米；大型购物中心，占地面积 100 000 平方米以上。

2. 购物中心按照服务内容分类

（1）主题购物中心。购物中心承租户需要根据销售主题仔细挑选和控制售卖商品，多限于高档高价的专卖店、精品屋，以服装店、珠宝店和首饰品店居多，也包括小百货商店、美食店，也有些商店侧重于艺术品、古董或地方特产，单个店铺面积较小，实践中多家庭作坊和手工艺人经营。

（2）主导购物中心，常以单个大型商店作为购物中心主导，该主导商店作为大承租户，占购物中心可出租面积的70%～90%，剩下的面积分配给少数几家小承租户商店。常见的主导商店是大型超市，如法国家乐福就是以超级市场为核心的购物中心。此外，家具店、折扣百货商店和仓储自选商店都可能成为主导商店，如宜家、沃尔玛等。

3. 购物中心按照服务范围分类

（1）区域购物中心，客源范围的消费人数超过10万人次；

（2）社区购物中心，客源范围的消费人数至少4万人次；

（3）邻里购物中心，客源范围的消费人数在1万人次左右。

4. 购物中心按服务业态、品牌、经营管理分类

（1）都市型金鼎级购物中心。

①业态：覆盖5个以上购物业态，覆盖5个以上餐饮业态，覆盖3个以上休闲娱乐业态；②品牌：国际品牌占比25%以上，连锁经营品牌占比60%以上，特色本土品牌占比10%以上；③经营管理：空置率在5%以下，年销售额10亿元以上，日均客流2万人次，每平方米年均销售额达到15 000元以上，每平方米年均租金2 500元。

（2）地区型金鼎级购物中心。

①业态：覆盖5个以上购物业态，覆盖4个以上餐饮业态，覆盖2个以上休闲娱乐业态；②品牌：国际品牌占比25%以上，连锁经营品牌占比50%以上，特色本土品牌占比15%以上；③经营管理：空置率在5%以下，年销售额7亿元以上，日均客流3万人次，每平方米年均销售额达到10 000元以上，每平方米年均租金1 500元。

（3）社区型金鼎级购物中心。

①业态：覆盖3个以上购物业态，覆盖4个以上餐饮业态，覆盖2个以上服务业态，覆盖1个以上休闲娱乐业态；②品牌：连锁经营品牌占比50%以上，特色本土品牌占比30%以上；③经营管理：空置率在5%以下，年销售额2亿元以上，日均客流1万人次，每平方米年均销售额达到5 000元以上，每平方米年均租金700元。

2014年11月8日，在福州举办的第16届中国连锁业会议上，中国连锁经营协会公布了《购物中心等级划分规范》，该划分规范由商务部主导，2015年3月开始实施。该规范把购物中心分为“三类二级”，其中“三类”是指都市型、社区型、地区型，“二级”是指宝鼎级和金鼎级，其中宝鼎级为达标级，是购物中心合格的起步级，金鼎级购物中心在宝鼎级的基础上产生。该等级评定与划分主要从购物中心的业态、品牌、经营管理等方面出发，对购物中心经营品类、业态覆盖、品牌占比、空置率、销售额、客流、租金等进行细节化和标准化评定，目前采取企业自愿申报原则，凡连续经营1年以上、建筑面积在1万平方米以上的购物中心均可向所在省、自治区、直辖市、计划单列市等级评定机构申报。

（四）购物中心的特征①

（1）购物中心的策划、建立、经营都在一个组织体系下运作；

（2）适应管理的需要，产权要求统一，不可分割；

（3）拥有足够数量的停车场；

（4）拥有良好的购物环境；

（5）有统一的商业形象；

（6）满足一站式购物需求。

五、旅游购物场所策划

（一）可行性评估

（1）对旅游购物场所涉及区域进行基础资料的调查和统计，包括：①现有的购物中心数量、规模、地点、承租户的组成和繁荣程度；②消费者统计和研究，人口、收入、流动状况和购买方式。对选定区域未来3～5年或5～10年的人口预测、收入预测、新增购物者数量和交通发展状况预测。

（2）判断该地区适合发展的购物中心类型：在分析市场基础资料后确定初级、次级、外围三级商圈，并根据定位的目标市场，确定85%～90%的销售额来源，再通过对潜在销售额的预测确定可出租面积大小。最后参考其他类似购物中心的承租户组成比例，或者对购物街区零售面积和零售额之间的关系做进一步研究，确定承租户的基本组成范围。

（3）分析用地的可获得性：用地选择需要考虑其是否适合进行工程建设，其易达性如何。用地的可获得性指开发商是否能够控制或者获得用地使用权。首先，如果用地的所有者不止一个，需要获得每一个所有者的认可。其次，需要分析用地的合理价格或租金，决定是否值得购买并能够获得投资回报。最后，用地必须允许进行零售开发，如果是非商业开发用地，需要考虑改变用地性质的可能性。目前，我国城市规划中已经按照功能把用地分为居住、工业和商业用地，但是在某些情况下，改变用地性质是有可能的，特别是与居住配套的商业开发。由于大型购物中心往往会给周围的居民带来恐惧，如居民担心购物中心的交通会打扰居住区宁静的街道，所以从长远考虑，改变用地性质除了要和规划部门接触，还必须处理好与居民的关系，消除其带来的不利。

（4）分析购物区的地理情况：用地取得之后，还需要对用地进行实地调查，对用地的物理状况、地段的可进入性、地段周围环境等因素做进一步分析，判断其是否适合购物街区开发。

用地的物理状况：包括用地的规模、形状、整体性、高差变化、可进入性和视觉可见性，等等。

用地的可进入性：指用地周围的交通状况，是否能够容易地从周围道路进入购物中心，出入口与停车场的距离。如果周围道路在高峰期会出现交通堵塞，需要看政府部门是否有意或开发商是否有能力和资金加以改善。如果不能，那么只能减少购物商店的规模，而这可能

① 国际购物中心协会．购物中心管理［M］．北京：中国人民大学出版社，2010.

会影响购物区的效益回收。

（5）制定可行性研究报告，作为开发决策的依据。

（二）旅游购物场所定位

1. 交通易达性

交通易达性也就是交通便捷程度，主要取决于购物者从起点到购物地点所花费的时间。依据目前购物街区的经验，通常从不同地方来到购物区需要花费的时间一般为 12～15 分钟，最多不能超过 25 分钟。需要特别指出的是，空间距离和时间距离是有区别的，易达性分析确定的距离不仅是空间距离，因为空间距离和交通工具需要的时间有区别。为此，有必要对目前到达购物地点的主要交通工具所花费的时间进行测试，根据所花费的时间绘制等量时间距离图，理想的到达时间应当控制在半小时之内。

2. 最短时间原则

旅游购物场所应位于人流集散最方便的区位。因为商业活动的基本前提是商业与购物者面对面进行交易，而作为旅游购物，旅游者选择商品的时间往往较为匆忙，分配给单项商品的时间相对较少，因此相同条件下，到达旅游购物场所的时间越短，易达性越好，越能帮助旅游者确定选择目标，旅游者的主动选择和逗留的可能性也越大。

3. 聚集原则

商业活动具有集聚效应，集中布置能够相互促进，取长补短，提高整体吸引力。城市人流、物流和城市社会经济活动的焦点常常成为购物街区优先选择的地点。

（三）旅游购物场所用地规划①

1. 建筑设施用地

（1）零售批发的商业建筑，如购物街道、购物中心等。

（2）附属服务设施，如仓库、卸货台、停车场、配电房、消防用房等。

（3）娱乐设施，如儿童游乐场。

（4）办公设施。

2. 交通设施用地

（1）购物、货运和公共交通道路。

（2）购物、货运和公共交通停车场，停车场面积和购物街区的可出租面积、接待的购物者人数有关。

3. 步行区用地

（1）室外步行区，如步行街、步行通道、休憩庭院、中心广场等。

（2）室内步行区，如走廊、中庭等。

4. 缓冲区用地（介于购物街区和周围地区之间的用地）

（1）景观区。

---

① 李其涛，程艳．购物中心经营管理指南［M］．南京：江苏凤凰科学技术出版社，2015.

（2）公共道路区。

5. 扩建预留地。

预留作为将来项目扩建的备用地。

6. 用地规划总图设计

（1）保护周围地区不被干扰，包括商业噪声、视线和不良气味的干扰。

（2）实现交通安全、舒适和便利：

①购物者从周围道路能够方便地进出购物场所；②停车场尽量靠近购物场所，容易找到停车位；③在出入口、停车场、休憩场所到购物场所之间，提供方便舒适的防风、防雨、防晒通道，以方便购物者。

（四）旅游购物场所交通规划

购物场所交通规划分为三部分：利用周围道路把交通引入购物场所的组织和规划，购物街区内的交通组织和规划，建筑内部的人流组织和规划。

1. 周围交通的引入

对于旅游购物场所来说，大多数旅游购物者是乘坐旅游大巴、私人汽车、飞机、轮船而来，步行到达的购物者数量非常有限。因此，常见的解决方法是设立交通干线新站点，构建旅游吸引物增加交通拐点等。

2. 街区内交通组织

交通组织的原则是分流，人与车分流，客与货分流，消费交通与服务交通各行其道，互不干扰。

（1）服务交通车流：货车、拖车、垃圾车不要穿行购物区。服务车辆也禁止直接穿行购物停车场，货运车流的流线要方便通畅，符合各种货运车辆的行车规范和要求，并尽量避开购物者视线。在有条件的情况下，大型购物中心可设立单独的服务出入口和通道。如果在小型购物中心无法设立独立的出入口，则可设立空中或地下服务车道，利用隧道、地下层、架空道、坡道或设立服务庭院，形成立体通道，避免与购物车流人流形成交叉，在服务车辆入口需要明显标注，防止其他车辆混入。

（2）客座交通车流：设计独立通道和上下车站。客座交通包括公共汽车、旅游大巴、私人汽车、列车和地铁、飞机、轮船等。客座交通站点应尽量接近购物区域，如果交通站点距离较远，购物者下车后还需要步行穿过缓冲区和交通动线才能进入购物区域，必然会增加步行距离，带来安全隐患，而且会减少有效逗留时间。通常情况下，将交通站点设立在购物区域入口边缘或者地下停车场是较好的办法。同时，要考虑购物区域外部的公共交通问题，以适应晚上打烊时商家员工的交通需要。

3. 步行人流

购物场所的步行人流分为两种，一种是从停车场到商店的运动，它对商业销售没有明显的影响，另一种是从商店到商店的运动，是购物者比较商品的款式、价格和质量的运动，它对商业活动和销售额有直接影响。

（1）回路设置：顾名思义，回路指闭合的动线，购物者类似电路中的电子从动线入口出发经过整个线路，同时通过线路中的店铺实现人群分流，避免阻塞和动线失效。回路设置空间不够时，可以在动线中部和底部设置主导店，用主导店的大面积内堂变相拓展回路空间。

（2）多样结合：①核心与散线结合：每层购物场所的核心不宜超过三个，避免购物者不能把握整体布局，迷失方向，重复打转，导致实际销售情况不好。②繁杂与简洁结合：购物店面内饰可以繁杂丰富，商品装饰琳琅满目，但购物店面外部的购物场所天花板、墙面、地面应当以简洁为主，减少过多视觉符号刺激导致的疲惫，保持购物者消费敏锐感。

（3）方便快捷：购物场所本身的布局对人流形成有重要影响，而一些其他设施，例如公共汽车站、出租汽车站、儿童乐园、餐馆以及多层购物建筑的电梯、扶梯等，对步行人流也有一定的影响。主次通道可采用不同宽度设置，帮助购物者分辨所处位置，并在转角、洗手间、扶梯、电梯门口等处设置标识牌，帮助购物者及时识别，及时流动。

（五）旅游购物场所承租户类型

（1）商业承租户：①大众零售百货：知名品牌商品售卖；②地方专卖商铺：经营风味食品、特色糖果、编织制品、家装饰品、服装、茶叶等地方特产。

（2）服务承租户：如银行、快递等，服务承租户在购物街区商户中占的比例不高，一般不超过2%，是旅游购物街区的必备租户。

（3）文化娱乐承租户：书报店、影剧院、儿童游乐中心等。

（4）餐饮承租户：餐厅、咖啡厅、酒吧等。

（5）附属设施承租户：停车场、旅馆等。

（六）旅游购物场所承租户组合

购物场所一般以核心商店作为客源主要吸引力，在核心商店的基础上组织众多小商店，共同引导客流和维持生意。

1. 核心商店承租户

核心商店是吸引力的主要来源，也被称为磁极和“锚固点”，对组织购物人流发挥着重要作用，它把人流从一个磁极吸引到另一个磁极，在这个过程中引导购物者经过所有承租户的门口。因此，核心商店的位置非常关键，其数量也决定购物街区平面有几个焦点。核心承租户的位置需要最先确定，一般单个核心商店可放在线形步行街远途的端点，多个核心商店可沿动线分层布置，达到组织人流的效果。

零售百货商店、地方专卖商铺是购物街区的核心，常常能够获得较低的租金，并随着面积增加而递减。如风味食品、特色糖果、编织制品、家装饰品、服装、茶叶等商铺，面积适中，多为旅游购物区特色产品的代表，常常作为核心商户的重要组成部分。风味餐馆和高级餐厅是吸引旅游购物者的重要项目，一般设立在靠近停车场和主要道路两侧的独立建筑中，围绕主要步行人流设置。

超市是购物街区的重要补充，多数情况下是全国性或竞争力很强的地方连锁店，有良好的信誉，能够缴纳足够的租金。超市对大中型购物街区的地位更重要，尤其在很多旅游城市，它为游客提供日常补充购物，对于吸引人流的作用非常大，在很多旅游购物街区，往往将地方特色产品放入超市开设专柜，利用连锁超市的品牌信誉，吸引游客放心购物。

2. 普通商店承租户

普通商店指非地方特色的礼品店、收藏品商店、运动用品商店、箱包店、音像制品商店、照相器材商店、服装店等商铺。普通承租户适当组合能够在一定程度上提高销售额，但各种承租户对购物者的吸引力是不同的，一些经营项目的商店组成群体有助于加强吸引力，另一些经营项目的商店则要相互避开。

（1）聚集布置类。

1）男士用品商店，包括男鞋、男装、运动用品、休闲用具、书报类商店，应当集中布置在一起，并准备长椅、茶座、花坛中庭等休憩设施，方便购物者购物休憩。集中布置男士用品，可以大幅增加销量，例如，日本伊势丹新宿分店集中经营男士服装，营业额一度达到东京都内全部男装的25%。

2）女士用品和儿童用品店，包括女装、女鞋、童装、童鞋、玩具等，应当集中布置在一起，并准备换衣间、物流托运店，方便购物者对款式、价格等进行比较和购后处理。

3）食杂零售店，包括快餐、自助餐、小吃、冷饮亭、咖啡厅、香烟、休闲食品等，应集中布置在一起，方便购物者根据需要选择，并且热闹的气氛能有效增加食品杂货销量。不知名快餐主要为购物街区员工提供餐饮，一般设立在不重要的区域。知名快餐依靠品牌为旅游购物者提供放心饮食，减少其就餐疑虑，一般设立在次级重要的区域。

（2）分散布置类。

1）高档服装店和外卖快餐店应当分开，因为在这两种类型的商店中，购物者的步行速度完全不同。

2）超级市场和饮料商亭应当分开，因为两者购物品种有大量冲突。

3）珠宝店和音像制品商店应当分开，这样可以延长购物者的兴趣。

综上所述，普通承租户安排在主要人流路线到核心商店的线路上，用于形成次级人流，与主要人流形成交叉，促进内部的人流运动，吸引购物者穿行整个购物中心。

（七）旅游购物街区的项目运作团队

在常规项目设计运营团队的基础上，开发商、建筑师、环境工程师、房地产顾问都是项目运作的重要支撑。

（八）旅游购物场所的管理

1. 财务管理

（1）不动产价值判断。

1）重建成本估价法：指重建一处同样的购物场所需要投入的资金，即将该购物场所的土地视为一块空地，根据目前市场价格趋势，评定该地块的市场价值，加上重建类似购物场所需要的建造成本，再减去购物场所原建至今的应计折旧。这种估价的方式对于年代久远的购物场所来说精确度不高，因为目前对年代久远购物场所的估价明显少于土地价值和重建建筑物价值之和。

2）市场比较法：指在市场上选择若干与被评估购物场所相同或类似的资产作为参照物，将被评估购物场所与参照物进行比较，根据参照物的市场价格估算被评估购物场所资产价值。

a. 评估价值 = 参照物市场价 + $\sum$ 评估场所比参照物优异部分的金额 − $\sum$ 参照物比评

估场所优异部分的金额。

参照物市场价：公开市场上的成交价或标价。

优异部分金额：两者在功能、成交时间、地域上的对比，将其中差异幅度转化为现金。

适用于不同开发商投资开发的购物项目估值。

b. 评估价值 = 参照物市场价 × 折旧率。

适用于相同开发商投资开发的功能、地域相同的购物场所估值。

3）收入资本估价法：又叫现金流分析法，是对购物场所进行资产评估最常用的方法，即将购物场所在其运营周期中，或特定时段内每年能产生的净现金收入，换算成当前资本价值，通过对资本化率的比较判断其价值。所谓资本化率，指每年预期的年收入之和减去利息后的累计值，资本化率在一定程度上反映了投资收益率，资本化率的大小与投资风险的大小成正相关的关系，投资风险越大，资本化率越高，在净收益不变的情况下，房地产价值越低。

a. 净现金收入计算公式：

毛收入 - 经营费用 = 营运净收入

营运净收入 - 折旧 - 利息 = 应税收入

应税收入 - 所得税 - 摊销 + 折旧 = 净现金收入

b. 资本价值换算公式：

资本价值 = 营运净现金收入 ÷ 资本化率

（2）经营收入管理费用。

租赁方面：根据租赁期限、租赁终止时间、各种税负的支付及相应的投保保险责任，确定可抵消的租金百分比折扣。其他方面：公共区域维护费用、定期广告活动费用、管理常规费用、附加管理费用。

① 最低租金：考虑建造成本、贷款金额、年还贷额、额外经营成本和应得投资的回报。

（年还贷额 + 经营成本 + 投资回报）÷ 租赁商铺面积 = 最低租金

② 百分比租金：指超过最低租金部分的租金。

销售额 × 百分比租金率 - 最低租金 = 百分比租金

③ 百分比租金临界点：指承租人销售额到达应多支付百分比租金的点。

最低租金 ÷ 百分比租金率 = 临界点销售额

如：最低租金 25 000 元，百分比租金率为 5%，临界点就出现在销售额为 500 000 元时。

（3）公共区域维护及管理费用。

普通租赁户根据已租赁或已占用区域按比例承担费用。主力商店按照固定比例承担费用，也可按照不同时间段的销售比例承担费用，常见的有按季度销售比例承担费用、按年度销售比例承担费用。

2. 保险管理

（1）被保险内容：包括建筑物保险、租金损失保险、经营收入及额外支出保险、个人财产保险、承租人装修保险。

（2）保险估值：重置成本估值法，实际现金估值法。

（3）建筑附加保险：主体建筑如果后续有更有价值的工程，可单独进行保险。

（4）特殊情况保险：对各种不可抗灾难的一揽子保险，如地震、水灾等。

（5）责任保险：①一般商业责任险，包括身体伤害、名誉伤害、财产损失三部分。②伞式额外责任保险，指设定保险最高额度，理赔到达最高额度就停止继续支付。③非自有汽车及租用汽车责任保险：对雇员在此类车辆中遇到的事故进行保险。

（6）工伤赔偿保险：根据国家法律规定投保，不能自行减少。

3. 租赁管理

（1）租赁合同书中基本条款：①租赁合同各方。②租户品牌。③出租场所的描述。④起租日。⑤终止租赁日期。⑥续租优先权。⑦是否允许自行转租。⑧租金：最低租金，百分比租金。⑨是否允许出租方移动承租户租赁场所。⑩解除条款。

（2）租赁方规定承租人可以开展的经营活动。

（3）独家经营权的使用与否。

（4）其他：如装修、开发、销售额、公共区域、停车场所、维修、营销等约定。

4. 维修管理

（1）购物街区管道、景观、照明、标志、道路设备、停车场的保养、维修和更换，以及垃圾的清理。

（2）建筑外部框架：屋顶、墙面、附属景观设施的保养、维修和更换，以及积雪雨水扫除、污渍清理。

（3）建筑物内部维护：地板、玻璃、墙面、天花板的维护。

（4）机械电气设备维护：供暖、通风和空调设施、升降载人载货设备、电气设备、报警和个人呼叫系统等。

5. 安全管理

验收审核人员应从以下几个方面对建筑设计进行审核：①建筑结构、功用以及耐火等级；②防火分区、安全通道及疏散；③防火门、楼梯间；④消防给水、自动报警系统、自动喷水灭火系统、自动排烟系统等消防设施。购物场所电气工程的施工也必须符合国家消防安全管理的相关规定，严禁无证进行建筑电气工程的安装施工，在电子产品的选用上也要尽量选择高质量的，严禁选择已淘汰的产品。当电气线路投入使用后，应定期对电气线路以及相关的电器设备进行检修及维护，若出现过载、发热、漏电等异常现象，应及时查明原因并及时修复或更换，防患于未然。

大型购物场所在营业期间应当至少每两小时对全部场所进行一次防火巡查，营业结束时，还应对营业现场进行检查，发现遗留火种应及时消除。在巡查时应确定巡查人员、巡查内容、巡查部位以及巡查的频次，巡查的内容包括：用火、用电是否有违章情况；安全出口、疏散通道有没有被占用或堵塞；安全疏散示意图、应急照明系统是否正常；消防设施、消防安全标志是否在位、完好；常闭式防火门是否处于关闭状态，防火卷帘下是否堆放物品影响使用；消防安全重点部位的安全责任人是否在岗以及其他相关情况。依据建筑消防设施检查维修保养相关规定，找专业的消防设施维修保养单位进行维修保养。并遵守有关规定，定期对购物中心内的自动消防设施进行全面检测，以保证消防设施保持良好状态。同时，应当按照有关规定，定期对灭火器进行维护保养和维修检查。

购物场所应通过多种途径定期对员工进行消防安全宣传及教育培训，至少每半年对员工进行一次消防安全培训，相关的宣传教育和培训应涉及以下内容：有关消防法规、商场消防安全管理制度、保障消防安全的操作规程、商场以及各岗位的火灾防范重点及防范措施；各类消防设施的性能及使用方法；报火警、扑灭初火以及自防自救逃生的知识及技能；组织、引导购物中心群众及时疏散的知识和技能。

（九）旅游购物项目效益分析

1. 计划效益分析

（1）购物场所的位置能否获得足够的商业销售和利润，在市场上是否有竞争力，是否有足够的人口和购买力支持。

（2）购物场所的商铺、摊位是否能够出租，有足够的承租户交纳足够的租金。

（3）对资本投入、远期收益、经营成本、税收、管理费和更新装修费用的评价。

2. 承租户业绩分析

（1）销售报表：对承租户的销售报表可以进行如下对比：①同类销售商的销售业绩。②同位承租户不同年份的销售额和销售量。③每种商品销售量的增长幅度。④单位面积的销售量与购物街区整体平均销售量的比较。⑤租赁成本占销售量的比重。

（2）店铺审计：该方法不同于会计审计，主要是对店铺外观和经营能力的评价，包括：①店铺外观：窗户、地板、地毯、照明、标牌。②货物：到货是否及时、库存水平、产品深度和产品宽度。③商品陈列：橱窗、入口、服装模特儿、标牌、照明、展示设备是否完美。④销售人员：仪表、推销术、亲切程度、商品知识、客户服务能力。⑤品牌知名度、顾客参与程度等。

表5－1所示为调查表。

表5－1 调查表

店铺地址： 店铺编号

访问日期： 进店时间： 店内顾客人数：

访问员： 调查表编号： 总得分：

调查项目	等级	评分标准
1. 营业员的礼貌		
（1）顾客进店时，有营业员立即面对顾客打招呼	优 良 中 差	有营业员立即面对顾客热情自然地打招呼 有营业员面对顾客打招呼，但不自然、热情 有营业员打招呼，但不面对顾客 不打招呼
（2）营业员衣着统一、佩戴胸卡、发饰整洁、化妆自然	优 良 中 差	衣着统一，佩戴胸卡，发饰整洁，化妆自然 四项中有一项欠缺 四项中有二项欠缺 四项中有三项以上欠缺或其中一项严重欠缺
（3）营业员各就各位，无倚靠、聊天、干私事现象	优 良 中 差	营业员各就各位，无倚靠、聊天、干私事现象 四项中有一项欠缺 四项中有两项欠缺 四项中有三项以下欠缺或其中一项严重欠缺

续表

调查项目	等级	评分标准
(4) 能用普通话接待顾客，礼貌用语、面带笑容	优 良 中 差	礼貌用语、面带笑容（顾客讲普通话时，营业员也讲普通话） 四项中有一项欠缺 四项中有两项欠缺 四项中有三项以下欠缺或其中一项严重欠缺
(5) 当顾客只想看看时，营业员没有板起面孔的现象	优 良 中 差	营业员态度热情，并适当推荐一些特色商品 营业员态度热情，但未推荐商品 营业员态度有较大变化，也未推荐商品 营业员板起面孔
(6) 收银员的态度和蔼，唱收唱付，并说“谢谢”	优 良 中 差	态度亲切、和蔼，唱收唱付，并说“谢谢” 态度一般，并说“谢谢” 态度一般，不说“谢谢” 态度差
2. 营业员的推销技巧		
(7) 同停留在货架前挑选货品的顾客主动打招呼并询问其需求	优 良 中 差	营业员主动过来打招呼并询问需求 营业员主动过来打招呼但不询问需求 营业员未主动打招呼，但顾客招呼时，能迅速过来 营业员未主动打招呼，当顾客招呼一遍以上时才过来
(8) 主动热情地介绍商品的特性、背景资料	优 良 中 差	全面详细地介绍商品的特性、背景资料 顾客询问后，一问二答或以上 顾客询问后，被动解答，一问一答 顾客询问后，因反感而不答
(9) 告诉顾客售后服务的内容	优 良 中 差	主动告诉顾客全部售后服务的内容 告诉顾客两项售后服务内容 告诉顾客一项售后服务内容 未告诉顾客售后服务内容
(10) 如果不合适，则主动、热情地给顾客更换或介绍其他商品给顾客参考。	优 良 中 差	若顾客提出不合适，主动征询不合适的原因，并能提供相应的合适货品给顾客 若顾客提出不合适，没有征询不合适的原因，就为其提供其他货品 若顾客提出不合适，让顾客自己挑选其他货品 若顾客提出不合适，收回货品，不予理睬，或强行推销该货品
(11) 顺便向顾客介绍、配搭其他商品	优 良 中 差	主动介绍并主动引导顾客配搭其他货品 未主动为顾客配搭，当顾客提出配搭要求后，能热情帮助配搭 顾客提出配搭要求后，不情不愿地寻找相应货品 顾客提出配搭要求后，没有反应

续表

调查项目	等级	评分标准
（12）配搭恰到好处，令顾客满意	优 良 中 差	配搭恰到好处，顾客非常满意 配搭水平较高，顾客比较满意 配搭水平一般，顾客可以接受 配搭水平太差，顾客不能接受
（13）在不需同时接待其他顾客时，陪同顾客到收银处付款，并说致谢语	优 良 中 差	陪同顾客付款，并说致谢语 陪同顾客付款，不说致谢语 让顾客自己去付款，说致谢语 让顾客自己去付款，不说致谢语
（14）顾客离店时，有营业员能立即主动地对每位离店顾客说送别语	优 良 中 差	顾客离店时，营业员热情、自然地招呼 顾客离店时，营业员打招呼，但不热情 有营业员偶尔对个别离店顾客打招呼 不打招呼
3. 购物环境		
（15）在收银台附近，整洁摆放或张贴着“顾客服务热线”的标牌	优 良 中 差	店内收银台附近有标牌，且很整洁 店内收银台附近有标牌，但不够整洁 店内收银台附近有标牌，但很脏 无标牌
（16）店内货架、橱窗、门面招牌、地面整洁	优 良 中 差	店内货架、橱窗、门面招牌、地面整洁 一项欠缺 两项欠缺 三项或四项欠缺，或有一项严重损害商店形象
（17）货品摆放整齐、货架不空置、货品及模特无污渍、无损坏	优 良 中 差	货品摆放有条不紊，分门别类，货架不空置、货品及模特无污渍、无损坏 有一个货架（或货品、模特）未达到要求 有两个货架（或货品、模特）未达到要求 货品乱放，或三个以上货货品及模特有污渍、有损坏
（18）灯光明亮、音响适中、温度适宜、走道通畅（无杂物堆放）	优 良 中 差	灯光充足、音响适中、温度适宜、走道畅通（无杂物堆放） 四项中有一项有欠缺 四项中有两项有欠缺 四项中有三项或四项有欠缺，或有一项以上严重欠缺

说明：对每项调查内容，优 5 分、良 4 分、中 3 分、差 1 分，满分 100 分。

（资料来源：周文根．市场营销原理［M］．北京：中国经济出版社，2008. 有修改。）

六、旅游购物场所营销

分析当前形势，明确机遇与挑战，决定营销目标和方向，制定战略规划，实施营销策略。

实训项目

项目产品销售渠道策划

实训目的：通过项目小组写作《旅游项目产品渠道代理商选择方案》，了解构建项目产品销售渠道的基本程序，熟悉销售渠道目标描述，掌握项目渠道评估的撰写方法，掌握项目渠道代理商的选择方法。

实训步骤：

第一步，明确旅游项目销售渠道目标。

第二步，调研。

第三步，根据项目销售渠道目标，项目小组制定可操作的渠道构建方案，要求结合点线面制作销售渠道体系。

第四步，提交《旅游项目渠道代理商选择方案》。

实训成果：

第一部分：《旅游项目销售渠道目标描述》《渠道调研问卷》《访谈提纲》。

第二部分：《旅游项目渠道代理商选择方案》。

知识归纳

本章主要结合旅游购物产品、场所的策划运作，学习写作《旅游项目渠道代理商选择方案》的基本程序、基础理论和基本工具，为后续章节的学习打下基础。全章共分三部分，第一部分主要介绍了旅游购物项目的含义，旅游购物行为模式和特点，旅游购物行为模式的影响因素，旅游购物系统的运行特点，旅游购物项目的产品设计；第二部分主要介绍了旅游购物商品的含义，旅游购物商品的分类，旅游购物商品生产经营特点，旅游购物商品营销，旅游购物商品策划；第三部分主要介绍了旅游购物场所项目的选址，旅游购物街区、街道、中心的含义和特点，旅游购物场所策划，旅游购物场所营销。通过本章的学习，要求学生了解旅游购物项目的概念和类型，熟悉旅游购物项目的策划程序，掌握不同旅游购物项目的特点，掌握旅游购物项目策划管理方法并能熟练运用。最后要求学生能通过实训掌握如何构建旅游销售渠道。

复习思考题

一、简答题

1. 旅游购物和旅游购物项目的含义是什么？
2. 旅游购物行为有几种模式？分别有什么特点？
3. 旅游购物行为模式的影响因素有哪些？主要区别是什么？
4. 旅游购物项目产品设计应注意哪些方面？
5. 旅游购物商品的含义和分类是什么？有哪些生产经营特点？
6. 旅游购物场所分类有哪些？主要区别是什么？
7. 旅游购物场所策划管理应当注意哪些内容？

二、选择题

1. 旅游购物具有（　　）的特点。

A. 感性消费　　B. 名气消费

C. 波动变化大

2. 旅游购物的意义包括（　　）。

A. 促进旅游业的可持续发展　　B. 提高旅游业经济效益

C. 增强旅游地经济文化优势

3. 旅游购物行为模式包括（　　）。

A. 需要—动机—行为模式　　B. 提醒—需要模式

C. 刺激—反应模式

4. 需要—动机—行为模式下的旅游购物行为，影响其的主观因素包括（　　）。

A. 旅游目的　　B. 旅游经验　　C. 他人影响

5. 提醒—需要模式下的旅游购物行为，影响其的客观因素包括（　　）。

A. 广告　　B. 促销　　C. 他人影响

6. 刺激—反应模式下的旅游购物行为，影响其的主客观因素包括（　　）。

A. 口碑　　B. 体验

C. 服务　　D. 售后

E. 品质

7. 旅游购物行为特点包括（　　）。

A. 时间迅速　　B. 重复购买少

C. 注重品质

8. 需要—动机—行为模式主要从（　　）的角度出发，探讨主体在主客观因素的影响下，主观动机如何形成，并产生购买行为的过程。

A. 旅游者　　B. 外界提醒

C. 学习与反馈

9. 提醒—需要模式主要从（　　）出发，认为外因是导致内因的重要前提，研究重点放在如何更好地打造外因—外部提醒上。

A. 旅游者　　B. 外界提醒

C. 学习与反馈

10. 刺激—反应模式从（　　）出发，探讨旅游者对外界刺激的主动加工与再学习过程。

A. 旅游者　　B. 外界提醒

C. 学习与反馈

11. 旅游购物系统运行具有（　　）特点。

A. 购物系统依附性　　B. 购物行为随机性

C. 购物市场运行独立性

12. 旅游购物项目产品设计的角度包括（　　）。

A. 特色　　B. 知名度　　C. 价格比　　D. 体验性

13. 旅游购物项目产品设计的要点包括（　　）。
A. 现场独特价值　　B. 品质优良
C. 价格合理　　D. 体验良好
14. 旅游购物项目产品开发的原则包括（　　）。
A. 挖掘地方文化内涵　　B. 逐步系统开发
C. 品牌开发
15. 旅游购物商品的特点包括（　　）。
A. 纪念性　　B. 艺术性
C. 实用性　　D. 轻便性
16. 旅游购物商品生命周期短，模仿复制严重的原因在于（　　）。
A. 购买旅游商品地点相对集中　　B. 旅游者需求多样化
C. 购买流通渠道复杂
17. 旅游购物商品销售渠道包括（　　）模式。
A. 单一市场　　B. 双市场
C. 旅游购物网点
18. 旅游购物场所项目包括（　　）为中心选址。
A. 旅游吸引物　　B. 旅游住宿点
C. 旅游区进出路线　　D. 旅游城市
19. 旅游购物街区由（　　）组成。
A. 购物街道　　B. 购物中心
C. 购物店
20. 旅游购物街区具有（　　）特点。
A. 购物街区步行化　　B. 购物街区社会化
C. 购物标准规范化
21. 旅游购物街道的特征包括（　　）。
A. 大　　B. 多
C. 经营主题明确　　D. 聚合性好
22. 旅游购物街道按照功能分类，包括（　　）。
A. 大型办公楼的辅助　　B. 旅游综合体的辅助
C. 交通综合体的辅助
23. 购物中心按照服务范围分为（　　）。
A. 专卖购物中心　　B. 主导购物中心
C. 零售购物中心

操作训练题

【案例资料】　　海南欢乐节开幕　71 项活动开心“嗨”个够

11 月 7 日，记者从海南省旅游委获悉，2016（第十七届）海南国际旅游岛欢乐节将于

11 月 25 日到 12 月 31 日在海南全岛隆重上演，开幕式定于 11 月 26 日。本届活动一共分为欢乐开幕、欢乐节主体活动、海口市主会场配套活动、欢乐主题旅游月四大板块，全岛各市县共计推出 71 项活动节目。

一、四大板块多维度展现海南旅游之美

据介绍，本届欢乐节开幕式由“海南之夜”旅游推介会、2016 海南国际旅游岛欢乐节开幕式共同组成欢乐开幕板块。“海南之夜”旅游推介会将以独特的形式向参加欢乐节的中外嘉宾全方位、多维度地展现海南丰富的旅游资源及全新的旅游产品。届时，预计共有来自 3 000 余名国内外各界嘉宾共同见证本届欢乐节的开幕。除了中外演出团体将带来特色演出，海洋旅游博览会及美食博览会也将同步开幕，届时海南将成为一片欢乐的海洋和美食的天堂。

据悉，从 2000 年开始，经过连续十六届举办和不断沉淀，海南国际旅游岛欢乐节已经成长为海南省的国际性品牌旅游节庆和一张具有国际影响力的旅游文化名片。它既是全民同乐的盛大节日，也是吸引游客的旅游产品，更是海南宣传旅游新业态、营销旅游新产品、推出旅游新路线、创造旅游新效应的大平台。

2016（第十七届）海南国际旅游岛欢乐节由海南省旅游发展委员会主办，海口市政府承办。本届欢乐节以“宣传旅游新业态、营销旅游新产品、推出旅游新线路、创造旅游新效应”为基本原则，立足突出国际元素、地域文化、百姓参与等特点，主要活动共分为欢乐开幕、欢乐节主体活动、海口市主会场配套活动及全省欢乐主题旅游月四大板块。

二、六条主题旅游线路总有一条适合您

全省欢乐主题旅游月在全省欢乐主题旅游月板块，海南省还将发动全省各市县在欢乐节期间举办各类配套系列活动，设计和推出欢乐节期间的六条主题旅游线路。

1. 海南精品景区游

本线路通过划分东线、中线、西线三条旅游线路，将全省精品旅游景区串联，从而展示海南高端旅游产品，并开展景区折扣优惠活动。

2. 海南欢乐购物游

本线路将岛内主要旅游商家串联形成购物旅游线路，统一开展促销打折活动，给游客带来快乐的购物体验。

3. 海南欢乐美食游

本线路以在海口举办的海南国际美食博览会为中心，安排若干条海南美食体验旅游路线，集中宣传海南独具特色的美食文化。

4. 海南欢乐乡村游

本线路将充分发动海南各家旅行社和互联网媒体，将遍布全省的乡村旅游景点进行线路串联和销售，将欢乐节游客输送到全省各地。

5. 环岛高铁游

本线路将使环岛高铁沿线市县旅游景点景区进行串联包装，推出环岛高铁自助游线路，

让游客深度体验高铁环岛游的乐趣。

6. 高尔夫温泉养生游

本线路结合高尔夫球比赛和温泉养生论坛等活动，集中宣传推广全省高尔夫温泉养生旅游产品。

（资料来源：黄慧．海南欢乐节 11 月 26 日开幕［R］．海南省旅游信息中心，2016－11－10.）

1. 分析上述资料，本项目小组选择一条旅游线路，设计旅游购物商品。
2. 分析上述资料，本项目小组阐述该旅游线路适合哪些旅游购物商品。
3. 分析上述资料，本项目小组设计旅游购物商品时考虑哪种购物行为模式？针对该行为模式，可设计哪些策划要点？
4. 分析上述资料，选择本项目小组设计的旅游购物商品的价格定位和销售渠道。

第六章

旅游节庆项目营销与策划

学习目标

1. 了解旅游项目推广营销策划的概念。
2. 熟悉旅游项目推广营销策划程序。
3. 掌握旅游项目推广营销策划的方法。

实训要求

1. 实训项目：旅游项目小组收集资料，根据旅游项目目标、主打产品、产品价格、项目渠道范围，确定旅游项目推广营销策划，构建本项目小组的旅游项目推广体系。

2. 实训目的：通过熟悉基本程序，掌握基本方法，实践操作策划旅游项目推广体系，帮助梳理旅游项目全部营销策划工作，帮助学生理论联系实际，对旅游项目运作体系进行深入的分析与构建。

第一节　旅游节庆项目营销

一、旅游节庆的含义

（一）旅游节庆的概念

节庆概念有广义和狭义之分，广义的旅游节庆指含有多种旅游项目的，具有旅游特色的活动或非常态发生的特殊事件，不仅包括各种传统、现代的各类文化、旅游节，还包括各类交易会、展览会、大型庆典活动、体育赛事等具有旅游效应的一切事件活动。狭义的旅游节庆仅指周期性举办的传统节日以及各类经济和文化庆典活动，不包括一次性结束的交易会、展览会、博览会、文化、体育等活动。

西方学术界把不同类型的节庆统称为事件（Event），把事先经过策划的事件称为 Planned Event，把节日和特殊事件（Special Event）合在一起，简称 FSE（Festival Special

Event），译为“节日和特殊事件”，简称“节事”。

最初的旅游节庆直接源于对传统节庆的重新包装，或者依靠举办地特有的历史、文化、资源、经济、自然等条件开发举办的吸引旅游者的活动。其直接目的是利用节庆活动的巨大经济、社会、文化效应为举办地带来收益，并以特有的节日和庆典流程，展现某一地区、某一时刻、某一民族的文化和精神。它以活动的方式全面展示地方特色、历史和文化，对当地居民来讲是精神宣泄的工具，对游客来说是体验异域文化的较好方式。活动期间，人流、物流、信息流、货币流等大量积聚，能有效促使举办地的经济、形象、知名度大幅提升。

（二）旅游节庆的意义

1. 旅游节庆的经济效应

（1）提高旅游收入。节庆对地区内外的强大吸引力可以产生大量的人员流动，导致消费增加、城市更新、地区形象提升。旅游需求每增长 1 个百分点，可拉动 GDP 增长 0.5 个百分点，旅游节庆可大幅提高旅游需求，拉动 GDP 增长的乘数效应更加明显。

（2）提高和完善举办地的基础设施建设。良好的基础设施和旅游服务设施是旅游业发展强有力的依托和必不可少的条件，通过举办旅游节庆，可以对举办地的基础设施、服务设施如交通、环境状况、宾馆、体育运动场所、休憩场地等起到改善作用，从而进一步提高和完善举办地的旅游综合接待能力。在实践中，往往在旅游节庆举办之前，举办者会对旅游地的景点、道路、桥梁、房屋、绿地、宾馆、饭店、游乐场所、车站、码头、供应设施进行集中整治，拆除违章建筑、清理占道物资、疏通道路、维修景点、打扫卫生等，通过对交通建设、园林绿化、城市标志物建设、主要景区景点维护改造等，使举办地更加清洁、美观、漂亮。同时，旅游节庆举办期间还会加大管理力度，建立健全各项规章制度，从而更好地完善政府的社会服务功能。

2. 旅游节庆的社会文化效应

（1）通过旅游节庆挖掘地方文化。在节庆举办过程中，组织者常常千方百计地挖掘自然、历史、民俗、经济等内容，一些区域文化虽然不能作为节庆的主要内容，但是在节庆活动中也能频频亮相，从而增加民众对此类文化的感知，间接使很多原来不受重视的地方文化得以恢复发展。如山西太原市清徐县既是山西传统农业县，也是老陈醋生产基地，太原市已连续多年举办中国清徐醋文化节，不仅被中国特产之乡评审委员会命名为中国陈醋之乡，也在海内外产生了一定的品牌效应。

（2）通过节庆活动营销城市形象。良好的城市形象犹如巨大的磁场，不仅能够源源不断地吸引八方客前来旅游、观光、购物、置业、投资，还会吸引周边地区乃至海内外的生产要素，形成巨大的现实生产力，推动和促进城市经济的全面发展。同时，良好的城市形象将会显著地提升城市的知名度和美誉度、增强市民的凝聚力、提高市民的素质。旅游节庆不仅是城市吸引眼球经济的手段，也是城市巩固和重塑城市形象的契机。如法国瓦朗索勒每年 7 月的第三个周日都会举办一年一度的薰衣草节，小镇的居民会穿着传统服饰，拿着薰衣草产品和农作用具在小镇上表演游行，游客除了游览盛大的薰衣草集市，还能品尝到特有的薰衣草口味冰淇淋。瓦朗索勒通过薰衣草节逐渐打造普罗旺斯薰衣草大本营的形象，被认为是普罗旺斯种植薰衣草面积最大、品种最全的地方。

3. 旅游节庆的旅游效应

（1）调整举办地的旅游产品结构，弥补旅游淡季供给过剩状况。旅游节庆是一个综合系统，通过对旅游目的地旅游资源、风俗民情、特殊事件等因素的优化组合，举办丰富多彩的节庆活动，既能扩大游客数量，也能调整旅游资源结构，为当地旅游业的发展提供新的机会，延长旅游旺季，解决旅游换季供给过剩、需求不足的问题。

（2）提高举办地的旅游竞争力。旅游节庆举办前夕，举办者都会对当地的历史、文化、工业、农业等旅游资源进行整合，扬长避短，发挥优势，包装成有吸引力的旅游产品，在旅游节庆名称下不断填补新的内容，随着旅游消费者的需求进行概念和内容的丰富，进而提高当地旅游的竞争力。如荷兰库肯霍夫郁金香公园是每年阿姆斯特丹花卉游行的必经之路，被誉为世界上最美丽的春季公园，也是世界上最大的球茎花卉公园。公园内有长达 15 公里的步行道，还放养了 30 余种鸟类和小动物。每年春天，这里都会举行为期八周左右的花展，同时还安排许多相关的活动，包括园艺与插花等的工作坊、各种主题展览等，2016 年主题是“黄金时代”，宣扬最具荷兰特色的文化。

（3）满足游客多层次的需求。旅游节庆的内容包罗万象，涉及服饰、建筑、宗教、礼仪、时令、歌舞、戏剧、饮食等诸多方面，游客可以通过参加各种各样的节庆活动，得到不同的体验。同时，多样化的节庆活动不仅为游客提供更多的选择机会，也使不同地区旅游资源的承担限度合理化。

（三）旅游节庆的特征

1. 时间性

旅游节庆活动多反映当地传统文化和民族特色，其举办时间必然受特定时间段的影响，如云南傣族泼水节、壮族三月三歌圩节等。固定时间段也有利于旅游节庆的策划、营销、游客接待等活动的开展。

2. 综合性

旅游节庆综合性表现在多个方面。首先，节庆内容的综合性。旅游节庆特别是大型综合性的旅游节庆，能够全面集中地展现区域自然、民俗、饮食、文化、历史等特色，体现多元文化。其次，组织活动部门的综合性。节庆活动的组织管理者涉及交通、卫生、医疗、安全、城管、文化、旅游、商业等诸多部门，需要极强的综合组织协调能力。最后，功能的综合性。旅游节庆具有旅游、经济、文化、庆典、区域形象塑造等多种功能。旅游节庆的综合性特点往往导致节庆活动的环境策划、氛围营造、可参与性设计比节庆概念的打造更为重要。

3. 地方性

资源禀赋是旅游节庆开发的基础，节庆的形成和发展紧紧依托地方资源和特色，如植物花卉、自然景观、地方特产等。地域特色（地方性）是旅游节庆的魅力所在，旅游节庆离开地方环境条件，其个性吸引力就会减弱甚至消失。能否最大限度地展现地域特色是节庆策划中首先考虑的问题，特别是具有垄断地位的地方自然、经济、文化、历史特色节庆活动，若能得到适时适当的开发，市场潜力巨大。

4. 参与性

参与性是节庆活动的显著特性，节庆中的游行、狂欢等活动需要大量参与者来制造节庆氛围，各种比赛和展览也需要相关人员和商家的参与。它打破常规生活秩序，给当地民众和旅游者带来新鲜感，参与者可以通过各种活动来满足自己的兴趣爱好，展示自己的特长，或者通过节庆活动学会当地特有技艺。不论外地还是本地参与者，都给节庆活动带来活力，给举办地带来了经济收入。

5. 娱乐性

“娱乐”在《现代汉语词典》中的解释是娱怀取乐、欢乐，包括主动娱乐和被动娱乐两种，主动娱乐强调的是参与性，被动娱乐强调的是观看性。很多时候旅游节庆所在地进行节庆策划时，最关心的是通过节庆活动帮助所在地实现经济效益和社会效益，于是在策划过程中单方面地宣传和诉求，并不考虑参与者的接受程度，只顾引导其认同，而很少考虑游客和当地居民对于节庆活动的形式、内容是否喜欢、能不能参与、有没有参与热情。如有的地方节庆开展“广场文化”活动，为观众表演锣鼓、舞龙、舞狮、秧歌等节目，观众仅仅作为被动娱乐观看，起不到良好效果，如果发动观众参与，在保证安全的前提下，进行简单的动作和步骤演练，然后组织观众动手演练，更能丰富观众的体验，引发观众的兴趣。

（四）旅游节庆分类

（1）国际节日和活动协会（IFBA）把节事分为8类：大型节事、小型节事、艺术节日、体育事件、展览会、与公园和游园相关的事件、与城市相关的事件以及与会议观光相关的事件。

（2）国内按照节庆内容分为7个大类：

1）文化庆典：包括节日、狂欢节、宗教事件、大型展演、历史纪念活动等。

2）文艺娱乐事件：包括音乐会、表演、文艺展览、授奖仪式等。

3）商贸及会展：包括展览会（展销会）、博览会、会议、广告促销、募捐活动等。

4）体育赛事：包括职业比赛、业余比赛等。

5）教育科学事件：包括研讨班、专题学术会议、学术讨论会、学术大会、教科发布会等。

6）休闲事件：包括游戏和趣味体育、娱乐事件等。

7）政治/政府事件：包括就职典礼、授职/授勋仪式、贵宾观礼、群众集会等。

（3）根据节庆的起源和产生，可以分为三类：

1）经过长期历史文化积淀所形成的传统民族节庆和宗教节日。如西方的狂欢节、圣诞节、复活节，中国的端午节、中秋节、清明节等。这些节庆历史久远，具有深厚的文化内涵和民族特色，称为传统节庆。传统节庆节期一般只有一天，例如，农历八月十五是中国的中秋节，五月初五是端午节，而公历2月14日是西方的情人节等。传统节庆虽然时间较短，但由于具有深厚的历史文化根基和广泛的群众性，所以具有久远而巨大的影响力。

2）国家出于政治或公益事业需要设立的纪念性节日。例如，各国的国庆日、国际劳动节、青年节、教师节、母亲节、世界地球日、世界扫盲日等。在这些节日里，政府相关部门和公益性团体都会组织众多活动，以达到庆祝、纪念和宣传的目的。活动从社区聚会、公益募捐到国家军队检阅、文化庆典等，规模差距很大，影响力也大不相同，但都带有极强的政治和公益色彩，对区域经济的驱动表现不明显。

3）随着区域经济、文化的飞速发展而逐步形成的具有地方特色的经济文化旅游节。如美国玫瑰花节，英国爱丁堡国际艺术节，我国的青岛国际啤酒节、南宁国际民歌艺术节等。这些节庆是为了迎合当地经济、文化的发展，特别是旅游事业的发展而人为策划的，被称为现代旅游节庆。

二、旅游节庆营销策划的意义和原则

（一）旅游节庆营销策划的意义

1. 明确旅游节庆的目标

旅游节庆营销策划方案确定行动总目标，策划过程运用科学方法，事先对各项活动进行筹划和安排，帮助策划板块和内容具有共同的指向性。节庆策划可以在目标确立前充分考虑旅游节庆相关者的利益，避免旅游节庆活动的盲目性，节省人、财、物资源。如吉林省松原市通过对当地查干湖冰雪渔猎文化旅游节的打造，拉动松原经济快速发展。杭州西溪国家湿地公园通过打造西溪听芦节，推出船游西溪、摇橹船体验、摘菜体验、干塘活动、全鱼宴等游程环节，并举办艺术珍品展出、探索体验活动，如植物达人训练营、音乐探秘之旅、秋芦飞雪主题绘画征集评比等，满足江浙消费群体的需求。

2. 凸显旅游节庆的经济效益

旅游节庆策划只有通过对市场进行重点调研，细分和锁定目标人群，并围绕赞助融资者与当地开发方利益的结合点，配合传播媒体充分整合资源，才能保证获得良好的经济效益。如 2016 年 11 月黑龙江省在成都举行了国有林区冰雪旅游推介会，推出了大量代表我国冰雪旅游的以森林文化、冰雪奇观、滑雪天地为主要内容的旅游产品，并将“2016 冰雪之冠，畅爽龙江”的旅游宣传活动与森林工业的旅游营销活动联合在一起，设计了丰富多彩、富有森工特色的互动环节，不仅增进了各地对森工旅游产业的了解，也扩大了森工精品景区在国内的影响，引起国内各大媒体与旅行商社的热烈反响，从而实现了发展当地旅游业，促进经济发展的目的。

3. 增强节庆举办单位的竞争力

通过对旅游节庆的策划和调度，对无形资源（品牌、信誉度、美誉度等）和有形资源（成本、设备、演员、艺术品等）的品牌打造，提高市场的竞争能力。从某种意义上讲，市场竞争就是策划竞争，谁策划得更高明，谁就能赢得更大的市场份额。以上海国际旅游节为例，为了促进该旅游节的可持续发展，当地政府专门成立了举办单位并常年办公，通过制定长远的发展战略和发展规划，不仅使该旅游节的竞争力得到了增强，举办单位的竞争力也得到了增强。

4. 提高旅游行业的服务水平

旅游节庆活动是对地方经济、文化、社会基础产业的发展质量、水平、功效的一次大型检验。短时间内迎接大量的参加者到场逗留和消费，需要较高的服务水平，才能实现知名度与美誉度共同上升的效果。举办旅游节庆活动，可以打破常态旅游业服务故步自封、缺少活力的现象，能发现问题进而解决问题，实现当地旅游行业整体服务水平的不断提高。

（二）旅游节庆策划的原则

1. 个性原则

只有针对消费市场需求进行个性鲜明的打造，才能在激烈的市场竞争中出奇制胜。如深圳锦绣中华的特色节庆策划就针对当时国内旅游市场初期、游客经济实力有限、希望一站式包揽旅游的消费需求，取得了很大成功，而后来众多模仿者都无法达到类似的效果。

2. 文化原则

作为旅游节庆策划的灵魂，文化是当地社会经济状况的间接反映，作为文化的表现形式和载体，旅游节庆策划必须有明确的主题、系统的文化线路、适宜的文化参与内容，帮助旅游者了解文化、感受文化、接受文化。如芬兰圣诞老人活动，通过圣诞老人故乡文化的营造，芬兰成为很多国家儿童的向往之地。

3. 大众参与原则

旅游节庆的定位应是一种民俗文化，具有普及面广、大众参与性强的特征，通过参考当地居民在节庆中的活动模式，发掘外地游客的参与性，塑造额外生活的旅游经历，是其节庆氛围的重要来源。如四川省在2016年4月启动了“全球川菜名馆与四川美食之旅”营销活动，在近4个月的时间里，通过“川菜名馆创建餐厅征集”“四川美食之旅线路征集”“全球美食之旅达人招募”三大活动，充分调动国内外川菜餐厅、美食旅游圈内达人及大众的参与度，搭建起了一个集合川菜馆、旅游等相关资源的全球性、开放式活动平台。

4. 生态原则

旅游节庆策划应兼顾生态效益，有利于当地的可持续发展。如2016年9月国家发改委和国家旅游局共同印发了《全国生态旅游发展规划》，不仅针对国内包括东北平原漫岗、黄河中下游等8个生态旅游片区进行了具体规划，还提出在2016—2025年，国内要培育20个生态旅游协作区、建设200个重点生态旅游目的地、形成50条精品生态旅游线路以及打造25条国家生态风景道。同时，未来各级人民政府均要加大对生态旅游发展的投入，且中央预算内投资将会重点向生态旅游协作区、重点生态旅游目的地、精品生态旅游线路、国家生态风景道等相关项目倾斜。

5. 社区开发原则

旅游节庆牵涉各方面利益，单独依靠旅游管理和经营部门很难保证旅游节庆顺利运行，社区居民始终在旅游节庆中发挥着重要作用。无论从节庆活动的起源、发展历程、发展动力来看，还是从节庆主体、节庆组织、节庆氛围营造、节庆目的地形象和节庆目标来看，都离不开当地居民的理解、支持和参与。因此，策划人员的价值取向应按照社区开发的原则，充分考虑当地社区居民的利益分配。①

社区开发原则主要体现为通过旅游节庆的举办促进当地社区的综合发展。通常，旅游节

① 张骁鸣，郑丹妮，林嘉怡．节事活动策划与管理［M］．广州：中山大学出版社，2014.

庆的举办都能促进举办地市政建设，交通条件和卫生状况的提升及基础设施建设，使举办地居民的生活环境得到较大改善，所以社区居民对举办旅游节庆普遍持友善态度。但在比较成熟的旅游区，举办旅游节庆容易对社区造成较大的负面压力和影响，节庆策划者要考虑如何避免与减小这种节庆负面效应。此外，随着旅游节庆的商业化氛围日益浓厚，商业的气息会对社区传统文化产生冲击。因此，如何促进举办地经济、社会、生态协调发展，是旅游节庆策划开发应着重关注的问题。

三、旅游节庆品牌定位方法

（一）功效定位

功效，顾名思义，是指旅游节庆活动能够给旅游者提供的利益。可以采取多重功效定位，也可以采取单一功效定位，但由于旅游者能记住的信息有限，往往只对最强烈的功效告知产生较深的印象，因此向旅游者承诺较高级别的单一功效，往往更能突出节庆品牌的个性，获得成功的定位。如蹦极、越野、漂流等节庆活动更多获得年轻人的喜爱，而散步、喝茶、观赏植物花卉等节庆活动更能吸引中老年人。

（二）情感定位

通过将关怀、思念、怀旧、爱戴等情感特色融入旅游节庆品牌，使旅游者在参与节庆活动的过程中获得相应的情感体验，进一步唤起旅游者内心深处的认同和共鸣。

★资料链接

雷山千名姑妈回娘家过苗年

11月5日，是雷山苗年的大年初一，雷山郎德百名“姑妈”在“姑爹”的陪同下，身着苗族盛装，组成一支浩浩荡荡的队伍，抬着鸡、鸭、鱼、肉、酒等礼品回到娘家过苗年。据了解，此次姑妈回娘家活动将持续一周。

当日，雷山郎德、丹江等村寨，家家户户设置拦门酒迎接“姑妈”回娘家，男的杀猪、女的煮饭，来自国内外的游客体验打糍粑，声音响遍整个苗寨，同时大家在自家堂屋摆上苗家美食与“姑妈”们对酒歌，并举办芦笙舞晚会等节目迎接“姑妈”回娘家。

为了能够到雷山与苗族人民过苗年，来自广东的游客张女士特意请假一周，赶来体验苗年的氛围。“我是第一次来到黔东南雷山县，这里的人民特别热情，”张女士高兴地说，“苗家米酒特别香甜，苗年的氛围非常浓厚，请假过来体验苗年值了。”

与张女士前来的还有粤港澳的游客，他们穿梭在苗族芦笙舞里，跟着苗族人民翩翩起舞，并不时地用相机记录下这难忘的一刻。

据悉，2016年雷山千名姑妈回娘家过苗年活动于11月5日至28日在雷山县猫猫河、陶尧、乌开、教厂、也宜、咱刀、郎德、报德、也利、南猛、乌肖、大龙、乌高13个苗寨隆重举行，覆盖雷山丹江、郎德、西江和大塘四乡镇，其中，有全国重点文物保护单位和具有“中国民间艺术之乡”美誉的郎德苗寨、“苗族芦笙之乡”南猛苗寨、蚩尤魂系的家园陶尧苗寨、全国卫生村寨猫猫河苗寨、老丹江厅城下的苗寨教场苗寨、著名苗族银匠村乌高苗寨等。预计将有千名“姑妈”回到娘家过苗年。

为了挖掘丰富的民族节庆文化，培育打造民族节庆品牌，雷山通过民族节庆把特色经济和文化带动起来，促进民族团结进步大繁荣、大发展。近年来，随着雷山旅游业的大发展，雷山人民生活水平得到较大提高，富裕起来的苗族群众为了更好地搭起与村里共商村事，共享苗年的欢乐，大家不约而同地发起了"姑妈、姑爹回娘家"的大型亲情团聚活动。

（资料来源：金灿宇．贵州千名姑妈回家过苗年［R］．贵州旅游发展委员会，2016－11－08．）

（三）价格定位

通过确定价格和对应的旅游产品体系，将旅游节庆活动打造成共同消费观和消费圈子的聚会，进而构筑旅游节庆品牌。价格与质量通常是旅游者非常关注的旅游影响要素，对于旅游节庆来说更是如此。为了通过提供不同产品、打造不同活动板块，形成最大限度的人人参与、户户出动，这时更多考虑的是不同档次旅游节庆产品的比重问题，需要更进一步科学分析旅游节庆的目标市场，确定提供产品的价格。

（四）文化定位

将文化融入旅游节庆品牌，形成具有鲜明特色的品牌识别。文化在旅游节庆中的运用，需要考虑文化要素、程式、内涵等方面，除了对山水自然的文化定位，还包括生活程式、特色服饰、特色饮食、民风民情的文化定位，如何展现人、物两组文化，是旅游节庆品牌需要考虑的问题。同时，旅游节庆活动本身就是一项文化活动，在相当长的时间里，成功的旅游节庆活动会逐渐成为代表当地文化的鲜明符号。

★资料链接

红色旅游成中俄合作新亮点

2016 年，中俄红色旅游合作交流系列活动暨中国（湖南）红色旅游文化节将于本月中旬在湖南举行。中国国家旅游局驻莫斯科办事处主任赵洪青日前在接受记者采访时表示，中俄两国红色旅游合作交流不断推进，成为两国旅游合作新的增长点。

赵洪青说，2015 年赴俄中国游客达到 136 万人次，中国已成为俄罗斯第一大旅游客源国，而红色旅游正成为两国旅游交流新的增长点，中俄红色旅游合作具备良好的合作基础。

据赵洪青介绍，红色旅游是俄罗斯旅游部门为中国游客量身定做的旅游产品，具有"官方支持、地方协同、部门联手"的特点。俄罗斯为此特别开发了许多红色旅游项目。在列宁的故乡乌里扬诺夫斯克、列宁曾读过大学的喀山市，还有圣彼得堡和莫斯科等地，都专门为中国游客设计了红色旅游产品。

乌里扬诺夫斯克是俄罗斯最早面向中国游客发起红色旅游倡议，并推出红色旅游线路的地方。赵洪青说，该州旅游部门在 2014 年就设计了专门面向中国游客的红色旅游线路，将传统的莫斯科、圣彼得堡线路与乌里扬诺夫斯克、喀山等城市对接，让中国游客更深入地体验红色旅游。

俄联邦旅游署署长萨福诺夫此前曾表示，红色旅游项目现在是俄中合作的优先方向之一，这一项目得到俄文化部的高度肯定，被列为俄罗斯 2020 年旅游发展战略性目标，获得俄国家旅游发展专项拨款。

中俄两国共同打造的红色旅游项目同样受到俄罗斯人的喜爱。湖南省副省长陈向群今年7月在乌里扬诺夫斯克召开的中俄“两河流域”地方合作理事会第一次会议上向记者介绍道，2015年，湖南接待俄罗斯游客达2.7万人次，近3年来到湖南旅游的俄罗斯游客人数年均增长70.2%，湖南正成为俄罗斯游客最喜爱的出境游目的地之一。

（资料链接：迟紫境．中俄红色旅游成新亮点［N］．新华网，2016-11-09.）

（五）比附定位

比附定位包括比较和攀附两种，前者是通过与著名的旅游节庆活动比较，宣传“比某某还强”或者“仅次于某某”来确定自己的定位，利用著名旅游节庆活动在市场上的影响力打造自己的地位。在该定位中，旅游节庆经营者要设法找出该著名旅游节庆活动的优点或弱点，通过对比确立自己的地位。后者是通过与著名旅游节庆活动拉上关系，显示与其同人文圈、自然圈的特点，用“小某某”或者“某某第二”来进行定位，如东方狂欢节、小荷兰郁金香节等。

（六）概念定位

概念定位主要通过对一些潮流前线话题的把握，结合传统文化、地方特色，打造概念旅游节庆活动。通常认为，系统、完备的概念可以在旅游者心中占据一个位置，让人容易想起，很难替换，甚至日积月累形成思维定式。如流行环保概念，结合打造的环保节庆活动；流行绿色生态概念，结合打造的绿色生态节庆活动等。

四、旅游节庆项目营销步骤

（一）旅游节庆项目主题战略制定

1. 主题定位

（1）分析节庆行业环境。

（2）寻找节庆区隔概念：所谓区隔概念，是指能让自己与竞争者区别开来的概念。区隔概念应有足够的维度帮助消费者认识不同，帮助节庆策划者提供不同，常见的维度有流程、沟通、吸引物、产品、服务、宣传、文化要素等。

（3）寻找节庆区隔概念的基础：区隔概念需要多维度证明，不能空穴来风。任何一个区隔概念，都必须有足够的依据。因此，旅游节庆策划者提炼出概念后，就要在维度上下功夫，无论什么理论设想，都必须有现实实物对应。如新的文化内涵有相应的历史现实素材支撑；不同的服务有相应的变化，且变化到足够截然识别；不同的实物有明显的外观、内涵上的区分，等等。有现实实物对应的区隔概念，才能被认为有策划的意义。

（4）运用推广主题区隔概念：选择适宜的传播方式，在传播活动中尽力体现出区隔概念，并保持一致。

2. 计划

计划主要指项目的工作计划，如时间进度、参与人员、主要目的、完成时间等。

3. 策略

选择完成计划的途径和方法，聚合资源，实现旅游节庆资源的最佳配置。

4. 观念

确定高层对旅游节庆活动的观念认识，一般在区隔概念上选择最主要的方向作为旅游节庆活动的基调。如民俗文化性旅游节庆突出文化性，康体娱乐性旅游节庆突出健康性，商业贸易性旅游节庆突出经济性等。

（二）旅游节庆项目文化战略管理①

1. 主题文化管理

①主题标志；②主题仪式；③主题氛围；④主题物品。

2. 周边活动文化管理

①周边活动典故挖掘；②周边活动内容设计；③周边活动参与方式设计。

3. 周边产品文化管理

①周边产品设计；②周边产品典故设计；③周边产品视听设计；④周边产品销售标识。如内蒙古自治区旅游局推出“走遍中国·冰雪吉祥”周边产品，包括冰雪吉祥娃娃玩偶、挂饰、微电影，还参照冰雪吉祥娃娃原型，设计了“谢谢红包”“摸头”“点赞”等16款微信表情。

（三）旅游节庆项目进度管理

①界定各项具体工作；②对各项具体工作进行排序；③估算完成各项工作所需的时间；④编制进度计划；⑤管理和控制项目进度计划实施与项目进度计划变更。

五、旅游节庆项目的组织结构

（一）组织结构组建的原则

（1）节庆组织结构必须反映节庆战略目标。

（2）节庆组织结构必须反映组织职权。

（3）节庆组织结构必须适应环境条件。

（4）节庆组织结构必须重点考虑人力资本。

（二）组织结构运行的要求

1. 高素质的领导者

通常情况下，旅游节庆活动的领导者主要指旅游节庆活动的项目经理。

高素质的节庆项目经理必须具备以下几个条件：①果断准确的判断力，能及时衡量现实并做出决策方案的能力。②较高的影响力，项目经理通过自律、自信、品行和威信，创造出员工众望所归的满意形象。③正直、热情、诚信的处事方式。④较强的专业素质。⑤有多年相关项目的实践管理经验。

领导是影响并促使他人致力于组织目标实现的过程，是一种激励他人为组织目标努力工作的艺术，作为旅游节庆战略的决策者和指挥者，项目经理对战略目标实现与否负有主要责

① 吴兰桂．景区策划方案设计［M］．上海：复旦大学出版社，2014.

任。不论项目经理是做计划、控流程、促执行的检查督促方式，还是放手引导，促进团队自我组织，帮助团队扫除障碍的帮助扶持方式，都有各自的优点。

2. 和谐高效的团队建设

（1）节庆策划团队的建立。

主要任务：项目经理从各种渠道物色团队成员，与有关负责人谈判，将合乎要求的人员编入团队，将组织规划阶段确定的角色和责任，分配给各个成员并明确他们之间的配合、汇报和从属关系。

这项工作要以人员配备计划为依据。节庆团队成员可从组织内外部招收。考虑内部来源时，节庆团队成员入选除了满足人员配备计划的要求以外，至少还要考虑到以前的经验、个人性格和爱好等方面。

从组织内部的其他单位调人进来是很复杂的事，一般都要征求多方面的意见，这就要求负责组建活动节庆团队的人一定要耐心进行解释、说服和动员，争取得到他人的支持。从外部招收节庆团队成员有多种方式：兼职、借调、咨询、承包等。人员配备计划要求的节庆团队成员全部到位之后，节庆团队才算组建完毕。

（2）节庆团队内部建设。

节庆团队建立之后通常不能马上形成有效的管理能力，中间需要熟悉、适应和磨合，一般经历组建、摩擦、规范和进入正轨四个阶段。节庆团队内部建设就是培养、改进和提高团队成员个人以及项目团队整体的工作能力，使节庆团队成为一个统一的能力整体，在节庆管理过程中不断提高管理能力，改善管理业绩，塑造个人业绩。节庆团队内部建设要从实际出发，将活动计划、人员配备计划、节庆进展报告和外部反馈信息等内容及时进行分析，作为节庆团队内部建设的依据。

（三）旅游节庆组织结构的类型①

1. 政府举办型

政府举办型组织结构的最高职能部门是组织委员会，一般由国家旅游局或省、市旅游、文化相关部门组织人员构成。委员会下设组委会办公室、综合工作机构和各项活动组，组委会办公室统一协调各部门和利益相关者的关系；综合工作机构下设相关职能部门，包括新闻报道、行政接待、安全保卫、综合保障、环境管理、协调统筹等部门；各项活动组属于旅游节庆的分支管理机构，负责每次旅游节庆下面若干不同类型的节庆活动的创意、策划、设计、组织和管理。

这种组织结构的工作人员基本上由政府职员充当。由于举办主体的特殊性，政府举办型组织结构能够充分利用其行政资源来协调各部门的关系，处理各职能部门之间的利益分歧，并保证旅游节庆运作的效率，这是政府举办型旅游节庆的最大优势所在。

同时，这种组织结构根据旅游节庆的运作和经营要求进行设计，分工明确，职责清晰，能最大限度地满足旅游节庆参与者的需求。并且通过部门统筹协调，提高了专业人员比例，增强了处理突发事件的能力，有利于实现旅游节庆的总目标。

---

① 雷万里．大型旅游项目策划［M］．北京：化学工业出版社，2016.

2. 企业举办型

企业举办的旅游节庆，其组织结构设计有两种形式。①在总经理下面设置项目经理，项目经理直接由总经理领导。项目经理负责协调各部门之间的业务，尤其是各活动组织间的关系。旅游节庆各个活动项目在时间进度安排和资源配置上有时会出现冲突，因此，需要项目经理来进行协调以保证旅游节庆的运作。②在系统中设置与职能部门同一层级的项目管理部门，直接受项目总经理的指令，项目管理部门再按不同的项目设置项目经理。在这种结构中，项目经理对各种资源的有效利用会大大增强，但发生冲突的可能也会增多。

企业举办型组织结构相对政府举办型组织结构，更简单、更富有弹性。不过，缺乏政府引导的完全市场化的企业型旅游节庆组织也是很少的，毕竟大型旅游节庆活动往往牵涉面太广，必须有政府的协调才能完成。

3. 政府委托企业举办型

这种组织形式的节庆活动主体仍是企业，政府在其中只起引导作用。组织中设置专门的组委会办公室，由相关政府部门派遣的官员组成。组委会办公室主要负责协调与旅游节庆运作有关的政府部门的关系，如安全、城管、运输、文化、交管等部门。

政府委托型旅游节庆组织结构一定程度上避免了前两种组织形式的弊端，集两者优势为一体。这种类型旅游节庆组织结构的优点就是在政府部门的支持下，组委会办公室根据自身的职能指导旅游节庆的开展，并协助项目经理处理旅游节庆运营过程出现的问题。其运作成本所耗费的时间成本减少，并且效率大幅提高。

（四）政府节庆组织结构各层级职能分析

政府节庆组织结构分为三个层级。第一级为组织筹备委员会；第二级为组委会办公室、综合工作机构、各项活动组；第三级为新闻报道组、行政接待组、安全保卫组、环境管理组、广告事务组等综合协调组，隶属于综合工作机构。如图 6－1 所示。

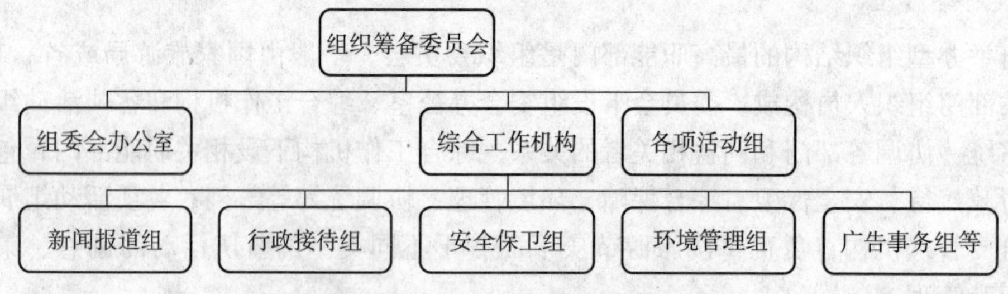

图 6－1　节庆活动组织机构层级

1. 组织筹备委员会

组织筹备委员会的领导一般由上级主办单位负责人、当地政府主要负责人担任，组委会成员还应该包括相关单位的负责人，如宣传、文化、报社、财政、城建、公交、旅游、体育、工商等部门，也可在组委会中设立顾问和名誉主任，一般由德高望重、具有广泛影响力的名人担当。其主要任务就是在当地政府的领导下，具体负责旅游节庆的筹备工作，着重抓好节庆活动期间的综合指挥、决策、组织、实施、协调和监督工作。

2. 组委会办公室、综合工作机构和各项活动组

组委会办公室主要负责旅游节庆各项活动的协作、检查和监督工作，综合工作机构下设新闻报道组、行政接待组、安全保卫组等机构，负责这些部门的管理和协调工作；各项活动组主要负责各项目的管理工作。如 2016 年 9 月举行的云南昭通第二届中国昭通大山包国际翼装飞行世界杯，有来自世界 20 多个国家的 50 余名运动员和裁判齐聚大山包，角逐世界“翼装之王”，国内外媒体、游客、极限运动爱好者共万余人造访。在活动期间，除翼装飞行比赛外，还有中国昭通大山包热气球挑战赛、低空跳伞定点赛、风洞表演、热气球飞行体验、翼装飞行表演等活动，以及房车帐篷露营活动、“群星璀璨·唱响乌蒙”演唱会、音乐啤酒狂欢节、篝火晚会、美食长街宴及高原特色养生食品、金沙奇石、盆景等地方特产展览。这十多项富有地方特色的节庆活动，每项活动都需要由专门的组织人员负责运营管理。

3. 综合工作机构的分项工作

综合工作机构包括新闻报道组、行政接待组、安全保卫组等。新闻报道组主要负责新闻的采编和报道，把旅游节庆相关的新闻通过传媒机构传播给大众，提高旅游节庆的知名度和影响力。行政接待组主要负责制定接待方案；负责做好来宾的接待工作，掌握宾客动态，做好信息沟通工作等。安全保卫组主要由公安消防等部门负责，保证活动期间的人身财物安全。如 2016 年 9 月都江堰市在精品节庆旅游的基础上推出“乐动舞秋风多彩都江堰”秋季旅游组合优惠攻略，该攻略围绕都江堰市秋季旅游特点和资源优势，以节庆活动为平台，统筹整合了景区景点、餐饮住宿、休闲娱乐、商贸购物、交通运输、文化体验等各行业，推出景区免费门票、游乐体验免费门票、高品质酒店优惠客房等组合优惠组合，极大地调动了游客的参与热情。

六、旅游节庆的资源整合

指按照一定的原则将旅游节庆各项活动资源有机融合起来，使其发挥 1 + 1 > 2 的功效。旅游节庆资源整合的效率，关键在于资源配置是否合理。

（1）制定规范严格的节庆资源配置制度。明确节庆资源主管人员，如旅游节庆项目投资人、节庆宣传负责人、节庆财务负责人、节庆安全负责人等的具体职责范围，做到权责明确、各司其职。

（2）确定节庆资源分割比例。按照节庆战略总目标、阶段目标，根据项目轻重缓急和预期的效益不同，如游览观光旅游节庆追求自然生态效益，民俗文化型旅游节庆追求社会文化效益，商业经贸型旅游节庆追求经济效益等，一次性确定节庆资源分割比例。

（3）深化资源运营，激发市场活力。按照“政府主导，市场化运作”的运营思路，谁出资谁收益的原则，扩大收益比例，帮助企业之间进行资源运营的互动合作，充分发挥市场的主体力量，帮助企业支撑旅游节的一系列活动。

（4）进行资源平台化运作。将旅游节庆活动进行整体包装策划，统一主题，利用政府企业的各种传播渠道，统一对外发布和进行整合营销，采用抱团取暖的方式，扩大营销的实际效果。如辽宁鸡西市通过整体包装策划，按照政府主导、市场化运作方式，通过举办兴凯湖观鸟节、杏花节、全国露营大会、国际马拉松邀请赛、冰雪汽车拉力赛、乌苏里江莲花

节、第二次世界大战胜利70周年纪念活动、凤凰山漂流节、青岛啤酒节9项节庆活动，引领推出春季观鸟、赏花、踏青、户外健身、观景，夏季避暑、美食、体育赛事、重大事件纪念，秋季采摘、农家乐、摄影、自驾，冬季兴凯湖冰雪汽车、冬捕、冬钓等丰富多彩的四季旅游系列产品。

七、旅游节庆的风险控制

（1）风险回避：放弃项目是最彻底的回避风险的办法，但彻底放弃会带来一些负面效应，如丢掉了发展机会，窒息了有关方面的创造力等。对正在进行的项目实行改变或放弃的处理，会付出高昂代价，所以，采取回避策略最好在项目活动尚未实施时进行。

（2）风险减轻：目标是降低风险发生的可能性，减少风险后果的不利影响，可采用的方法有：①对有关人员进行风险和风险管理教育。减少不当行为，也就减少了构成风险的因素。②采用制度化方式进行项目活动。由项目管理班子制订计划及监督、检查、评审制度，理论上减少发生损失的概率。实际中带头示范、身体力行、严格奖惩，保证项目参与人员都认真执行各项制度。③提高项目各组成部分的可靠性。严格审核数据，确保制订计划的资源基础真实可靠，同时在底线资源上制定救急方案，减少风险发生的可能性。救急方案不宜太多，太多反而会增加项目完成的不确定性。

（3）转移风险：目的是通过合同或协议，在风险事故发生时有第三方一起承担风险，如保险标的、质押抵贷、担保抵贷、次级责任所有权等。值得注意的是，转移风险不能降低风险发生的概率和减少风险所导致的损失，采用这种策略同样需要付出代价，如保险和质押所需的款项，次级责任所需的所有权损失等。当项目的资源有限，不能实行减轻和预防策略，或风险发生频率不高，但潜在的损失或损害很大时可采用此策略。

（4）风险自留：即项目自身承担风险，承担方式是以自身的风险自留基金来保障，目的是在损失发生之后，能够提供足够的流动性来抵补损失。风险自留基金有两种筹措方式：①周期性旅游节庆活动以年为单位，每年用部分收益，建立风险基金，发生损失后以该基金抵补。②一次性旅游节庆活动以项目各部分完成时间为单位，按比例收取收益，建立风险基金，发生损失后以该基金抵补，如果没有发生损失，基金按比例归还。风险自留基金适用于发生频率高、损失金额少的风险损失。

第二节　旅游节庆项目策划

一、旅游节庆项目控制

旅游节庆项目控制指在项目执行过程中，通过对实施结果的评价，发现问题，解决问题，使项目沿着正确方向前进的过程。

（一）事前控制和事后控制

以项目控制时间为参照标准，可以把项目控制的方式分为事前控制和事后控制。

（1）事前控制：即在节庆项目实施前，正确有效地设计和选择战略计划、执行计划、监督计划、审核计划。贵重设备的购置、重要人员的调整、项目资源的安排等，多在事前严格审查和评估计划或方案，以便及时发现问题加以纠正，有利于降低风险，防患于未然。

(2) 事后控制：即在项目部分实施后，比较计划和执行情况，比较目标和实际效益，寻找差距，分析、研究差距产生的原因，进而确定减少差距的措施。做好事后控制工作的要点，在于明确控制的标准和控制的程序，控制标准可以帮助寻找差距，控制程序可以确定纠偏的权责范围，可以确定纠偏的时间点，更快更好地实现事后控制。

（二）过程控制、适时控制和开放控制

以项目控制的方式为参照标准，可以把项目控制的方式分为过程控制、适时控制和开放控制。

(1) 过程控制，指在节庆项目实施过程中的控制，主要针对关键战略计划，为了保证关键战略的顺利实施并发挥预期的作用，实施过程中全程监测、全程控制。

(2) 适时控制，指在节庆项目运行过程中，比较运行效果和目标要求，预测最终结果与目标结果之间的差距，以此来决定接下来推进、改正还是放弃。

(3) 开放控制，指在节庆项目运行过程中，依据社会效益来评价正在进行中的项目工作，以是否有害来确定项目工作是否继续进行。

在实际工作中，节庆项目控制一般以某种控制方式为主，其他控制方式作为查漏补缺的辅助。很多时候，选择何种控制方式主要依靠节庆项目管理人员对项目进度、预期目标、具体活动、重要绩效的评价和判断能力。

二、旅游节庆产品概念

旅游节庆产品是一个整体概念，它由旅游吸引物、旅游设施、旅游服务、旅游商品等多种要素组合而成。总体包含三个层次：核心产品、形式产品和延伸产品（图 6－2）。

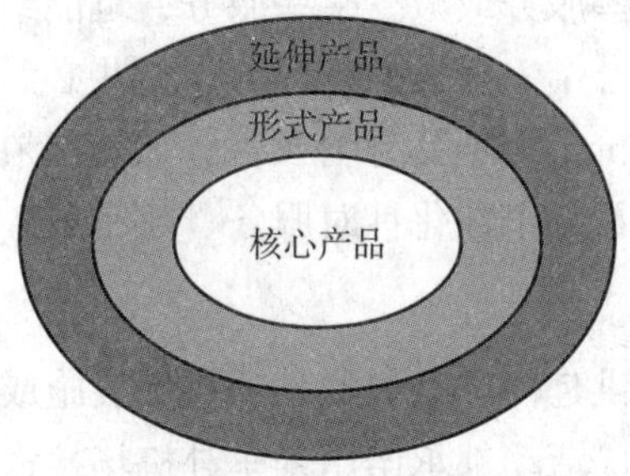

图 6－2 产品的层次

（一）核心产品

旅游节庆核心产品指节庆产品的基本功能，旅游者购买节庆产品是为了通过该产品的基本功能满足某种特定的需求，如民俗体验、参与体验、观赏体验等，核心产品是对应旅游者需求的特定基本功能。在实践中，核心产品往往对应旅游节庆设计的概念，如海南欢乐节的“欢乐”，曲阜国际孔子文化节中的“文化”等。

（二）形式产品

旅游节庆形式产品指核心产品（基本功能）借以实现的实体产品和服务产品，即能够

把产品的基本功能通过一定的具体形式体现出来，是节庆旅游者通过感官可以感受到、接触到的有形产品。如2016海南欢乐节的形式产品包括：2016海南国际海洋旅游博览会、2016海南国际美食博览会、《黎族家园》专场演出、海南友城文艺演出、百家港澳旅行商踩线活动、第二届中国—中亚合作对话会旅游合作论坛、2017海南世界休闲旅游博览会开幕式暨欢乐节闭幕式、2016欢乐跨年夜活动——第二届海口蓝色国际电子音乐节、2016跨年音乐烟花秀等，都是节庆旅游者通过感官能够感受到、接触到的有形产品。

（三）延伸产品

旅游节庆延伸产品指旅游者在购买有形产品时得到的附加服务与附加利益，如顺利使用产品的先决条件、后决条件、心理满足程度等。延伸产品既包括旅游者为顺利使用产品而必须获得的售前咨询服务、售中交易条件、售后各种维护等，也包括个体所获得的个性化针对服务，及产品品质给旅游者带来的精神享受和满足。延伸产品具有提高旅游者购买体验、满足审美愉悦需要、提高性价比的效用和价值，作为产品最外围，它对形式产品有重要的补充作用。

（四）延伸产品向形式产品的转化

1. 独有行为时为延伸产品

当某节庆项目单独承诺提供延伸产品中的某项有形设施或无形服务时，该产品依旧是延伸产品。首先，在有形设施上，售前、售中、售后三部分都可以使用不同的有形设施，如某节庆项目为增加旅游者满意度，使用豪车进行机场接送，对于旅游者来说，当该行为并未普及化时，某节庆项目的豪车接送属于延伸产品，一旦旅游者享有，就增加了顺利使用节庆产品的可能，并增加了旅游者能获得的精神享受和满足。其次，在无形服务上，对旅游者进行量身定制，有针对性地提供某些服务或减少某些服务，也能给旅游者带来不同的精神享受与满足，如专属信息的定制、符合个人习惯的行程等。这些必然影响旅游者对形式产品中涉及产品特色、营销形象部分的评价，因不具有普及性，旅游者在对特有延伸产品进行评价时，更多会归类于某个特定节庆项目的个性化针对服务、超常服务，属于附加惊喜。

2. 普及行为时为形式产品

当大部分项目方都承诺提供延伸产品中的某项有形设施或无形服务时，该产品由延伸产品演变为形式产品。如所有节庆活动都承诺用豪车赴机场接送，该行为因为具有普及性，成为旅游者参加节庆活动能够获得的形式产品的必备部分，同理，如专属行程定制成为所有节庆项目必备服务时，旅游者对节庆项目应具备的延伸产品就有了另外的要求。旅游者在对该产品进行评价时，更多会归类于节庆项目都具有的常规服务、正常标准，属于合格范畴。

3. 形式产品向延伸产品的转化

普及行为时延伸产品转变为形式产品，这与旅游产品在提供核心功能后，其实体产品还具有的更多虚拟价值有关，如在节庆活动上为馈赠亲友购买的糕点，并不仅仅是食物，更多的是旅游者参加该节庆活动的意义和价值载体。因此，当某项设施或服务由单独行为演变为普及行为时，延伸产品具有了共同的虚拟价值，进而转化为形式产品。当再次出现单独行为时，该行为从共同的虚拟价值中脱离，再次具有独有价值，成为延伸产品。如所有节庆都向旅游者提供豪车机场接送，而某节庆项目却宣布换为马车接送，或者为了环保不再提供接送车辆，该产品缺失的这一块成为该项目的产品特色，提供给旅游者延伸产品的意义。

（五）形式产品与延伸产品的转化模式

（1）（所有）都没有—（某家）有—延伸产品。

（2）（所有）都有—（某家）有—形式产品。

（3）（所有）都有—（某家）没有—延伸产品。

（六）形式与延伸产品层相互转化的意义和方式

1. 相互转化的意义

节庆产品层是依据满足顾客需要的程度进行划分的，核心层是基本需要，形式层是中级需要，延伸层是高级需要。产品间的竞争更多在形式层和延伸层展开，了解其相互转化的过程，有助于采取有针对性的策略，达到人无我有、人有我新的目的。

2. 促进相互转化的方式

（1）分类研究，建立产品营销系统：从人、机、料、法、环五个方面着手，结合服务质量管理体系，对产品进行系统分类，绘制本项目不同层级在五方面的指数表。通过与项目营销目标相结合，根据产品生命周期，研发推广不同的形式产品与延伸产品。

（2）把握主体，建立区别营销系统：以层级为主，对研发的形式产品与延伸产品进行定位，从产品、价格、渠道、促销四方面入手，结合质量管理评价体系，绘制本项目相同层级节庆活动在四方面的指数表。通过与本项目营销目标结合，建立区别营销系统。

（3）维持阈值，建立顾客评价系统：以层级和质量管理为主，分面分片确定阈值，设定不同类别产品间阈值的代换和兑算，确保项目产品价值的波动维持在合理范围，并对应阈值进一步建立评价系统，做到首尾相辅、重点明确，达到不断推陈出新的目的。

三、旅游节庆产品的设计

（一）节庆产品设计的原则

1. 个性鲜明，体现区域特色

节庆旅游者参与节庆活动，除了观看节庆项目，更多的是为了体验当地的传统文化，丰富游历经验，增加时间空间效益比。因此，进行旅游节庆产品设计时，应该挖掘当地文化底蕴，寻找能够代表当地特色的，具有丰富审美内涵、文化内涵的产品，通过设计产品呈现流程，展示产品最终效果，达到生产消费同时进行、时空效益高度集中的集聚效应。如临沂蒙山长寿文化旅游节，打造节庆产品的思路是每年农历九月初九，是传统的重阳节，又称为双九节、老人节，这一天人们要登高、赏菊、喝菊花酒、插茱萸、吃糕。蒙山是著名的养生长寿圣地，蒙山长寿文化旅游节活动地点主要在蒙山拜寿台，游客们云集福地蒙山，见识蒙山寿星的真容，探寻养生秘诀，参与养生活动，学习养生知识。

2. 针对需要，打造信任产品

节庆产品应该和旅游节庆的主题相互呼应，通过甄选旅游者参与旅游节庆活动的目的，划分参与区域、购买区域、消费区域，满足旅游者对旅游产品的需要。对于大多数旅游者来说，花费不菲的时间和费用，舟车劳顿到达旅游目的地，对合乎其旅游目的的旅游产品不可能完全拒绝。如何帮助旅游者塑造产品信任感，让旅游者放心购买，是旅游节庆产品设计需要考虑的重要问题。如山东潍坊被誉为风筝之都，风筝制作历史悠久，属中国三大风筝派系之一，与北京风筝、天津风筝齐名，享誉中外。每年4月举办的潍坊国际风筝节，吸引全世界众多国家参赛，其中万人风筝放飞表演活动，由国内外风筝团队、中外客人和市民共同参与，极具吸引力。当地风筝企业除制作高端传统风筝开拓礼品市场，还开发了“教学风筝”，即风筝扎制完后，配备毛笔和水彩由消费者自行上色。这种风筝投放市场后效应极好，每年大量出口。同时，风筝生产厂家还在质量和文化内涵上下功夫，不断求新求变，潍坊风筝成为好看和好品的代名词。目前，潍坊风筝的国内市场占有率超过7成，年销售额达10亿多元人民币，依托每年一度的潍坊国际风筝节，除了畅销全国各地外，还销往韩国、日本、美国等多个国家。

（二）旅游节庆产品设计的主要策略

1. 相似性策略

相似性策略是指对周期举办的节庆产品部分项目采用与往年相似的推广方式，力求温故知新，逐年增减改变，而不是全部截然不同。这是因为很多周期举办的节庆活动，旅游者往往是慕名而来，之前通过各种渠道了解的对往届节庆产品的赞誉、褒扬是当下旅游者参与周期节庆活动的重要原因。同时，相似的旅游产品，也可以加固已有的品牌形象，吸引更多新的旅游者前来参与，如洛阳牡丹节每年都开展牡丹插花艺术展、牡丹园艺大赛、牡丹灯会、牡丹摄影展览等，其风格基本保持相似。

2. 产品体系策略

旅游节庆产品的安排是根据产品本身的特性和市场定位来确定的，旅游节庆产品应围绕节庆主题，打造重点突出、形象鲜明的产品体系，以满足不同层次旅游者的需求。如第三十四届洛阳牡丹节根据对市场的分析，确定了以下节庆活动产品：第三十四届中国洛阳牡丹文化节投资贸易洽谈会，2016中国电子商务园区峰会，“互联网+”有色金属产业论坛，中国（洛阳）国际机器人暨智能装备展览会，2015年中国农业产业化龙头企业协会名优产品博览会，第五届中部文化创意产品及动漫游戏博览会。上述节庆活动产品，以牡丹花节为连线，产品相互呼应，涵括了多个领域的多层旅游者，打造了较为合理的产品体系。

3. 个性化策略

旅游节庆产品不仅要充分体现节庆内容和主题，还应当寻求精准细分市场上的个性化表达。如西班牙一年一度的番茄节在每年8月下旬举行，当天成千上万的人涌上街头，互相扔番茄。在一个小时的时间，平均每个人投掷的番茄达到250磅。该节日成为世界最大的番茄大战。每年都有超过3万名游客慕名而来。

4. 领先型策略

这种策略指的是节庆策划者以得天独厚的资源、先进的科技、绝妙的创意为基础，开发全新的节庆产品、建立全新的市场。这种新产品往往是竞争者在短期内难以仿制的，因此，一旦成功，往往能在市场上独占鳌头，并取得竞争中的绝对优势和巨大的经济效益。如以真山真水为演出舞台，以当地文化、民俗为主要内容，融合演艺界、商业界大师为创作团队的独特文化模式，在旅游业迅猛发展的背景下成为旅游业中的新亮点，西安有《梦回大唐》，桂林有《印象·刘三姐》，云南有《云南映象》。自2009年9月，文化部与国家旅游局发布的《关于促进文化与旅游结合发展的指导意见》提出打造当地优秀旅游演艺产品后，中国旅游演艺就从常规演艺进入成为独立景点或旅游吸引物的发展历程，“白天观光休闲，夜晚观影赏秀”成为旅游市场一个类型化的道路。

5. 跟随型策略

这种策略是借鉴类似成功节庆项目的成果，在模式、市场、活动、内涵上不断发展、继续创新，特点是风险小、效益高。

6. 仿效型策略

这种策略主要是仿效国内外同类节庆产品投放市场，减少了摸索阶段的风险和研发研制投入的资金，见效很快，适用于经济落后、资源匮乏的地区开发新节庆的初期。

（三）旅游节庆产品策划中要考虑的问题

1. 有无可依托的消费市场

以市场为导向是旅游节庆产品策划的前提，对于通过旅游搭台经贸唱戏的方式发展更多地区经济的需求来说，该节庆项目的消费市场情况是塑造鲜明形象、取得良好经济效益首要考虑和解决的问题。如2016年第十八届北京国际旅游节的重头戏大型盛装行进表演，以“新·丝路风情”一带一路为主题，汇聚来自亚洲、欧洲、非洲等一带一路沿线19个国家的26支优秀表演团体近千名演员，在奥林匹克公园景观大道进行，整个表演共分为“古道悠情”“豪情纵影”“瀚海吟歌”“欧风情韵”和“情动世界”五个篇章，每个篇章均由海内外最经典的民族风情节目组成，特色鲜明，编排精巧，依托北京国内和国外旅游消费市场，从表演到观看都达到了效益递增的效果。

2. 有无可依托的旅游背景

可依托的旅游背景包括：独特的自然资源禀赋、深厚的民族文化根基、特定的社会历史沉淀。成功的旅游节庆策划都是建立在可依托的旅游背景之上的，如西安《梦回大唐》与深圳新媒体艺术节依托深厚的社会历史沉淀，桂林《印象·刘三姐》与云南《云南映象》依托独特的自然资源禀赋和深厚的民族文化根基，其他如保加利亚玫瑰节、挪威滑雪节、巴西狂欢节等，都有深厚的旅游背景为依托。没有足够深厚的旅游背景，旅游节庆产品就会缺乏吸引力和生命力，无法实现经济和社会效益。

3. 有无可依托的项目实施团队

同样的创意和资源在不同的实施团队手中会呈现不同的效果，可依托的项目实施团队，更多着眼于创意、经验、资源、协调的契合，成功的经验既是成功的垫脚石也是绊脚石，因此对于项目团队的建设，作为项目管理者，除了临时借调人才，还应当打造基本的团队框架人员，除了寻求灵感一闪的创意，还需要更多的专业素养和接地气的实地调查知识、技能的学习与应用。

（四）旅游节庆产品组合策划

旅游节庆产品的组合是指旅游节庆项目中全部旅游吸引物、旅游线路、旅游设施与服务的组合方式。旅游节庆各活动项目的安排不是随意的，而是根据旅游节庆的整体目标来进行的，合理的旅游节庆产品组合能够使旅游节庆本身亮点突出，更好地吸引节庆旅游者。如中国·成都石象湖第三届（百合花）旅游节，百合花旅游节融汇了花卉、音乐、美食、时尚活动等元素，这些产品的设计组合极大地丰富了中国西部秋季旅游的主题和内容，吸引了大批年轻旅游者前去参加。

四、旅游节庆娱乐产品策划

（一）策划角度

（1）文化背景：旅游地文化通过旅游节庆娱乐产品中的物装、器具、行为、制式等元素集中进行体现，这样才更具有生命力和吸引力。如《云南映象》集中体现的云南乡土特色与民族特色。

（2）游客的现场体验：宣讲不如参与，娱乐产品的生命力在于游客对活动的感受程度。现场体验由视听、参与、互动共同获得。

（3）游客的情感体验：通过共同的情感诉求，打造旅途经历独有的、可部分复制的、珍藏的情感体验。如迪士尼主题游乐园根据人类永恒的主题“欢乐”，经营人们失落在忙碌生活中的童心，其主题乐园并非完全针对儿童打造，各年龄层次的人都可以在这里找到自己喜欢的游乐项目或度假产品，迪士尼一直在全球主题乐园排行榜中位列榜首。

（二）策划要点

（1）集中展示文化特色：作为娱乐产品，在呈现过程中节奏是否紧凑、看点是否密集，是游客评估项目价值的首要因素，节奏看点都需要丰富的文化内容做支撑，在可涵括的范围内，重点精品打造和特点辅助烘托，采取时间上集中或者空间上集中的方式，可以营造较好的环境氛围。

（2）组合多种表现形式：演艺节目、综艺节目、游艺节目、实景节目、节庆赛事，发挥娱乐产品调动性强的特点，既可以利用现代高科技强化视听体验效果，也可以利用传统环境潜移默化地带入场景，增强游客感受，产生共鸣。

（3）增强互动环节调动游客参与：包括参与场景展示、参与活动环节、参与制作、参与评价，可以是连续性的线状环节参与，如宋城清明上河图；也可以是整体性的逐步集中参与，如《印象·刘三姐》。通过互动，调动游客主动塑造情感体验，同时再转化提升行动意义，反馈给游客，增强客观性，达到旅游主观世界与客观世界共同塑造的整体效果。

（4）社会效益与经济效益正循环：旅游娱乐产品需要有序发展，内容形式健康向上，既能带动开发地的经济增长，又能提高开发地的社会声誉、可信任程度、可持续发展机会。对项目本身和参与者来说，社会经济效益相互促进的正循环具有长远的生命力。

★小知识

《印象·刘三姐》效益分析

1. 社会效益

传统的农民形象往往是日出而作，日落而息，生活闲散，靠着自己的一点体力维持日常生活。而《印象·刘三姐》出现以后，演出地所在的木山、管家、下莫、田家河、木山榨、白沙湾、猫仔山7个自然村的2 700多人中，有200多人在演出中承担拉红绸、点渔火、举旗、水上救护等任务。《印象·刘三姐》与参加演出的农民签订了劳动用工合同，向他们支付工资，为他们买保险，依法规范管理，对农民演职员的工作质量、劳动纪律进行考核，农民的组织纪律性和团队意识明显增强。

这部大型山水实景演出在改变村民个体的同时，也从整体上改变了周边农村的村容村貌，从根本上改变了村民们的生活。这一带过去很穷，赌博、偷盗、斗殴现象很多，现在大部分青壮年白天干农活，晚上去演出，收入增多，生活充实。《印象·刘三姐》的横空出世也使他们能从一家一户的分散经营中解脱出来，获得了现代文化产业的生产和管理经验。

2. 经济效益

创新为《印象·刘三姐》带来了显著的经济效益。从2004年3月在阳朔公演至今，这台演出一直保持着“全国演出业中观众最多、影响最大、年营业额最高”的地位，被称为“中国演出业成功闯市场”的范本。据官方统计，《印象·刘三姐》的推出已将游客在桂林停留的时间延长了0.34天。从统计上看，桂林阳朔《印象·刘三组》从正式公演到现在已累计演出达450多场，观看人数100多万人，单门票收入就达2.5亿元。这组统计数字说明阳朔的旅游经济有了新的增长。同时，凭借《印象·刘三组》景区强大的人气，阳朔县的房地产、酒店业、度假、农业、渔业等相关产业得到迅速发展，阳朔的旅游业有了质的飞跃。

阳朔是个以农业为支柱产业的县，文化产业的发展推动了全县产业的升级，《印象·刘三姐》在很大程度上改变了来阳朔的游客的旅游习惯，使过去一到晚上便车疏人少的阳朔如今热闹非凡。随着游客逗留时间的延长，2004年，阳朔被重新定位为休闲度假城市，还开发了民居旅游、农家旅游和乡村旅游等多元化旅游形式，阳朔真正成为旅游目的地。2004年阳朔的旅游收入为4.06亿元，2005年增至5.51亿元。在《印象·刘三组》公演期间，演出景区的商业价值和人文价值快速提高，景区周边的土地平均增值达到5倍以上，该演出项目给阳朔带来了20%以上的经济拉动效益。

过去一般游客游览完漓江上岸，往往只在阳朔西街短暂停留后即返回桂林市，如今，大多数游客会选择欣赏《印象·刘三姐》实景演出，然后在阳朔住宿。阳朔旅游因此出现了空前的火爆，以旅游床位计，2003年仅为6 102张，而2004年猛增到10 078张，到了2005年增加到了12 016张，呈成倍增长趋势。

3. 文化效益

《印象·刘三姐》是对壮族刘三姐及山歌文化的继承、发展和创新。阳朔有汉、壮、瑶、苗等11个民族，其中壮族有4万人，广西著名的刘三姐传说和山歌在阳朔流传广泛，深入人心，在民众心中有强烈的认同意识。《印象·刘三姐》的演出场地漓江山水剧院位于桂林阳朔县，处于漓江水域下游地段，舞台在山水间天然形成了一处平静的水域，也是曾风靡一时的电影《刘三姐》的拍摄场地之一。《印象·刘三姐》整合了广西民族文化资源，赋予其时代的内涵并以现代的形式进行包装，在原生态的环境下展现，使更多年轻人了解到广西民族的文化，对广西民族传统文化的传播、创新产生了重要影响。《印象·刘三姐》强化了广西少数民族的认同心理。《印象·刘三姐》使表演主体对民族民间文化元素产生了深层次的认同感。

（资料来源：李峰，李萌．旅游策划理论与实务［M］．北京：北京大学出版社，2013.）

【思考 1】 结合旅游产品策划方法，分析上述资料中的旅游娱乐项目在集中展示文化特色、组合多种表现形式、增强互动调动游客参与、促进社会效益与经济效益正循环等方面是如何安排的？

【实训 1】 搜集本地旅游娱乐产品相关资料，根据旅游产品策划方法，尝试设计旅游娱乐产品。

五、旅游节庆志愿者管理

旅游节庆举办方能否有效招募、培训、管理志愿者是旅游节庆运营过程的重要组成部分。志愿者所参与的岗位主要包括：礼仪员、行政人员、媒体协调员、公共关系助理、后勤协调员、信息员、保安员等。对旅游节庆志愿者的管理包括以下几个方面：招募志愿者、培训志愿者、协调志愿者、监管和评估以及奖励志愿者。①

（一）招募志愿者

志愿者招募程序主要包括以下步骤：申请人报名、材料审核、工作预分配、面试、初步确定岗位、发出录用通知、志愿者任职等。

（二）培训志愿者

旅游节庆志愿者的培训非常重要，直接关系到志愿者能否胜任本职工作。志愿者的培训主要分为三类：通用培训、专业培训和岗位培训。

1. 通用培训

通用培训的主要内容是介绍旅游节庆相关知识、本地优秀传统文化和礼仪规范、志愿者的权利义务、如何应对紧急情况等。目的是培养志愿者的大局意识、服务意识、形象意识、责任意识。旅游节庆举办方可以编写相应的培训教材、制作课件，并通过各种渠道，如面授、互联网等，对旅游节庆志愿者进行相应的培训，培训工作也应发挥当地教育资源优势，争取多方支持。

2. 专业培训

根据服务岗位的具体要求，培训志愿者相关专业知识和技能。培训以面授为主，主要由

① 王起静，邱鸣．会展活动策划与管理经典案例［M］．天津：南开大学出版社，2012.

旅游节庆相关培训机构来组织实施。

3. 岗位培训

岗位培训的主要内容是介绍岗位的基本情况、工作任务、业务流程和工作场地的相关情况、紧急情况处理措施和志愿者团队管理等方面的内容。对旅游节庆志愿者进行培训时，要有合理、全面的培训内容。对于不同的志愿者群体需要有不同的施教方法，同时必须对培训的效果进行测验，以考核他们是否掌握了所传授的技能。培训结果测验包括：试卷测验、实地考核测验，或者是二者结合的综合测验。

（三）协调志愿者

由于旅游节庆志愿者的专业技能水平参差不齐，旅游节庆举办者需要委派相关工作人员对志愿者进行指导，并对工作中存在的问题予以纠正。同时，旅游节庆志愿者来自不同的单位、学校或其他机构，志愿者之间彼此不相识，客观上造成了沟通和协作有一定难度。在旅游节庆运营过程中，由于工作存在重复或其他原因，志愿者之间容易产生一定的矛盾和冲突，因此，需要旅游节庆举办者采取一定的措施来化解矛盾，提高旅游节庆运作的效率。

（四）监管和评估

一般来说，旅游节庆项目的规模越大，志愿者人数越多，其组织就越需要对志愿人员进行监督。这一职责的行使可以通过不同的方式，管理人员和节庆项目经理的核心任务之一，就是对志愿者进行工作绩效评估。

（五）奖励志愿者

对于旅游节庆志愿者的奖励需要不间断地进行，不可等到旅游节庆结束了才对他们进行奖励。举办者需要通过相关媒体对志愿者表示感谢，对旅游节庆志愿者进行不间断表彰是建立一支强有力的志愿者队伍的重要保障。项目经理人可以通过设立各种形式的奖项，调动志愿者的工作积极性，提高工作效率。

★小知识

义工旅行

义工旅行（Volunteer Holiday）指自愿无报酬加入某种团体，在旅游的同时完成某项活动、帮助某个对象等，在享受旅行的同时要承担相应的责任。

义工旅行项目的实施者必须向志愿者交代清楚义工旅行的责任。同时，志愿者必须提交一份申请，把自己的各种情况列出来，包括参加活动的目的，希望获得的帮助，自己的特长，希望获得的知识和体验。义工项目经常采用会员制的方式，如参加过义工项目的人就可纳入会员，不但可以方便该志愿者下次参加，还可以吸纳高素质志愿者。会员制度还可以做其他延伸，比如英国的National Trust如果加入义工，就能自动成为会员，到所有National Trust的地方（比如森林公园、历史建筑）都可以免费入场。

义工旅行一般都是收费的。因为义工旅行是由非营利社团企业组织的，义工前往目的地途中的住宿、食物、工具、交通、保险费用都要义工自己承担。到达目的地后，在义工项目内，住宿、食物、工具、交通费用由该项目承担，如做农场义工，可以免费食宿。但志愿者需要询问清楚，避免一些营利组织以义工旅行的名义组织无报酬劳工。在开始之前，志愿者必须接受一些培训，如了解义工目的地的背景资料、当地习俗禁忌、义工活动需要掌握的技能、每个人的义务责任等。同时，必须提示义工当地的天气情况和环境状况，需要携带的衣服和随身物品，如风沙大，要提醒戴太阳眼镜，蚊虫多，要提醒准备防护用品。

义工工作范围非常广泛，建屋修桥，农田耕种，教小孩、大人各种知识，陪小孩玩耍，引入先进技术等，工作相对自由。对于工作时间的安排，国外的做法是，以周为计算单位，最少参加一周，周一到周五上班按普通的上班时间，星期六、星期天是自由时间。

义工旅行其中一个目的是促进文化交流，进行途中可以安排一些交互娱乐活动，如当地人教授传统舞蹈、传统的烹调，或者做一些户外的骑马活动，志愿者之间的篮球比赛，篝火晚会，到附近的景点去旅行，野餐，等等。任何一些可以让义工工作变得轻松的活动都可以预先安排好。这些活动可以安排在工作之外（包括星期六、星期天），也可以安排在工作中。

工作中需要用到的器具保护用品均由组织单位提供。组织单位负责提供饭菜的一切材料，包括做菜原料和辅料。然后把所有的志愿者分好组，两个人或者三个人一组负责一天的饭菜。做菜的材料可以在前一天全体集中讨论，然后由组织单位负责组织购买。每个人都必须参与烹饪。

（资料来源：百度百科，有修改。）

第三节　旅游项目推广营销策划书

一、旅游项目年度推广营销计划书

（一）旅游项目市场环境分析

（1）项目年度经营目标：带量描述，预估实现程度（分季度描述更合理）。

（2）竞争者情况：主次竞争者的市场占有率，产品定位优劣势。

（3）目标市场情况：市场规模，消费特性描述，发展潜力。

（4）经销商情况：长宽深度简况。

运用SWOT分析上述情况的综合优势劣势、机会威胁。

（二）旅游项目年度推广策略

推广策略涉及以下内容：①推广目标；②推广投入费用；③推广组合措施；④推广区域分配。

（三）旅游项目年度营销策划方案

策划方案包括产品、价格、销售渠道、推广等进行组合的方式、时间、地点、人员、效果预估。

二、旅游项目广告营销策划书

（一）项目市场分析

（1）营销环境分析；

（2）消费者分析；

（3）产品分析；

（4）竞争状况分析；

（5）以往广告分析。

1）以往广告活动概况：

①以往广告时间段；②以往广告的目的；③投入的费用；④广告内容。

2）以往广告目标市场策略：

①以往广告针对的目标市场；②目标市场的特点；③广告诉求重点；④ 创意诉求方面的优点与缺点；⑤ 以往广告的效果：认知、态度、行为、促销、投入产出比。

（二）现在的广告策略

（1）广告目标：

广告目标是对广告目标的解构表述。

（2）现有目标市场：

在这方面，要说明目标市场的特性与规模。

（3）广告定位：

①目标市场定位；②产品定位。

（4）广告诉求：

1）诉求对象描述：诉求对象的特性与需求；

2）广告诉求重点；

3）诉求方法的表述和表述依据。

（5）广告内容：

1）广告主题：确定主题的依据；

2）广告主题口号：确定主题口号的依据；

3）广告情感诉求：确定情感诉求的依据；

4）广告形象：确定广告形象的依据。

（6）广告实施策略：

1）广告投放媒介：主体媒介，辅助媒介；

2）广告投放时间段；

3）广告投放频率；

4）广告投放前、中、后期的重点和配合措施。

（三）广告效果预测与监控

（1）广告效果预估；

（2）广告效果测定方法：测定方法提纲；

（3）广告效果测定报告。

三、旅游项目营业促销策划书

（一）旅游项目市场竞争情况分析及对策

①直接竞争对手分析及对策；②间接竞争对手分析及对策。

（二）旅游项目消费者调查

主要调查消费者对产品的认知、态度，消费行为的特点。

（三）旅游项目营业促销策略

（1）营业促销目的：

营业促销目的主要是指需要达到的市场占有率、销售额、销售量、知名度、美誉度。

（2）营业促销目标市场：

营业促销目标市场主要涉及：

①目标市场选择范围；②主要促销目标；③次要促销目标。

（3）营业促销内容：

营业促销内容主要包括：

①营业促销主题；②营业促销地点；③营业促销产品范围；④营业促销优惠幅度；⑤营业促销活动方式；⑥营业促销宣传媒介；⑦营业促销持续时间段。

（4）营业促销预算。

（5）营业促销效果预测与监控。

（6）营业促销效果测定报告。

四、旅游项目公关策划书

（一）旅游项目公关目标与公关目标市场群

（1）项目公关目标；

（2）项目公关目标影响群：主要影响群，次要影响群；

（3）项目公关目标市场群：主要公关目标，次要公关目标。

（二）旅游项目公关媒介与活动

（1）公关沟通媒介。

（2）公关活动内容。

①公关策划主题；②公关主题口号；③公关活动方式、步骤；④公关活动参与人员；⑤公关活动时间、地点。

实训项目

项目推广营销策划书

实训目的：通过项目小组写作《旅游项目年度推广营销策划书》，了解项目及项目产品推广的基本程序，熟悉推广基本程序、推广问题分析、推广方案撰写要求，掌握项目推广的方法，掌握项目及产品推广策划方法。

实训步骤：

第一步，明确旅游项目产品、价格、销售体系，撰写《旅游项目年度推广营销计划书》。

第二步，调研。①根据项目经营目标，项目小组制定可操作的产品推广方案，要求结合四种推广方式做组合体系；②根据项目推广组合体系，制作一份推广调研计划；③设计一份项目市场调研问卷和一份访谈提纲；④根据收集的资料，撰写调研报告。

第三步，了解《旅游项目广告营销策划书》《旅游项目营业促销策划书》《旅游项目公关策划书》的写作方法和程序。

第四步，撰写《旅游项目年度推广营销策划》调研报告。

实训成果：

第一部分：《旅游项目年度推广营销计划书》《调研问卷》《访谈提纲》《调研结果分析报告》。

第二部分：《旅游项目广告营销策划书》《旅游项目营业促销策划书》《旅游项目公关策划书》基本框架。

第三部分：《旅游项目推广营销策划》调研报告。

知识归纳

本章主要结合旅游节庆项目的策划运作，学习写作《旅游项目年度推广营销策划书》的基本程序、基础理论和基本工具，为后续章节的学习打下基础。本章共分三部分，第一部分主要介绍了旅游节庆项目营销部分的内容，包括旅游节庆的含义，旅游节庆项目的意义和原则，旅游节庆品牌定位方法，旅游节庆项目营销步骤，旅游节庆项目的组织结构，旅游节庆的资源整合、风险控制和产品策划；第二部分主要介绍了旅游节庆项目策划部分的内容，包括旅游节庆项目控制，旅游节庆产品的概念，旅游节庆产品的设计，旅游节庆娱乐产品策划，旅游节庆志愿者管理；第三部分主要介绍了旅游项目推广营销策划书的写作，包括《旅游项目年度推广营销计划书》《旅游项目广告营销策划书》《旅游项目营业促销策划书》《旅游项目公关策划书》的撰写格式。通过本章的学习，要求学生了解旅游项目推广的方式方法和操作程序。最后要求学生能通过实训掌握旅游项目推广的基本工作如何运行，并能结合旅游项目的构建进行熟练运用。

复习思考题

一、简答题

1. 旅游节庆的概念是什么？旅游节庆的意义是什么？
2. 旅游节庆项目营销的步骤有哪些？
3. 旅游节庆项目主题战略的制定有哪些步骤？
4. 旅游节庆项目文化战略管理包括哪些内容？
5. 旅游节庆项目进度管理包括哪些内容？
6. 旅游节庆项目控制方法较多，选择一种你认为最优的方法并阐述理由。
7. 旅游节庆产品转化的含义是什么？

二、选择题

1. 西方学术界把不同类型的节庆统称为（　　）。

A. 节庆
B. 事件
C. 节事

2. 旅游节庆的意义包括（　　）。

A. 营销城市形象
B. 提高旅游业经济效益
C. 增强旅游地经济文化优势
D. 调整举办地的旅游产品结构
E. 满足游客多层次的需求
F. 完善举办地的基础设施建设

3. 旅游购物行为模式包括（　　）。

A. 需要—动机—行为模式
B. 提醒—需要模式
C. 刺激—反应模式

4. 旅游节庆包括（　　）特征。

A. 时间性
B. 综合性
C. 地方性
D. 参与性
E. 娱乐性

5. 根据节庆的起源和产生，可以分为（　　）。

A. 传统节日
B. 纪念节日
C. 经济文化旅游节

6. 根据节庆的内容，可以分为（　　）。

A. 文化庆典
B. 文艺娱乐事件
C. 商贸会展
D. 体育赛事
E. 教育科学事件
F. 休闲事件
H. 政府事件

7. 旅游节庆策划的原则包括（　　）。

A. 个性原则
B. 文化原则
C. 大众参与原则
D. 生态原则
E. 社区开发原则

8. 旅游节庆品牌定位的方法包括（　　）。

A. 功效定位
B. 情感定位
C. 价格定位
D. 文化定位
E. 比附定位
F. 概念定位

9. 旅游节庆区隔概念维度包括（　　）。

A. 服务
B. 流程
C. 沟通
D. 吸引物
E. 产品
F. 宣传
H. 文化要素

10. 旅游节庆主题文化管理包括（　　）。

A. 主题标志
B. 主题仪式
C. 主题氛围
D. 主题物品

11. 旅游节庆周边活动文化管理包括（　　）。

A. 周边活动典故挖掘　　B. 周边活动内容设计
C. 周边活动参与方式设计
12. 旅游节庆组织结构的类型包括（　　）。
A. 政府举办型　　B. 企业举办型
C. 价格比　　D. 体验性
13. 政府节庆组织结构的第二级包括（　　）。
A. 组委会办公室　　B. 综合工作机构
C. 各项活动组
14. 政府节庆组织结构的第三级包括（　　）。
A. 新闻报道组　　B. 行政安全组
C. 安全保卫组　　D. 环境管理组
E. 广告事务组
15. 旅游节庆的资源整合进行（　　）。
A. 资源配置制度　　B. 资源分割
C. 资源运营　　D. 资源平台运作
16. 旅游节庆的风险控制包括（　　）。
A. 风险回避　　B. 风险减轻
C. 转移风险　　D. 风险自留
17. 旅游节庆产品设计的主要策略包括（　　）。
A. 相似性策略　　B. 产品体系策略
C. 个性化策略　　D. 领先型策略
E. 跟随型策略　　F. 仿效型策略
18. 旅游节庆产品策划中要考虑（　　）问题。
A. 可依托的消费市场　　B. 可依托的旅游背景
C. 可依托的实施团队
19. 旅游节庆娱乐产品策划角度包括（　　）。
A. 文化背景　　B. 游客现场体验
C. 游客情感体验

操作训练题

【案例资料】　　迪士尼促中国主题乐园升级

上海迪士尼乐园日前终于在一片期待、喝彩、争议声中开门迎客。

迪士尼进入上海，像一颗石子投入水中，在中国主题乐园大市场中掀起阵阵涟漪。

迪士尼作为目前全球最成功的主题乐园，它的到来究竟给中国主题乐园和中国旅游带来哪些变化呢？对中国游客来说，迪士尼是一个时尚旅游产品；对中国主题乐园业界来说，迪士尼是一个现实的竞争和学习的对象。

一、他山之石——迪士尼成功之道

全球迪士尼乐园中最大的城堡、第一个海盗主题园区、路线最长的花车巡游、全球首发的“创极速光轮”……炫酷的上海迪士尼，让更多的中国游客体验到世界一流主题乐园究竟怎么玩。

主题乐园，恐怕在很多中国游客心中的想象，是儿时游乐园的扩大版或升级版。而在世界上，1955 年，美国人华特·迪士尼建成了第一个现代意义上的主题乐园，它告诉孩子和大人，“原来快乐可以这样创造”。

什么是主题乐园？迪士尼抓住的是人类永恒的主题“欢乐”，经营的是人们失落在忙碌生活中的童心。迪士尼并非完全针对儿童打造，各个年龄层次的人都可以在这里找到自己喜欢的游乐项目或度假产品。迪士尼一直在全球主题乐园排行榜中位列榜首。

北京联合大学旅游学院副院长张凌云多年从事迪士尼研究。他告诉记者，迪士尼乐园的成功是娱乐产业几十年积累而成。迪士尼拥有很长的产业链，先通过影视作品塑造和传播主题形象，然后再做主题乐园，这样的乐园主题很容易被游客熟悉、记住和认同。而且迪士尼的动漫影视作品一直有新片问世，这也使得迪士尼主题乐园的内容不断创新。迪士尼旅游产业除了主题乐园，还包括度假区、度假酒店、度假俱乐部和海洋邮轮等。此外，迪士尼影视业的投入和收益都要高于主题乐园，这也是其他主题乐园望尘莫及的。

二、冷静反思——中国乐园缺什么

上海迪士尼像一面镜子，国内主题乐园不妨对照一下。近几年，中国的主题乐园热潮汹涌，各家都想在竞争激烈的环境下分得一杯羹。统计显示：截至目前，国内主题乐园数量达到 2 000 多家，是美国近 60 年开发数量的 70 多倍。但亏损的主题乐园高达 70%，赢利的主题乐园不足 10%。

中国主题乐园为什么绝大部分过得不好？业内普遍的观点是：盲目跟风，“主题”不明确，重复建设过多；过于依赖门票收入，衍生产品开发不足；一味模仿国外主题乐园及其他成功的主题乐园，缺乏像迪士尼那样的经典角色。游客参观完一次后缺乏重复消费的动力，从而导致游客的重游率很低。中国主题乐园目前普遍采用“旅游 + 地产”运作模式，赢利模式是大问题。可见，中国的主题乐园离世界一流的乐园还有不小的差距。

迪士尼的专业精神、开发频度以及赢利模式都是值得中国借鉴的。迪士尼能占到世界主题乐园市场 50% 以上的份额，是一步一步打拼出来的，中国的主题乐园要想得到更好的发展，一定要有工匠心，不能只看短期盈利。张凌云表示：“主题乐园的赢利模式是最大问题，既要防止企业打着主题乐园的招牌进行房地产开发，也不能单纯地依靠门票经济，而应该打造全产业链条。”

三、迎接竞争——共同开发大市场

就像麦当劳、肯德基当年进入中国，并没有让湘菜馆、川菜馆歇业，只是为中国人提供了更多选择。对中国主题乐园来说，迪士尼的进入从长远来看是好事，使我们看到了差距，有了创新升级的动力。

"我们欢迎一切竞争对手，共同把中国主题乐园市场蛋糕做大。竞争中不能带着傲慢与偏见，而要保持一颗为消费者提供更优体验的初心，方能在市场竞争中走得更快更远。"华侨城欢乐谷负责人告诉记者。

中国的主题乐园市场空间足够大吗？有数据显示，目前中国城市居民收入里，每增加100元就有40%用于精神文化消费，主题乐园行业背后有强大的内需市场作为驱动引擎。据美国顾问公司AECOM预测，2020年中国将超越美国，成为全球最大的主题乐园市场。

中国社科院发布的2015年《旅游绿皮书》预测，未来世界主题乐园发展重心将会移到中国及东亚太地区。中国旅游研究院院长戴斌表示，在资本、科技和文化创意的全面驱动下，中国主题乐园将迎来一个全新的发展机遇期。迪士尼进入中国，给中国主题乐园一个面对面学习和竞争的机会。

长隆集团负责人告诉记者，将国外主题乐园的先进经验拿进来是一种学习方式，将其精髓融会贯通继而变成自己的东西，更是一种创造。良性竞争有助于各企业一起将中国主题乐园这块蛋糕做大，有助于培养游客前往主题乐园度假的旅游习惯。

四、升级换代——做文化不断创新

面对国内外激烈的竞争，如何定位主题，如何做强品牌，华侨城、长隆、宋城、海昌等一些颇具创新意识的中国主题乐园一直在探索。

北京欢乐谷负责人在接受采访时倾诉了自己的烦恼，各地假借欢乐谷名号的小型主题乐园侵权行为屡禁不止。做主题乐园，一定要走差异化之路，做出自己的特色。欢乐谷的发展融入了地域文化特色，如北京欢乐谷大型剧场秀《金面王朝》、成都欢乐谷舞台剧《天府蜀韵》、武汉欢乐谷实景情景剧《打码头》、天津欢乐谷大型多媒体舞台剧《津秀》、深圳欢乐谷主题魔术情景剧《梦幻深圳》等，浓厚的地域文化深深抓住了游客的心。

长隆展现马戏文化在中国主题乐园中可谓独树一帜：从乐园内相对简单的舞台献艺，到国际知名导演和马戏艺术家的实力打造，再到主题式的马戏史诗。据统计，目前已投入演出的广州和珠海两个度假区的长隆大马戏，共吸引超过2 500万的观众到现场观看。每晚，来自20多个国家的近500名马戏艺术家，打造了一个永不停息的世界马戏大舞台。长隆国际大马戏如今通过承办中国国际马戏节，将中国的马戏文化推向了全球。

在"旅游+"的背景下，海昌海洋公园通过"旅游+互联网""旅游+文化""旅游+艺术""旅游+IP""旅游+品牌"的合作方式，突破传统旅游业的各项要素，多元创新、融合发展，打造中国第一海洋文化旅游休闲品牌。

（资料来源：赵珊．迪士尼促中国主题乐园升级［N］．人民日报海外版，2016-07-07.）

1. 分析上述资料，本项目小组阐述迪士尼主题乐园有哪些特点。
2. 分析上述资料，本项目小组阐述迪士尼主题乐园适合的旅游消费市场有哪些特征。
3. 分析上述资料，本项目小组设计旅游主题乐园时应当从哪些方面进行打造？
4. 本项目小组选择概念消费市场，并针对其特点设计主题乐园。
5. 提交主题乐园策划报告。

第七章 旅游线路营销与策划

学习目标

1. 了解旅游项目推广营销策划的概念。
2. 熟悉旅游项目推广营销策划程序。
3. 掌握旅游项目推广营销策划的方法。

实训要求

1. 实训项目：旅游项目小组收集资料，根据旅游项目目标、主打产品、产品价格、项目渠道范围，确定旅游项目推广营销策划，构建本项目小组的旅游项目推广体系。

2. 实训目的：通过熟悉基本程序，掌握基本方法，实践操作策划旅游项目推广体系，帮助梳理旅游项目全部营销策划工作，帮助学生理论联系实际，对旅游项目运作体系进行深入的分析和构建。

第一节 旅游线路概述

一、旅游线路的含义

（一）旅游线路的概念

目前，对于旅游线路的概念，我国学术界还没有统一的定义。

（1）从旅游线路供给与需求双方的角度看，旅游线路是线路的有机组合。

谢彦君认为，旅游线路是旅行社或其他旅游经营部门以旅游点或旅游城市为节点，以交通线路为线索，为旅游者设计、串联或组合而成的旅游过程的具体走向。[①] 杨振之认为，旅游线路特指根据旅游者的需求，通过一定的交通线路，将若干个旅游区合理而有机地串联起

---

① 谢彦君．基础旅游学［M］．北京：商务印书馆，2015.

来，形成一个完整的旅游运行网络和产品的组合。①

（2）从景观规划的角度看，旅游线路被认为是一种区域内的产业布局，是区域内空间的协调、关联与组织的整体。

马勇从区域规划的角度出发，认为旅游线路是指在一定的区域内，为了使游人能够以最短的时间获得最大的观赏效果，用交通线把若干旅游点或旅游城市合理地贯穿起来，并具有一定特色的路线。吴为廉把风景园林路分为风景旅游道路和园（景）路，指出园（景）路既是分割各景区的景界，又是联系各个景点的纽带，是造园的要素，具有导游、组织交通、分划空间截面和构成园景的艺术作用。

综上所述，旅游线路是针对旅游目标市场，根据现有旅游资源、旅游基础设施和旅游服务条件确定的合理路线。它既能使旅游者获得丰富的旅游经历，又便于旅游活动的组织与管理。旅游线路不仅是用交通线把若干旅游目的地串联起来的运动轨迹，还包含旅游者在整个旅游活动中的日程安排与食住行游购娱等服务内容与价格。

（二）旅游线路的特征

1. 资源导向性

旅游资源是旅游线路的核心要素，旅游线路的各种组合都围绕着旅游资源进行，旅游线路组合的目的则是方便、舒适、性价比高地到达旅游资源所在地。因此，旅游线路所选取的旅游资源的吸引力大小，是影响旅游线路市场价值的关键所在。目前，大多数热门旅游线路都是因为线路中所包含的旅游资源对旅游者有强烈的吸引力，其旅游资源单项或组合往往具有相对不可替代性。

2. 构成综合性

旅游线路是一个综合体，活动涉及食住行游购娱各项旅游活动，吸引物涉及餐饮、住宿、交通、游览、购物、娱乐各项旅游吸引物，提供服务的人员涉及食住行游购娱各个方面。旅游线路既是实体的物质资源，如旅游资源、基础设施和接待设施的外在表现，又是无形的服务产品的实际获得，其设计、运行、监控、管理涉及众多行业和部门，如除了食住行游购娱的直接提供者，还有海关、邮电、通信、公安、银行、保险、医疗卫生等间接提供者。美国工业标准分类系统的一项调查表明，有 30 多种主要工业部门为旅游者服务，其中涉及旅游业的其他行业和部门达 270 多个。

3. 不可贮存性

旅游线路是一种时间上不可贮存的特殊商品，因为气候、景观、容量、体量的限制，旅游线路不存在补买的可能性，每天的旅游线路都只能容纳当天的消费者，同一时段的旅游空间客满就无法加载。旅游产品的这种不可贮存性加深了旅游线路供应与需求之间的矛盾，许多旅游景点淡季门可罗雀、旺季寸步难行，如何做到高峰期减少客流超载的破坏和影响，低谷期引入客流消费，获取经济社会效益，需要旅游线路设计部门采取有效的措施，如不断挖掘旅游吸引物、调整线路分布，旺季增加旅游线路、淡季重点打造旅游线路等。

---

① 杨振之，张志亮，李玉琴．系统科学视野下的世界级旅游目的地可持续发展研究［M］．北京：社会科学文献出版社，2015.

4. 生命周期性

旅游线路和任何产品一样，都有生命周期，从开发进入市场到被市场淘汰，包括四个阶段：投入期、成长期、成熟期和衰退期。各个阶段通过销售额和利润额的变化设置衡量指标，投入期是旅游线路引入市场、销售额缓慢增长的时期，利润额不高；成长期是旅游线路被市场迅速接受、销售额和利润额大量增加的时期；成熟期是旅游线路市场需求量渐趋饱和、销售额和利润额增长趋缓的时期；衰退期是旅游线路销售额和利润额迅速减少的时期。受旅游资源吸引力、旅游市场消费力、基础环境供给力的影响，不同旅游线路的生命周期长短也不尽相同。

5. 运营脆弱性

旅游线路是一项脆弱的物质文化产品，首先，由于其资源导向性，旅游线路受到季节和假日等外部因素的制约，所以表现出明显的季节性特点，如四季温差造成观光旅游市场需求的差异，节假日时间会引起休闲旅游需求量的变化等。其次，由于其构成具有综合性，旅游线路中食住行游购娱的构成比例会有不同的组合方式，如接待一定量的旅游者需要多少不同规模、不同档次的饭店和餐饮设施，需要多大的交通运载能力，采取什么样的运输方式，需要多大的游览娱乐空间，采用什么类型的吸引物，包括不同层次的旅游服务人员数量、组成等，都要有一个合理的结构。任何一部分超前或滞后都会影响旅游活动的正常运转，进而影响到旅游线路整体效能的发挥。最后，旅游活动属于高层次的人类需求活动，战争、社会动乱、自然灾害、国际关系、政府政策、经济发展、汇率兑换等因素都会危及低层次的需求，导致高层次需求减弱、停止、变化，进而影响旅游线路的销售情况。

★资料链接

国家旅游局发布《关于旅游业应对气候变化问题的若干意见》

为深入贯彻落实科学发展观，促进旅游业全面协调可持续发展，根据党中央、国务院应对气候变化的部署，国家旅游局日前发布《关于旅游业应对气候变化问题的若干意见》（以下简称《意见》），就旅游业如何应对气候变化问题提出对策。

《意见》认为，自然生态、资源、环境是人类赖以生存和发展的基础，以气候变暖为主要特征的气候变化是人类社会共同面临的严峻挑战，对我国旅游业发展产生现实和潜在的影响，要充分认识旅游业应对气候变化的重要性。

《意见》提出旅游业应对气候变化的指导思想和以人为本、积极适应、主动减缓、因地制宜四个基本原则。其指导思想是：坚持以科学发展观为指导，认真贯彻落实国家应对气候变化方案，增强防灾减灾意识，加强防范极端气候事件，积极开发利用气候资源，主动减缓气候变化影响，促进旅游业可持续发展，为建设资源节约型、环境友好型社会做贡献。

《意见》要求各地立足全球气候变化趋势，充分认识区域性气候变化的特征和规律，全面把握对旅游业的不利与有利因素。其中不利因素有三：一是气候变化对旅游资源保护的挑战。受全球气候变化影响，我国部分地区旅游资源的依存环境趋于恶化，开发利用难度加大。二是气候变化对旅游产品开发的难度加大。北方地区干旱少雨，缩小了水体、湿地、冰雪类旅游产品的开发空间；南方夏季暴雨、冬季冰雪增多，提高了旅游基础设施、接待设施的建设和维护成本；西部地区和青藏高原的生态环境脆弱，增加了旅游产品开发的难度；海平面上升，厄尔尼诺和风暴潮等增多，提高了海滨度假和滨海旅游的要求。三是极端气候事件对旅游业影响明显加剧。其中有利因素为气候逐渐变暖，春秋两季甚至冬季适游期延长，缩小了旅游淡旺季差异，部分地区因气候变化衍生的地域性物候特征，可开发为有特色的气象、山地和生态等景观。

《意见》提出，气候变化是长期渐进的过程，旅游业要积极适应气候变化趋势，充分把握可利用因素，因势发展，顺势发展。一要把气候因素纳入旅游业发展全局之中。二要积极把握气候变化的有利因素。要善于利用和整合因气候变化衍生的新型旅游资源，重视开发与气候因素密切相关的雾凇、雪凇、云海、雨景、雪景等旅游产品。充分利用气候变暖延长的适游期，重点提升传统旅游产品，适度增加旅游新产品，加强引导客源流向，积极发挥气候变化有利因素的促进作用。三要主动防御灾害性气候事件。要针对气候变化引发的各种灾害性事件，分类采取预防性措施，加强旅游资源保护和设施维护。

海滨旅游开发要选址适当，加固堤坝，防御风暴潮侵袭和海平面上升；山岳型旅游资源开发要加强游山步道、安全护栏建设，旅游设施要严防雷击、滑坡、泥石流；易受湿、热、雨、雪等气候变化影响的遗址遗迹和旅游景观，要注重增强保护的科学性和有效性。

针对主动减缓气候变化，《意见》要求全行业增强责任意识，充分发挥旅游产业优势，坚持绿色发展，自觉节能减排，主动减缓对气候变化的影响。一要加强旅游资源保护，避免片面追求经济利益和短期回报，防止其他用途的开发利用影响旅游资源保护，加剧气候变化。二要科学开发利用旅游资源。旅游开发必须以保护生态环境和减缓气候变化为前提，鼓励探索有助于减缓气候变化的旅游开发方式。三是积极推动旅游企业节能减排。借鉴相关行业和国际经验，研究各类旅游企业排放指标，加快制定旅游业环保标准。四是大力推广新型能源。按照发展循环经济、低碳经济的要求，旅游企业要积极实施清洁生产，提高能源资源利用效率。大型景区和旅游目的地要立足使用清洁能源和可再生能源，大力推广环保型旅游车、电瓶车、太阳能车。乡村旅游目的地要积极利用推广沼气，风能资源良好的地区要充分利用风能发电。旅游景区宾馆饭店要加强推行建筑节能技术，提倡自然采光采暖和利用新型能源。五是大力倡导文明旅游，积极引导旅游者自觉爱护和保护环境。

《意见》最后强调，要积极争取各级党委政府的重视和领导，把旅游业纳入各级政府应对气候变化的总体方案摆上重要工作日程，统筹规划，统一部署。同时，要加强旅游公共服务、加强导向性政策研究利用和国际合作与交流。

（资料来源：班若川．国家旅游局发布《关于旅游业应对气候变化问题的若干意见》[N]．中国旅游报，2008－11－04.）

二、旅游线路的类型

（一）按游览线路的内容划分

按游览线路的内容划分，可分为：

1. 游览观光型线路

游览观光型线路是为观光旅游者设计的，常以内容丰富多彩的自然风光、民族风情来满足多数旅游者观光游览的需要，属于旅游线路中的基础层次。相对而言，这种旅游线路要求涵盖较多旅游点，游客在每个旅游点停留的时间较短，虽然对旅游地的自然人文内涵了解时间有限，但适合旅游者接触旅游的初期，满足走马观花集邮式旅游的量变阶段。如果该类型线路挖掘较浅，游客重复利用同一线路的可能性也会变小，最终导致线路生命周期缩短，旅游线路总体成本提高。

2. 休闲度假型线路

休闲度假型线路是在游览观光型线路的基础上，深入挖掘休闲度假产品，满足游客休息、疗养、康养、度假的需要，属于旅游线路中的中级层次。相对而言，此种旅游线路串联的旅游点较少，但游客在每个旅游点停留的时间较长，对于旅游地的自然人文内涵了解时间较充足，适合旅游者接触旅游的中期，满足求精求好精品旅游的质变阶段。如果该类型线路挖掘较深，游客重复利用同一线路的可能性高，最终导致线路生命周期延长，旅游线路总体成本较为经济。

3. 专题型线路

专题型线路既可包括游览观光，也可包括休闲度假，还可包括游学求知、寻根探访等众多内容，主要是通过提炼相应的主题概念，以主题内容为基本脉络串联多点而成。此种旅游线路串联的旅游点可多可少，游客在每个旅游点停留的时间可长可短，既适合旅游者接触旅游的初期，满足走马观花集邮式旅游的量变阶段，也适合旅游者接触旅游的中期，满足求精求好精品旅游的质变阶段。全线各点的旅游景物、活动内容、活动属性具有范畴内的共性，如果围绕主题内容设计更深入的主题文化、知识、趣味活动，游客重复利用同一线路的可能性高，最终导致线路生命周期延长，旅游线路总体成本较为经济。如广东惠州、河源两市主要围绕“生态和暖冬”两大推介主题，采用传统与创新相结合的宣传方式，多方面展示了惠河两地丰富的旅游资源和特色旅游线路，将客家文化、生态休闲、温泉养生、山地度假、滨海度假等众多旅游产品完美呈现，受到了市场的广泛欢迎。如由中俄蒙三国发起成立的“万里茶道”国际旅游联盟开展“相识之旅”宣传推广活动，中国、俄罗斯、蒙古旅游同人一道，把“万里茶道”打造成为中俄蒙的黄金旅游线路和国际旅游品牌。如借助于航天效应，海南文昌举办“我是宇航员”探月工程夏令营，包括基地探秘、军事技能训练、机器人竞赛、科普讲座等，市场反应火爆，其他各种航天主题的夏令营也供不应求。

（二）按游览线路空间跨度划分

按游览线路空间跨度划分，可分为：

1. 大中尺度旅游线路

大中尺度旅游线路通常指跨省跨市较大范围内各种旅游点、旅游项目与旅游交通线路的空间组合，涉及的时间和空间面都很广，设计过程中更强调“旅”的过程，旅途中所见所闻、所观所感是线路的重点，“旅”的时间占比较大的比重，如四川省旅游局“重走长征路”红色旅游环线。

2. 小尺度旅游线路

小尺度旅游线路通常指市级区域内相对固定的景区内联系各个景点的游览线路，涉及的空间面较小，主要是景区景点规划所关注的内容，设计过程更侧重“游”的过程，游览中从不同角度深入了解、思考、研究单个景点景物，是线路的重点，“游”的时间占较大的比重。如苏州拙政园推出了晨游，拙政园每天正常营业是早上 8 点开始，而私享旅游的游园时间是早上 6 点至 8 点，每天只接待 16 个人。而被称作“小园极则”的网师园推出了夜游项目，游客可通过“私人定制”，在下午闭园后的 6 点至 10 点游园，感受园林夜晚的美，还可以欣赏到具有苏式韵味的昆曲和评弹等表演。

（三）按旅游者在旅游过程中的活动轨迹划分

按旅游者在旅游过程中的活动轨迹划分，可分为：

1. 周游型线路（陈启跃，2010）

周游型线路又称为观光周游型旅游线路，旅游者的目的是了解、经历旅游点，更注重一次体验，线路中常涵括多个旅游目的地，且旅游资源的级别或知名度要高。从经济角度而言，周游型线路收益较低，同一位旅游者重复利用同一条线路的可能性较小。从旅游者成本而言，短时间内游览较多高级别旅游景点，是一种相对成本最小化的旅游线路。从旅游效果而言，由于短时间多量景点游览，活动安排较为密集，旅游者较为疲劳，对景点大多数是走马观花，旅游体验不佳。

2. 逗留型线路

逗留型线路又称为度假逗留型旅游线路，其特点是旅游者的目的多是在旅游点休憩、调养身心，更注重休息、娱乐，线路中涵括的旅游目的地数量相对较少。从经济角度而言，逗留型旅游线路的收益相对更高，同一旅游者重复利用同一线路的可能性较大。从旅游者成本而言，长时间游览较少景点，活动安排较为宽松，旅游者较为轻松，对景点自然人文景观体验较深。

★资料链接

攀枝花与伊犁签订合作协议
共享“候鸟式”休闲养生客源

2015 年 6 月 27 日，攀枝花市与伊犁哈萨克自治州在伊犁签订《伊犁哈萨克自治州人民政府、攀枝花市人民政府关于加强产业战略合作框架协议》。根据该协议，攀伊两地将重点在现代农业、康养产业、旅游产业等领域展开合作。

在现代农业方面，伊犁依托霍尔果斯口岸，助推攀枝花特色农产品开拓中亚、俄罗斯等市场；攀枝花依托“四川南向开放门户”优势，助推伊犁特色优质农产品扩大川滇市场、开拓东盟市场。

在康养产业方面，探索对接双方康养产业链，以共享“候鸟式”休闲养生客源为重点，推动错季互补发展，促使双方成为彼此最佳康养目的地。

在旅游经济方面，伊犁依托“丝绸之路经济带”中国向西开放门户和伊犁·国际旅游谷的优势，帮助攀枝花推介阳光康养旅游线路及产品，开拓新疆、中亚、俄罗斯等市场；攀枝花依托大香格里拉旅游环线等重要节点城市优势，推介伊犁特色旅游线路和产品，开拓川滇、东盟市场，携手打造跨区域精品旅游线路，探索共建中亚—伊（犁）—攀（枝花）—东盟自驾旅游廊道。

（资料来源：杨杰．攀枝花与伊犁签订合作协议，共享“候鸟式”休闲养生客源［N］．四川日报，2016－06－18.）

（四）按游览线路距离远近划分

按游览线路距离远近划分，可分为：

1. 短程旅游线路

短程旅游线路游览距离较短，活动范围较小，一般多为区内旅游或到附近周边的城镇、郊区旅游。这类旅游线路与一日游线路经常是重合的，例如，成都市的农家乐旅游专线，都是市区游或近郊游。

2. 中程旅游线路

中程旅游线路游览距离较远，活动范围一般在一个省级旅游区以内或跨省级旅游区，如云贵川三省联合推出的大香格里拉环线。

3. 远程旅游线路

远程旅游线路游览距离长，旅游者活动范围一般在省级旅游区范围以外，或跨越国境线的地区，如借助于“一带一路”、澜沧江—湄公河次区域等国际合作机制，云南推进的中国—东盟、大湄公河次区域、孟中印缅国际旅游合作，联合开发跨国精品线路，打造黄金旅游廊道。

（五）按游览线路空间分布划分

按游览线路空间分布划分，可分为：两点往返式旅游线路、单通道式或贯通式旅游线路、环通道式或贯通式旅游线路、单枢纽式或轴辐式旅游线路、多枢纽式或轴辐式旅游线路、网络分布式旅游线路。

（1）两点往返式旅游线路。此类线路在远中距离旅游时主要表现为乘坐飞机往返于两个旅游城市之间，近距离旅游时主要表现为乘坐汽车往返于住地与景点之间，该线路只连接两个端口，易使游客乏味，并在一定情况下，增加了交通运力的耗费，在旺季时表现尤为明显。

（2）通道式旅游线路。此类线路在远中距离旅游时以乘火车、轮船进行旅游为典型状态，近距离旅游时以乘坐汽车、游船为典型状态，该线路将若干景点串联，出入端口可以相同也可以不同，旅游者一路上能观赏不同的旅游景点。由于此种线路不走回头路，旅游者会感到游览行程最划算。

（3）单枢纽式旅游线路。此类线路以一个旅游城市镇为核心，所有旅游目的地都与该市镇连接，类似射线系统，该市镇多为中心集散地，便于服务设施集中发挥规模效益。旅游者选择中心城市为休整节点，然后以此为中心向四周旅游点做往返性的短途旅游（大多为一日游）。

（4）多枢纽式旅游线路。此类线路以若干旅游市镇为枢纽，串联若干枢纽市镇，各枢纽市镇又连接其他旅游目的地。该线路一般运用于旅游大区，目的是分散客流集散地，缓解单个枢纽城市在旅游高峰时的承载压力。

（5）网络分布式旅游线路。此类线路通过公路将区域内各景点网状连接，旅游者可任选景点与道路，最后的旅游路径可以按照旅游者喜好自行组合，可以是上述多种搭配，也可以只有一种。

三、旅游线路设计的基础理论

（一）旅游中心地理论

该理论源于克里斯塔勒的中心地理论，中心地是提供主要旅游吸引物的场所，当中心地的供给容量有剩余，而周围区域缺少可替代的吸引物时，中心地的供给剩余就用于提供给周围区域，直到供给需求均衡。中心地是旅游活动的重要节点，呈现等级规模差异。根据中心吸引物的服务范围的大小，可将其分为高级中心地和低级中心地，介于两者之间的被称为中级中心地。每个高级中心地都影响多个中级和低级中心地。三者的区别在于：低级中心地只能基本满足当地居民的文化休闲生活，中、高级中心地能满足更高级别的文化旅游体验。决定各级旅游中心地产品和服务供给范围的重要因子是经济距离，主要由旅行费用、时间、体力耗损、旅游者行为特征等因素决定，因此交通发达程度对中心地的形成与发展意义重大。

（二）核心—边缘理论

约翰·弗里德曼对发展中国家的空间发展规划进行了长期研究，并提出了一整套有关空间发展规划的理论体系，尤其是他的核心—边缘理论，又称为核心—外围理论，已经成为发展中国家研究空间经济的主要分析工具。弗里德曼动态化、系统化发展了法国经济学家佩鲁的增长极理论，提出了“核心—边缘”理论模式。弗里德曼认为，任何区域都由核心区、外围区两个空间系统构成。核心区通过供给系统、市场系统、行政系统等途径来组织自己的外围区。随着核心区不断扩展，外围区力量逐渐增强，导致新的核心区在外围区出现，引起核心区等级水平的降低。核心区的存在具有决定性意义，因为它决定了该地区空间系统的存在级别：全球级、洲级、国家级、大区级、省级。弗里德曼根据一个国家工业产值在国民生产总值中所占比重的不同，划分出空间经济增长的前工业化阶段、工业化初期阶段、工业化成熟阶段和后工业化阶段，每个阶段都反映了核心和边缘区域之间关系的变化。

前工业化阶段，社会经济不发达，生产力水平低下，经济发展水平的差异比较小，区际之间经济联系不紧密，呈独立的中心状态。工业化初期阶段，随着社会分工的深化，位置优越、区域经济结构以农业为主，城镇的产生和发展速度较慢，资源丰富或交通方便的地方成为物资集散交换中心，发展成为城市。工业化成熟阶段，又称为快速工业化阶段，核心区域发展加快，与边缘区域之间的不平衡关系加深。后工业化阶段，亦称空间相对均衡阶段，核心区域对边缘区域的扩散作用加强，资金、技术、人才等由中心区域向边缘区域流动，边缘区域产生的次中心逐渐发展，趋向于发展到与原来的核心区域相似的规模，达到相互平衡的状态。

（三）点轴渐进扩散理论

点轴渐进扩散理论是由我国经济地理工作者陆大道研究员等在深入研究宏观区域发展战略的基础上提出的，理论吸收了据点开发和轴线开发理论的有益思想，对生产力地域组织的空间过程进行了阐述，并构造了中国沿海与长江流域相交的“T”形空间发展战略。

1. 点轴渐进扩散理论的核心①

点轴渐进扩散理论的核心，是社会经济客体大都在点上集聚，通过线状基础设施而连成一个有机的空间结构体系（图 7－1）。

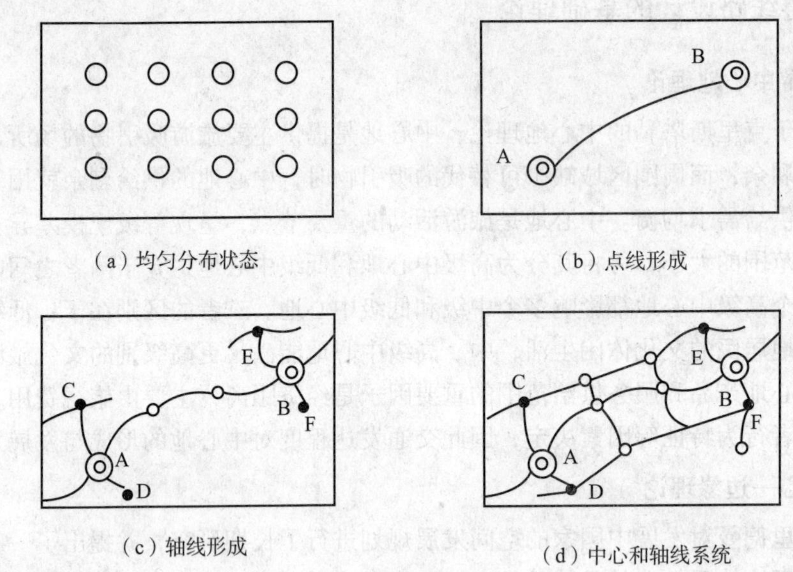

图 7－1　点轴线图示

扩散是渐进式的，沿着一定的通道进行。点轴渐进扩散的结果是，形成点—轴—集聚区的空间结构。集聚区是扩大了的“点”或“点”的集合，是最高形式的空间集聚形式，在发展条件好的地方，往往是高级轴线交会地附近发展起来的人口、城镇和服务设施密集的区域。

2. 点轴渐进扩散理论的应用②

点轴渐进扩散理论对区域旅游开发具有重要的指导意义，区域旅游空间可构建“点”“轴”“面”结合的结构模式，其形成过程图 7－2 所示。构建这一模式主要包括以下三个方面。

（1）确定“点”。一般以板块内的旅游中心城市和景点为“点”。

（2）确定以“点”为中心的“面”。这个“面”就是板块内各级旅游地系统，“面”的形成通过“点—轴”来实现，旅游中心城市（服务社区）与景点（旅游吸引物）是通过区内连接通道连接起来的，社区与吸引物的连线越多，构成一个网络，此时就形成了旅游地系统。

① 崔功豪，魏清泉，陈宗兴．区域分析与规划［M］．北京：高等教育出版社，2006.

② 孟爱云．旅游资源开发与规划［M］．北京：北京大学出版社，2013.

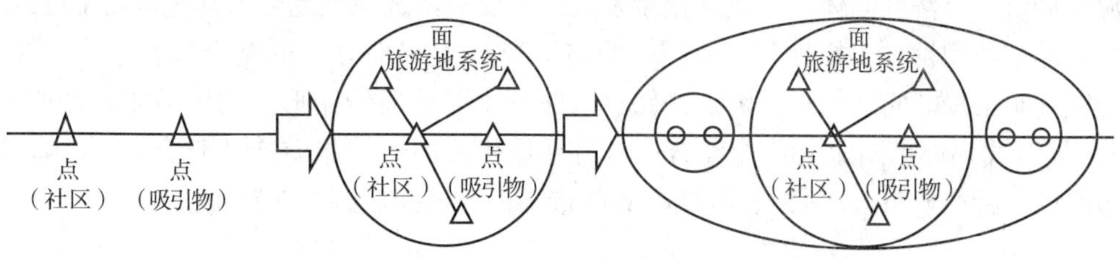

图 7-2　点轴线结构

（3）利用旅游交通线将各级旅游地系统空间网络化。通过旅游交通的延伸，将各级旅游地系统的联系有效打通，加强它们的横向联系，将相互独立的各级旅游地系统组合成旅游板块，形成多点辐射和多个城市为旅游中心的“点”“轴”“面”相结合的旅游空间结构体系。

（四）旅游产业整合理论

整合是将两个或两个以上的要素通过相同点或相异点的组合、重组，直至融合、共生，即通过动态的综合使现存资源系统更加完整和谐。旅游产业整合的本质是以企业为主体，以产业为构架，资源合理配置、优势互补、相互协作，创造出比单一产业更大的协同效应。其目标是获取更好的经济、社会、环境效益，提高旅游产业竞争力，推动旅游产业健康发展。

1. 内化性整合方式

（1）行业内企业整合，即产业链上同一部门生产或经营同一产品的企业间的整合。其优势在于可以获得规模经济，实现旅游企业客源、产品、采购、服务等资源的充分共享，降低成本，获取规模效益；可以减少竞争对手，扩大市场份额，避免行业内的恶性竞争或过度竞争。

（2）行业间的企业整合，即旅游产业内不同行业间的企业整合。这种整合主要表现为产业链上的前向整合和后向整合。前向整合强调对分销商或零售商的控制，如景区对旅行社的整合。其优势在于通过对销售环节的控制确保客源，以及加快对旅游者需求做出反应，提供更好的产品。后向整合是加强对供应商的控制，如旅行社整合饭店，餐饮企业整合食品企业等。其优势在于保证供应渠道的稳定，密切产业流程，实现优化资源配置，节约交易成本，提高服务效率。客源基础的整合主要建立在共同的客源市场基础上，如旅游饭店与航空公司的整合。其优势在于实现客源的共享，节约营销费用，提供超值服务。

2. 开放性整合方式

开放性整合，即旅游产业与区域内其他产业的整合。旅游产业的发展对相关支持产业具有较强的产业依赖性和关联性。旅游产业可持续发展需要外部相关支持产业的有力支撑，因而需要对其整合实现协同发展。它包括以下几个方面：

（1）与客源关联产业的整合，即能够给旅游业带来旅游者的相关产业，如会展业等。

（2）与发展支持产业的整合，即旅游产业发展过程中需要其提供辅助服务的相关产业，如金融业等。

（3）区域间旅游产业的整合，突破区域限制，进行区域间的旅游产业整合，形成跨区域的旅游同盟、经济共同体，已成为旅游发展的重要经济现象和趋势。其优势在于可以实现资源、产品的典型性、多样性和互补性，具有“整体大于部分”的整合效益溢出，最终达成双赢或多赢格局。它包括沿江河、铁路、公路等主要交通线路形成的区域旅游产业整合；“城市区域”式环都市圈旅游产业整合；具有地缘优势的区域旅游产业整合；“鸡鸣三省”式的边缘区旅游产业整合；“中心腹地”式的带动性区域间旅游产业整合。

四、旅游线路设计要素

（一）旅游资源

2003年版《旅游资源分类、调查与评价（国家标准）》对“旅游资源”的定义为：“自然界和人类社会凡能对旅游者产生吸引力，可以为旅游业开发利用，并可产生经济效益、社会效益和环境效益的各种事物和因素。”由此可知，旅游资源是指一切可以被用于发展旅游业的自然资源和人文资源的总称。具体来说，自然资源包括：气候、地形、动植物、海滩、自然风景等，而人文资源则包括：民族、风土人情、历史古迹、博物馆、饮食、工艺美术、文学、音乐、舞蹈、电影、电视，以及众多的娱乐设施等。

旅游资源是旅游线路的基础，决定了旅游线路吸引力的大小。

（二）旅游设施

旅游设施是指为了满足游客旅游活动的正常进行而必备的各种设施、设备和相关的物质条件的总称，是旅游者实现旅游目的的保证。

旅游设施分为基础设施和专门设施。其中，基础设施通常是为了当地居民日常生活而建设的，如道路、桥梁、供电、供热、供水、排污、消防、通信、照明、路标、停车场等，多在旅游开发中由当地政府投资兴建。专门设施又称旅游服务设施，如餐饮、住宿、娱乐、游览设施等，多为公、私旅游企业或个人投资兴建。旅游设施的完善与否，直接影响到旅游者的旅游效果，是旅游线路的物质基础。

（三）旅游可进入性

旅游可进入性是指旅游者抵达旅游目的地的便捷程度和旅游中的方便舒适程度，包括以下几个方面：

（1）旅游地的自然条件，如地理位置。

（2）旅游地的交通基础设施状况，如公路、铁路、航空、水运等设施的完备程度和速度。

（3）旅游地的社会环境，如是否排外、公众对旅游开发的态度、社会治安状况、管理水平等，都可能成为影响旅游可进入性的重要因素。

（4）旅游服务质量。旅行者在出游前会通过各种渠道收集有关旅游地服务的信息，如果了解到的服务质量与预期的质量相吻合或者更高，旅游者更可能选择出游；如果了解到的服务质量比预期的服务质量差，旅游者更可能放弃出游。旅游者决策时虽然更信赖亲身体验，但对于一个陌生的旅游目的地，间接信息发挥的作用越来越大，它们在人们进行旅游决策时起着关键作用。

★资料链接

美媒：市民冷漠，偷盗猖獗，中国游客渐弃巴黎

据美国《纽约时报》网站2014年9月20日报道，中国旅游业人士表示，越来越多前往巴黎的中国游客——带着大把大把的现金，通常不会讲法语，对西方生活方式的看法仍有点天真——因对这座城市不切实际的预期而大失所望，猖獗的小偷更令其身心俱疲。

中国游客受不法分子侵害之忧促使中国政府前不久考虑派警察常驻巴黎保护他们，巴黎旅游部门的官员称，考虑到运作难度，这一提议最终被搁置。

以美景、文化和教养著称的巴黎依然极具吸引力，是日益壮大的中国中产阶层和与日俱增的百万富翁们心目中排名第一的欧洲旅游目的地。据欧洲华人旅游业联合总会称，2013年约有100万中国游客前往巴黎，他们在从卡地亚手表到米其林星级餐厅美食的各种东西上面消费超过10亿欧元，购物金额超过日美游客。但如今，据中国报纸和社交媒体称，中国游客遭抢事件见诸报道后，巴黎在中国人心目中的闪耀形象逐渐黯淡。

包括路易威登、香奈儿和爱马仕在内的75家法国奢侈品牌公司认为，对自身安全感到担忧的中国高消费游客可能会转而选择意大利或英国。在法国经济停滞不前的形势下，该国引以为傲的旅游业可能受到的影响愈发让人忧心忡忡。总部设在巴黎的欧洲华人旅游业联合总会代表着30家面向中国游客的旅行社，其表示，与2013年相比，至2014年为止赴巴黎的中国旅行团已锐减20%。巴黎旅游局则称，2013年中国游客21%的增幅在今年已减半。

2013年3月，由23名中国人组成的一个欧洲旅行团飞抵戴高乐机场仅短短几个小时后，便在巴黎北郊遇袭，领队受伤，强盗带着7 500欧元、护照和机票逃之夭夭。

三个月后，学习酿酒的6名中国学生在波尔多被抢，北京要求法国政府采取行动。

欧洲华人旅游业联合总会秘书长石恒余指出，中国旅行者容易成为袭击目标是因为他们喜欢携带大量现金以免屡屡支付换汇费用。此外，中国旅游经营者为了省钱常在巴黎北郊订酒店。

石恒余经营着自己的法国游购天下公司，他说："中国游客对巴黎的兴趣在于它的美丽风光、名牌商品以及法国盛产哲学家和革命的国家形象，但现在他们不敢来了。"

（资料来源：美媒．市民冷漠，偷盗猖獗，中国游客渐弃巴黎［EB/OL］．参考消息网，2014－09－22.）

（四）旅游成本因素

1. 旅游时间

旅游时间包括旅游线路所需时间以及整个旅游过程中的时间安排。因旅游客源地、目的地、出游季节、闲暇时间不同，旅游线路中的时间安排也不一样。从旅游经营者角度考虑，旅游时间就是旅游者对各种旅游产品的消费时间，旅游时间长短直接影响旅游消费，二者成"正比"关系。旅游者逗留的时间越长，旅游经营者获利也越多。

2. 旅游价格

旅游价格（费用）是旅游者为满足其旅游活动的需要所购买的旅游产品的价值的货币表现。它受到很多外在因素的影响，如旅游供求关系、市场竞争状况、汇率变动及通货膨胀

等因素，都会对旅游价格产生一定的影响。我国的旅游市场价格体系主要由旅游景区景点门票价格、旅行社价格、旅游饭店价格、旅游交通价格、旅游商品价格等相关价格要素构成。

（五）旅游空间行为模式

单目的地模式：是指一个有较强吸引力的旅游地独处一地。沿途线型模式：旅游者在往返主要旅游地途中，顺便游览线路附近的旅游地。基地旅游模式：旅游期间旅游者均待在主要旅游地，并以此为基地，游览附近的旅游地。区域旅游模式：旅游者周游区域内一系列旅游地。环状旅游模式：整个旅游线路呈环状，旅游者依次游览一系列旅游地，但没有一个主要旅游地。

第二节　旅游线路营销设计

一、旅游线路设计内容

（一）旅游时间

旅游时间包括总的旅游时间以及整个旅游过程中的时间安排。

（二）旅游目的地

旅游目的地包括主要旅游资源的类型、级别，主要游览景区、景点的特色等，旅游目的地决定了旅游活动的主要内容。

（三）旅游交通

旅游交通包括旅游交通方式及工具，即从旅游客源地到旅游目的地的交通方式、等级，以及旅游目的地内部的某些特种交通方式的使用等。

（四）旅游住宿

旅游住宿包括旅游住宿的酒店的等级、客房的标准、旅游餐饮的种类和标准等。

（五）旅游活动安排

旅游活动安排是旅游线路设计的核心所在和重点内容，旅游活动的安排直接影响到旅游线路对旅游者的吸引力。

（六）旅游服务

旅游服务以接待和导游的服务为主，旅游服务的好坏直接影响旅游线路的质量和旅游活动的效果。

二、旅游线路设计原则

（一）依托旅游资源原则

旅游资源是旅游者进行旅游活动的根本原因，没有景观的地域分异，就不可能吸引需求不同的旅游者。突出旅游资源本身原有的特征，有意识地保存和增强这些特征，具有十分重要的意义。尽可能保护自然旅游资源和历史旅游资源的原始风貌，对于虽有记载或传说但事物遗迹已经不存在的历史人文资源，应尽量挖掘当地特有的旅游资源，突出其独特性。

1. 充分展现各景区特色

在旅游线路设计时，旅游者对旅游景区的观赏时间，应尽量安排在景区呈现其最佳景色的时候。如以水景为主的景区安排在清晨游览为佳，此时风平浪静，水面如镜，岸边景物倒映水中，宁静而秀丽。冬季清晨的水面还会出现水汽蒸发现象，薄雾中景物缥缈，别具风韵。以植物为主的景点，则以下午游览为好，午后风起，花瓣纷飞，清香飘远，柳枝摆动，松涛万里。以山体为主的景点，一般傍晚游览比较好，夕阳映照，勾勒出山峰起伏连绵的线形，在余晖散射的云天映衬下，更加显现出山体的雄浑气势。江河湖海等天然水体浴场的最佳游览时间是在午后水温升高时，如果旅游线路上有天然浴场之类的景点，在旅游线路设计时，尽量将旅游者游览时间安排在下午。登山攀岩类活动，由于运动量大，游人自身耗能多，这类活动最好安排在上午进行，因为经过一夜的休息，人的体力比较好，此外，上午比较凉爽，如果是在下午，气温升高，加上大运动量，会使游人感觉太热、不舒适，严重的甚至会中暑。

2. 景区游览节奏应动静结合

游览不同的旅游景区，需要旅游者付出的体力不一样，有些景区游人主要通过乘船、缆车、观看各种表演等方式游览，旅游者本身处于相对静止的状态；有些景区游览要完全靠游客发挥体能参与其中，如划船、登山、滑雪、参与民族舞蹈等，旅游者基本上处于动的状态，体能消耗也较大。因此，在进行旅游线路设计时，应尽量使上述两类景区交错安排，以便旅游者能够劳逸结合，获得更好的游览效果。

3. 有利于旅游购物活动的实现

购物活动不仅能给旅游地带来丰厚的经济收益，还能让旅游者外出旅游获得心理上的满足，设计旅游线路时，对旅游景区的购物活动应予以充分关注。通常将旅游商品最丰盛、购物环境最理想的景区，尽量安排在旅游线路串联景点的最后。因为在旅游活动即将结束、准备返家之前，游人的购物欲往往是最强烈的。

★资料链接

宁夏打造千里旅游景观廊道

7 月 31 日，记者获悉，截至目前，宁夏回族自治区已累计投资 23.4 亿元，开展全区主干道路大整治大绿化工程，大力构筑全域旅游交通网，着力打造千里旅游文明长廊，推动打造“塞上江南神奇宁夏”旅游品牌。

近年来，宁夏回族自治区加快交通运输大通道建设，实施高速公路贯通、农村公路畅通、旅游景区联通工程，初步构建起了“三环四纵六横”高速公路网和“1222”普通干线公路网（“1222”是指：12 条普通国道和 4 射 5 纵 13 横 22 条普通省道），形成了内通外联的公路交通格局。截至 2015 年年底，全区公路通车总里程达 3.3 万公里，高速公路密度和客车通达率均居全国前列，为全区旅游发展创造了良好条件。

此外，截至目前，宁夏回族自治区 4 家 5A 级景区全部实现高速公路连接，16 家 4A 级景区全部实现干线公路和高速公路连接，规划了 21 家 3A 级景区及 15 家 2A 级景区干线公路连通。

宁夏回族自治区还深入开展全国百佳示范服务区和收费站微笑窗口创建活动，维护更新高速公路、国省干线、农村公路、城市道路及旅游公路出入口设置的328块旅游景点标志牌和指路标识。目前，全区主干道路安全性和通行能力不断提高，公路及沿线产业、景观同步融合发展，主干道路沿线千里绿色旅游长廊基本形成，成为展示“塞上江南，美丽宁夏”的一道风景线。

（资料来源：鲍淑玲．宁夏打造千里旅游景观廊道［EB/OL］．人民网，2016－08－02.）

（二）加强区域协作原则

加强区域旅游协作指基于共同利益目标，旅游线路设计注意实现不同区域旅游要素、区域内部各旅游要素之间的合理有序流动。因为旅游是一种空间消费行为，旅游产业具有强烈的地域关联性，多个区域协作在资源上能够互补，在市场上可以相互输送客源。旅游线路设计要有“大环线”的思想，可以按照合作旅游线路开发的需要，建立一些不完全独立、不完全固定的区域旅游合作系统。要从全局出发，确定哪些景区资源是相互补充的，哪些景区资源是相互制约的，设计时充分利用和发挥资源特色，使旅游景区发挥出最大的综合效益，进而带动整个区域旅游的平衡发展。

在具体的旅游线路的组合与设计中，应以区域旅游为主。为了既串联更多的景点，又避免线路重复，以最大限度满足旅游者观景和享受的需要，旅游线路必须与既定的旅游网络格局相配套。在一定范围内，依赖方便舒适的游览路线将不同类型、各具特点的景区或景点，联结成纵横交错、经纬交织的完整网络，从而构成合理而高效的旅游景区、景点结构系统。

★资料链接

三省区十一市县将联合打造区域旅游命运共同体

中国网6月8日讯　今天上午，首届香格里拉区域（三省区十一市县）旅游合作会议在云南省迪庆州香格里拉市开幕。云南省迪庆州香格里拉市、德钦县、维西县，丽江市玉龙县，四川省得荣县、乡城县、稻城县、巴塘县、理塘县，木里县，西藏自治区芒康县等三省区十一市县政府有关领导以及旅游业界、新闻媒体相关代表共200余人出席了会议。

在首届香格里拉区域旅游合作会议上，成立了香格里拉十一市县区域旅游合作联盟，来自滇川藏三省区十一市县的代表就未来旅游发展与合作进行了广泛交流和深入讨论。会上工作人员宣读了《香格里拉区域旅游合作章程》，十一市县代表还共同签署了《香格里拉区域旅游合作备忘录》。

会议由香格里拉市市委书记胡江辉致开幕词，他表示，目前与会的香格里拉区域旅游联盟三省区十一市县旅游业发展已经初具基础，2015年共接待游客约2 700万人次，旅游收入超255亿元，实现旅游就业17万余人，旅游累计投资逾220亿元。他指出，随着国家“五大发展理念”的贯彻落实，“一带一路”战略和南亚东南亚辐射中心战略的推进，国家对香格里拉区域基础设施投入的加大，未来高速公路、高速铁路、通用航空等交通设施将得到极大改善，香格里拉区域旅游发展将迎来前所未有的黄金发展期和战略机遇期。

香格里拉区域十一市县将以联盟正式成立为契机，群策群力，科学设计好香格里拉区域旅游合作会议机制、信息共享机制、项目开发机制、线路开发和无障碍旅游区建设机制、市场营销机制、发展评论机制、旅游安全救援机制和旅游扶贫机制，努力把参会的十一市县打造成大香格里拉旅游改革发展的先行区，把香格里拉旅游联盟打造成国际一流的旅游合作组织，最终推动香格里拉成为中国西南的旅游中心、世界一流的生态旅游区和世界著名的旅游目的地。

区域旅游一体化是全球旅游业发展的大趋势。香格里拉涵盖川西南、滇西北、藏东南的广大地区，作为"一带一路"和"长江经济带"两大国家战略的叠加区域，区域内各民族多元一体，山水相依，文化相通，资源互补，天然地形成了旅游命运共同体，是我国区域旅游起步较早的地区。在云南，区域一体化合作可以追溯到2004年。据了解，在打造大香格里拉旅游环线过程中，四川、云南、西藏三省区政府曾在成都联合发表名为《加强合作共创中国香格里拉世界旅游品牌》的宣言，称要突破行政区划的限制，共同打造"大香格里拉"世界旅游品牌。

开幕式结束后，大会举行了新闻发布会。胡江辉介绍了本届香格里拉区域（三省区十一市县）旅游合作会议召开情况、香格里拉区域合作联盟成立情况，并宣读了《香格里拉宣言》。随后，十一市县代表在会议现场的香格里拉区域旅游联盟合作图上分别张贴了各市县的行政图并签名，同时还对自己所代表的市县做了集中推介。

据悉，在本届香格里拉区域（三省区十一市县）旅游合作会议期间，还将举行旅游交易会、香格里拉五月民族传统赛马节和相关媒体、旅游投资商、旅行社重点景区现场观摩活动。

《香格里拉宣言》：

本着促进十一市县旅游业共同进步、协调发展的良好意愿，为把香格里拉建设成世界一流的旅游目的地，我们特发出如下宣言：

1. 推动联盟旅游交通便捷化。实现重要旅游区点的互联互通，加快建设联盟内旅游区域环线，形成丰富的旅游线路。围绕重要交通节点，建设各具特色的旅游区。

2. 推动联盟旅游产品特色化。从联盟区域旅游业整体发展的角度规划建设各市县旅游产品，避免低水平的同质化竞争。在充分挖掘地域文化内涵的基础上，发展特色旅游产品。

3. 推动联盟旅游市场一体化。消除区域间旅游市场壁垒，促进人员、资金、信息的相互融通。加强旅游市场宣传，开展联合旅游促销。共同塑造香格里拉旅游品牌，共同维护香格里拉旅游形象。

4. 推动联盟旅游管理协作化。共同深化旅游管理体制改革，共同探索有利于统筹生态保护与旅游业发展的管理体制。联合开展旅游市场秩序监管，共同打击旅游经营中的违法违规行为。

5. 推动联盟旅游合作常态化。建立明确的旅游合作规则，设立常设的工作机构，拟定合作的主要领域和主要任务，定期召开合作会议，加强旅游日常工作中的沟通和协调。积小胜而大胜，不断提高区域旅游合作水平。

（资料来源：伍策，明德. 三省区十一市县将联合打造区域旅游命运共同体 [EB/OL]. 中国网，2016-06-09.）

（三）促进可持续发展原则

可持续发展是指既满足当代人的需要，又不对后代人发展构成危害的开发模式。从生物圈概念出发定义可持续发展，是保护和加强环境系统的生产和更新能力，以支持生态的完整性和使人类的生存环境得以持续。世界自然保护同盟、联合国环境规划署和世界野生生物基金会共同发表的《保护地球——可持续生存战略》中认为，可持续发展的最终落脚点是人类社会，即改善人类的生活质量，创造美好的生活环境。从科技属性定义可持续发展，是转向更清洁、更有效的技术，尽可能减少人类活动对能源和其他自然资源的消耗。

（四）旅短游长原则

旅短游长是指在旅游线路设计时，尽量延长游览时间，缩短旅途时间。首先，尽量利用快捷的交通工具，缩短单纯的交通运行时间，以争取更多的游览时间，并减轻旅途劳累。其次，不论短途还是长途旅游，都要适当留有自由活动时间和应变时间，如果时间紧张，要保证重点旅游景点的游览。对于旅游者来说，上午是一天中精力最为充沛的时候，猎奇、感知欲望旺盛，心理上希望并且实际上能够收集和感知的环境信息量最大，因此，上午最好是安排游览景物比较丰富的景区。经过上午半天的参观游览，尤其是中午进餐之后，人体的血液多流入胃肠消化道，而大脑则处于相对缺血的状态，于是出现常言所说“饭饱神虚”的现象，此时旅游者对获取和感知环境信息的欲望大为减退。因此，中饭之后的沿途及景点上的景观安排，应当相对少一些。午餐两个小时之后，人的大脑又逐渐兴奋起来，这时的游览内容也应当相应地丰富起来。总之，游览内容的丰富度应尽量与游人一天中对旅游环境感知欲望的强弱相吻合，恰到好处地为游人提供适量的感知景物对象，以满足其旅游感知需求。

（五）特色形象与品牌结合原则

旅游线路的特色形象既是设计者对旅游资源的理解和诠释，也是旅游者对旅游资源的感知。社会学认为，现代社会里人们生活在一个信息虚拟的世界之中，消费者最基本的心理和行为特征就是形象导向思维和形象消费模式，旅游形象对旅游的选择和后续活动起着非常重要的作用。旅游品牌则是基于旅游主体的资源禀赋和产品特色，按照市场性原则，综合运用各种形象定位原则、方法及现代传媒手段，构建包含旅游理念、语言、标识、视觉、行为、服务等方面的印象体系。目前，旅游线路的竞争形态正经历从资源竞争、产品竞争到形象竞争的升级转型。

（六）确保安全原则

马斯洛需求层次论指出，安全是人类最基本的需要。出门旅游，旅游者最担心的是安全问题；组织旅游团，旅行社最担心的是安全问题；旅游管理，主管部门最担心的也是安全问题。旅游安全涉及旅游交通业、旅游住宿业、旅游景点景区、旅游购物业、旅游娱乐业等，常见的旅游安全事故包括交通事故、治安事故、食品安全事故、不可抗力事故等。因而在旅游线路设计时，应遵循“安全第一，预防为主”的原则，把游客的安全放在首要地位，高标准严要求地对待旅游工作的每一个环节，对容易危及旅游者人身安全的重点部门、地段、项目，提出相应的要求并采取必要的措施，消除各种隐患，尽量避免旅游安全事故的发生。

（七）针对市场原则

从年龄上看，不同年龄层次的人，其生活经验和阅历不同，对旅游目的地、旅游路线、旅游内容的选择会有很大差异。老年人闲暇时间多，旅游的目的主要是陶冶情操、疗养身心、寻根访友、品味历史古迹，由于身体原因，他们害怕喧嚣，喜清静之地，对住宿、饮食、交通的要求比较高，但由于历史和经济原因，我国老年人中低档次旅游团一直存在大量市场，如何在保证安全的基础上保证质量，进而拓展该区域，是非常重要的挑战和机遇。中年人工作繁忙，商务、会议旅游者占很大比例，要求现代化的旅游设施设备和高质量的饮食服务，此外，由于中年人负责家庭旅游安排，对于老年和少年儿童项目也有较多选择。青年人精力旺盛、求知欲强，喜欢选择刺激性和探险性的旅游项目，对饮食求多不求精，用于参与、娱乐项目的开支较大。少年儿童天真活泼，对新鲜事物充满热情，对游乐设施特别感兴趣，但由于家长替代决策，对于科学教育、自理益智等项目也有较多选择。

从性别上看，男性喜欢探险运动旅游，女性更喜欢观光购物旅游。此外，旅游者的文化程度越高，旅游成为生活必需品的可能性也越强。

三、旅游线路营销的发展趋势

（一）旅游线路市场需求的发展趋势

1. 出游决策理性化

随着旅游日益成为大众休闲活动，越来越多的人对旅游有了新的认识，把它作为生活的一部分，追求更高层次的物质和精神享受。旅游者的旅游活动更加具有目的性和计划性，越来越多的人按照自己的经济能力和时间状况安排活动，超出经济能力的决策消费逐渐减少。

2. 旅游需求精致化

旅游者文化层次的提高，要求在旅游线路设计中对旅游线路涉及的内容进行深加工，增加生态文化含量，设计内涵丰富、外观新颖、反映时代潮流和地区文化特征的旅游项目。目前，知识性生态旅游产品和项目已成为时尚。

3. 旅游形式和内容两极化

旅游形式、内容和消费都出现了两极分化。在旅游形式上，家庭为主的团队游客和个人为主的散客日益增多。旅游内容动静两极分化，动的方面向参与型、娱乐型发展；静的方面则表现为崇尚自然、返璞归真，游客对生态旅游、文化旅游越来越青睐。旅游消费向冲动和理智两极分化，团队游客更容易被团队成员带动进行冲动消费，个人游客更容易趋于自行决策。

（二）旅游线路设计发展趋势

1. 地方性旅游线路规划向休闲深层次发展

随着旅游客流量的增长，结合各地气候、自然环境、基础设施、交通进行深层次、系统化的开发，结合大多数休假时间碎片化导致的短程趋势和为缓解高峰期出游拥堵情况，以及老龄化发展规律，地方性旅游线路服务本地民众是一个重要发展方向。

2. 可参与互动的生态人文理念更受欢迎

纯观光游览的生态人文旅游点成本高，消费性不强，且缺乏旅游者主动参与形成的个人旅游产品，难以给旅游者留下深刻印象，吸引回头客较少。

3. 中外旅游市场竞争日益明显

随着旅行社行业对外开放，以及中国公民出境游市场规模日益扩大，境内境外旅游线路的设计、推广、宣传竞争愈加激烈，既有境内旅游线路迎接境外设计公司进入中国市场分一杯羹，也有境外旅游线路针对中国游客量身定做的市场空白等待开发。

4. 全域旅游日益受到重视

全域旅游是指在一定区域内，以旅游业为优势产业，通过对区域内经济社会资源尤其是旅游资源、相关产业、生态环境、公共服务、体制机制、政策法规、文明素质等进行全方位、系统化的优化提升，实现区域资源有机整合、产业融合发展、社会共建共享，以旅游业带动和促进经济社会协调发展的一种新的区域协调发展理念和模式。在全域化旅游视角下，区域旅游发展是一体化的发展模式，城市与城市周边地区的旅游系统内各要素之间存在相互联系、相互依存、相互制约的关系，并共同营造全域化旅游环境。从旅游功能上来说，城市一般作为独立的吸引物存在，也是区域旅游的集散地，为城市周边地区提供配套服务，城市周边地区提供旅游景区和特色旅游产品，是城市旅游功能的重要补充，它们通过特定的关系结合在一起，组成一个能够弹性互动的系统。①

★资料链接

金华将旅游景点跨区域串点成线，全域旅游引客来

连日高温，周末到金华双龙洞避暑纳凉的游客排起了长队，停车场几乎天天爆满。这是金华旅游业红火的一个缩影。2016 上半年，浙江省旅游业主要指标日前出炉，金华交出了一份漂亮的成绩单：上半年共接待游客 3 917. 45 万人次，实现旅游收入 402. 15 亿元，旅游人次同比增长 26. 06%，增幅居全省第一，旅游收入同比增长 29. 42%，增幅居全省第三，两项增幅分别比 2015 年同期提高了 9. 1 个百分点和 7. 28 个百分点。

“前期栽的花，现在开始结果了。”金华市旅游局相关负责人分析，市县乡村各级联动、部门高度联合、政府企业社会相互联手“卖力吆喝”的同时，景区旅游向全域旅游转变，这让金华交出了一份“丰收”的旅游报表。

2015 年以来，金华先后举办了春季、夏季、秋季旅游产品发布会，推出全市全年旅游节庆活动 200 多个，文化、体育、外侨办、商务等部门和社会团体推出的很多文化、体育、美食、购物等“大餐”也吸引了很多游客。旅游部门还相继赶赴北京、上海、广州、杭州等高铁沿线城市，开展旅游专题营销。一次次吆喝，让金华旅游声名远播。在“海外名校学子走进金华”的带动下，琐园、寺平、俞源等古村落的游客量都大幅增长，那些推门可见绿水青山、关门尽享闲适生活的民宿遍地开花，让自驾车来玩的游客越来越多。

有名声还得有产品，金华的老牌景区不少，如横店影视城、武义牛头山、双龙风景区等依旧表现不俗，与此同时，新兴景区成为新的增长点。比如，义乌马畈奇幻乐园，仅 2016 年 5 月 1 日这一天就接待游客 2. 8 万人次。值得一提的是，金华还出台了《市区旅游发展专项资金使用管理办法》，县（市、区）也出台了相应的旅游扶持政策，鼓励企业充分发挥市场主体作用，培育发展旅游新业态，促进营销共赢，鼓励旅游企业通过线上线下平台加强营销推广。

---

① 王剑．全域化视角下区域旅游发展研究 湖北省十堰市张湾区规划案例［M］．北京：中国出版集团，2013.

在扩大规模的同时，金华旅游经济质量也在不断优化。数据显示，上半年来金游客人均花费 1 026.6 元，同比增加了 26.7 元，游客平均停留时间 1.96 天，同比增加了 0.1 天。在住宿方面，金华住宿设施平均客房出租率 63.34%，居全省第一，其中特色主题酒店、“家 +”民宿等平均客房出租率在 80% 以上。

金华市推出了 16 条“2 000 元游金华”线路，加强了全市跨区域串点成线。今年 4 月份，还开通了金华—横店旅游专线，串联推出市区婺州古城和横店影视城“双城游”，同时义乌—东阳、横店—磐安、横店—永康、义乌—浦江—东阳等旅游战略合作日益增多，市县之间、县县之间基于利益合作的共赢机制开始建立，有效提高了金华旅游整体的竞争力。

（资料来源：何雅．金华将旅游景点跨区域串点成线，全域旅游引客来［N］．浙江日报，2016 - 08 - 04.）

第三节 旅游线路综合策划

一、旅游线路餐饮策划

（一）不同路程旅游线路的餐饮策划

1. 短程旅游线路的餐饮策划

短程旅游线路活动一般在地区级旅游城市的市内、周边城镇、县区进行，多为一日游，游客多为旅游地附近居民。为了节省开支，游客一般不会选择消费很高的豪华旅游餐饮点，大众经济性餐厅即可满足需求，甚至为达到旅游效益最大化，他们会自带午餐，大部分时间用于游玩，所以这种旅游线路在策划时对旅游餐饮的要求不是很高。策划时先确定价格，再根据荤素比例确定菜品，因短程旅游线路对餐饮要求不是很高，因此应当注重一两个特色菜品的打造，做成亮点即可。同时，在设施方面，应保持当地特色，服务方面可家常化，减少成本，干净是最重要的必备条件。

2. 中程旅游线路的餐饮策划

中程旅游线路活动一般游览距离较远，活动范围一般为省级旅游区或跨省级旅游区的周边地区，旅游线路多为几日游。中程旅游线路对餐饮策划要求比较高，可选择质量较好的餐厅或旅游定点餐厅来满足游客对餐饮的需求。如果旅游地有著名的风味小吃、地方特色食品，通常将其作为中程旅游线路中的旅游内容，安排游客午餐或晚餐到当地有代表性的餐饮地点品尝。

3. 远程旅游线路的餐饮要求

远程旅游线路的游览距离长，游客活动范围大，通常在省级旅游区范围以外，包括海外旅游线、边境旅游线和国内远距离跨省旅游线。远程旅游线路时间跨度长，花费较多，游客远离家乡、行程劳累，在策划旅游线路时，要精心安排好旅游餐饮，吃饱吃好吃特色，满足基本需要，保证旅游活动的顺利进行。游客除了到沿途有代表性的餐饮地点品尝外，土特产食品购买也是他们旅行中的重要内容。

（二）不同内容旅游线路的餐饮策划

1. 游览观光线路的餐饮策划

此种旅游线路涵盖较多旅游点，同时在每个旅游点停留的时间较短。针对该类线路，餐饮策划应以满足游客基本需要为主，大众餐饮是基础，同时选取一到两个特色菜品重点推介，为多样化利用资源，目前很多游览观光线路都以单个特色菜品作为组合内容。

2. 休闲度假线路的餐饮策划

此种旅游线路串联旅游点不多，游客停留时间较长，针对该类线路，餐饮策划在时间、空间、内容上都能够较深入地挖掘，如专门的参与型餐饮内容，游客可以进行采摘，制作菜肴，参观餐饮原材料基地，举行菜肴饮料制作、品尝大赛等。

3. 专题型线路的餐饮策划

此种旅游线路围绕某类主题进行，各点的旅游景物、旅游活动较为相似，餐饮可作为主题组成板块进行策划，举行相应的文化、知识和趣味活动。

二、旅游线路住宿策划

（一）旅游饭店选址

1. 考虑旅游者的类型

同类型的饭店面向的客源层次不同，不同客源层次的游客在选择饭店时，各有其能够接受的价格水平和相对一致的消费倾向，因此，在进行饭店选址时必须考虑到选址地价及其对客房价格产生的影响。因此，面向高消费游者游客的饭店应选在市中心，面向普通观光旅游者的饭店应选在交通方便的地方，面向休闲度假旅游者的饭店应选在风景区度假地附近等。

2. 考虑周围基础设施

考虑饭店周围的市政基础设施，如道路、通信、供电、供水、供热及排水等基础设施是否齐备，以及与饭店的距离。在市政基础设施干线附近建饭店，会大大减少基本建设投资，从而为饭店建成后价格的制定和经营创造有利条件。

3. 考虑旅游发展和竞争的需要

旅游是不断发展的，旅游者的需求也会发生相应变化。因此，为了满足旅游不断发展变化的需求、迎合企业不断壮大发展的趋势，在为饭店选址时要考虑为以后的发展留下空间和余地。

4. 服从区域旅游总体规划

饭店选址应服从区域旅游总体规划，对风景名胜和文物古迹进行保护，例如，饭店选在风景区周边，要避开旅游者的观景视线，并严格限制建筑高度和建筑风格等，以避免对风景轮廓线的破坏。

（二）旅游饭店策划

1. 观光旅游饭店策划

观光旅游主要指到异国他乡游览自然山水、名胜古迹，领略当地风土人情的旅游，是最常见、最基本的旅游类型，也是我国旅游接待中最主要的旅游类型。普通观光型旅游者喜欢到知名度高的地方旅游，在单个旅游地停留时间不长，在同一饭店住宿的时间通常不会超过3天，重复观光旅游者较少，在旅游地消费量不大，对旅游饭店的价格比较敏感。[①]

观光旅游饭店多选择在景点景区附近修建，以便于游客就近游览，节省旅游时间和交通消费，提高性价比。饭店档次涵盖范围大，星级饭店和民宿住宅都可，在保证卫生安全的基本条件下，可视当地接待游客档次、景区知名度、交通便利情况进行灵活的定位选择。

2. 商务旅游饭店策划

商务旅游也称差旅型旅游，此类旅游者以公务、商务旅行为主要目的，并在完成公务和商务的同时进行观光游览活动，对旅游目的地和出行的时间几乎没有选择余地，他们往往会选择固定档次的饭店，所需费用都由所在公司或单位支付，一般对饭店住宿的价格不大敏感。商务旅游的人数相对较少，但次数较为频繁，消费水平较高，会选择同一家饭店重复消费，对旅游饭店的忠诚度较高。商务旅游者的活动安排有较强的计划性，他们既要求饭店的地理位置和交通条件好，国际直拨电话、传真、互联网、会议室、产品展销厅、各类餐厅宴会厅、商务套房等商务活动所需设备设施先进齐全，又要求酒吧、桑拿、康乐中心等娱乐健身设施完备，而且要求饭店能提供高质量的服务，诸如为商务旅游者专门开辟楼层，提供快速入住离店服务等，比较强调方便和舒适。随着职业妇女人数的增加，商务旅游者中女性的比例越来越大，相对男性来说，她们更注重卫生条件和安全状况。

商务旅游饭店多选择在交通便利的枢纽地段，如市中心、展销中心、商业中心等附近，饭店档次涵盖范围较小，以三星级及以上饭店为主，饭店占地面积较大，设施设备要求齐全，服务质量也必须较高。

3. 会议旅游饭店策划

会议旅游指会议接待者利用参加会议的机会，组织与会者参加的旅游活动。参加会议的人员比一般旅游者的消费水平高，逗留时间也更长，大都受气候和旅游季节的影响，且多选在旅游淡季举行。

接待会议旅游的饭店所在地段应和交通枢纽站点有专车往来，以三星级及以上饭店为主，占地面积较大，要具备现代化的会议设施，如通信、视听设备、同声传译设备等。要有熟悉国际国内会议惯例和善于组织会议的专门人才，并能提供高水平的服务。

4. 度假保健型饭店策划

度假保健旅游主要是指为避寒避暑、寻求合适的生活环境、治疗某些慢性疾病而外出的旅游。此类旅游者喜欢环境质量较好的地方，即气候温和、阳光充足、空气清新、水质好、远离噪声，如海滨、湖泊、森林、矿泉等地方，因而所选择的饭店大多也是建在上述地区。

此类旅游者在旅游地逗留时间较长，旅游住宿水平有两个极端：纯粹以度假为目的的旅游者住宿水平高，以保健为主要目的的旅游者住宿水平较低，因为保健旅游者中有相

---

① ［美］迈克尔·J·奥法伦，［美］丹尼·G. 拉瑟福德. 酒店管理与经营［M］. 张延，译. 大连：东北财经大学出版社，2013.

当数量是经济型旅游者。总体来看，度假保健旅游以中高档消费水平的中老年人居多，且多以家庭为单位出游。因此，要求饭店必须针对老年、家庭型旅游者的特点，营造和谐、温馨的住宿氛围。

三、旅游线路交通策划

（一）旅游交通影响因素

1. 安全

安全是人们最基本的需求之一，虽然现代交通的安全性日益提高，但由于旅游过程中不可预测的因素太多，环境陌生感更强，游客对旅游交通安全的关注度更高。交通安全是旅游线路策划的最基本要求，也是最重要的要求。

2. 快捷

旅游交通状况在很大程度上决定了旅游目的地的可进入性，一般情况下，旅游线路中的时间安排是非常紧凑的，旅游者希望“旅”少“游”多，在有限时间内，快速到达目的地，从而能将更多的时间用于景区游览。

（二）旅游交通策划原则

1. 通达原则

旅游交通服务要优先考虑旅游者对到达目的地的高度渴望心理，尽量安排快捷直达的交通工具，以避免过多更换交通工具增加旅游者经济、体力上的消耗，而且直达可以更好地确保旅游者财物和人身安全，使旅游者获得良好的第一印象，为后续旅游活动的开展奠定良好的基础。如安徽 16 个市中，有 13 个市通高铁，高速公路通达 16 个市，98% 的县区半小时内可上高速公路，依托合肥、黄山两大机场，开通了 50 多条境内外航班，交通枢纽、交通干线连通旅游景区、乡村旅游区的便捷和舒适性明显。由于有通达的交通体系保障，“十二五”期间，安徽旅游经济持续较快发展、综合实力显著提升。接待入境游客由 198 万人次增长到 445 万人次，接待国内游客由 1.5 亿人次增长到 4.44 亿人次，旅游总收入由 1 150.6 亿元增长到 4 120 亿元，年均分别增长了 17.5%、23.7% 和 29.1%。

2. 省时原则

旅游交通服务应尽量减少旅游者旅途时间，增加游览时间，在旅游线路的选择上，人们不仅考虑金钱花费，也关注时间耗费。旅游者会青睐耗时少的交通工具。此外，旅游线路策划中还应注意各种交通方式的衔接紧凑、乘坐方便，如安排旅游者从家门口附近的集合点起程、尽量减少候车时间等。

3. 舒适原则

旅游者在旅游活动时的一个重要心理诉求就是消除紧张感，获得轻松感和放松感。特别是在旅途中，只有消除了紧张感，才能全身心地投入旅游中，充分享受旅游的乐趣。因此，舒适是旅游者所追求的目的之一。交通工具内部环境噪声大、颠簸动荡、空气浑浊、空间狭小、座位不合适、设施不齐全等，都会给旅游者带来不适。旅游线路策划应尽可能提供舒适的交通环境，减少游客疲劳、危险感（如不安全、不可靠），以便旅游者能够精力充沛地进行游览活动。尤其是利用铁路夜间完成交通过程来降低费用与时间消耗的安排，以速度为选择指标，以舒适度为重要质量标准。

4. 多样化原则

旅游线路策划应当在可能的情况下，把旅游交通变成旅游者的目的，丰富旅途内容，增添旅游者游兴。这就需要从旅游线路的主题出发，根据旅游交通的实际情况，尽可能安排丰富多彩的节目，以满足旅游者求新求异的心理，如骑马，骑骆驼，乘游船、索道、缆车等，并将它们作为旅游项目的有机组成部分组织到旅游线路中去，起到调节游客情绪的作用。如目前日益升温的赴美旅游，火车、邮轮、租车自驾、房车、小型飞机等多样化交通工具是吸引中国游客的一大原因。江西明月山景区除徒步外，还有缆车、电瓶观光车、小火车等多种选择，多样化的交通方式丰富了游客的游览体验，尤其是观光小火车可以激发游客的怀旧情结，提高旅游品质。

5. 针对市场原则

（1）老年人对旅游交通的选择。老年人从生理、心理上来说都是谨小慎微的，因此，长线旅游应当以铁路为主，飞机和一些有危险性的特种旅游交通工具，尽管吸引力较大，并不适合老年人。同时，要为老年人提供温馨、舒适的旅游交通环境，老年人大都非常珍惜出游的机会，有很强的好奇心和求知欲，导游要多介绍些民俗风情、当地经济与文化特色等，还可组织活动，如有奖竞猜等，以活跃气氛，调节老年人的精神状态。在旅游车、船上配备一些老年人常用品，如放大镜、折叠式手杖、用大号字印刷的老年读物等。在行程安排上要注意节奏，与老年人的身体状况相适应，例如可根据具体情况安排短时间的午休，途中尽量以车代步，以减少劳累等。

（2）中年人对旅游交通的选择。中年人大多处于事业的关键时期，承受着工作和家庭的双重压力。由于工作需要，中年人公务旅游、商务旅游的机会较多，旅途注重舒适性，飞机、高铁卧铺、高速大巴常成为他们的主要交通工具。他们一般不会选择那些交通不方便的目的地，因此，交通的便捷性对他们来说至关重要。

（3）青年人对旅游交通的选择。青年旅游者喜欢独立、灵活的旅游方式，自助型旅游线路对他们较有吸引力，因为他们的消费主要集中在当地的旅游设施上，如酒吧、餐厅、景点等，用于旅游交通的费用比中年旅游者低。他们大多具有冒险精神和耐受艰苦条件的体魄，喜欢选择特种旅游交通方式，如徒步、驼队、热气球、漂流、自行车、自驾车等。

（4）儿童对旅游交通的选择。儿童生性活泼好动，对趣味性、娱乐性、知识与趣味结合的旅游项目比较感兴趣。在旅游线路设计中要特别注意安全，如选择骑马等危险系数较高的特种旅游交通方式，必须由成年人带领。在乘机、乘车时，要帮助或督促儿童系好安全带，不要让他们在交通工具上随便走动，防止颠簸引起碰撞而受伤。因此儿童旅游交通的策划，应更多地把注意力放在人员照顾和看护上。

四、旅游线路景区策划

（一）旅游景区吸引物

旅游景区吸引物就是景区内标志性的观赏物，它是对旅游资源开发利用的结果，是景区旅游产品中最突出、最有特色的景观部分，也是景区的核心。从营销角度讲，旅游也属于“眼球经济”的一种，旅游景区吸引物是旅游者不远千里、车马劳顿赶来观赏的动力和原因，因此，它是旅游景区招徕游客的招牌。如雁荡山灵岩景区卧龙谷玻璃栈道开放以来，吸引了大量游客，对于很多游客来说，从上向下俯瞰小龙湫是新奇的体验。尤其是在 G20 峰会期间，雁荡山景区共接待海内外游客 20.6 万人次，灵岩景区卧龙谷玻璃栈道就接待游客达 6.8 万人次，是近年来灵岩首次超过大龙湫成为雁荡山接待游客量最大的景区。短短百米长的玻璃栈道，盘活了整个灵岩景区，甚至还吸引了上海、杭州、台州、绍兴等地的游客前来。

世界著名的旅游地，如埃及的金字塔、美国的黄石公园、纽约的自由女神像、北京的长城和故宫、西安的秦兵马俑、湖南的张家界、四川的九寨沟、云南的少数民族风情等，它们或是以其独特的地貌景观，或以其建筑奇景，或以其丰富的历史遗迹，或以其多彩的风俗民情吸引着四面八方的游客前往游览观赏。

（二）旅游景区活动项目

旅游景区活动项目是指结合旅游景区特色举办的供旅游者欣赏、参与的群众性游乐项目，如民俗表演、文艺表演、体育比赛等，它们是景区旅游产品的重要部分，经常作为旅游促销的内容，使旅游者的旅游感受更具趣味性，使旅游服务的主题更加鲜明和更有吸引力。例如，厦门在 2016 年十一假期推出众多旅游项目应对台风影响的客源市场，如高新科技体验、惊险项目体验、酱文化体验活动、非洲鼓及街舞表演、清宫情景剧、大型 VR 舱、水灯节、竹林烧烤、世界气球艺术节等，旅游接待量逆势增长明显。

（三）旅游景区管理与服务

旅游景区管理包括两个层面，一是对员工的管理，主要依靠各项制度做保证；二是对景区的管理，主要体现在对游客的集散管理上。旅游景区服务可分为多种形式，如前台和后台服务、有人值守服务和无人值守服务、基本服务和添加服务等，不管是哪种类型的服务，都要以最大限度地满足旅游需求为宗旨。旅游景区管理与服务的质量会直接影响旅游景区的形象和声誉，是构成景区吸引力的重要组成部分。因此，加强培养和提高旅游从业人员的素质，努力实现标准化、规范化、制度化管理，是旅游景区发展的目标。例如，甘肃不仅加快旅游景区游客服务中心、旅游厕所、停车场等公共服务设施和配套设施建设，还实施“旅游人才百千万工程”，加强旅游从业人员业务培训，全面提升旅游人才队伍的整体素质。

（四）旅游景区可进入性

旅游景区可进入性是指旅游景区能够保证旅游者“进得来，散得开，出得去”。交通问题常常是制约旅游景区发展的瓶颈。目前，我国主干线交通条件已有明显改善，影响旅游景区可进入性的是旅游景区“最后十公里”。

★资料链接

山西将新改建一批农村旅游公路

2016 年 8 月 2 日，笔者了解到，山西省《农村旅游公路建设规划（2016—2020 年）》已发布，今年起将新改建一批通往各类景点的农村旅游公路，基本实现四级及以上旅游公路连通。

所谓旅游公路，是指连通干线至景区、景区与景区之间的农村公路，不包括景区、景点内部道路。目前，山西省有景区景点543家，其中A级景区143家。不过，许多连接特色农村旅游、森林旅游、生态旅游、扶贫旅游景点的公路技术等级低，路面质量较差，农村旅游公路服务水平整体偏低，达不到便捷舒适的行车要求。

此外，现有旅游公路对景区的标志和指引体系不完备，对一些自驾游、个性化出行者等缺乏相应的咨询点和引导标识。对于很多市民来说，想要抛下一周的紧张和都市的浮华，来到郊区吃农家饭、参加田园劳动、欣赏山水风光，交通不便确实是个瓶颈。

5年内，山西省将结合旅游景区发展需求和现有旅游公路实际，拟规划建设旅游公路4 120公里，总投资需184亿元。其中，将优先考虑A级景区、国家级森林公园、风景名胜区、文物保护单位、自然保护区、历史文化名村、工农业旅游示范点等各类景点的旅游公路建设。

（资料来源：闵丹丹．山西将新改建一批农村旅游公路［N］．山西晚报，2016－08－03.）

五、旅游线路购物策划

旅游购物活动由于其自身与商业的紧密结合而在旅游线路中发挥着重要作用，一般情况下，旅游购物市场的利润率远远高于普通观光市场，积极开发旅游商品，可以获得较高的利润回报。发达国家和地区旅游购物的收入已占到旅游总收入的45%以上，对带动和提升旅游在国民经济活动中的地位具有重要意义。

一般来说，旅游景点的级别高低、集聚状况决定了其周围商店数量的多少。旅游商品零售店一般在主要景点外围，在公交线路停靠点到景点入门这一段道路上呈带状分布，并且同类商店相对聚集，部分旅游商品零售店分布在前往各主要景点的道路两旁，而且明显依托于休息和加油站点。因为地处往来景点的主干道上可以节约旅行社的旅游交通运输费用以及旅游者的时间成本，对于商家来说，脱离景点商区，商铺的房租较低，可以降低营业成本。

六、旅游线路节庆产品设计

目前，旅游娱乐业的总体发展趋势是主题化，树立鲜明的主题、深入挖掘主题、创造独特主题，是各国旅游娱乐业共同追求的目标。其中，深入挖掘主题，主要是挖掘地方文化，在此基础上，努力形成新的旅游吸引物。如云南省旅游发展委员会发布了《云南旅游节庆活动完全手册》，该手册汇集了2017年、2018年云南省将着力打造的5个品牌旅游节庆活动和2017年重点培育的10个特色旅游节庆活动等，图文并茂地予以展现，为游客参与到云南节庆活动中提供了详尽的指引。手册分为2017年云南省着力打造的5个品牌旅游节庆活动、2018年云南省着力打造的5个品牌旅游节庆活动、2017年云南省重点培育的10个特色旅游节庆活动、2018年云南省重点培育的10个特色旅游节庆活动、云南省各地区旅游节庆概况五部分，几乎囊括了目前云南少数民族所有的节庆活动。当中除了此前已较为知名的傣族泼水节、彝族火把节、景颇族目瑙纵歌、白族三月街外，还有诸如永仁彝族赛装节、邱北苗族花山节、丽江三朵节等节庆新亮点。

总体来说，旅游娱乐活动的对象是旅游者，与大众化群众性文化娱乐活动相比，具有以下几个特征：更强调具有民族特色和地方特色，使旅游者耳目一新；强调欢快、热闹、幽默，为大多数人喜闻乐见；强调参与性；时间不宜过长，时间太长会影响旅游者的休息，因而要求组织安排旅游娱乐节目时必须使节目浓缩再浓缩；强调对不同旅游者安排不同娱乐节目，旅游者来自不同地区和民族，有着不同的旅游偏好，因此必须深入进行研究，要求旅游娱乐活动的安排更有针对性；强调高雅文化与民俗文化的结合，在满足大多数人要求的同时，反映出时代特征；强调寓教于乐，使游人在观赏、体验、娱乐的同时，了解旅游目的地的历史文化、风土人情和科技知识，受到社会文明的熏陶。例如，美国迪士尼乐园非常善于利用高科技来反映、表现时尚和流行元素，始终能以自已的“新、奇、特”吸引全世界游客的目光，不仅开创了全世界旅游主题公园建设的新时代，而且构建了现代概念的旅游目的地形态，改变了旅游者休闲娱乐选择的方向，深刻地影响着现代旅游业的发展，甚至对区域社会、经济、文化等领域也产生了广泛的关联效应。

第四节　旅游项目营销推广策划

一、旅游项目营销推广的含义

大卫·奥格威认为：“把你创作的东西卖出去，是创意和独具匠心的前提。”

（一）营销推广的概念

营销推广即旅游项目营销人员为了树立项目或产品形象，激发顾客的购买欲望，刺激和扩大产品需求而进行的信息沟通活动，最终达到扩大销量、提升美誉度、实现社会效益和经济效益的目的。

（1）推广的核心是沟通。

（2）推广的目的是引发消费者产生购买行为。

（二）营销推广组合

①广告；②人员推销；③营业促销；④公共关系。

（三）营销推广依据的行为模式

AIDA 模式：Attention（注意）；Interest（兴趣）；Desire（意愿）；Action（行动）。

AIDA 模式是国际推销专家海英兹·姆·戈得曼总结的推销模式，它是指一个成功的推销员必须把顾客的注意力吸引或转变到产品上，使顾客对推销人员所推销的产品产生兴趣，这样顾客欲望也就随之产生，而后再促使其采取购买行为，达成交易。

★资料链接

智慧旅游促升级

陕西华清宫推出现代科技与传统景区相结合的“未来集市”与“旅游直播”项目十分引人注目，其中智能机器人、VR 技术、3D 打印机、网红直播等引起了众多游客的兴趣。

“未来集市”参照时下流行的“创意市集”概念，将前卫的科技产品融入景区，通过智能机器人、VR虚拟现实、3D打印机等项目带领游客体验智慧旅游新玩法。

华清宫景区与专业的VR制作公司合作，拍摄了一系列影片，通过“景区+VR”的方式对景区进行立体宣传，游客只需戴上VR眼镜，就可以穿越历史，亲眼看到贵妃出浴、梨园歌舞、西安事变等历史场景，加深体验。

据了解，华清宫景区还计划采取“R+V”的商业模式（现实和虚拟相结合），将虚拟的网络资源与现有的旅游资源相结合，实现资源共享。

此外，景区还将打造更加逼真的虚拟体验游戏，继续利用VR/AR产品和互动游戏，将游客带入《长恨歌》的故事主线，让游客在游戏中去了解、见证这段传诵千年的爱情故事，带给游客更好的旅游体验。

2016年，作为网红经济爆发元年，网络红人正在创造新媒体经济的奇迹，“旅游+直播”为“旅游+互联网”的发展模式赋予了新的动能。直播席卷各行各业，国内许多景区也开始寄希望于借这股东风实现成功营销，其中就有华清宫。

今年，华清宫景区大胆尝试旅游直播，希望通过互联网直播这种快速、直观的传播形式，让更多的人认识华清宫，了解中国传统历史和文化。

据华清宫景区相关负责人介绍，今年七夕、中秋节等传统节日，华清宫景区邀请了几位网络直播平台的红人主播，向网友现场直播了景区举办的各种传统活动，将盛世唐朝的文化魅力向全网观众进行了推介。此次直播既没有展示大量图片，也没有海量文字攻略，取而代之的是网络直播当下真实的视听感受，呈现的是景区内真实的景观，而这次直播也受到一众网友的热捧。

据景区一名工作人员介绍，未来，华清宫还将继续围绕“智慧旅游”这一主题，充分发挥智慧旅游的优势，全面提升服务水平，全力构建以服务游客为核心的智慧旅游体系，将华清宫打造成智慧旅游精品景区，探索最具地方特色的智慧文化旅游服务新模式。

（资料来源：马佩．华清池智慧旅游促升级［EB/OL］．国家旅游局官网，2016-11-12.）

二、旅游项目营销推广步骤

旅游项目营销推广步骤是旅游项目在推广信息源、信息发送方式、发送媒介、信息接收者的类型，以及管理和协调整个推广过程等方面所做决策之总和。

（一）确定目标受众

目标受众又称为目标顾客，它通常由具有单个或多个市场细分变量特征的群体构成，如单身女性国庆旅游群体、初中学生暑假旅游群体等。

（二）确定信息沟通目标

推广沟通是一种反复循环的双向式传播，确定信息沟通目标可以知晓沟通达到哪一步，需要实现哪些过程。图7-3所示为信息沟通过程。

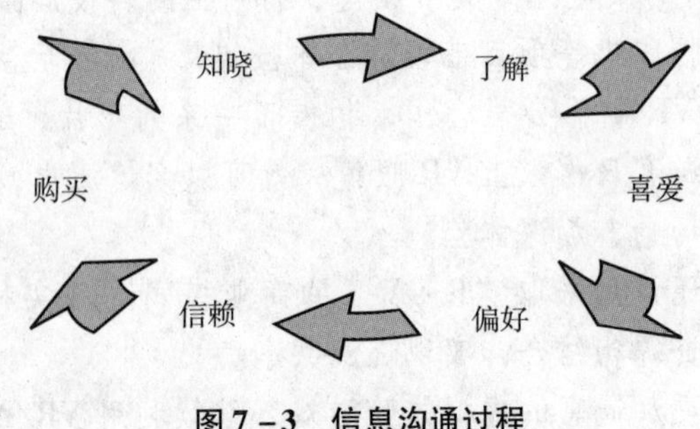

图 7-3　信息沟通过程

（三）设计信息

（1）信息内容：理性的、感性的、道义的。

（2）信息结构：在信息中给出结论还是让受众自己得出结论。

（3）信息形式：摆出单方面的观点还是列举双方的观点。

（4）信息源：最强有力的论点最先展示还是最后展示。

（四）选择信息沟通渠道

信息沟通渠道有：正式沟通、非正式的沟通、向下沟通、向上沟通、水平沟通。

（五）制定推广预算

（1）量入为出法：根据项目的财务状况和推广预算，确定推广费用投入数额。

（2）销售额百分比法：依据销售额百分比，或售价百分比决定项目推广预算。

（3）竞争对等法：根据竞争者推广费用投入的多少来确定推广费用，以保持竞争优势。

（4）目标任务法：把完成推广目标所必需的费用计算出来，作为项目推广费用的总预算。

（六）确定推广组合

（1）推广组合分类：广告、人员推销、营业促销、公共关系。四种方式可以组合使用推拉式策略，也可以分别使用推式策略或拉式策略。

（2）推广组合策略。

1）推式策略，即项目方从销售渠道入手，以中间商为推广对象，先把产品推入分销渠道，在销售渠道持续销售的情况下，辅以广告、营业推销、人员推销、公关活动等方式，让消费者对产品逐渐熟悉，最终产生兴趣开始购买。

2）拉式策略，指项目方利用广告、营业推销、人员推销、公关活动等方式，以最终消费者为主要推广对象，先激发消费者对产品的兴趣和需求，促使消费者向中间商寻找产品，中间商再主动向项目方购买该产品，最终实现产品推广的策略。

★资料链接

海南原味美食产品备受瞩目

海南省在香港举行的旅游推介会上准备了数千份海南省特色美食在海南展台进行现场试

吃、销售及宣传推广活动，发放了上万份海南旅游宣传材料，通过“美食＋旅游”的独特视角向对“美食”情有独钟的香港民众有效推广海南旅游产品。多位香港民众表示，现场品尝的海南文昌鸡、椰子糖、椰树牌椰子汁唤回了他们对海南的怀旧记忆，仿若旧日重现。清补凉、椰子冻以及紫娟茶等新一代海南美食也颇受欢迎。其中，椰语堂清补凉由于太受欢迎，只能每日定量销售，提供600份的现场品尝名额也让试吃队伍大排长龙。促销活动以免费品尝为主，搭配商品销售，以“饥饿营销”策略有效挑起香港民众到海南尽尝海南美食的兴趣，纷纷向展台工作人员询问从香港到海南的飞机班次、自驾游线路、原味美食套餐产品细节等，为下半年出行度假收集海南旅游资讯。

（资料来源：黄慧．海南美食亮相香港，原味美食备受瞩目［R］．海南旅游信息中心，2016－08－18.）

（七）衡量推广效果

【问题1】两家饭店推广情况如图7－4所示，哪家饭店的推广效果更好？

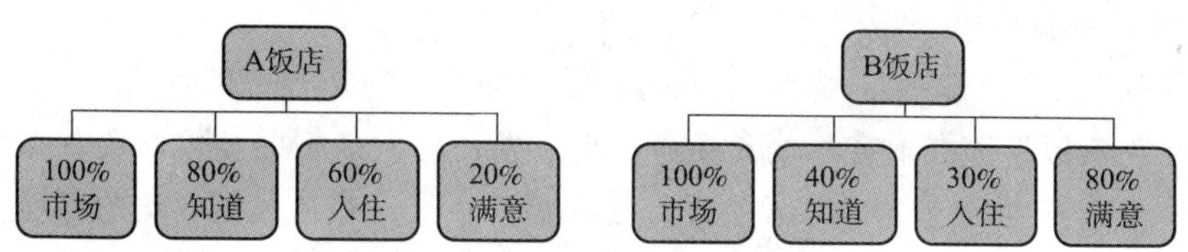

图7－4　A、B饭店推广效果衡量

三、旅游项目广告推广

（一）广告的含义

广告（Advertising）源于拉丁语（Advertere），有“广而告之”之意。它是项目方以付款形式通过各种媒体进行的介绍和宣传活动。

特点：传播面广，表现力强，传递速度快。

分类：根据目标不同分为通知型、劝诱型和提醒型。

（二）广告筹划的步骤

广告筹划的步骤如图7－5所示。

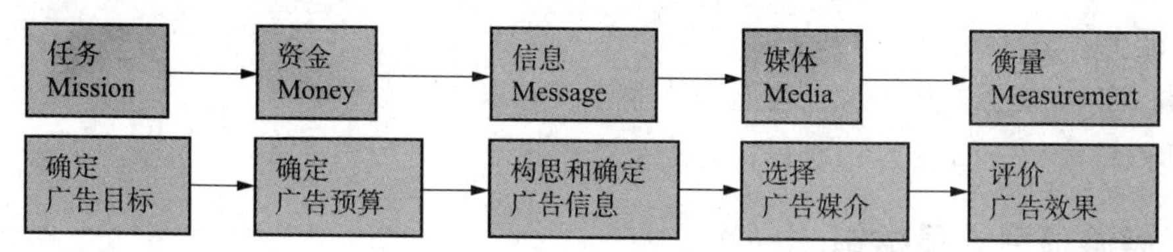

图7－5　广告筹划步骤

（1）确定广告目标：广告目标是指在一个特定时期内，对于某些特定类型的受众所要完成的特定传播任务。

（2）确定广告预算：量入为出法，营业额百分比法，竞争对等法，目标任务法。

（3）构思和确定广告信息。

1）广告信息的重要来源是消费者的看法和反映；

2）广告信息要求具有吸引力、独特性、可信性。

（4）选择广告媒介：选择广告媒介时，要根据目标受众接触媒体的习惯、产品特点和成本效益。

（5）评价广告效果：广告效果要根据沟通效果和销售效果来测定。推广前后分别测试，对比衡量。

（三）广告文案写作

（1）广告标题写作：在平面广告中，人们对信息的接受比例大约为：图像78%，文字22%。但是，能够唤起记忆的比例，文字占65%，图像占35%。如果缺少文字点缀与说明，容易缺乏主题或产生歧义。

（2）广告内容（短文广告）：生动、形象。多用短语和简单有力的词汇，多用动词、名词，多用原始资料。

例1：这是一个饮食天堂，是您休闲、购买、餐饮的场所。

例2：金色家园周边有丰富的饮食场所，川、粤、湘、京等中餐馆以及各类小吃、面包屋非常普遍。不管是招待亲友、家人小聚，还是犒劳自己，都能找到合适的环境。

例3：东北的“酱骨架”“大拉皮”，甘美丰腴；湖南的“剁椒鱼头”“腊味合蒸”，味重悠长；重庆的“毛肚火锅”，原汁原味；还有湛江的鸡、雷州的羊、潮州的生猛海鲜……一条条街走来，让你闻香止步，食指大动。

【问题2】参考上面例子，扩写这句话：这是一个购物天堂，是您休闲、购物的好场所。

（3）广告口号（图片、图像广告）：

1）使用尽可能少的语言文字，让消费者迅速记住广告内容。

如：登泰山，保平安。

2）灌注情感，情感容易引起共鸣，共鸣更易留意。

如：乐山乐水乐在其中。美丽三亚，浪漫天涯。

3）朗朗上口：易识别、易记忆、易传播。

微博140字，能写多少内容？绝句28字，能写多少内容？“朝辞白帝彩云间，千里江陵一日还。两岸猿声啼不住，轻舟已过万重山。”28个字描绘白帝城风貌形神皆备，千里江山图卷跃然纸上。

【问题3】参考上面例子，给自己家乡景点设计以下广告语：

① 标题广告语；②内容广告语；③图片广告语。

四、旅游项目人员推销

（一）人员推销的含义

（1）派员推销：指企业专职推销人员携带旅游产品或服务的说明书、宣传材料及相关材料走访客户进行推销的方式。

（2）营业推销：指产品或服务各个环节的从业人员接待每位消费者，销售自身产品的推销方式。

（二）人员推销过程

人员推销过程如图 7－6 所示。

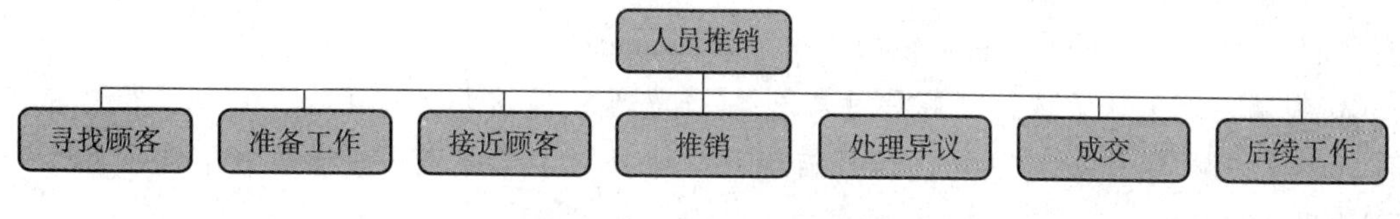

图 7－6　人员推销过程

（1）寻找顾客。

（2）推销前准备。

【问题 4】 销售员推销前首先应该准备的信息是（　　）。

A. 产品信息　　　　B. 客户信息

C. 同行信息　　　　D. 优惠信息

小张是一名旅行社销售员，有一次，他去拜访某银行副经理。这位副经理是他绞尽脑汁，花了三个星期时间才约到的。但是当他出现在这位副经理面前的时候，突然觉得无话可说，说了上一句话之后，却不知道下一句该说什么，结果经常冷场，两人都觉得非常尴尬，自然拜访很快就结束了。见面的结果是这位副经理没有任何兴趣讨论小张带来的产品，购买更无从谈起。

在销售员的信息体系中，客户信息是最重要的。全面、主动了解客户相关信息，见到客户时才会有话可说，有更多的话可说，而且这些话也往往是客户喜欢听的。因此，作为销售员，首先要了解客户知识，其次才是产品知识和公司知识。

（3）面谈与讲解。

1）FAB（E）展示法。

F（特征）、A（优点）、B（好处）、E（证据）。

F：把产品理解为一种属性，即产品是看得到、摸得着的东西；

A：这种属性将给客户带来的作用或优势；

B：这种作用或优势将给客户带来的利益；

E：证据：a. 第三方证据；b. 过程化；c. 可视化；d. 数据化；e. 生动化；f. 关联化

使用方式：FAB－E 或者 BFA－E。

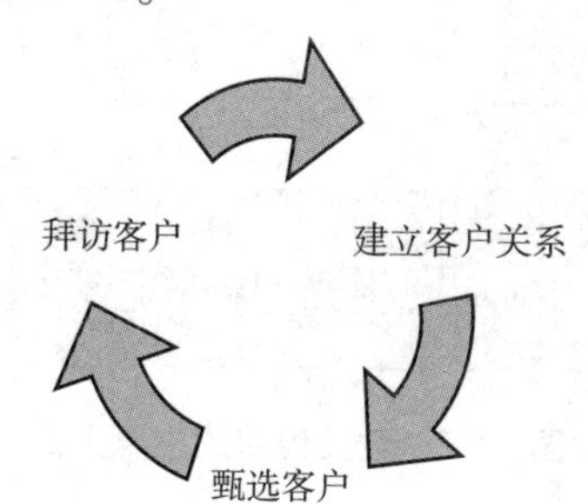

★小贴士

如何理解 FAB

① 猫躺在地上非常饿，销售员过来说："猫先生，我这儿有一摞钱。"但这只猫没有任何反应——钱只是钱（Feature）。

② 猫躺在地上非常饿，销售员过来说："猫先生，我这儿有一摞钱，可以买很多鱼。"但是猫仍然没有反应——买鱼是钱的作用（Advantage）。

③ 猫躺在地上非常饿，销售员过来说："猫先生，我这儿有一摞钱，可以买很多鱼，你就可以大吃一顿了。"话刚说完，这只猫就飞快地扑向了这摞钱——猫明白了钱"对于它自己"的用处（Benefit）。

（资料来源：百度百科。）

【问题 5】 对下列旅游项目产品如何进行 FAB 展示？

① 特色餐饮；②经济酒店；③主题旅游列车；④地方特产。

【问题 6】 对下列旅游项目产品，尝试构思 2～3 种方法，给消费者展示"证据"。

① 特色餐饮；②经济酒店；③主题旅游列车；④地方特产。

2）信赖感的建立。

3）向顾客提问：开放式问题，封闭式问题，确认式问题。

4）面对消费者问题。

5）成交。

6）客户追踪。

五、旅游项目营业促销

（一）营业促销的含义

营业促销是指除人员推销、广告和公共关系宣传以外，为了刺激消费需求而采取的能够迅速产生激励作用的营业销售措施。图 7－7 为营业促销的主要方式。

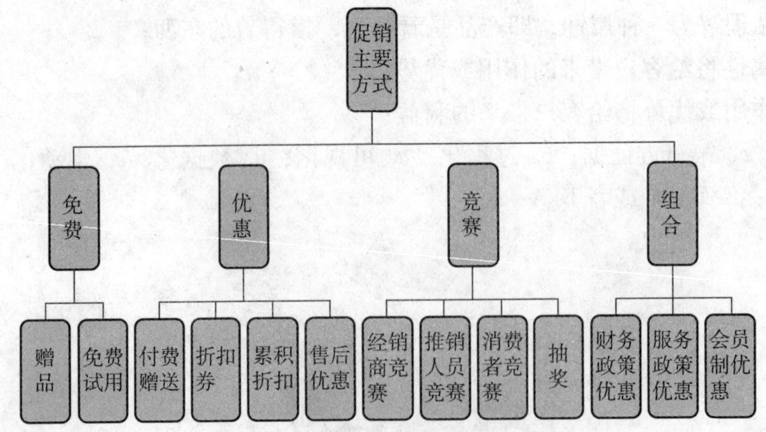

图 7－7 营业促销的主要方式

（二）营业促销的重点

（1）价值：产品卖点与产品对客价值的组合。价值包括绝对价值和相对价值，对于营业促销活动来说，如何最大可能地刺激消费需求，需要尽可能发掘产品对客绝对价值上的相对价值。

（2）时间：营业促销要求活动能够迅速产生激励作用，如何在有限的消费者接触时间里安排活动是要考虑的重点。

（3）气氛：在营业促销环境中，能够影响消费者行为过程的外在因素的总和。这些外在因素通过共同的形象符号、形状符号、行为符号作用于消费者心理，并通过群体环境巩固和加强。

【问题7】餐饮产品销售时，可以通过哪些形象符号、形状符号和行为符号塑造现场购买的气氛？试各举例两三种。

（三）会员制体系

（1）概念：会员制是由某个组织发起并在该组织的管理运作下，吸引客户自愿加入的制度。目的是便于组织定期与会员联系，并由此为会员提供具有较高感知价值的活动范式，培养会员对组织的忠诚度，增强会员与组织双方的价值。

（2）前提：顾客细分。

（3）目的：不断扩大忠诚顾客比例。

【问题8】会员制度中的会员特权主要体现在哪些方面？

A. 价格　　B. 服务　　C. 商品　　D. 活动

（4）会议制度的构建：

1）会员卡计划：确保非会员拿不到特权。

2）会员等级比例：①设定会员消费等级门槛；②设定不同等级会员比例。

【问题9】两家店面，甲店面的初级：中级：高级会员为5：3：1，乙店面的初级：中级：高级会员为3：5：1，哪家店面的会员忠诚比例高？

3）会员积分计划：规定消费积分比例，规定使用时效。

4）会员储值计划：制订储值累积计划，鼓励会员预存现金消费。储值包括沉没成本与储蓄成本两种概念。

【问题10】①储值会员是更忠诚的客户吗？②需要针对储值会员设定储值奖励吗？

5）会员联盟计划：会员到联盟商家也享受优惠，包括以下三种情况：①享受联盟商家的会员价；②联盟商家会员价＋积分使用；③联盟商家会员价＋积分使用＋积分积累。

6）个性会员计划：专人负责制度，结合群体需求与消费习惯推荐或者开发针对性服务，增强对客户的个人关注度。

六、旅游项目公共关系

（一）公共关系的含义

公共关系是通过一定的信息传播，树立项目与公众良好关系的一种手段。目的是建立、维护、改善或改变项目与项目产品的形象，为项目的发展创造天时、地利、人和的社会环境。

（二）公共关系的分类

1. 新闻公关

（1）新闻事件定义：社会上新近发生、正在发生或新近发现的，有社会意义的，能引起公众兴趣的重要事实。

（2）公关新闻的写作类型：

1）标题型：开门见山，叙述多议论少，时效性强，多用于突发事件的报道。

2）内容型：注重个人视角，代入感强，富有故事性，多用于深度报道。

3）议论型：注重事件意义，数据引用要有说服力，注重行文气势。

2. 事件公关

（1）事件定义：有特定主题、特定目标受众的，能够影响旅游项目社会效益和经济效益的社会性活动。

（2）事件类型：专题活动、功能展示、公益活动、文化活动。

（3）事件公关重点：事件策划、活动管理、事件传播。

3. 危机公关

（1）危机定义：指由人为或者非人为因素引起的、严重损害形象、给旅游项目带来社会经济损失的突发事件。这种突发事件在很短时间会波及很广的社会层面，对项目或项目品牌会产生恶劣影响，且由于其不确定的前景会给企业造成高度的紧张和压力。

（2）危机特点：①意外性；②聚焦性；③破坏性；④紧迫性；⑤阶段性。

（3）危机类型：不可抗力危机、企业管理失误危机、恶意竞争引发危机。

（4）危机公关重点：①建立危机预警体系；②建立危机处理体系；③确定危机沟通原则。

第五节　旅游项目品牌营销策划

一、旅游项目品牌内涵

（一）概念

菲利普·科特勒认为：品牌是销售者向购买者长期提供的一组特定的特点、利益和服务。品牌是附着于产品之上，但又超出产品实体意义的具有经济价值的无形资产。对于消费者来说，品牌是区别产品价值的重要概念，是识别产品、购买产品、放弃产品的重要参照体系。

（二）结构

旅游项目品牌一般由四部分构成：名称、标记、故事、形象。

1. 品牌名称

品牌名称指品牌中可以用语言表示的部分，多为文字组成，如喜来登、希尔顿。每一个品牌都必须有一个名称，既方便消费者称呼，也方便消费者传播。它应当具有以下两个特点：

（1）朗朗上口，富有音韵美。不仅容易引起注意，也更容易被主动重复和主动记忆。

（2）便于发音，读音响亮。不论是广告传播还是消费者传播，不论是生僻字传播还是常见字传播，听得清、听得明是传播广泛的重要条件，尽量减少与其他类似旅游项目、同音词、同义词混淆造成的误解。

许多企业为了体现品牌名称的独特性，不仅避免常用词，还喜欢选用一般字典上查不到的词，或者重新组合或专门创造新词，使得这些品牌更具有显著性、标记性和新颖性。同时，旅游项目的文化内涵、体验内涵、记忆内涵要求品牌名称注重联系，既能与更高层次文化相关，又能与平行层次文化映照，同时囊括产品种类特色。

★小知识

品牌命名小故事

创造词汇：以发明随身听和手提摄像机而大获成功的索尼（Sony）原名“东京通信工业”，创办人盛田绍夫有感于 RcA 与 AT&T 这样的名字简短有力，决定将公司名改成四五个英文字母拼成的名字。这个名字既要当成公司名称又要作为产品品牌名，所以一定要令人印象深刻。经过长期研究，拉丁文 Sonus（“声音”之意）还不错，与公司产品性质相符合，他们将它英语化，改为 Sonny，也有可爱之意。但日文发音的 Sonny 意思是“赔钱”，为了适合日本文化，他们决定把第二个“n”去掉，Sony 品牌终于诞生。“在任何语言中，Sony 都没有什么实际意义。但是，在任何语言中，Sonny 的发音都一样。”盛田绍夫后来在其自传中写道，“这就是我们的名称所具备的优势。”

视听结合：“Kodak”（柯达）一词，是由摄影先驱乔治·伊斯曼发明的，并于1888 年9月申请专利。它不是一个普通的英文单词，也不是来自某个词，是一个没有意义的字母组合。1887 年，伊斯曼发明了干版照相术，这项发明使人们在照相时，不再需要累赘的设备，也不必马上冲洗。干版照相技术的发明，以及在此之前能够拍摄 100 张照片的照相机的发明，预示着大众摄影时代的到来。为了使产品对公众产生更大的影响，伊斯曼决定为其取一个响亮的名字。“因为我知道一个贸易标志应该是简短的、朝气蓬勃的、不会被拼写错误以至损害其识别，而且为了满足商标注册法，它必须没有意义。字母 K，我比较喜欢，它似乎强而有力，有锋利的意思。因此我要求必须以 K 开头，这样剩下的问题就是尝试大量的字母组合使词的第一和最后字母都是 K，Kodak 就是这样考虑的结果。”后来有人指出，“Kodak”还是个象声词，就像照相机快门的咔嗒声。

形意结合：宏基公司（Acer）选择以 Acer 作为新的公司名称与品牌名称，出于以下几个方面的考虑：第一，Acer 源于拉丁文，具有鲜明的、活泼的、敏锐的、有洞察力的含义，这些意义和宏基所从事的高科技行业的特性相吻合；第二，Acer 在英文中，源于词根 Ace（王牌），有优秀的、杰出的含义；第三，许多文件列举厂商或品牌名称时，习惯按英文字母顺序排列，Acer 首字母是 A，次字母是 C，取名 Acer 有助于宏基在报章媒体的资料排行中靠前，增加消费者对 Acer 的印象；第四，Acer 只有两个音节，四个英文字母，易读易记，比起宏基原英文名称 Multitech，显得更有价值感，也更有国际品位。

名宣合一：英国联合利华公司的力士（Lux）是世界有名的香皂品牌。力士品牌今天之所以在全球风行，除了它大量利用影星做广告树立国际形象外，该品牌名称中包含的典雅高贵含义也为它的发展起了很大的推动作用。首先，Lux 只有三个字母，易读易记、简洁明了，在所有国家语言中发音一致，易于在全世界传播；其次，它来自古典语言 Luxe，具有"典雅高贵"的含义，同时，它在拉丁语中是"阳光"之意，用作香皂品牌，令人联想到明媚的阳光和健康的皮肤，甚至可以使人联想到夏日海滨度假的浪漫情调。另外，它的读音和拼写令人潜意识联想到另外两个英文单词 Lucky（幸运的）和 Luxury（精美华贵）。总之，无论做何解释，Lux 品牌名称对产品的优良品质都起到了很好的宣传作用。

目前，全球著名的命名机构有英国的国际品牌集团（Interbrand）和新标志（Novamark），美国的命名风暴公司（Namestormers）和命名实验室（Namelab）。Interbrand 于 1974 年在伦敦成立，最有价值的业务是品牌评估。Novamark 主要业务是知识产权。Namestormers 侧重创意命名。Namelab 专注科学程序命名。

（资料来源：[美] 史蒂夫·里夫金. 世界知名品牌背后的故事 [M]. 北京：企业管理出版社，2011.）

2. 品牌标识

品牌标识指品牌中不能用语言表示的部分，包括图形符号、版式、颜色等。它和品牌名称一起组成注册商标，受到法律保护。品牌标识易于视觉识别，可以帮助消费者在较短时间内把该产品和其他产品分辨开。

3. 品牌故事

品牌故事指品牌诞生成长过程中具有美誉度的，代表企业理念的，为消费者熟知的，符合消费者偏好的故事。它是动态的，不断成长丰富的，帮助消费者理解分辨品牌差异性的重要部分。好的品牌都有好的故事，尤其作为旅游产品，故事本身就是旅游的一部分。

4. 品牌形象

品牌形象指旅游产品呈现给消费者的消费预期，它应当由直观的场景或人物构成，告知潜在消费者购买会得到什么，也帮助正在消费和消费完毕的购买者提升巩固旅游产品消费体验。

二、旅游项目品牌营销策划程序

（一）旅游项目文化分析

旅游项目产品体现的地域文化特征是打造品牌的基础，可以通过文献、问卷、网络等方法收集罗列地域文化特征，从中提取有代表性的地域文化要素，结合消费市场分析其规模、效益和稳定性，作为品牌营销策划的基础。

（二）旅游项目信息传递渠道分析

旅游项目信息传递渠道有新闻报道、信息发布、资讯传播、舆论引导、资源推介、主题宣传、新媒体运营（包括微信、微博和客户端）、电视、电影、广播、报纸、杂志、书籍、宣传资料、推广会等。根据旅游项目文化的特征，结合不同渠道所辐射的市场受众分析，确定符合文化特征的消费人群通常采用的信息接收途径，最好是把主信息传递渠道和辅助信息传递渠道相结合，打造传播体系。如中国博主关宇涵和黄靖在静冈县沼津市的街道，使用中国的相关视频分享网站，实况直播在烤肉店等三家店铺品尝美食的场景。两名中国人气博主在微信上都拥有 3 万人规模的“粉丝”。两人使用智能手机一边自拍，一边介绍美食一边与日本店员交谈，访问量一下子跃升到 5 000 人次以上，用户留言也很活跃，最终访问量累计达到 3 万人次以上。

（三）旅游项目品牌命名

（1）用地名命名：选择旅游项目所在地的名胜古迹来命名，游客容易辨认，如“西湖龙井茶楼”“鼓浪屿饭店”。

（2）用品牌故事主人公命名：如《印象·刘三姐》。

（3）用旅游项目产品命名：如宋城、织绣世家。

（四）设计旅游项目品牌标识

旅游项目品牌标识是包括符号、图像、字体、色彩的综合图案，它与旅游项目品牌的名称一起构成完整的品牌概念。

（五）构建旅游项目品牌故事

随着信息沟通渠道的不断发展，多元化、多视角、多层次的品牌故事是品牌概念的重要补充，它一般围绕品牌生产者和消费者产生。

（六）定位旅游项目品牌形象

定位旅游项目品牌形象由三个步骤组成：

（1）属性定位：属性是指旅游项目品牌的产品特点，如风景区的空气清新、森林茂密、风景优美等。

（2）利益定位：利益是指品牌产品特点作用于游客身上会产生的结果和带来的益处，如空气清新—减轻疲劳，森林茂密—怡情悦性，风景优美—心情舒畅等。

（3）价值定位：价值是品牌产品利益所呈现的消费者的社会形象、社会情境，体现了游客选择消费该产品时的价值观念和精神追求。如空气清新—减轻疲劳—健康的人（社会形象）—健康的生活（社会情境），森林茂密—怡情悦性—悠然自得的人（社会形象）—悠然的生活（社会情境），风景优美—心情舒畅—心情愉快的人（社会形象）—心情愉快的生活（社会情景）。

属性带来利益，利益塑造价值形象，价值形象是品牌塑造中最重要的环节，要求搜集资料深入挖掘，有创新点。创新点的发掘一般有两种方法：①青出于蓝而胜于蓝，不违背大众常规认识，又是常规认识的升华和提高。这种方法要求具有较高的审美鉴赏能力，否则容易泯然众人。②违背常规认识进行创新，容易出奇制胜，但要求较高的资源投入能力，能够进行全方位的系统打造，否则只会成为一时噱头，既缺少新形象也没了老形象。

【问题 11】 对下列旅游产品的属性、利益和价值进行定位。（　　）

A. 石林山水　　B. 溶洞迷宫

C. 长江漂流　　D. 米亚罗红叶

（七）品牌形象整体塑造

（1）理念识别：将品牌的社会形象/社会情景与旅游项目的价值取向、经营理念、项目使命相结合，通过品牌故事梳理传播。

（2）视觉识别：品牌标识符号胜在直观，是游客能在最短时间反应过来的概念记忆。

（3）行为识别：品牌故事中遵循的原则、品牌社会形象的穿着打扮、社会情境的布置设施，都能潜移默化地告知内部员工和外部公众，他们即将见到、听到、做到、碰到什么，是游客提前预知不确定无形服务消费的重要凭据。

品牌的知名度、美誉度、忠诚度是三层渐进关系，可以通过问卷调查、数据分析等方法了解：第一，提及量越高，品牌知名度的资产价值越大；第二，提及量次之，提示后才想起的品牌知名度资产价值低，提示后仍然不知道的品牌没有品牌知名度资产价值。

★小知识

旅游跨界综艺成营销新卖点

近年来，电视真人秀节目收视率的火爆带动了节目拍摄地景区旅游业的发展。6月1日，国内首个旅行社跨界综艺节目的游学产品——“学好中国字”中国（安阳）夏令营系列产品发布。业内人士指出，跨界融合将是旅行社未来发展的一个重要方向，但是一定要避免过度商业化，同时要打造具有鲜明特色的旅游产品，引起游客共鸣。

6月1日，中国国际旅行社总社有限公司（以下简称“国旅总社”）与中央电视台热播节目《中国汉字听写大会》制作公司北京实力电传文化发展有限公司（以下简称“实力文化”）、安阳旅游局签署三方战略协议，就2015年《中国汉字听写大会》总决赛落地录制及相关产品开发宣传合作事宜达成合作意向。根据合作协议，国旅总社将结合《中国汉字听写大会》这一品牌节目，在全国首次推出中国汉字听写主题夏令营——“学好中国字”中国（安阳）汉字夏令营系列产品。

“我们这次是一个很好的尝试，未来我们还会跟类似这样的电视节目合作，开辟其他领域的市场，包括老年市场、家庭市场，根据不同市场的细分与相关的综艺节目开展合作。”国旅总社旅游度假部总经理孙立群说道。此外，孙立群表示，在暑假期间，国旅总社有1/3的产品是针对学生和家庭出游的亲子类，游学产品在暑期占到了较大比重。

无独有偶，在旅游行业选择与综艺节目跨界合作的不仅是国旅总社。此前，港中旅（宁夏）沙坡头旅游景区有限责任公司就曾借助于《爸爸去哪儿》节目的热播，推出了以《爸爸去哪儿》为主题的亲子互动旅游产品，产品上线后，取得了较为客观的销售业绩，是宁夏沙坡头成为宁夏旅游行业转型升级的一个典型案例。受到沙坡头《爸爸去哪儿》旅游产品的启发，宁夏沙湖、水洞沟、中华黄河坛三景区联合互动，相继推出了宁夏旅游版《小苹果》之旅。

对于目前传统旅行社与综艺节目相结合打造系列主题产品的现象，北京交通大学旅游系主任张辉认为，旅游是要靠传播的，传统的旅行社目前更侧重于服务平台的建设，借助于在社会上有一定影响力、公信力的节目，宣传推广自己的产品，却可以在一个很短的时间里产生较强的市场穿透力。跨界融合将会是旅行社未来发展的一个重要方向，不仅要与媒体合作，同时也要和交通、卫生等其他部门开展跨界合作。

作为旅行社跨界综艺节目打造系列主题产品的受益人之一，同程网西北景区负责人赵冬此前在接受媒体采访时表示，宁夏各旅游景区推出的“《爸爸去哪儿》就去沙坡头”“宁夏《小苹果》之旅”等多种亲子互动主题旅游产品很受网民青睐，在同程网的销售额直线上升。赵冬认为，宁夏旅游开始从过去卖资源、卖文化、卖风景，改变为卖旅游产品，这一变化符合当今国际旅游市场的发展规律。

对于旅行社跨界综艺节目从而引发新的旅游热点这一情况，北京旅游协会副秘书长刘思敏告诉《北京商报》记者：“旅游是注意力经济、眼球经济，旅游跨界综艺节目不仅能够为旅游营销所用，也能成为旅游产品开发的源泉。但是在旅游产品的研发上，要尽量避免让游客产生体验的项目与观看的节目不符的落差。”此外，刘思敏表示，旅游产品的跨界还有很大的市场空间，关键是跨界的双方要具有优势的资源，并在对接中实现优势互补，否则跨界合作很难达成。

尽管对于旅行社跨界综艺节目这一合作模式表示乐观，但是张辉指出，旅行社在与综艺节目的合作中一定要避免过度商业化对旅游产品本身以及旅游目的地所产生的消极影响，过度的宣传包装将会影响消费者的旅游体验。

近年来，湖南凤凰古城、云南丽江古城的过度商业化开发一直是业内人士和媒体关注的焦点。根据凤凰县旅游局提供的数据显示，凤凰古城内有743家客栈，核心景区内有403家客栈、63家酒吧，其余各类业态的商户数千家。另据了解，凤凰古城核心区内90%的房屋全部被商业化。2014年7月，凤凰古城遭遇了300年一遇的特大暴雨，暴雨直接导致旅游业间接损失2亿元。相关业内人士指出，凤凰县受灾损失惨重的原因除了天灾，不合理的规划及过度商业化的开发更是洪灾背后的推手，折射出传统旅游景区的转型问题。张辉表示，旅游产品的研发要与地域特色和多元文化有机结合，避免千山一景、千人一面，使游客在体验过程中引发内心的共鸣。

（资料来源：陈杰，张致宁．旅游跨界综艺或成新卖点［N］．北京商报，2015-06-04.）

三、旅游项目品牌营销策划结果调查

（一）混合对比法

（1）这几个品牌中你比较喜欢哪一个？

（2）为什么喜欢这个品牌而不是其他品牌？

（3）你认为这个品牌和其他品牌有什么不同？

（4）对你而言，这个品牌有什么意义？

（5）如果你要向别人介绍这个品牌，你会如何介绍？

（6）你觉得这个品牌是什么样的人用的？

（7）你认为这个品牌的优点和缺点是什么？哪些缺点可以改进？

（二）李克特量表定位测试法

事先列出品牌的某些属性让消费者用李克特量表来回答，经过统计分析后，从消费者角度来了解该品牌与竞争品牌的定位区隔，如表7-1所示。

表 7-1 李克特量表定位测试法

序号	问 题	非常好	好	一般	差	非常差
1	您认为该品牌的文化内涵如何					
2	您认为该品牌的艺术内容如何					
3	您认为该品牌的时尚内容如何					
4	您认为该品牌的地区特色如何					
…	……					

实训项目

项目推广营销策划书

实训目的：通过项目小组写作《旅游项目推广营销策划书》，了解项目及项目产品推广的基本程序，熟悉推广基本程序、推广问题分析、推广方案撰写要求，掌握项目推广的方法，掌握项目及产品推广策划方法。

实训步骤：

第一步，明确旅游项目产品、价格、销售体系，撰写《旅游项目年度推广营销计划书》。

第二步，调研。①根据项目经营目标，项目小组制定可操作的产品推广方案，要求结合四种推广方式做组合体系；②根据项目推广组合体系，制作一份推广调研计划；③设计一份项目市场调研问卷和一份访谈提纲；④根据收集的资料，撰写调研报告。

第三步，提交《旅游项目广告营销策划书》《旅游项目营业促销策划书》《旅游项目公关策划书》。

第四步，撰写《旅游项目推广营销策划》调研报告。

实训成果：

第一部分：《旅游项目年度推广营销计划书》《调研问卷》《访谈提纲》《调研结果分析报告》。

第二部分：《旅游项目广告营销策划书》《旅游项目营业促销策划书》《旅游项目公关策划书》。

第三部分：《旅游项目推广营销策划》调研报告。

知识归纳

本章主要结合旅游线路的策划运作，完成《旅游项目推广营销策划书》，并通过旅游线路整体的设计和运作，对前六章内容进行较为全面的回顾与复习。全章共分五部分，第一部分为旅游线路概述，主要介绍了旅游线路的含义，旅游线路的类型，旅游线路设计的基础理论，旅游线路设计要素；第二部分主要介绍了旅游线路营销设计，包括旅游线路的设计内容，旅游线路的设计原则，旅游线路营销的发展趋势；第三部分主要介绍了旅游线路综合策划，包括旅游线路餐饮策划，旅游线路住宿策划，旅游线路交通策划，旅游线路景区策划，旅游线路购物策划，旅游线路节庆产品设计；第四部分主要介绍了旅游项目营销推广策划，包括旅游项目营销推广的含义，旅游项目营销推广步骤，旅游项目广告推广，旅游项目人员推销，旅游项目营业促销，旅游项目公共关系；第五部分主要介绍了旅游项目品牌营销策划，包括旅游项目品牌内涵，旅游项目品牌营销策划程序，旅游项目品牌营销策划结果调查。通过本章的学习，要求学生了解旅游项目推广的方式方法和操作程序。最后要求学生能通过实训掌握旅游项目推广的基本工作如何运行，并能结合旅游项目构建全体熟练运用。

复习思考题

一、简答题

1. 旅游线路的含义是什么？
2. 旅游中心地理论的含义是什么？
3. 核心—边缘理论的含义是什么？
4. 点轴渐进扩散理论包括哪些内容？
5. 旅游产业整合理论包括哪些内容？
6. 什么是旅游成本因素？运用旅游空间行为模式时如何考虑成本因素？
7. 不同路程旅游线路餐饮策划有哪些特点？它和不同内容旅游线路餐饮策划有何共通之处？
8. 旅游饭店策划要考虑哪些因素？不同类型旅游饭店策划有什么特点？
9. 不同年龄段旅游市场对旅游交通有什么特殊要求？
10. 旅游项目推广的概念？推广的核心和目的是什么？
11. 旅游项目推广的步骤？推广组合策略是什么？
12. 广告推广文案的写作有哪些需要注意的地方？
13. 人员推广的基本步骤是什么？FAB 法如何运用？
14. 营业促销有哪些基本方式？如何打造会员制体系？
15. 公共关系新闻的写作类型是什么？
16. 危机公关处理的原则是什么？如何进行事件公关？

二、选择题

1. 旅游线路具有（　　）特征。

A. 资源导向性　　B. 构成综合性
C. 不可储存性　　D. 生命周期性　　E. 运营脆弱性

2. 旅游线路分类中，游客在单个旅游点停留时间较短的线路有（　　）。

A. 游览观光型　　B. 休闲度假型
C. 专题型　　D. 大中尺度旅游线路
E. 小尺度旅游线路　　F. 周游型线路

3. 在旅游线路分类中，游客在单个旅游点停留时间较长的线路有（　　）。

A. 游览观光型　　B. 休闲度假型
C. 专题型　　D. 大中尺度旅游线路

E. 小尺度旅游线路　　F. 周游型线路

4. 旅游线路设计的基础理论包括（　　）。

A. 旅游中心地理论　　B. 核心—边缘理论

C. 点轴渐进扩散理论　　D. 旅游产业整合理论

5. 旅游线路设计要素包括（　　）。

A. 旅游资源　　B. 旅游设施

C. 旅游可进入性　　D. 旅游成本因素

E. 旅游空间行为模式

6. 旅游线路设计的内容包括（　　）。

A. 旅游时间　　B. 旅游目的地

C. 旅游交通　　D. 旅游住宿

E. 旅游活动安排　　F. 旅游服务

H. 旅游价格

7. 旅游线路设计的原则包括（　　）。

A. 依托旅游资源　　B. 加强区域协作

C. 促进可持续发展　　D. 旅短游长

E. 特色与品牌结合　　F. 确保安全

8. 旅游线路依托旅游资源设计原则包括（　　）。

A. 充分展现特色　　B. 动静结合

C. 便于购物

9. 旅游线路市场需求的发展趋势包括（　　）。

A. 出游决策理性化　　B. 旅游需求精致化

C. 旅游形式和内容两极化

10. 旅游线路设计的发展趋势包括（　　）。

A. 地方线路向休闲深层次发展　　B. 可参与互动的生态人文理念更受欢迎

C. 中外旅游市场竞争日益明显　　D. 全域旅游日益受到重视

11. 旅游节庆周边活动文化管理包括（　　）。

A. 周边活动典故挖掘　　B. 周边活动内容设计

C. 周边活动参与方式设计

操作训练题

【案例资料】　消费转型对旅游需求和供给的影响

一、消费转型对旅游需求的影响

1. 特定群体消费减少，旅游总量持续增长

反腐在一定程度上抑制了公务员、事业单位和国企员工为主的群体的旅游消费需求。一方面，预期收入的降低直接影响了这些由国家财政支持的群体的消费能力，进而使得其自费

出游及旅游消费的水平下降；另一方面，根据“节俭和控制公费消费”的规定，很多国家财政支持的单位取消了公费福利旅游项目，很多以公务游客为主的景区游客量出现下滑。公务游群体支持的部分奢侈型和非理性消费也相应减少。比如，公费旅游者出游的住宿、餐饮、交通等费用为公费支出，公费旅游者在旅游购物等自主消费领域的消费能力和意愿相对较高。反腐使得这部分消费因公费旅游的取消而消失。从国内游客总量来看，其规模依旧上涨。新增加的旅游群体主要来源有两类：一类是由于国民经济水平提升、家庭收入增加而逐渐开始旅游消费的居民，如越来越多的农村居民加入旅游者群体中；另一类则是新成长起来的青年群体，随着其空余时间增加和收入的增加，越来越多的青年群体成为扩充旅游者群体的重要组成部分。

2. 国内旅游者消费结构及空间分布发生变化

新增旅游者（如农村市场、青年市场、新入旅游市场者等）的旅游消费需求大多具有“量入为出”的特点。总体来看，相对高价的旅游产品和线路需求量下降，平民化的旅游产品和线路需求量增加，国内旅游者会更多地采取基于“量入为出”的有预算消费生活方式，更加理性。旅游消费水平变化直接影响了不同空间距离旅游线路和产品的需求。远距离、高消费旅游线路和价格相对较高的产品，其需求出现下降；而省内及周边等近距离、中低价格的旅游产品和线路需求不断增加。

3. 出境游数量大幅增加，消费水平相对保守

从出境游来看，国内出境游依旧保持快速上涨的趋势，2013 年出境旅游规模达 9 819 万人次，相比 2012 年增长 18. 3%。但从消费结构来看，出境游以中短线路为主。2013 年，我国出境游目的地 90% 以上分布在亚洲。出境游的支出水平也相对保守。不少中国居民在国外的购物内容主要是具有免税优惠的日常服饰、药品、酒类等。反腐以来，“炫富”更加危险，境外旅游中的奢侈品消费呈现下降趋势。新增的出境游消费者大多是“量入为出”的旅游者。

二、消费转型对供给的影响

1. 旅游地奢侈酒店和产品的价格有所降低

随着高价、长线路旅游产品消费需求的缩减和平民化的旅游产品需求的增加，国内旅游供给也有新的反应，奢侈豪华酒店开始降价以吸引游客。如 2013 年春节期间，三亚某标杆酒店的均价 5 999 元人民币/间，远低于 2012 年春节期间的 14 000 元人民币/间，而 2012 年某酒店 1 000 元/位的晚餐费，到 2013 年也降低至不到 300 元/位。反腐使得三亚高星级酒店价格呈现“去奢侈化”趋势。另外，新一轮的国内旅游服务价格的降低可能会刺激部分入境旅游需求。

2. 局部地区豪华酒店需求不足，面临结构调整

过去 10 年，中国国家财富增长迅速，刚刚成长起来的“巨富”群体及权贵阶层等为高星级酒店、旅游房产消费提供了需求基础。高需求支撑下的早期盈利示范作用使得高端星级酒店的数量迅速增加。以三亚为例，2006—2011 年，五星级酒店数量从 12 家增加至 39 家，增加了 225%；2013—2016 年将再增 38 家五星级酒店。反腐之前，三亚高星级酒店的需求

主要有三类：公务会议团、高级官员和高端散客。可以看到，公务消费者和“灰色”消费者是三亚旅游消费者的重要组成部分。然而在消费转型的背景下，由“特色”公务消费支撑的高价旅游消费市场缩水。2013 年，中国酒店行业入住率及平均房价都出现下跌。供过于求将会导致五星级酒店之间发生恶性竞争，加剧两极分化，酒店服务质量下降，甚至发生倒闭的局面。需求不足、总量过剩、加之国际酒店集团管理费用居高不下，使得下一阶段中国部分区域的酒店供给将面临效益大幅度下滑以及结构调整的严峻现实。

3. 度假地产开发降温，发展速度减缓

度假房地产是在过去 10 年国民经济和旅游业发展的背景下兴起的。经济相对落后的度假地，因其自然资源优质以及土地价格较低受到房地产企业的追捧。以三亚为例，近 10 年房地产投资额增长迅速，2012 年房地产投资占到固定资产投资比例的 55.4%，远高于 2001 年的 16.5%。大量度假地产占据了三亚大量优质的一线海滩资源。购房者主要来自以哈尔滨为中心的东北高寒地区，以上海为代表的长三角经济高发达地区，以山西为代表的高收入者地区，以重庆、成都为代表的人口高密集地区及首都北京。从资金来源看，购房者主要来自暴利行业（如煤矿、经商等）和高“灰色”收入群体。购买的目的除了度假外，保值增值和炫耀性消费也是重要的原因。

反腐带来的消费转型也将反映在度假地产消费中。从需求来看，反腐带来“灰色”收入减少，更多的人在工资收入约束下生活，特定群体第二居所、度假地产购买及投资行为将更加理性。而从供给看，在反腐中，旅游地“圈地运动”中权钱交易受到警示，开发商已经很难以低价拿到大片土地。还有前些年未卖出的大量度假地产闲置，很多想卖出套现却没人接盘。这些都抑制了地产开发商的开发意愿，使得一些使用率不高的度假地产（第二居所）的开发降温，旅游地资源破坏力度和破坏速度将减缓。

（资料来源：保继刚．有预算的消费与中国旅游发展［J］．旅游学刊，2015（2）．）

1. 分析上述资料，小组开发的项目针对的消费市场是否会发生变化？
2. 分析上述资料，小组开发的项目应注意哪些问题？
3. 分析上述资料，小组开发的项目遇到类似问题有哪些解决方法？
4. 分析上述资料，小组开发的项目在品牌推广上有什么针对性策略？
5. 分析上述资料，本项目小组选择概念消费市场，并针对其特点设计主题线路。
6. 提交主题线路策划报告。

参考文献

[1] 冯俊文，高朋，王华亭．现代项目管理学［M］．北京：经济管理出版社，2009.

[2]［美］哈罗德·科兹纳，杨爱华．项目管理计划、进度和控制的系统方法［M］．北京：电子工业出版社，2014.

[3] 杨振之．旅游资源开发与规划［M］．成都：四川大学出版社，2003.

[4]［美］詹姆斯·刘易斯．项目计划、进度与控制［M］．石泉，杨磊，译．北京：机械工业出版社，2012.

[5] 项目管理协会．工作分解结构（WBS）实施标准（第二版）［M］．北京：电子工业出版社，2015.

[6]［美］辛西娅·斯塔克，波尔·斯奈德．活用 PMBOK 指南：项目管理实战工具（第二版）［M］．赵弘，刘露明，译．北京：电子工业出版社，2014.

[7] 华罗庚．高等数学引论［M］．北京：高等教育出版社，2009.

[8]［美］菲利普·科特勒．营销管理［M］．向佳讯，于洪彦，等，译．上海：格致出版社，2015.

[9] 朱华锋．营销策划理论与实践［M］．北京：旅游教育出版社，2012.

[10] 李天元，曲颖．旅游市场营销［M］．北京：中国人民大学出版社，2013.

[11] 戴力农．设计调研［M］．北京：电子工业出版社，2014.

[12]［英］理查德·柯克．80/20 法则［M］．冯斌，译．北京：中信出版社，2013.

[13]［英］东尼·博赞，［英］巴利·博赞．思维导图系列［M］．丽婷，译．北京：化学工业出版社，2014.

[14]［英］马尔科姆·麦克唐纳．图解营销策划［M］．高杰，译．北京：电子工业出版社，2014.

[15] 王林．景观村落旅游与社区参与［M］．北京：中国旅游出版社，2014.

[16] 马勇，刘军，马世骏．旅游发展规划创新与实践：基于全域旅游的视角［M］．北京：高等教育出版社，2016.

[17] 北京大学旅游研究与规划中心．智慧旅游与旅游信息化［M］．北京：中国建筑工业出版社，2014.

[18] 王衍用，宋子迁，秦岩．旅游景区项目策划［M］．北京：中国旅游出版社，2014.

[19] 方志坚．营销策划技术［M］．北京：中国农业大学出版社，2008.

[20]［美］迈克尔·波特．竞争战略［M］．陈丽芳，译．北京：中信出版社，2014.

[21]［美］海因茨·韦里克，［美］马克·V·坎尼斯，［美］哈罗德·孔茨．管理学［M］．马春光，译．北京：经济科学出版社，2012.

[22] 周文根，徐之江．市场营销与策划［M］．杭州：浙江大学出版社，2011.

[23]［美］小威廉·D·佩罗，［美］约瑟夫·P·坎农，［美］E·杰罗姆·麦卡锡．市场营销学基础［M］．孙瑾，译．北京：中国人民大学出版社，2012.

[24] 张亦唯．营销策划与执行［M］．北京：中国工人出版社，2007.

[25] 贺学良．饭店营销高效管理［M］．北京：北京旅游出版社，2013.

[26] 朱运海．会展旅游［M］．武汉：华中科技大学出版社，2016.

[27] 李庆雷．旅游策划：理论与实践［M］．哈尔滨：哈尔滨工程大学出版社，2013.

[28] 李仲广．休闲学［M］．北京：中国旅游出版社，2011.

[29]［美］艾·里斯，［美］杰克·特劳．定位：争夺用户心智的战争［M］．顾均辉，苑爱冬，译．北京：机械工业出版社，2015.

[30] 朱华锋．营销策划理论与实践［M］．合肥：中国科技大学出版社，2010.

[31] 孟韬，毕克贵．营销策划：方法、技巧与文案［M］．北京：机械工业出版社，2012.

[32]［澳］凯文·贝克．饭店项目评估与可行性分析［M］．张凌云，译．北京：旅游教育出版社，2006.

[33] 原群．旅游规划与策划全真案例［M］．北京：旅游教育出版社，2014.

[34] 邵春福．交通规划原理［M］．北京：中国铁道出版社，2014.

[35] 吴兰桂．景区策划方案设计［M］．上海：复旦大学出版社，2014.

[36] 吴国清．旅游线路设计［M］．北京：旅游教育出版社，2015.

[37] 文国玮．城市交通与道路系统规划［M］．北京：清华大学出版社，2013.

[38] 周玲强．旅游景区经营管理［M］．杭州：浙江大学出版社，2012.

[39] 杨晓光，白玉，马万经．交通设计［M］．北京：人民交通出版社，2010.

[40] 张擎．公路建设项目投资与融资［M］．北京：人民交通出版社，2015.

[41] 戴欣明．人文商业地产策划［M］．北京：工商联合出版社，2015.

[42] 王衍用，宋子千，秦岩．旅游景区项目策划［M］．北京：中国旅游出版社，2012.

[43] 方栋．休闲旅游策划与营销［M］．北京：中国书籍出版社，2015.

[44] 石美玉．旅游购物研究［M］．北京：中国旅游出版社，2007.

[45] 檀小舒，陈樱．旅游市场营销与策划［M］．厦门：厦门大学出版社，2015.

[46] 李怀生，郑恬辛．购物中心公共空间设计［M］．北京：高等教育出版社，2014.

[47] 国际购物中心协会．购物中心管理［M］．北京：中国人民大学出版社，2010.

[48] 李其涛，程艳．购物中心经营管理指南［M］．南京：江苏凤凰科学技术出版社，2015.

[49] 谢毅，吴杰．购物中心策划·实施·运营·案例［M］．北京：化学工业出版社，2012.

[50] 张骁鸣，郑丹妮，林嘉怡．节事活动策划与管理［M］．广州：中山大学出版社，2014.

[51] 雷万里. 大型旅游项目策划 [M]. 北京：化学工业出版社，2016.

[52] 吴兰桂. 景区策划方案设计 [M]. 上海：复旦大学出版社，2014.

[53] 王起静，邱鸣. 会展活动策划与管理经典案例 [M]. 南京：南开大学出版社，2012.

[54] [英] 布莱恩·鲍尼费斯，[英] 克里斯·库珀. 世界旅游目的地经营管理案例：以旅游地理学视角分析 [M]. 孙小珂，赵青松，王金悦，译. 沈阳：辽宁科学技术出版社，2009.

[55] [美] 迈克尔·J·奥法伦，[美] 丹尼·G·拉瑟福德. 酒店管理与经营 [M]. 张延，张讯，译. 大连：东北财经大学，2013.

[56] 贺志东. 旅游企业财务管理 [M]. 广州：广东经济出版社，2011.

[57] 杨振之，张志亮，李玉琴. 系统科学视野下的世界级旅游目的地可持续发展研究 [M]. 北京：社会科学文献出版社，2015.

[58] 谢彦君. 基础旅游学 [M]. 北京：商务印书馆，2015.

[59] 崔功豪，魏清泉，陈宗兴. 区域分析与规划 [M]. 北京：高等教育出版社，2006.

[60] 孟爱云. 旅游资源开发与规划 [M]. 北京：北京大学出版社，2013.